中国传统文化教程

ZHONGGUO CHUANTONG WENHUA JIAOCHENG

曹启富　向天华 ◎ 主编

西南财经大学出版社
Southwestern University of Finance & Economics Press

图书在版编目(CIP)数据

中国传统文化教程/ 曹启富,向天华主编.—成都:西南财经大学出版社,2014.12(2017.11 重印)
ISBN 978-7-5504-1636-9

Ⅰ.①中… Ⅱ.①曹…②向… Ⅲ.①中国—传统文化—教程
Ⅳ.①F326.12

中国版本图书馆 CIP 数据核字(2014)第 235883 号

中国传统文化教程

曹启富　向天华　主编

责任编辑:李　才
封面设计:何东琳设计工作室
责任印制:封俊川

出版发行	西南财经大学出版社(四川省成都市光华村街 55 号)
网　　址	http://www.bookcj.com
电子邮件	bookcj@foxmail.com
邮政编码	610074
电　　话	028-87353785
照　　排	四川胜翔数码印务设计有限公司
印　　刷	郫县犀浦印刷厂
成品尺寸	170mm×240mm
印　　张	18
字　　数	325 千字
版　　次	2014 年 12 月第 1 版
印　　次	2017 年 11 月第 3 次印刷
印　　数	5001— 6000 册
书　　号	ISBN 978-7-5504-1636-9
定　　价	35.00 元

目录

第一章　文化与中国传统文化

中国传统文化包含哪些方面的内容？这是个看似简单实则复杂的问题。一提到中国传统文化，我们脑海中就浮现出许多联想：以食五谷杂粮蔬菜为主、讲究色香味尤其突出味道的中国菜；茶、豆腐、筷子；笔、墨、纸、砚文房四宝；方块汉字、书法、国画艺术；中医中药、经络针灸。当然，还会想起古典诗词、四大名著；故宫、长城、江南园林；家族观念、乡土情结；三纲五常、忠孝仁义；天干地支、十二生肖；人生礼仪、婚丧嫁娶；神话传说、民间娱乐；等等。这些无不是中国传统文化现象。也有人把中国传统文化这样分类：饮食文化、茶文北、服饰文化、建筑文化；儒家文化、道家文化、法家文化、佛教文化、兵家文化、民俗文化等。但这些纷繁复杂的文化现象有内在联系吗？它们共同的特点是什么？又有哪些文化内容值得我们学习和继承？

第一节　文化和中国传统文化

“文化”古已有之，有着丰富的内涵与广泛的外延，研究者可以从不同的视角作出不同的分类。中国历史悠久，传统文化在历史的进程中逐步积累、扬弃与创造，焕发出不朽的生机与活力，成为整个中华民族的思想源泉与精神动力。

一、文化的含义

什么是文化？关于文化的定义，迄今为止，据不完全统计已有 260 余种之多。

在古汉语中，文化是“文”和“化”的复合词。“文”最甲见于商代甲骨文，是个象形字，表示的是一个身有花纹袒胸而立之人，本义是纹理。《说文解字》解释为“错画也”，即各色交错的纹理。后世引申为文物典籍、礼乐制度、文德教化等等。《尚书·序》上称伏羲画八卦，造书契，“由是文籍生焉”。进而“文”字有了与“质”“实”相对的精神修养与美善德行之义。《论语》称：“质胜文则野，文胜质则史，文质彬彬，然后君子。”可见，“文”字自其始，便与今日之“文化”一词有着不解之缘。综上可见，“文”字在古汉语中有两种基本含义：其一，是指花纹、纹路、纹理；其二，是指文字、文籍、文章、文采、文学之义。在此基础上衍生为与“质”“实”相对的精神修养与美善德行之义。

“化”字从“人”从“匕”。《说文解字》曰：“匕，变也，从倒人。”可以看出：“化”由一正一倒的两个“人”组成，要使两人和谐融洽，相顺而不悖，就需要迁善、感化和教化。后世引申为改易、变化、生成等等。如《易》曰：“南女构精，万物生化。”《礼记》曰：“赞天地之化育。”后由此延伸出造化、教行、迁善等义，并从自然万物（造化）的生成、变易引申出伦理德行的化成。

“文”“化”合用，则见于《易·贲卦》：“（刚柔交错），天文也。文明以止，人文也。观乎天文，以察时变；观乎人文，以化成天下。”在这里，天文与人文相对，天文是指天道自然，人文是指社会人伦。文化是“人文化成”“文治教化”的意思。“文化”二字并用为一词，最早见于西汉刘向的《说苑·指武》：“圣人之治天下也，先文德而后武力。凡武之兴，谓不服也；文化不改，然后加诛。”“文化”作为“文治教化”的缩写，在西汉以后已作为专用名词和常用名词使用。

可见，对于“文化”的定义不外乎文治教化，强调用经典、礼制、道德来教化世人。这种理解在我国保持到近代。我们今天常用的“文化”，其意义显然与古代不同。

到了近代，学人在译介西人著作时，遇到了与“文化”一词相对应的拉丁文 Cultura。Cultura 的原形为动词，含有“耕种”“居住”“练习”“留心”或“注意”“敬神”等多种意义，包含着通过人的努力摆脱自然状态的意味；而英文和法文的 Culture 一词，则由耕种引申为对树木禾苗的培养，并进而被指向为人类的心灵、知识、情操、风尚的化育。1871 年，英国著名人类学家爱德华·泰勒（Edward B. Tylor）在《原始文化》一书中认为，文化是“一个复杂的总体，它包括信仰、知识、道德、艺术、法律、风俗，以及人类在社会里所获得的一切能力和习惯”。泰勒站在文化整体性以及精神性的高度，将人类的信仰、知识、道德、习俗、艺术、法律等所有精神性的创造物作为一个整体，并将其定义为文化；“较早地把文化归纳为整个生活方式的总和”这一定义对后世产生了重大影响。1952 年，来自美国的文化学者 A. L. 克鲁伯以及克赖德·克拉克洪发表了著名的《文化的概念》。在该作品中，二位学者搜集、梳理、辨析了当时西方既有的160多个对于文化的定义，并据此提炼出了他们对于文化的定义：“文化由外层的和内隐的行为模式构成；这种行为模式通过象征符号而获致和传递；文化代表了人类群体的显著成就，包括它们在人造器物中的体现；文化的核心部分是传统的（即历史地获得和选择的）观念，尤其是它们所带的价值。文化体系一方面可以看作是行为的产物，另一方面则是进一步的行为的决定因素。”这样一个具有综合性的定义，不仅明确了文化的符号传递方式，阐述了文化的构成核心，还强调了文化的动态过程性——它在被看作是人类行为产物的同时，也被看作是决定人类行为的要素。A. L. 克鲁伯以及克赖德·克拉克洪所提出的文化观念也因此在全球产生了广泛的影响。

在中国，最早为现代意义上的“文化”一词下定义的是梁启超，他所著的《什么是文化》中，是这样定义文化的：“文化者，人类心能所开释出来之有价值的共业也。”这个“共业”包括的范围极为广泛，如认识领域的（哲学、语言、教育、科学），规范的（道德、信仰、法律），艺术的（文学、音乐、美术、舞蹈、戏剧），器用的（日用器皿、生产工具及其制造技术），社会的（制度、组织、风俗习惯）等等。胡适说：“文明是一个民族应付他的环境的总成绩；文化是一种文明所形成的生活的方式。”梁漱溟说：“文化乃人类生活的样法。”生活的“样法”包括精神生活、物质生活和社会生活。

近年来，国内学者对“文化”概念作了探讨，大多数人都认为，“文化”包括一个国家或民族的历史、地理、风土人情、传统习俗、生活方式、文学艺术、行为规范、思维方式、价值观念等。就其内涵而言，文化就是人化，是与“自然”相对的范畴，即凡人为的、非自然的东西就是“文化”，文化是人的感情、观念、智慧及其所外化的一切。文化是一种社会现象，是人们长期创造形成的产物，同时又是一种历史现象，是社会历史的积淀物。关于“文化”的内涵和外延，有两种观点值得注意：一种是将文化分为硬文化与软文化，硬文化就是物质文化、物态文化，软文化就是方式文化、精神文化；另一种是将文化分为三层面，即外层的物质文化、内层的心理文化、中层的制度文化。

目前，学术界一般认为，文化有广义与狭义之分。

广义文化又被称为“大文化”，是指人类在社会实践过程中所创造的物质财富、精神财富的总和，指的是每个民族为了生存和发展所创造的一切文明成果，也就是说凡是人创造的一切都是文化。广义文化，着眼于人类独特的生存方式与发展的本质。它与动物界，与自然界有着本质的区别。文化从一开始就是属于人的，是人类全部创造活动的结果。因此，广义文化涵盖面是非常广泛的。

狭义文化又称为“小文化”，是指社会意识形态以及与之相适应的制度和组织机构。它包括社会伦理道德、政治思想、文学艺术、哲学宗教、科学技术、民情风俗、民族心理、思维方式等。狭义文化，主要是涉及精神领域的文化现象。

总的来说，广义的文化是人类生活的总和，它包括了精神生活、物质生活和社会生活等极其广泛的方面；狭义的文化则是人的全部精神创造活动的总和，它包括了意识、观念、心理和习俗等内容。从某种意义上说，西方语义中的“文化”指的是广义文化，而中国语义的“文化”则是指狭义文化。我们主要是从大文化的视野对中国传统文化进行概述。

传统文化不仅是一个民族代代相传的历史遗产，是具有顽强生命力的宝贵财富，也是一个民族的主导文化与核心文化。它既是历史的，又是现实的，因为传统文化对现实有着巨大影响，传统文化在过去、现在和将来无时不有、无处不在。

二、文化与文明

在古汉语中，与“文化”含义相近的概念是“文明”。“文明”之“文”，指文采、文藻、文华；“明”指开明、开智、昌明、光明。“文”“明”合为一词，其意为：从人类的物质生产（尤其是对火的利用）引申到精神的光明普照大地。唐人孔颖达疏解《尚书·舜典》“睿哲文明”说：“经天纬地曰文，照临四方曰明”；孔颖达疏解《易·乾·文言》“见龙在田，天下文明”说：“天下文明者，阳气在田，始生万物，故天有文章而光明也”。这便是对此种意思的揭示。中国古代典籍也有将“文明”视作进步状态，与“野蛮”对应的，如李渔《闲情偶寄》中“辟草昧而致文明”即为例证。

在最广泛的意义上，文化与文明是同义语，它们指谓的都是对立于自然界而存在的人的产物或者说是人的创造物。然而，从更为严格的意义而言，人们更多地将文明运用于指称人行为结果的一种有形的、外在的、可感知的表现形式，而将文化运用于指称人在造物中所含无形的、深层的、机理性的东西，也就是人在历史过程中凝聚而成的生存方式。在此意义上而言，文明比文化的涵盖范畴更为宽泛，人们也因此总是会直面各种文明形态。由此可见，“文化”与“文明”是词义相近但内涵与外延又有差异的两个概念。“文化”的本质内涵是“自然的人化”，即人通过有目的的劳作，将天造地设的自然加工为文化。而“文明”则是文化发展到较高阶段，或泛指对不开化的克服，或指超越蒙昧期（旧石器时代）和野蛮期（新石器时代）的历史阶段。

进入文明阶段的标志有三：文字发明与使用，金属工具发明与使用，城市出现。古中国的文化史长达百万年之久，而发明并使用文字和金属工具的文明时代约有 4 000 年。由此可知，“文明”的含义比“文化”广泛得多。

三、文化的本质

文化就是马克思所说的自然的人化，是人的价值观念在社会实践中对象化的过程与结果，包括外在文化产品的生产和内在心智、德性的塑造。人是文化的存在，文化的本质就在于“人化”。文化作为人的一种对象性活动，其合理性的内容表达必然是对人的本质以及人的主体能力的证明。作为文化的一种存在方式，人只有借助文化方可展现出其本质特性。人与动物的差异，人的能力、需求以及发展程度，皆在文化的世界中得以展现。可以说，人化就是文化的本质。人在自我完善过程中的各类欲求都主导着人对相应文化的追求，人创造出了文化，文化反之又影响并塑造了人。人是文化的唯一主体，凡是文化的创造实践皆是人的行为活动，探究文化的发展规律就是探究人类行为的发展规律。虽然不同时代、不同民族、不同学科对文化的阐释和理解有着显著的差别，但“人是文化的核心问题”这一点是比较明确的，文化是人的创造结果、是人的特有属性，纯粹“自然”的事物不在文化范畴之内。文化就是“自然的人化”，是人为造就的“人工世界”以及该世界的表现形式，是人类区别于动物的本质特征，也是人工产品同自然物相区别的根本标志。

不过，不论人们怎样从不同的角度定义文化，文化的本质含义依旧是“人化”或者说是“人类化”，是人类在社会实践活动中适应、利用、改造自然界客体并逐渐使自身价值观念得以实现的过程。这个过程的成果，不仅体现在自然形态、面貌、功能等的不断改变，更体现在人类个体和群体素质（生理上的与心理上的、功用上的与道德上的、自律的与他律的）的不断提升和完善。总而言之，凡是非本能的、人类有意作用于外部环境的一切活动及其成果，都属于文化，也就是“自然化的人化”。

四、中国传统文化

学习中国传统文化，首先要了解中国文化。“中国文化”是指中华民族及其祖先在自己脚下这片土地上创造出来并且传播到世界各地的文化总和。古代“中国”一词，最初并不具有统一的国家实体的含义，而是一个地域的、文化的概念。“中国”的“国”字本义是指城邑，“中国”一词最早出现在西周铜器铭文中，指的是以治邑为中心的地区。早在龙山时代（距今四五千年），我国南北各地都已经发生了由氏族到国家的转变，各地的首领都筑城而居，因此，城成为驾驭一方的政治、经济、文化的中心。龙山文化晚期，由于居住于黄河中游一带的夏人所处地居中，所以，最早的中国人即是夏人，最早的中国是指夏人所居之城。《说文解字》中说："夏，中国之人也。"商灭夏后，占有了广阔的黄河中下游一带，商人所居之地，便被视为小国。西周立国之后，其版图范围较之于夏商更为广阔，此后各代，无论哪一个民族，只要能够入主中原，都是以"中国"自居。因此，在中国古代，并不存在我们今天所说的"中国文化"这个概念。因为在古代的中国，所有朝代都不以"中国"为名。明末清初之际，来自西方的传教士们始称"明、清"为"中华帝国"，简称"中国"。鸦片战争之后，随着中国国门的洞开和大量西方文化的不断涌入，于是出现了"西学"与"中学"之称。"西学"即指西方文化，"中学"即指中国文化。此后，"中国文化"才逐渐成为一个与"外国文化""西方文化"对举的有实质意义的概念。

所谓"传统"，从文化社会学的角度来讲，它所指的是一种社会历史因素，该种因素独具特点且世代传承。举例而言，逐代延续的风俗习惯、思想道德、制度规范、文学艺术等皆可称为传统。传统文化是指在长期的历史发展过程中形成和发展起来，保留在每一个民族中具有稳定形态的文化。它是一个民族的历史遗产在现实生活中的展现，有着特定的内涵和占主导地位的基本精神。它负载着一个民族的价值取向，影响着一个民族的生活方式，聚拢着一个民族自我认同的凝聚力。传统文化无疑具有深厚的历史渊源和历史承递性。

马克思说："人们创造自己的历史，但是他们不是随心所欲地创造，并不是在他们自己选定的条件下创造，而是在直接碰到的既定的、从过去承继下来的条件下创造。"① 中国的传统文化，指的是在历史长河中逐步形成并发展起来的，长期留存在中华民族之中，具有稳定表现形态的中国文化。宗教信仰、风俗习惯、思想观念、道德情操、思维方式、生活方式、价值取向、礼仪制度、文学艺术、教育科技等诸多层面皆囊括于中国传统文化之中。

对中国传统文化的界定，学术界在时间的限定上有不同的看法。参照一般的做法，本书对中国传统文化的时间下限定为清道光二十年（1840 年）的鸦片战争。中国传统文化即是从远古时期到鸦片战争这一历史时期，中华民族所创造的与中华民族生存方式相适应、由历史积淀下来的一切文化成果。智慧玄妙的中国哲学、独具特色的语言文字、色彩缤纷的文学画卷、丰富多

① 马克思，恩格斯. 马克思恩格斯选集：第 1 卷［M］. 北京：人民出版社，1995.

彩的民间艺术、疗效卓著的传统医学、享誉世界的诸多发明等等，构成了中国传统文化的基本内容。

中华民族多源一体的发展格局，决定了中国传统文化又有综汇百家优长、兼集八方智慧的显著标点。这个特点不仅体现在它的形成之际，还保留在它的发展之中。所以，不论哪一个历史时期，中国传统文化都能够吸收时代精神要义，不断地实行自我更新、自我完善，以适应社会发展的需要。数千年来，中国传统文化成功地保护和维系了中华民族的持续发展，并长期处于世界领先的地位。

第二节　中国传统文化的流变与分期

中国传统文化源远流长，经历了悠远曲折、波澜壮阔的发展。在这段物质文化、精神文化日臻丰富多彩的历程中，中华民族不断创造出自己独特的文化体系和文化模式，推动了人类文明走向更高的阶段。概括来说，中国传统文化可划分为四个时期。

一、中国传统文化的雏形期——先秦

（一）原始文化

中国传统文化在远古时期就开始孕育和发生，原始文化是中国传统文化的源头，包括旧石器文化时代和新石器文化时代。旧石器时代起自元谋人，中经蓝田人、北京猿人、丁村人、河套人和山顶洞人等阶段。据《中国大百科全书·考古卷》记载，中国大地上埋藏着十分丰富的人类化石和旧石器文化遗址，至今发现的 300 多处地点，遍及全国 31 个省、市、自治区。1965 年 5 月，在云南省元谋县上那蚌村发现的“元谋猿人”距今 170 万年，是我国境内已知最早的人类；1963—1964 年间，在陕西发现的“蓝田人”，其生活年代约在 80 万年前；1929 年在北京周口店发现的“北京猿人”，距今约 60 万年。工具的制造和使用是人类文化的起始。在旧石器时代，古人使用简单加工的尖石、骨针等工具进行劳作。火的使用是这一时期伟大的文化创造，北京猿人已能熟练地使用和保存火种。我国新石器时代的遗址遍布全国各处，其中较著名的有：仰韶文化、大汶口文化、红山文化、良渚文化等。新石器时代的标志是农业和畜牧业的产生，以及磨制石器、陶器与纺织术的出现。社会由母系氏族过渡到父系氏族，私有财产出现，阶级分化萌芽。大量考古证据表明，中国传统文化起源于本土，融合多个地方的多种文化而成。

（二）夏商周文化

公元前21世纪—公元前16世纪的夏王朝是中国历史上第一个世袭王朝，中国由此开始进入奴隶社会。夏朝共经历17代，约470年。河南偃师的二里头文化遗址属于夏朝文化。二里头遗址出土的纹饰精美的七孔大玉刀等制作精巧、匠心独运的青铜器，意味着夏朝文明已经步入青铜器时代。

公元前16世纪，商灭夏，建立了强大的奴隶制国家，自公元前1384年盘庚迁殷后，社会生产力有了很大的发展，商文化也就此繁衍。从殷墟挖掘出的“司母戊鼎”，重达875公斤（1公斤=1千克。下同），代表了商代青铜器制作的最高水平。贝币的出现，说明商品经济比较活跃。同时出现了比较成熟的文字——甲骨文。殷墟甲骨文是商代晚期商王室及其他商人贵族在龟甲、兽骨等占卜材料上记录与占卜有关事项的文字，也包括少数刻在甲骨上的记事文字，所以甲骨文也叫“卜辞”。甲骨文造字方式主要是象形、指事、会意。由于历史条件与人的思维能力的限制，甲骨文依旧保存较多的原始性。甲骨文的内容极其丰富，甲骨文中已将商代后期的政治、经济、文化、交通、军队组织、语言文字等都反映在卜辞中，因而甲骨文有着极高的学术价值，是后人了解、研究商代历史、文化重要的第一手参考资料。

大约在公元前11世纪，在渭水流域发展起来的周人灭掉殷商，建立了周代。周代共传12王，从周朝建立到周平王迁都洛邑（今河南省洛阳市），史称“西周时期”。西周保留下来的文献和地下出土的文物比殷商时代更多。公元前841年，西周厉王暴虐无道，国人奋起反抗，周厉王被流放，周公、召公二相共同执政，史称“共和行政”，这一年也是中国历史确切纪年的开始。西周实行分封制，天子为大宗主，所封的诸侯为小宗主。大小宗主层层区别，形成树形结构。天下耕地实行井田制以量功计禄，不得随意开垦荒地以增加耕地。西周时期用礼乐制度维系统治秩序，严格规定君臣、父子、兄弟、夫妇、朋友之间的上下尊卑关系。“礼”用以区别不同的等级，“乐”用以调节和谐的情感，这就是《礼记·乐记》中所说的“乐者为同，礼者为异”。从周武王到周幽王，西周拥有将近300年的历史。

（三）春秋战国文化

公元前770年，周平王向东迁都到洛邑（史称东周），揭开了春秋战国时期的历史帷幕。这是一个“礼崩乐坏”的时代，中国社会开始由奴隶制度向封建制度过渡，思想文化领域随着社会生产力的发展空前繁荣，出现了大变革的局面，诸子百家学说竞起。诸子百家通过对自然、社会和人生的观察、体验和研究，分别提出具有独到见解的学说。这些学说或相辅相成，或相得益彰，从而形成促进文化发展的合力，奠定了传统文化的基本格局。

所谓“百家”，主要是指儒、墨、道、法四大学派。儒家由孔子创立之后，著名的有孟子、荀子和孔伋。墨家为墨子所创立，墨子死后，“墨离为三”，即相里氏、相夫氏、邓陵庆三派，统称为后期墨家。道家创立者为老子，集大成者为庄子。法家代表人物为韩非子。儒家学派注重社会政治伦理，“仁”是孔子学说的基本范畴。道家学派则注重天道的范畴，老子把“道”看作天地万物的本原和支配世界的普遍法则。法家从天道和人道两方面立论。墨家的中心思想是兼爱。

总之，春秋战国时期传统文化取得了重大发展，标志着中国传统文化进入一个崭新的阶段。这一切形成了传统文化的基本框架结构，从内容到形式都对先秦以后的传统文化产生了深远的影响。

二、中国传统文化的奠基期——秦汉魏晋南北朝

（一）秦汉文化

公元前221年，经过多年兼并战争，秦王嬴政终于完成“吞二周而亡诸侯，履至尊而制六合”的统一大业，建立了中国历史上第一个专制主义君主集权的统一帝国——秦王朝。秦王朝统治不久，便因统治政策的失误而被农民起义推翻，取而代之的是刘邦建立的汉朝。秦汉时期，国家统一，社会较稳定，封建经济迅速发展，各民族政治经济联系加强，中外交往频繁，在此基础上，秦汉文化取得了巨大成就，为后世封建文化的进一步发展奠定了基础。秦汉统治者在大一统的封建帝国中，着力于实行思想文化的统一。秦始皇统一天下后，采取了统一文化的措施：书同文，度同制，车同轨，行同伦，地同域。这些措施不仅强化了中央集权，而且使得秦朝人在经济生活、文化生活和文化心理上逐渐趋同，为中国文化共同体的形成奠定了基础。但是，秦始皇在李斯的建议下，实行“焚书坑儒”“以法为教，以吏为师”的文化专制政策，使文化学术受到了严重摧残。

汉代统治者吸取秦亡的教训，实行了董仲舒提出的“大一统”思想。“大一统”思想既体现在制度上，也体现在思想上。董仲舒主张建立的文官制度，改变了人才培养的方式，促进了官僚系统的进一步完善；在伦理道德规范方面，董仲舒提出了“君为臣纲、父为子纲、夫为妻纲”的“三纲”政策，并将“仁”“义”“礼”“智”“信”作为五常，对民众进行说教。“三纲五常”成为维护封建专制统治和宗法等级的重要工具。为统一思想，汉武帝采纳了董仲舒“罢黜百家，独尊儒术”的建议，从此儒学成为中国封建时代的统治思想。

秦汉时期的文化气势恢弘，在当时居于世界先进行列。这一时期，出现了司马迁、贾谊等著名的文化家和政论家；汉赋、汉乐府也得到极大发展；雕塑艺术精美，出现了轰动世界的兵马俑；科学技术也得到了很大的发展，浑天仪和地动仪在此时期问世。许多文化成果的外传，促进了“中华文化圈”的形成。

（二）魏晋南北朝文化

从公元220年开始，中国历史进入了分裂、动乱的三国魏晋南北朝时期。在这一时期，中国文化打破了秦汉以来所形成的大一统一元文化格局，出现了内容更为丰富多彩、生动活泼的多元发展局面。

玄学的产生是从两汉到魏晋思想上的一个重要变化。统治阶级的腐败以及社会大动乱，有力地宣告了儒学的“不周世用”和思想的虚伪。当时的士大夫阶层为了自身生存，虽然仍然坚持承认儒家文化价值观的存在意义，但占主导地位的却是道家的个性自由，他们追求清淡的同时，在学术思想领域则推崇比经学更精致简约而富有思辨色彩的理论体系——玄学。以何晏、王弼为代表的玄学家皆祖述老庄，倡导以无为本的本体论哲学，他们主要探讨的是有无、本末、动静、名教与自然等哲理问题，以探求理想人格为宗旨，以超越有限达到无限为根本。这些探讨不仅显著地提高了传统哲学的思辨能力，为传统哲学注入了新的活力，而且在生活中也使得人们崇尚自然，反对矫揉造作，成为传统美学的精魂。与此同时，玄学与儒家、佛教、道教都有不同程度的融合。

南北朝魏晋时期的文学、史学和艺术也得到了进一步的发展。古典文学进入了一个发展高峰阶段。《后汉书》《三国志》《宋书》《南齐书》和《魏书》五部新的断代史问世。书法、绘画和雕塑艺术也有了长足发展。

三、中国传统文化的隆盛期——隋唐宋明

（一）隋唐文化

公元581年，隋文帝灭陈，结束四分五裂的局面，重新统一了中国。之后不久，唐朝建立，中国古代社会进入了盛世时代。这一时期的文化，不仅继承了魏晋以来汉族的传统文化，而且融合了国内各少数民族文化的精华，同时还吸收了海外各国的文化，成为中国文化史上又一个辉煌灿烂的时代。

隋唐王朝建立，统治开明，经济繁荣，社会安定。在思想上，采取儒、道、佛三教并举的政策，实行开明专制。在制度上，进行了一系列的整顿和改革，以加强中央集权制统治。隋唐建立了相当完备的国家机构，其中影响

最大的是三省六部制，对以后历代封建王朝产生了深远的影响。同时积极推行和发展科举制度，不以门第而以才学选拔人才，是巩固封建制度的有效方法，为后世历代所采用。

唐代是我国古典诗歌创作的巅峰时期，仅清代所编的《全唐诗》中，就收入诗作48 900余首，诗人2 300余位。在众多的诗人中，李白、杜甫、白居易、王维、李贺、李商隐、杜牧、王勃、杨炯、骆宾王等堪称以千古绝作而雄盖一世的诗歌巨匠。诗歌体裁形式多样，流派众多，风格各异，可谓万紫千红，缤纷灿烂，蔚为壮观。诗歌之外，中国书法在唐代也达到了一个高峰。其中楷书成就最为突出，欧（阳询）、虞（世南）、颜（真卿）、柳（公权）四大家，将唐楷推至登峰造极的地步。散文、小说、史书、艺术等方面都获得了长足发展。

这时期科学技术方面的成就有：孙思邈的《千金方》一书成为祖国医学之经典；雕版印刷术的发明在人类文化传播史上意义重大；大运河的开凿和利用进一步促进了南北经济文化的交流；赵州安济桥成为现存世界最古老的跨度最长的单孔石拱桥；唐三彩更是中外驰名的瓷器极品；等等。所有这些，都为中国古代经济和科技的发展谱写了新篇章。

（二）宋明文化

公元960年，北宋王朝建立，后经南宋、元，到明王朝统治时期，随着封建专制主义中央集权统治的不断加强，社会政治、经济格局都发生了较大的变化和发展，传统文化得到了进一步的强化，并且在与北方游牧民族和外域文化的冲突与交流中，成为一种完备、成熟的文化。

宋明理学是中国封建社会后期最完备的理论体系，是封建专制日益强化在文化上的反映。它是以儒家思想为基础，渗入佛家和道家思想以后形成的一个新儒家学说，较之佛学、玄学更为精致。理学的创始人是北宋的周敦颐、程颐等人，至南宋，朱熹为集大成者，他建立了一套比较完整的理学思想体系。朱熹认为，“理”为万物之本源，封建纲常亦为“天理”，并强调人要有对“天理”的自觉意识。朱熹还将“天理”与“人欲”对立起来，提出要以天理遏制人欲，“存天理，去人欲”，人们应该自觉遵守三纲五常的封建道德规范，通过“格物致知”，成为道德高尚完美的人，达到修身、齐家、治国、平天下的目的。理学体系中的另一派系为“心学”，其开创者是南宋的陆九渊，至明代，王阳明为集大成者。

宋明时期，代表上层社会的士大夫的文化细腻、精致主要通过词得到体现。词来源于民歌，句法长短相错，音律、语言的契合固定而讲究，适宜描写深刻、细腻的思想和感情。因而，传世的宋词大都典雅委婉、清新秀丽。

虽然宋词中有豪放派苏轼、辛弃疾等人“大江东去”的气势磅礴的名句，但也有柳永、李清照等人“杨柳岸，晓风残月”的婉转柔美的绝唱，词坛的主流始终是婉约、柔弱。与宋词的意趣相一致，宋画、宋瓷也大都以淡雅细密、温柔清秀为美，表现的是文人的心境和志趣。

宋明时期的文化交流活动规模盛大。元代以宏大的气势展开了与外域文化的交流，欧洲旅行家马可·波罗来到了中国，他的《马可·波罗游记》成为西方人了解中国的桥梁。与此同时，中国文化也迅速向西方传播，火药、历法、数学、瓷器、茶、丝绸等通过不同途径，先后传入俄罗斯、阿拉伯和欧洲世界。

陈寅恪为《宋史职官志考记》一书作序说：“华夏民族之文化，历数千载之演进，造极于赵宋之世。”指出了宋文化在中国文化史上的重要地位。

四、中国传统文化的转型期——清至“五四”

从清王朝建立到1919年五四运动之前，是中国文化的转型时期。与延续了近2 000年的封建文化的发展相比而言，时间比较短暂，但在中国文化的发展史上，却是一个极为重要的变革时代，通过新旧文化、中西文化之间错综复杂的变化和交锋，中国文化走过了从传统向近现代化转变的艰难历程。

（一）清朝文化

清朝是我国封建专制统治的最后一个王朝，也是封建社会走向衰落的时期。由于资本主义生产关系的萌芽在明末已经产生，社会内部结构开始发生了缓慢而又重大的变化，封建的经济关系开始松懈，在封建土壤上形成与滋长的封建文化，开始呈现出明显的衰败之势。明末至清朝时期，是中国封建君主专制制度达到登峰造极的时期。但是在另一方面，由于资本主义萌芽的发生，具有反封建意识的早期启蒙思潮也开始出现。以黄宗羲、顾炎武、王夫之等为代表的一批思想家，对封建专制主义和封建愚昧主义进行了尖锐的批判。封建文化没落并向近代形态转型。

（二）鸦片战争至“五四”时期文化

鸦片战争以后，中国逐步沦为半殖民地半封建社会，代表封建性质的传统文化已经无法适应这种变化的形势，迫使传统文化进行自身的革新，以适应变化了的社会的需要，中国传统文化向近现代转型也自此开始。从洋务运动到辛亥革命再到五四运动，中国从逐渐学习西方到对自身封建制度的革命，及至为新民主主义文化奠定基础，是对自我进行批判并且自救的行动，马克思主义进入中国后，中国文化步入全新时期。

第三节　中国传统文化的主要特征和基本精神

不同的地理环境、经济土壤和社会结构产生并发展出不同的民族文化。与西方文化相比，中国传统文化也呈现出不同的特征——西方文化精神以科学为核心，中国文化精神则以道德为核心。它负载着一个民族的价值取向，有着深厚的历史渊源与承递性。

一、中国传统文化的主要特征

中国传统文化最大的特点便是其生生不息的延展性和态势显著的扩散性。它能够深深地扩散并扎根于中国人的价值取向、思维方式、道德情操、心理状态之中，作为中国社会的历史文化背景组成部分，制约和影响着中国人的价值取向及其行为方式。具体而言，其大致体现为以下几个方面：

（一）源远流长，表现出旺盛的生命力和强大的凝聚力

在人类社会发展史上，除了闻名遐迩的四大文明古国之外，也曾出现过各种非凡的文化体系。来自英国的历史学家汤因比就指出，先后有 26 个文明形态出现在人类近 6 000 年的历史上，然而全世界唯有中国文化体系是持续延绵发展且从未有过中断的。这样旺盛的生命力构成了中国文化一个重要特征。

在悠长的历史进程中，中国的古代文化虽有幸躲过了来自欧洲、南亚、西亚等地域的入侵威胁，却要屡屡承受来自疆土周边民族的攻击：从春秋之前的“南夷北狄”入侵到十六国时期（公元 304—439 年）的“五胡乱华”，从宋元时期的契丹、女真、蒙古人先后南下，再到明朝末年的满族入关。虽然中原国土先后受到不同民族的冲击，甚至产生了民族政权的更迭，但是，所有在中原国土上建制的政权都会不自觉地在文化上接受中原文化，或者说是其建制文化都在不经意间被华夏农耕文化同化。文化同化使得这些先后建制的民族在社会形态上都发生了质的飞跃——它们脱离了原有的民族社会状态，阔步进入了封建社会。这样的军事入侵与征服，并不意味着被征服者文化的灭逝，反而意味着征服者文化的皈依。中国的传统文化就是在这样的过程中，不断兼并包容新鲜元素（如边疆的乐舞技艺），从而保持着旺盛的生命活力。

从这个角度来说，我们将中国的传统文化比作万里长江，它是由无数高山上的涓涓细流汇成奔腾的大河，一直向前发展，从不中断，直到汇入大海。所以，中国的传统文化在前进发展的过程中既一脉相承，也是融入我国各民

族的生活智慧的结晶，从而形成了独具特色的拥有旺盛生命力的文化体系，成为人类文化史上的伟大奇观。

正是中国传统文化的强大融合力，才使中国文化不断地增添新的内容，生生不息，历久弥新。这种文化直接增强了中华民族群体的向心力与归属感。早在西周时期，中华先民便产生了“非我族类，其心必异”的观念，表达了从文化心理上的自我确认。苏武牧羊而不失志节的历史故事、文天祥“臣心一片磁针石，不指南方不肯休”的千古诗句、土尔扈特人不远万里举族内迁的动人场面、近代抗日战争中全球华裔捐款捐物或回国报效的拳拳之心，莫不是中国文化无比强大的向心力、凝聚力的铁证。这种凝聚力，是中国文化强劲生命力的源泉和保证。当然，不可否认，这种自豪感也导致了中国文化中自负自大、封闭保守的倾向，这是在发扬光大中国文化优良传统的同时应当仔细剔除的糟粕。

（二）典型的伦理特征，重人道、轻天道

中国古代哲学体系，其核心就是伦理道德学说，其宇宙本体是伦理道德的形而上的实体，其哲学理性是道德化的实践理性。老子提出：“人法地，地法天，天法道，道法自然。”在他看来，人伦效法自然。他把自然人格化了，伦理化了，人的价值以伦理原则为尺度。因此，中国文化认识外在客观事物，即使是自然界，也把它与人伦道德搅在一起，而不把它当作独立的认识对象。如果说西方文化是“智性文化”，那么中国文化可以称作“德性文化”。在这种“求善”的德性文化模式制约下，中国的“治道”精髓不在“法”治，而在“人”治，而“人”治又特别重视道德的教化作用。“以身训人是之谓教，以身率人是之谓化”，作为长辈、尊者，特别需要讲求以表率服人。所谓“父不慈则子不孝，兄不友则弟不恭，夫不义则妇不顺”。将其通俗地表达出来，就是我们常说“上梁不正下梁歪”。中国文化的传统就是强调人治先于法治，身教大于言教。

就中国文化的渊源来看，道家重天道，儒家重人道。但中国文化从根本上是以人为中心、以人为尺度去衡量、把握周围世界的。早在春秋时期，郑国的子产就说：“天道远，人道迩。”中国文化对于天道的探讨不如对于人道的探讨来得更急迫、更关切。特别是汉代“罢黜百家，独尊儒术”以后就更是如此。儒家以造就君子人格、大同世界为己任，其理论的伦理道德特征充斥于哲学、史学、文学、艺术各个领域。乐以成德、文以载道，以个人的道德完成与人际关系的普遍圆满为最高追求，表现出鲜明的重人文、重人伦的特色，深刻地影响了中国文化的走向。有人曾将西方的“百科全书”与中国古代融汇各门知识的“类书”相比较：西方“百科全书”贯穿着古希腊“以自然本身来说明自然”的哲学观点，基本以事物的客观本质及其相互关系的逻辑作为分类的主要依据；而唐代类书《艺文类聚》中，共有四十六个“部”，其中以自然为主题的，按其字面含义，只有天、地、山、水等十六部，其余则都是关于人和人的创造物的内容。其他的类书如《北堂书钞》及《初学记》等也莫不如此。

中国文化中这种重人道轻天道的倾向与以儒家伦理学说为主体的理论价值取向直接相关。儒家要通过仁、义、礼、智、信等一系列道德品质的培养，造就“内圣外王”“修身齐家治国平天下”的理想人格，从而构筑起一个等级分明、上下有序、各安其分的大同世界。这既是他们的理想出发点，也是其追求的最高目标。此外的事情，包括对于天道自然之规律的探求与关心，都是被他们忽视、忽略甚至不屑一顾的。正是这种轻视天道自然、宇宙规律的文化倾向妨碍了近代科学技术在中国的产生与发展。在中国文化里，一切学术文化都可以被看作是儒家伦理的外围和边缘。但是，中国文化毕竟又给了“天道”以一定的地位，只不过是把它当作论证人道、说明人道的手段与工具罢了。

（三）突出的地域性和多样性

中国作为一个幅员辽阔的泱泱大国，早在两千多年前，其版图便“东渐于海，西被于流沙。朔南暨，声教讫于四海”①。中国各地的自然条件千差万别，经济、政治水准也参差不齐。因此，中国文化自其发生期，即因环境的多样性而呈现丰富的多样性。到晚周，各具特色的区域文化已大体成形：从大的文化类型来分，有在湿润的东部发展起来的农耕文化与在干燥的西部发展起来的游牧文化；从不同地域细分，东临沧海，有齐鲁文化，“四塞之地”有秦文化，中原有晋文化，荆楚大地有楚文化；同在长江流域而分处上游、中游、下游，则分别有巴蜀文化、楚文化与吴越文化。这些文化因地域不同而各有特色。

在中国文化史上，人文地理之异，以至于文化思潮也庞杂多歧：在一定历史时期，不仅各地区学术研究有自己传统的研究领域，反映出文化思潮的连续性和地区间的相对独立性，而且在同一领域中，由于地区间的差别而形成不同的派别，这些派别均因地域得名，反映了地域性的文化分野。

二、中国传统文化的基本精神

中国传统文化的基本精神是指导、推动中华民族文化不断前进的基本思

① 《尚书·禹贡》。

想，是中华民族文化体系中的主导思想、进步思想，从本质上看就是中华民族的民族精神，是中华民族延续、发展的内在动力和精神源泉。

张岱年先生认为，指导中华民族延续发展的中华精神集中表现于《周易》的两个命题上，这就是："天行健，君子以自强不息"；"地势坤，君子以厚德载物。"张岱年又指出，中国文化有四个基本的精神：一者，刚健有为；二者，和与中；三者，崇德利用；四者，天人协调。在《文化人文精神》中，张岂之先生强调中国文化的七个基本精神要点：①人文化成，也就是文明的创造精神；②刚柔相济，说的是追根溯源的辩证精神；③究天人之际，讲的是艰苦探索天人关系的精神；④厚德载物，强调的是道德人文精神；⑤和而不同，推崇的是取众之长的文化贯通精神；⑥经世致用，提倡的是天下兴亡匹夫有责的责任精神；⑦生生不息，关注的是中华人文精神在时代中的丰富及发展。除此而外，还有许多学者对中国传统文化之基本精神做过精辟的论述和总结。综合分析，中国传统文化之基本精神可以作如下归纳：

（一）自强不息

"自强不息"一词出自《周易·乾》："天行健，君子以自强不息。"1914年11月初，梁启超先生在清华大学作题为《君子》的演说，以"天行使，君子以自强不息；地势坤，君子以厚德载物"为中心内容，激励清华学子发愤图强，希望清华学子"崇德修学，勉为真君子，异日出膺大任，足以挽既倒之狂澜，作中流之砥柱"。此次演讲以后，清华大学即将此确定为校训。

"天行健，君子以自强不息"，就是说，天的运行刚强劲健，君子效法天的运行，要不停地自我奋发图强。乾为纯阳卦，阳主动，君子按照乾卦来做，即履践"自强不息"。作为中国传统文化的基本精神，自强不息具有独特的历史内涵，主要表现在政治生活、个人生活上。

在政治生活上，自强不息表现为对外反抗侵略、对内反抗暴政。中国传统文化蕴含了沉重的历史使命感和责任感，从《大学》言君子修身齐家治国平天下，孟子说"平治天下，当今之世，舍我其谁"，到顾炎武"天下兴亡，匹夫有责"的倡言，爱国主义、英雄气概是中国传统文化的重要内容。中国是一个有着五千多年灿烂文明的国家，中华民族是一个不屈不挠、历经磨难而自强不息的民族。在中国历史上，中华民族精神从来就是动员和激励中国人民团结奋斗的一面旗帜，是每一个真正的炎黄子孙所应有的骨气和胆识，是各族人民共同的精神支柱！

自强不息的精神还鼓舞了无数仁人志士为国家和民族抛头颅、洒热血。无论是"出师未捷身先死，长使英雄泪满襟"的慨叹，"匈奴未灭，何以家为""会挽雕弓如满月，西北望，射天狼"的壮志，还是"人生自古谁无死，留取丹心照汗青”的豪迈情怀，都是自强精神的体现。爱国主义在不同的历史时期有不同的内容。自鸦片战争起，中华民族、中国人民用血肉筑起了驱逐外国侵略者的长城，他们忍辱负重，前赴后继，谱写出了悲壮的历史赞歌。在当今和平年代，坚持热爱祖国、用实际行动报效祖国，努力实现中华民族的伟大复兴，就是自强不息精神的具体落实，就是爱国主义的实质所在！

在政治生活上，自强不息还表现为“革故鼎新”精神，即除旧布新、不断进行社会变革和社会革命精神。《周易·系辞传》言：“日新之谓盛德，生生之谓易。”“穷则变，变则通，通则久。”《周易·革·象传》言：“天地革而四时成。汤武革命，顺乎天而应乎人。革之时大矣哉！”《诗经·大雅》云：“周虽旧邦，其命维新。”《礼记·大学》称赞：“苟日新，日日新，又日新。”自强不息、革故鼎新的思想，成为推动社会发展的一种内在动力。

在个人生活方面，自强不息弘扬的是一种积极进取、刚健有为的人格精神、生活态度，这也是中国的古圣先贤留给后代子孙的宝贵财富，是中国人做人行事的准则。儒家主张刚健有为，孔子重视“刚”的品德，认为“刚毅木讷，近仁”，高度肯定刚毅的品质。孔子对生活采取一种积极而乐观的态度，“发愤忘食，乐以忘忧，不知老之将至”。孔子一生充满忧患意识，以救世为己任。他心系天下，为实现自己的政治理想，带领弟子周游列国，一生奋斗，屡遭困厄，惶惶然如丧家之犬，但穷达由他，弘道在我，矢志不改。孔子表现出了一种“知其不可而为之”的自强不息精神。

孔子弟子曾参提倡“士”要“弘毅”，强调的是一种不屈不挠、勇于担当的奋斗精神。他说：“士不可以不弘毅，任重而道远。仁以为己任，不亦重乎？死而后已，不亦远乎？”孟子倡导“富贵不能淫，贫贱不能移，威武不能屈”的大丈夫品质。从人格取向看，儒家讲内圣外王，荀子认为理想的人格应当具有“经纬天地而材官万物”的特征。

自强不息也是古人对独立人格的追求。孔子说：“三军可夺帅也，匹夫不可夺志也。”极力称赞伯夷、叔齐“不降其志，不辱其身”，以保持自己独立的人格。道家主张自然无为，庄子追求逍遥的境界，向往精神的绝对自由，实际上是对个性人格的张扬的认可。《庄子·天下》说：“独与天地精神往来，而不敖倪于万物。”

自强不息的精神是中华民族的宝贵财富，是中华民族创造出灿烂辉煌的民族文化的精神支柱。中国人民勤劳勇敢，历史上对中国传统文化做出贡献的历代名人，他们身上都体现出刚健有为、自强不息的奋斗精神。勾践卧薪尝胆；苏秦读书“头悬梁，锥刺股”；司马迁继承父志，完成《史记》，成为“史家之绝唱，无韵之离骚”；苏武牧羊十九载不易气节；李时珍历时二十七年编成《本草纲目》；周恩来“为中华之崛起而读书”；等等。正如鲁迅赞扬的，中华民族“从古以来，就有埋头苦干的人，有拼命硬干的人，有为民请命的人，有舍身求法的人……虽是等于为帝王将相作家谱的所谓‘正史’，也往往是掩不住他们的光耀。这就是中国的脊梁”。自强不息的奋斗精神，正是中国传统文化中对生命的深刻阐释，也是中国传统文化重要的基本精神。

（二）厚德载物

《周易·坤卦·象传》有云：“地势坤，君子以厚德载物。”坤为地，大地非常丰厚，无私地承载万物，滋养万物，具有宽厚、包容、博大、坦荡的品德。君子应该效仿大地厚实和顺的美德而载育万物。

厚德载物体现在国家关系上，就是反对战争、和谐相处的精神。《老子》说：“兵者，不祥之器。”墨子主张“非攻”以消弭战争。儒家主张王道，以“德”使远人来服。中华民族历来主张与邻邦和谐相处、平等互利以求共同发展。春秋时代，中国产生了诸国之间的会盟制度。秦汉以降，帝王处理国家关系时，常常通过结盟、和亲、通商等形式与他国交往。

厚德载物表现在人际关系上，就是要加强品德的修养，要有宽容、忍让、谦虚的态度，要有“与物同体”的磊落胸怀。《尚书·舜典》把“宽”视为一种做人的重要品德，“直而温，宽而栗，刚而无虐，简而无傲”。春秋战国时代，儒家主张“仁”与“恕”，“己欲立而立人，己欲达而达人”和“己所不欲，勿施于人”的“忠恕”之道，蕴涵着一种人文关怀。道家主张“包容”，“江海之所以能为百谷王者，以其善下之也，是以能为百谷王”，阐明一种谦逊、包容的品格。墨家主张“兼爱”，“天下兼相爱则治”，兼爱是一种博大宽广的普世之爱。这些主张都体现了“厚德”精神。

在对待不同文化的态度方面，厚德载物提倡以宽容的精神对待不同文化、不同学术观点。春秋战国时期，出现了诸子竞秀、百家争鸣的格局，儒家的仁义礼让，道家的自然无为，墨家的兼爱非攻，法家的严刑峻法，各家相互辩难，却在争鸣中取长补短。秦汉时期，各家学说显示了相互融合的倾向。司马谈在《论六家要旨》说：“道家……因阴阳之大顺，采儒墨之善，提名法之要，与时迁移，应物变化，立俗施事，无所不宜。”反映了先秦百家学说精华相互包容荟萃的历史事实。中国传统文化还在长期吸纳周边少数民族的优秀文明中日臻繁荣。魏晋南北朝是中华各民族大融合时期，也是中国传统文化的大发展时期，北方少数民族与中原农耕文化的碰撞、融合，为中国传统文化的发展注入了新鲜血液。

对外域文化、外来宗教采取的宽容和吸纳态度，充分展现了中国文化“有容乃大”的伟大气魄。汉末以后，儒、道、佛的鼎立、互补以及多种其他文化的和平共存，体现了中国文化的包容性。佛教自汉代传入中国，至魏晋南北朝时期，形成一个高潮，印度佛教被儒家哲学、道家哲学影响、渗透，成为中国化的佛教。隋唐时期中国佛教分为八个宗派，不少宗派都体现了中国儒、道文化和印度佛教文化大融合的特征。盛唐是中国最开放的时代，唐文化体现出一种兼容并包的宏大气魄，以博大的胸襟吸纳外域文化，成为文化交融的典范。

“自强不息”“厚德载物”两大精神不是分离的、割裂的，而是融合的。自强不息，厚德载物，是成就君子人格的基本要素。宋代哲学家张载说：“察天行以自强，察地势以厚德。”“自强”以法天。“厚德”以法地。《老子》说：“人法地，地法天，天法道，道法自然。”“自强”“厚德”以法天地之道，体现的是一种天人合一的境界。

（三）天人合一

天人合一是中国传统文化发展中提出的一个重要思想。这一思想认为，自然的发展与人类的发展是互相影响、互相作用的，人们应根据自然的变化来调整并规范自己的言行。纵览中国的历史可知，天人合一思想不仅影响、制约着政治，同时也影响了当时的社会生活。

在中国古代思想家看来，天与人、天道与人道、天性与人性是相关相通的，因而可以达到统一。换言之，人们必须按照自然界的必然法则行事，才能够生存与发展；人只能在顺从自然规律的条件下去利用自然，调整自然，使之更符合人类的需要。而实际上，自然并不是一个超越异己的本体，也不是宰割人类社会的神秘力量，人和天是完全可以和谐统一的。故《易传·文言》中称：“大大人者，与天地保其德，与日月合其明，与四时合其序，与鬼神合其吉凶。先天而天弗违，后天而奉天时。”《易传·系辞》中称，圣人行事之准绳为：“与天地相似，故不违；知周乎万物而道济天下，故不过；旁行而不流，乐天知命，故不忧；安土而敦乎仁，故能爱；范围天地之化而不过，曲成万物而不遗，通乎昼夜之道而知。”这表明，“天人合一”是传统文化所追求的最高境界。我们看到，“天人合一”的观念贯穿于中国文化的方方面面，是弥漫于全社会的文化传统。这与西方文化强调人要征服自然、改造自然才能求得自己的生存和发展的思想具有显著的不同。

分析天人合一思想的根源，一是在于当时农耕社会，农业的播种、收获全仰仗于自然；如果人们顺应自然，及时播种，适时耕作，则得以生存。因此，依靠自然、适时劳作的生产方式和观念，就导致了天人合一思想的产生。二是当时科学技术还没有发展到人们可以完全解释说明自然现象和社会现象的程度，自然的变化，尤其是灾害使人们产生了原始的宗教意识。三是随着社会的发展，尤其是秦统一后社会的巨变，政治权力越来越集中，越来越专制。因此，借助于天人合一的思想，借助于这种原始的宗教意识对皇帝和官吏予以监督和考核，就成了当时社会的学者和思想家唯一可行的选择。正是这些因素，促使了思想家、学者将天人合一的思想进一步理论化、系统化，形成了观念意识，进而指导人们的实践，终于孕育出一种精神文化现象、一种文化精神。

（四）求是务实

中国自古以来是农业大国，亿万从事农业生产的农民，构成了中国社会的国民主体。农民长期的“一分耕耘一分收获”的农耕实践影响到国民性格的形成，养成了脚踏实地的求是务实精神。孔子主张“学而时习之”，“每事问”，“知之为知之，不知为不知”，就是求是务实精神在学习方法和学习态度上的反映。老子认为“知人者智，自知者明”，庄子主张“析万物之理”，这是道家对人对事的求是务实精神的具体反映。中国传统史学坚持“不为亲者讳，不为尊者讳”，不畏权势，秉笔直书的传统，也是中国传统文化求是务实精神的体现。中国古典文学中始终如一的现实主义，也与中国人求真务实、实事求是的精神密不可分。可见，求是务实精神在民族性格中已烙下了不可磨灭的印记。中国人性格质朴，立身行事，讲究的是凡事脚踏实地、循序渐进，蔑视华而不实之风。这种实事求是的精神是中国传统文化精神以及中华民族素质里的闪光点，曾引导中国人在世界古代文明中创造了辉煌的农业文明和世界上最辉煌的中古文化。但是，也必须看到在这种求是务实精神中，也包含着某些消极的因素：一是传统文化中求是务实精神的经济基础是小农经济的简单再生产，它往往以经验主义为基础，偏重实惠和眼前功利，忽略精密严谨的思维，这种“实用—经验”理性，使中国人不太注重纯科学性的玄思，扼制了中国人对自然奥秘的好奇心和对自然科学的研究愿望。

（五）道德至上

中国传统文化是一种道德至上的文化。在中国传统文化中，伦理道德学说处于中心的地位，道德意识浸透了文化的各方各面，其对各类文化要素皆具有指导和影响作用。道德至上最显著的标志就是政治的道德化。在中国古代，社会实行的是君主专制。这种以宗法制为基础的治国方式，家国合一。调节社会人伦关系的伦理原则，一方面是微观个人的道德规范，另一方面也是宏观国家的政治原则。广为流传的“孝治”“仁政”“德治”等理论，都是儒家政治理想的践行。

道德至上的另一个重要表现是法律道德化，这是儒家德治思想带来的影响。针对法家的刑治，儒家强调德治，孔子的“道之以德，齐之以礼”和董仲舒“阳德阴刑”的理论，都表达了以道德教化为中心的“礼治”理想。道德至上的特征还有许多表现，如中国哲学体系的核心就是伦理道德学说，中国的文学艺术以“善”这一道德标准为最高价值取向，中国传统科技也注重德性的提升。

尤为突出的是个人伦理道德规范体系的完备成熟，使得中国人向来重视自我修养、自我完善，造就了大批注重操守气节、讲究克己奉公、追求舍生取义的志士仁人和爱国英雄。儒家的这一思想集中体现在《大学》篇中，它将人的自我修养分为八步：最初两步是“诚意、正心”，即立志；其次的两步是“格物、致知”，其目的是了解世界；紧接着的一步是对前面四步的概括，即“修身”，其目的是使自身变得完美，从而肩负社会历史的责任；最后三步是“齐家、治国、平天下”，其目的在于落实自己的德行，在国家建设过程中实现自己的价值。为此，孔子提出了以“礼”为行为规范、以“义”为价值准绳、以“仁”为核心的关于人的理想、价值、道德等方面的系统学说及道德模式，并在此基础上提出“修身、齐家、治国、平天下”的治理国家和社会的路径。孔子崇尚由己推人，强调设身处地以及“己所不欲勿施于人”；孔子反对以自我为中心、唯我独尊，否定将个人的价值实现以及道德修养定位在高于对他人、社会的关爱与奉献之上。他倡导人们的言行合乎“礼”，且尽于“义”，要通过个人的修养，磨炼成为意志坚强、道德高尚的人，从而促进人与人、人与家庭、人与社会的和谐统一。儒家强调个体道德的修养对社会有重要作用，显然是非常合理的。这种德行修养的传统在中国历史上造就了许多如范仲淹一般的仁者志士，他们身上所展现出的崇高德行早已成为中华民族的道德追求。今天，在建设社会主义精神文明，抵御西方拜金主义、个人主义为本位的价值观，培养有理想、有道德、有文化、有纪律的一代新人中，仍具有重要的借鉴意义。

片面强调道德至上也带来了另外一方面的问题，即以道德规范充当法典条例，法律道德化的倾向，使国人的法律意识淡薄；同时，政治道德化也给专制主义统治披上了一件温情的外衣，使得中国的传统政治缺乏独立的政治制度等。

第四节　研习中国传统文化的意义和方法

我们学习和研究传统文化，不是为古而古、为学术而学术，而是为了全面系统地了解和掌握我们中华民族在漫长的历史过程中所形成的民族精神和所凝聚的民族智慧。传统是历史与现实、新与旧的联结点。认真地总结和批判地继承过去固有的文化传统，对于我们正确认识今天所处的时代、认识现实的中国社会十分必要。

2014 年，习近平总书记在多次讲话中提出培育和弘扬社会主义核心价值观必须立足中华优秀传统文化，加强对中华优秀传统文化的挖掘和阐发。而这些论述也成为社会各界热议的话题。学界普遍认为，社会主义核心价值观与中华民族传统文化关系紧密，原因就在于传统文化为社会主义核心价值观建设提供了文化基础和思想指引。

一、学习中国传统文化的意义

文化是一个民族的历史积淀，是一个国家和民族前途和命运的保障。当今世界，全球化已经成为一种不可避免的趋势，文化的全球化对中国传统文化产生了重大影响。对于中国传统文化的未来走向来说，文化的全球化既送来了机遇也带来了挑战。因此，在这样一种背景下，学习和研究传统文化具有十分重要的意义。具体来讲其主要表现在以下几点：

其一，有助于增强我们的民族自尊心和自信心。中国是具有 5 000 年深厚历史的文明古国，中华民族是勤劳、勇敢和充满智慧的民族，中国文化具有辉煌灿烂的成就和独特的风貌。通过弘扬优秀的文化传统，可以批判盲目崇洋媚外、丧失国格和人格的思想和行径，消除妄自菲薄、意志消沉的自卑感以及形形色色的民族虚无主义，从而焕发我们民族日月常新的生命力和创造力、为中华民族的伟大复兴谱写新的更加辉煌灿烂的篇章。

其二，学习中国传统文化，有助于我们以理性的态度和务实的精神去继承传统，创造中华民族更加美好的未来。中国传统文化是已经影响中国人过去、正在影响中国人现在并且还会影响中国人将来的传统。传统是一种社会的生存与创造机制。借助于它，历史得以延续，我们社会的精神成就与物质成就方可保存与实现。因此，文化传统不仅是存留在博物馆和图书馆之中，它还活跃于今人和未来人的具体践行之中，且在践行当中不断调整、改变自己。任何一个有志于民族未来的中国人，都应当努力熟悉传统，分析传统，变革传统，而学习、研究中国历史与文化，正是培育这种理性态度和务实精神的最好课堂。学习中国历史与文化，有助于我们开阔文化视野，以海纳百川的气概，吸纳其他文化的积极内容，建设高度发达的社会主义精神文明。我们坚信，有着几千年历史的中国传统文化，在完成由古代向现代的转型过程中，必将以其特有的思想精华，为21世纪中国和世界文明的进步与发展做出自己独特的贡献。

其三，有助于吸收和消化外来的先进文化。"它山之石，可以攻玉。"凡是对我国社会主义现代化建设有所裨益的积极内容和优秀成果，不论是哪一国家还是哪一时代的，我们都要积极地了解、介绍、学习和借鉴。那种故步自封、夜郎自大和抱残守缺的态度，既不符合今天改革开放的国策，也违背中华民族素有的兼容并蓄精神。从民族文化与世界文明的辩证关系看，世界文明并不是某一个国家民族作用的结果，而是全世界人民共同创造的。因此各民族自身的文化是平等的，是需要彼此尊重、相互学习、携手并进的。作为人类世界的组成部分，任何一个国家都不是孤岛，其存在和发展对其他国家都会产生或大或小的影响；其自身也会不可避免地受到其他国家或多或少的影响。古代中国的四大发明为世界文明前进做出了重大贡献，当前西方国家掀起的中国古代文化热，也说明了中国的传统文化至今还在发挥作用。因此，只有各国充分发扬本民族文化特点，力求为人类社会的进步做出贡献，世界文明的前行才能得到可靠的保证。反之，闭门造车、人云亦云的文化发展模式，不仅得不到好的发展，甚至还会走上文化灭亡之路，世界史上是有这种教训的。因此，学习与引进外国文化，必须作具体分析，一定要从本国实际出发，一面学习外国先进文化，一面对本国文化进行革新，不断提高自己的现代化水平。

其四，学习中国传统文化，有助于提高个人的文化修养和培育人文精神。中国传统文化的格调高雅、底蕴厚重、意境深远。自然与社会、形式与内容，往往表现出高度和谐与美妙的统一。中国文化中最有价值的部分，在于它的人文精神。在自然界中，在天、地、人三位一体中，"人"是最为重要的。以人为本，就是重视人性，强调独立人格。但是，在中国文化里，人又不是单一的不受制约的孤立个体——他一方面与自然融为一体，以与自然相亲、不违背自然的既有状态而存在；他另一方面又是社会的一部分，依存于复杂的人际关系之中，还承担着多样的社会责任。这种既强调人性、人格又重视与自然、社会依存关系的精神极为突出。这样的人文精神具体表现如：追求独立气节的同时，讲究仁爱情义；拥有修身、齐家、治国、平天下的社会责任感的同时，怀有超脱世俗的艺术追求……这些仍然是当代健全人格的重要精神源泉。学习中国的传统文化可以陶冶人的品质情操、砥砺人的道德意志，使人摆脱世俗，完善人的精神境界，进而提高人的文化素养和思想品味。

二、学习中国传统文化的方法

我们学习传统文化的目的，是继承祖国的优秀文化遗产，为建设中国特色的社会主义服务，因此，就必须坚持以马克思主义的辩证唯物主义和历史唯物主义为指导，站在时代的高度，对传统文化进行分析、整理、选择和评价，这是学习中国传统文化的总原则和方法。

学习和研究传统文化必须遵循批判继承，吸收精华，剔除糟粕的原则。这是对待历史文化遗产的正确主张。“五四”以来文化论争的历史也已经证明，这一原则具有颠扑不破的真理性。

学习和研究传统文化，常用的方法有：比较鉴别的方法，实事求是地评价人物的方法，周密系统地考订史料的方法，一般与个别相结合的方法，历史和逻辑相一致的方法，归纳与演绎以及分析与综合相结合的方法等等。需要注意的是：

（一）史论结合

我们既要对中国传统文化的来龙去脉、历史沿革有一个清晰的了解，又要避免被浩如烟海的材料淹没。这就需要将历史的方法与逻辑的方法结合起来，以史求论，以论带史，史论结合，相辅相成，相得益彰，以达到事半功倍的效果。其实，历史的方法与逻辑的方法是相通的。如同恩格斯所言：“历史常常是跳跃式地和曲折地前进的，如果必须处处跟随着它，那就势必不仅会注意许多无关紧要的材料，而且也会常常打断思想进程……因此，逻辑的研究方式是唯一适用的方式。但是，实际上这种方式无非是历史的研究方式，不过摆脱了历史的形式以及起扰乱作用的偶然性而已。”① 因此，我们在学习历史上的文化现象的时候，不能被现象所迷惑，而要透过现象看本质，注重一个个现象背后的规律性的东西，注重历史演进、社会演进的本质性的东西。要学会用逻辑的方法把握历史，概括历史，总结历史的规律，要理解它的发生、发展规律，思考继承与发展以及继往与开来的关系。只有认识自己民族的历史，在批判的基础上继承和理解自己的文化传统，才能创造出新的自立于世界民族之林的文化。

（二）书本与实际相结合

中国文化的要义多被记录在汗牛充栋的古籍之中。研读这些古籍，尤其

① 马克思，恩格斯．马克思恩格斯全集：第2卷［M］．北京：人民出版社，1972：122.

是其中具有经典意义的文献，如《诗经》《周易》《论语》《史记》等等，对于我们把握中国文化的精髓，无疑是非常必要的。但这只是问题的一个方面，另一个方面，中国文化的众多要素，是以非文本的形式存留于社会之中，例如起居习俗、宗教礼仪、道德规范等等。这就要求我们将研究的视野扩大到文本之外的社会生活的广阔领域，将典籍研究与社会考察结合起来，将书本知识与现实生活结合起来，相互比照，相互印证，相互补充，从而对生生不息的中国文化有一个动态的、全面的了解。

（三）创新与弘扬相结合

中国传统文化是历史赐予我们的一份珍贵遗产，是我们建设现代文化的出发点和基础，因而全盘否定、彻底抛弃的非历史主义和民族虚无主义的态度是不可取的。新的社会、新的时代对中国文化的建设提出了新的要求，我们必须以历史唯物主义的科学观和方法论，在批判地继承中国传统文化精华的同时，根据时代的要求，与时俱进、开拓创新，才能持续地有所发现，有所发明，有所创造，有所前进。

全球化的过程伴随着文化竞争的加剧，社会转型的过程出现了多元发展的趋势。为了回应全球文化竞争加剧的挑战，促进社会转型过程中的价值整合，需要充分挖掘优秀传统文化的软实力价值，促进传统文化转化为文化软实力。当前我们在建设具有中国特色社会主义文化的过程中，必须继承和发扬中华传统文化中的优秀成分，取其精华，去其糟粕，古为今用，发展创新。

复习思考题：

1. 什么是文化？谈谈你对文化的理解。
2. 中国传统文化的主要特征和基本精神有哪些？
3. 结合当今实际谈谈学习中国传统文化的意义。

第二章　中国古代政治思想

中国古代政治思想博大精深，是整个中国传统思想的核心部分。其中，滥觞于先秦儒家、法家、道家和墨家的政治思想源远流长，尤其是儒家的思想观点，对整个中国传统社会产生了极为重要的影响。时至今日，了解和体会这些思想的精髓，对于提升个人修养，推动社会进步，依然有着重要的意义。因此，本章集中介绍以上各家学派的政治思想主张，并对儒家思想着重进行阐述。

第一节　古代政治思想的演进

在了解中国古代政治思想的具体内容之前，有必要了解其形成与发展的基本脉络以及各个发展阶段的代表人物，继而从总体上把握古代政治思想的特点。

一、古代政治思想的演进及其代表人物

中国古代政治思想的演进过程大致可以分为以下几个阶段：

（一）第一阶段：商代、西周以及春秋战国时期

1. 商代、西周时期

殷商西周时期，是中国文化史上以神为本的文化过渡为以人为本的文化的关键时期。

殷商时期，专司人神沟通的巫日渐职业化、世袭化，他们垄断神坛、执掌政坛，具有很高的社会地位。巫史的勃兴，成为中国文化史上的独特现象。[①] 同时，殷商直至周初，迷信的空气弥漫着整个社会，几乎到了凡事必卜、无日不卜的地步。占卜之后，经过若干时日，倘若效验了占卜的结果，

① 殷商西周时期，史与巫通常是一身二任，所以后世以“巫史”相称。

巫史便会把效验的情况刻进卜辞①。在卜辞中，“帝”以人类主宰神的身份反复出现，后来又演变为“上帝”“天”。“宗天”观念成为殷代文化的重要特色。宗天，意味着对神的虔诚崇拜。据考证，殷人的迷信风气与他们的嗜酒习俗息息相关。殷人毫不怀疑人神之间能彼此沟通，但在头脑清醒时，人神之间的沟通很难取得出神入化的满意效果，而酒正好可以使他们在神情恍惚、意识蒙眬之际，置身于人神共处的幻妙氛围之中。据《尚书·酒诰》记载，帝乙之前，统治者畏天明命，兢兢业业。但到了后来，其不肖子孙自恃于天神的荫蔽，躺在先辈创下的丰厚基业上，怙恶不悛，酗酒成风。于是，天怒人怨，一朝覆亡。《尚书·酒诰》本是西周统治者诫谕殷代遗民和周族新贵严禁酗酒的诰命，但其对于殷人的严厉谴责，亦是对泛滥的宗教活动及迷信思想的变相批判。正是从这种批判出发，周人拨乱反正，发动了一场以疑天、敬德、保民为旗帜的政治革新。

正如殷人笃信天帝一样，周人也认为是上天保佑着周王，对上天这一至高无上的宇宙主宰肃然起敬。但殷人原本是天之骄子，为什么上天后来却改变初衷转而青睐周人呢？对这一问题的思考，最终引导周人得出了“天命靡常”的结论。“天命靡常”的提出，显然有着两个方面的政治目的：一是警告殷商的遗民，承认天命已转于周人的现实，不要逆天而动；二是告诫周初统治者，要吸取殷人教训，不要让天命再转移到别人手里。然而，如何才能使“靡常”的天命不再转移而永久照耀周人？殷人在这方面竭尽全力，可最终还是被上天抛弃了。因此，“受禄于天”的必要前提，并不在于祭物的丰厚和礼拜的虔诚，而在于统治者的“宜民宜人”。进而，周人提出了“德”的概念，并将其作为统治者“宜民宜人”的理论依据。“德”的出现，在中国文化史上具有里程碑式的意义，为中华民族文化心理的建构和文化形象的塑造奠定了基调。

一般认为，“德”这一概念源于周公。周公名旦，他经历了小邦周灭掉大邦殷商的历史沧桑之变，是西周的奠基者。《尚书·周书》中的《大诰》《康诰》《酒诰》等篇，不仅是周的诰命和政策，同时也是周公对以前历史的总结。在中国历史上，周公有着特殊的地位，是古代政治思想的开山鼻祖。

周公对后世产生重要影响的政治思想主要有二：其一，明确提出了“明德慎罚”“敬德保民”的主张。周公用“德”来说明“天”的意向，认为其是得天命与治天下的根本保证，可以说，“明德”是周公颁布的一系列诰命的

① 殷人占卜，常将占卜人姓名、所问之事及占卜结果等刻在所用龟甲或兽骨上，间或亦刻有少量与占卜有关的记事，这类纪录文字通称为卜辞。

思想精髓。鉴于殷滥用刑罚而招致民怨民叛的深刻历史教训，周公对“罚”的原则也做了新的阐述，提出了“慎罚”的政治思想。“保民”是周公提出的又一政治概念，“保民”思想主要来自将民情视为天命的认识。周公特别强调治民应谨慎从事，并认为要将民之疾苦视为己之疾苦加以格外重视。其二，制定周礼。周礼的最主要内容是关于社会等级秩序和伦理道德规范的制度性规定，其实质是“尊尊亲亲”，其主旨在于区分尊卑贵贱，即宗法制。周礼的制定是周公经邦治国的重要措施。

周公开创的“敬德”“尊礼”，对中国古代政治思想产生了极为深远的影响。儒家文化，就是孔子在继承发展周公思想的基础上形成的。

2. 春秋战国时期

春秋战国时期是古代政治思想发展最为重要的时期，思想领域百家争鸣的繁荣局面成为这一时期的文化标志。在百家争鸣的过程中，建立了系统政治学说的流派主要有儒家、法家、道家和墨家，其中，先秦儒家的学说对于秦汉以后的中国社会产生了极其重大的影响。

（1）先秦儒家

作为中国传统思想核心的儒家学说，诞生于先秦，其主要代表人物有孔子、孟子和荀子。

儒学发端于孔子。孔子（公元前551—公元前479年），名丘，字仲尼。孔子的先人原是宋国贵族，其曾祖父孔防叔因避宋乱逃到鲁国，父亲孔叔梁纥为鲁国的陬邑宰。孔子早年地位低贱，当过管理仓库和看管牛羊之类的小吏和家臣，后为鲁国大司寇，并一度“摄行相事”，但为时不长。他推崇西周政体，以西周社会为蓝本构建其政治理想，并四处奔走，周游列国，上说下教，中年后收徒讲学，“弟子三千，贤人七十”。他的及门弟子和再传弟子将他和弟子们的言行编纂整理成《论语》，并成为后人了解和研究孔子及早期儒家思想的最重要资料。

孔子的政治思想可概括为两个字：“礼”“仁”。孔子生长于春秋时期“周礼尽在”的鲁国。面对周天子式微及“礼坏乐崩”的时势，他深感痛惜，为复兴周礼而奔走呼号，力劝当时的统治者们推行礼治。孔子认为，礼是人立身的基点，“非礼勿视，非礼勿听，非礼勿言，非礼勿动”[①]；而且主张“为国以礼”，认为礼是治国之本。以礼治国既强调“君君、臣臣、父父、子子”的政治伦理规范，也强调用礼治民。孔子继承并发展了周公敬德保民的思想，提出了“仁”，即“爱人”的德治思想，要求统治者先正己而后正人，

① 《论语·颜渊》。

所谓“其身正，不令而行；其身不正，虽令不从”①。在礼与仁的关系上，孔子提出“克己复礼为仁”②，即仁是礼的支柱，礼是仁的目的。

孟子对于孔子思想最重要的发展，是在人性善论的基础上明确提出了仁政和民本思想。孟子（约公元前385—公元前304年），名轲，字子舆，战国中期邹人（今山东邹城）。孟子三岁丧父，孟母艰辛将其抚养成人。孟母管束甚严，“断机教子”等故事成为后世教子的典范。孟子也曾周游列国，历时约二十年，宣讲他的“王道”和“仁政”思想。但当时正值诸侯兼并混战时期，没有人采纳他的建议。于是孟子退而教学著书，并和弟子万章、公孙丑等一起写成《孟子》一书传于后世。

在孟子看来，人人都有仁爱之心，“仁义礼智，非外铄我也，我固有之也”③。孟子提出“四端”，即“恻隐之心，仁之端也；羞恶之心，义之端也；辞让之心，礼之端也；是非之心，智之端也”④。他认为，人们都有同情心，这种同情心非名利所引发。他举例说，一个小孩将要掉到井里的时候，人们会不顾一切地救他，这种行为既不是为了沽名钓誉，也不是为了讨好结交孩子的父母，而是出于人固有的同情心，这种同情心便是“仁”。由此，孟子认为人的“仁”“义”“礼”“智”四德是生来就有的，所以人性本善，生来就有怜悯同情之心、羞耻憎恶之心、恭敬辞让之心、是非之心。正是因为人皆有“不忍之心”，所以先王行“不忍人之政”，即仁政。这样，性善论就成为孟子仁政的哲学基础。以此为出发点，孟子主张以德服人的王道反对以力服人的霸道。另外，孟子还提出了“民贵君轻”的民本思想，并认为“有恒产者有恒心”⑤，主张统治者给百姓一定的产业，然后引导他们祛恶扬善，这样才能收到所期待的效果。

与孟子相反，儒家思想的另一个继承者荀子则主张人性恶论。荀子（公元前298—公元前238年），名况，字卿，战国末期赵国人。据《史记》记载，他曾多次游于齐、秦、赵，最后到了楚国，被楚宰相春申君任命为兰陵令。春申君被杀后，荀子被免职，后定居兰陵，直至老死。其所教弟子中，韩非、李斯二人最为著名。荀子批判地继承了孔子以来的儒家思想，同时也

① 《论语·子路》。
② 《论语·颜渊》。
③ 《孟子·告子上》。
④ 《孟子·公孙丑上》。
⑤ 《孟子·滕文公上》。

吸收了道、墨、名、法诸家的长处[①]，构建了自己的思想体系，故其思想虽偏礼制但又具综合性，不是儒家的主流，后衰落。其思想载于《荀子》一书中。

荀子说："不可学，不可事而在天者，谓之性；可学而能，可事而成之在人者，谓之伪。"意思是说，性是天生就有的，伪是后天形成的。"性"包括各种生理器官的自然生理本能以及对于衣食声色的情欲，是脱离社会关系的个体的生物性。在荀子看来，人的这种本性是恶的。如果"从人之性，顺人之情，必出于争夺，合于犯分乱理而归于暴"[②]。因此，必须"化性起伪"，即通过学习教化变化人性，使之由恶趋善，认为人性虽恶但经礼仪积累可以成为圣人君子。由此可见，从强调道德修为的角度，其与孔孟根本上是一致的。孟子还从人性恶出发，提出了礼法并重的思想，这对于现代社会的政治治理具有重要的启示意义。

（2）先秦法家

春秋战国是由奴隶社会向封建社会转型的动荡时期。在这一时期，一些代表新兴地主阶级的思想家先后在各诸侯国发动了变法革新运动，积极主张"法治"、加强君权，用"法治"取代"礼制"，以封建官僚等级制和郡县制取代贵族世卿，故被称为法家。法家分为前期和后期两个阶段。

前期法家代表人物有管仲、子产、李悝、商鞅、慎到、申不害等。下文逐一对之略作介绍。①管仲，出生年月不详，卒于公元前 645 年，名夷吾，字仲。少时贫寒，后为齐国宰相，并助齐国强盛而成为最早的霸主，现存有《管子》一书。管子认为，法是衡量人们行为善恶的标准，而要保证法令的贯彻，必须"劝之以赏赐，纠之以刑罚"[③]。管子主张以好利恶害的人性作为治国的根据，"民利之则来，害之则去；民之从利也，如水之走下，于四方无择也。故欲来民者，先起其利，虽不召而民自至。设其所恶，虽召之而民不来也"[④]。这一利用人的性情的治国之道为韩非所继承。②子产，生于公元前 380 年，卒于公元前 322 年，出身于郑国贵族之家，执政郑国 20 年，成绩卓著。子产最著名之举是"铸刑书"，即把刑法铸于铁鼎上，从而促成了中国历史上最早的成文法。成文法的出现在理论上杜绝了统治者的随意性，限制了

① 名家，先秦时期诸子百家的学派之一，战国时称"刑名家"或"辩者"，西汉始称"名家"。名家学派以思维的形式、规律和名实关系为研究对象，并以善于辩论和语言分析著称。这里的"名"，是指事物的概念；而"实"则是"名"所指称的事物。这一学派的代表人物如赵国人公孙龙，著名的"白马非马""坚白石二"等命题就是由他提出的。名家学派主要活跃在春秋战国时期，之后几乎没有继承人。

② 《荀子·性恶》。

③ 《国语·齐语》。

④ 《管子·形势解》。

奴隶主的特权。子产还主张为政须宽猛结合，但以猛为上。他对其继承者子大叔说："我死，子必为政。唯有德者能以宽服民，其次莫若猛。"[①] ③李悝，生于公元前455年，卒于公元前395年，曾任魏国相并主持变法。李悝被认为是法家严格意义上的开山鼻祖，其对法家和古代法律的最大贡献是编著《法经》——我国历史上第一部完备的成文法典。《法经》包括六篇：《盗法》《贼法》《囚法》《捕法》《杂法》《具法》。《法经》以刑法为主，这也为中国封建社会法典"重刑轻民"的立法模式奠定了基础。④商鞅，亦称卫鞅，约生于公元前390年，卒于公元前338年，姓公孙，名鞅，因受秦孝公封商邑，号商君，故称商鞅。在战国时代各国的变法中，商鞅变法最为彻底，为秦国雄居于六国之上进而统一中国起到了重要作用。现存的《商君书》，反映了商鞅及其后来者的思想。商鞅重法，认为圣君应"不贵义而贵法，法必明，令必行"[②]。商鞅还主张严刑峻法，他曾在渭水之滨一天处死七百多人。但实施重刑，容易导致主观用刑甚至演变成暴政，这也是法家历来被人诟病的一个重要原因。⑤慎到，约生于公元前390年，卒于公元前315年，赵国人，著有《慎子》一书。慎到是从道家分化出来的法家代表人物，以重"势"著称。但他的重势与重法有内在的联系：重势是为了推行法治，而要想臣民服从法令，推行法治，又离不开君主拥有绝对的权势。慎到将君主和权势的关系喻为飞龙和云雾：有了云雾，飞龙才能高飞；一旦云雾消散，飞龙便与地上的蚯蚓无别。⑥申不害，生于公元前395年，卒于公元前337年，也是从道家分化出来的法家代表人物。申不害重术，"术"有两方面的含义：一是"循名责实"，二是藏而不露，其主要作用在于辨别群臣之忠奸，考核其能力，衡量其功过，以加强法制和君主专制。综上可见，前期法家可分为以商鞅为首的重法派、以慎到为首的重势派，以及以申不害为首的重术派。

后期法家代表人物韩非，可谓法家的集大成者。韩非，亦称韩非子，约生于公元前280年，卒于公元前233年，出身于韩国贵族之家，与李斯一起师从荀子，并同在秦王嬴政手下谋事。韩非虽有口吃的生理缺陷，但善于著述，才学超人。今读《韩非子》，仍会为其敏锐严密的论述所折服。对于韩非的博学多才，李斯自愧不如，这也可能是后来韩非被李斯陷害致死的一个原因。

韩非总结了前期法家的法、术、势思想，建立了以法为本，法、术、势三者结合的君主专制政治理论学说，为秦统一中国奠定了极为重要的思想基

① 《左传·昭公二十年》。

② 《商君书·画策》。

础。韩非法治思想的理论基础有二：一是进化的历史观。儒、道两家皆厚古薄今，认为古人道德品质高，而随着历史发展，人们的道德品质愈来愈低，所以主张法古。韩非则坚持“世异则事异”“事异则备变”的历史进化论。他将历史分为上古、中古、近古和当今四个发展阶段，并认为“上古竞于道德，中世逐于智谋，当今争于气力”①。今世有不同于前代的主题，因而治国措施不要一味师法古代，必须有新的治国之道，否则无异于守株待兔的愚蠢之举。二是趋利避害的人性论。韩非继承管子等法家思想，将人的趋利性推广开来。他说，父母与子女之间“产男则相贺，产女则杀之”，君臣之间“臣卖力气，主卖官爵”，“故舆人成舆，则欲人之富贵；匠人成棺，则欲人之夭死。非舆人仁而匠人贼也。人不贵，则舆不售；人不死，则棺不售。情非憎人也，利在人之死也。”②

另外，法家主张富国强兵而追求霸业，因此必然形成实用功利的价值观，主张轻德尚力的价值取向，这与儒家重礼尚德、重义轻利的价值观形成了鲜明的对比。韩非继承这一传统，认为随着人口剧增、货源锐减、弱肉强食时代的到来，仁义道德再也派不上用场，相比之下，“气力”则更为可靠。韩非从战国时期的现实出发，其尚力轻德的功利价值观有其合理性，但这种价值观容易导致政治上的高压强权和文化上的专制粗鄙，秦代的“焚书坑儒”即是例证。

秦国自商鞅变法到统一中国，一直以法家思想立国，由贫转富，从弱变强，最后统一天下。秦亡汉兴以来，儒家政治思想逐步占据了统治地位，而法家学派则日渐衰微。法家思想也随着法律的儒家化而失去了其独有的地位。

（3）先秦道家

道家思想由春秋战国时代的老子创立，后被庄子发扬光大，故后人通称为“老庄”。老子和庄子认为“道”是宇宙的本原、万物的始祖，“道”是他们思想体系的核心和最高范畴，故被称为道家。道家的思想发展大致经历了先秦道家以及秦汉以后的演变两个阶段。

老子，姓李名耳，字聃，约生于公元前 571 年，卒于公元前 471 年，长期担任春秋末期周王室掌管典籍的史官，精通典章礼制，因此，才有孔子向其请教之说。后见周王室衰微，弃官隐遁，不知所终。著有《老子》一书，思想博大精深，与《周易》《论语》一起成为最具世界影响力的三部中国古代典籍。老子总结了历代王朝兴衰成败及百姓安危祸福的经验教训，反对德

① 《韩非子・五蠹》。
② 《韩非子・备内》。

教礼制。老学的基本特征表现在：以道本体的自然主义哲学为基础，以“道法自然”为根本规律，主张取法于道的自然性和自发性，主张遵循事物的本性和发展规律，做到“无为”，从容自得以养生，绝圣弃智以治国。在老子那里，道是世界的本原，也是普遍法则。那么，“道”究竟为何？老子说：“道可道，非常道。”① 即能用语言表述的道，不是永恒的道；而他认为的“道”则是永恒的，是不可用语言表述的，它无形、无声，“视之不见”“听之不闻”“搏之不得”②。用一句话概括，“道”即虚、无。所以，道生万物，又表述为“天下万物生于有，有生于无”③。“有”是指有形有象的具体事物，“无”是先于具体事物的无形无象的本原；“无”与“有”的关系，就好比车辆，车子之所以有用，是因为车轮能够转动，而车轮之所以能够转动是因为车轮辐条所集中的车轴圆木中心是空的，可以穿过车轴。再如，陶器、房屋之所以有用，也都是由于其中存在空虚，即“无”。所以，“无”比有更重要。

庄子，约生于公元前 369 年，卒于公元前 286 年，名周，宋国蒙（今安徽蒙城县，一说是河南商丘）人。庄子才华横溢但不贪求名位厚禄，曾拒绝楚王的高位重金之聘，只当过家乡管理漆园的小吏，后隐居不出，在贫困中度过了一生，其遗留的著作留存于《庄子》一书中。庄子哲学的核心是人生哲学，并借此表达他傲视诸侯，衣被万世而“逍遥游”的独特思想感情，在哲学和文学领域都产生了深久的影响。庄子继承老子无为而治的思想，对“道”作了进一步的阐述：“夫道，有情有信，无为无形；可传而不可受，可得而不可见；自本自根，未有天地，自古以固存。神鬼神帝，生天生地。”④ 意思是说，“道”是第一性的超感知的精神本体，没有任何质的规定性，它先天地万物而生，自满自足，周流不殆，永生长存。

道家是中国思想古代史上一个具有重要地位的学派，对中国传统文化的形成和发展具有重大的影响，道家思想凝聚着中华民族独特的民族性格和民族精神。其以道为本体的无为而治政治思想虽仅适合于小国寡民的理想社会，但其思想内核对于现代政治而言依然有着借鉴意义。

（4）先秦墨家

先秦墨家的代表人物是墨子。墨子，约生于公元前 468 年，卒于公元前 376 年，名翟，战国时期宋国人（一说是鲁国人）。墨子出身贫民，曾为宋国

① 《老子》一章。
② 《老子》十四章。
③ 《老子》四十章。
④ 《庄子·大宗师》。

大夫，老年隐居于鲁山县黑隐寺并卒葬于此。墨子天资聪慧，据说他见天上鹰飞鸟翔，便制成木鸢，能在天上飞三天；看到满山的野果壳在雨水浸泡之后流出色液，就发明了“坑布之法”教人染色布料，并写成其名篇《所染》。而且，据记载，小孔成像原理是墨子最早发现的，他关于微分学原理的论说也比西方要早，墨子因而也被西方科学界称为东方的德谟克利特。另外，墨子还被认为是中国逻辑学的奠基者。

墨子一生不遗余力地反对兼并战争。面对诸侯争霸人民痛苦不堪的惨烈局面，墨子提出了著名的十大主张——兼爱、非攻、尚贤、尚同、节用、节葬、非乐、非命、天志、明鬼。其中兼爱、非攻、尚贤、尚同集中体现了他的政治思想。

墨子创立的墨家学曾兴盛一时，与儒家并称“显学”。儒墨两家思想观点不同，相互辩驳，也揭开了先秦百家争鸣的序幕。秦统一后，由于统治阶级独尊儒术等原因，墨学逐渐衰落，几成绝学。但是，墨家平等、互利和博爱的思想在现代社会仍有着极高的价值。

（二）第二阶段：汉唐时期

秦统一中国以后，中国社会进入了统一的多民族国家的发展阶段。汉唐时期虽然间或出现过南北分裂的局面，但统一中央集权国家的发展是这一时期基本的线索。由于专制制度的进一步强化，政治的专制统治逐渐渗透到思想文化领域，春秋战国时期百家争鸣的思想文化格局至秦统一中国而宣告结束。这一时期，儒家思想赢得了政治实践中的独尊地位，而道家思想也继续发展，先是黄老之学，继而是魏晋玄学，最后演变为与道教纠结不清的隋唐道家思想。

1. 汉唐儒家

先秦儒学在秦朝灭亡前始终未能居于统治地位。秦灭之后，汉代统治者鉴于前朝衰亡的教训，逐渐将儒家思想作为统治思想。其标志便是汉武帝采纳董仲舒建议，“罢黜百家，独尊儒术”。从此，儒家在封建社会意识形态领域独领风骚数千年之久。

董仲舒，生于公元前179年，卒于公元前104年，广川（今河北枣强县）人，著有《公羊春秋》，景帝时为博士。他治学专精，曾“三年不窥园”，完成了经学巨著《春秋繁露》，弟子众多。汉武帝即位后，曾连续三次下诏书策问古今治乱之道等，期间，董仲舒提出了“罢黜百家，独尊儒术”的主张，建议凡是不在《诗》《书》《礼》《易》《乐》《春秋》六经之学范围内的，全部罢去不用。这一主张得到汉武帝称许，典型的例证便是当时在京城长安设立的太学只能讲授儒家学说。

董仲舒的儒学以儒家思想为主干，兼采道家的自然观、法家的集权思想以及阴阳家的阴阳五行之学等[①]，构成了完整的理论体系。董仲舒思想的核心是“天人感应”说，宣扬天为万物之祖，百神之君，认为天制造了人，人为天的副本；天人之间声气相通，休戚相关，天是一个大宇宙，人是一个小宇宙。君主授命于天，代天行事，因此，必须以天意为行为准则。董仲舒虽用神权来限制君权，但却赋予君主承上启下、圆通万物之能，君主成了事实上的天，从而把封建专制理论系统化、神圣化。因此，这一思想为历代统治者所接受。以“天人感应”说为基础，董仲舒建立了一套神学化的伦理道德观。他认为，同天一样，人也有阴阳，“君为阳，臣为阴；父为阳，子为阴；夫为阳，妻为阴”[②]。天的意志是“阳贵而阴贱”“亲阳而疏阴”，所以君为臣纲，父为子纲，夫为妻纲，均出于天意。董仲舒抛弃了先秦儒家关于君臣、父子等互惠互动关系以及上者要身体力行、率先垂范的观点，改双向人伦义务为单向的等级服从。董仲舒还提出“天不变，道亦不变”[③]，旨在将封建社会的统治秩序永固化。

董仲舒强调政治上“大一统”，维护封建一统的政治局面，“《春秋》大一统者，天地之常经，古今之通谊也”[④]。他还根据阴阳观念，指出在政治生活中阳表现为德，阴表现为刑，德主生而刑主杀，而“天”是欲生不欲杀的，天道是重阳轻阴的，所以统治者应以德为主，以刑为辅，从而为统治策略规定了一种模式。董仲舒的这一思想虽有消极作用，但在巩固国家统一和防止暴政方面是有积极作用的。

然而，至东汉末，面对政治腐败、动荡不堪的社会局面，一些有识之士对汉代以来的儒家进行了反思，深感儒家的主张已不能挽救社会危机，因而，出现了诸如东汉末年政论家仲长统“人事为本，天道为末”[⑤] 的叛逆思想。对天道三纲的否定，使得过去对经学的崇尚和对名教的恪守[⑥]，变成“以儒家

① 阴阳家是流行于战国末期到汉初的一个学派，齐人邹衍是其代表人物。阴阳五行说是中国古代朴素的唯物论和辩证法，它认为世界是物质的，物质世界在阴阳二气作用的推动下孳生、发展和变化，并认为木、火、土、金、水五种最基本的物质是构成世界不可缺少的元素，这五种物质相互孳生、相互制约，不断运动变化。这种学说对后来古代唯物主义哲学具有深远影响。邹衍对阴阳五行说加以发展，以此来建构宇宙图式，解说自然现象的成因及其变化。

② 《春秋繁露·基义》。

③ 《汉书·董仲舒传》。

④ 《汉书·董仲舒传》。

⑤ 《全后汉文》卷八十九。

⑥ 所谓“名教”，即指儒家的政治原则，名即名分，教即教化。名教即通过正定名分、教化天下，以维护封建的伦理纲常和等级制度。或者说，名教即是以所谓“三纲六纪”为核心的封建礼教。所谓“六纪”，即：诸父有善，诸舅有义，族人有序，昆弟有亲，师长有尊，朋友有旧。

为迂阔，不周世用”①。例如，著名的经学大师马融，原本志行高洁，但终因饥困难忍而应大将军邓骘之召，后来更是奢乐恣性、声色犬马。于是，儒家原有的社会文化功能在无奈中丧失，世人逐渐开始倾向于道家。

至隋唐，儒学文化地位空前提高。唐太宗经常对属下说：对一个国家来说，周公、孔子所言，如鸟之翅膀、鱼游之水，离开了它就要死，但魏晋以来的皇帝们竟然忽视它！唐太宗大兴文化事业，并立孔子为儒学先圣，从此历朝各级官办学校里都立庙祭孔子。文化事业的发达，使国民的文化道德素质空前提高，据传，当时的长安城夜不闭户、路不拾遗。唐代对儒家推崇的另一典型体现，是唐律的“一准乎礼”，足见儒家政治思想对唐的影响。②

2. 汉唐道家

汉唐时期道家政治思想的主要体现有二：

其一是黄老之学。这是战国时期兴起的尊黄帝和老子为道家创始人的思想流派，并在西汉时期盛行。汉初黄老之学的主要代表有汉景帝、汉文帝、窦太后、陆贾、司马谈、刘安等人。但真正建立起黄老之学思想体系的，一是司马迁之父司马谈，所著《论六家要旨》可以看作汉初黄老政治的理论总结；二是以刘安为领袖的淮南学派，著有《淮南子》一书。

汉初由于实行“无为而治”的黄老政策，战后经济得以恢复、社会趋于稳定，继而出现了“文景之治”的太平景象。汉武帝之后，由于黜百家尊儒术的文化专制政策，道家黄老之学在政治上日渐衰落。在此背景下，谶纬之学兴起，道家黄老之学乃向黄老养生术甚至黄老道信仰转化，至东汉末年演化成为神仙道教。

其二是魏晋玄学。汉末至魏晋南北朝代，儒学独尊的地位瓦解，出现了儒、道、佛多元发展的局面，魏晋玄学便是这一时期兴起并盛极一时的一种思潮，代表人物有何晏、王弼、阮籍、嵇康等。“玄”这一概念，最早见于《老子》第一章：“玄之又玄，众妙之门。”魏晋时期，士大夫把《老子》《庄子》和《周易》合称为“三玄”，由此建立的理论体系亦被称为“玄学”。

魏晋玄学作为一套形而上学体系，其虽抨击名教“虚伪”礼仪，但又鼓吹“怀抱忠义”③，实际上是糅合儒、道两家思想而形成的一种统治思想体系。不过，玄学派对名教的抨击在客观上也助长了当时口无遮拦、纵情声色、

① 《三国志·魏志·杜恕传》。

② 唐律是唐代法律的总称，乃封建法典之大成，为宋元明清各代法律的蓝本。《唐律》始终贯穿“贵贱有等，良贱异法”的礼的精神，将人分成等级，各等级的人有不同的法律地位和权利义务。

③ 嵇康：《声无哀乐论》。

放浪形骸的社会风气。嵇康便是当时飘然潇洒人物的代表。[①] 东晋末年，玄学趋向衰微，让位于佛学。

隋唐以降，道家学说呈现出两种特点：一是道家作为一个学术派别，从此再未成为社会思潮的主流，也没有产生纯属本学派的大思想家；二是道家和道教日益交融难分，道家学说借助于道教的兴起和发展获得了普遍的尊崇。可以说，隋唐以来以至近现代，道家学说始终在中国传统文化精神中占据着一席之地。

(三) 第三阶段：宋元明清时期

这一时期，两宋诸子以“理”为思辨的最高范畴，援佛、道入儒，架构了包括天道、人事、伦理、政治等在内的理学体系，并为明代所发扬，故称宋明理学。

宋明理学是封建社会后期占统治地位的思想学说，包括“程朱理学”和“陆王心学”，其核心是性命、义理之学。

1. 程朱理学

理学由宋朝周敦颐“开山”，张载和程颢、程颐兄弟二人（亦称“二程”）奠基，南宋朱熹集大成，其间二程与朱熹的贡献尤为突出，因此又称程朱理学。

周敦颐对理学的突出贡献为：一是提出了新的宇宙观。他把道教的无极视为宇宙的本原，把儒家的太极视为无极的派生物，由无极而为太极，由太极阴阳而生五行，由五行而生万物，万物生生变化无穷，由此，为宋明理学提供了本体论依据。二是提出了新的伦理观。在其所著的《通书》中，周敦颐根据《易》与《中庸》之论，将“诚”作为最高的道德境界，将《太极图说》中的宇宙图式与“诚”“几”“德”的伦理范畴恰当沟通起来[②]，从而确立了理学借释道宇宙论、认识论以构造伦理哲学的基本趋向。

张载探讨了“天”（宇宙）、“人”（伦理）合一的关系，其提出的“天地之性”“气质之性”后来成为理学的基本命题。天地之性就是仁义礼智，在人的形体形成前就存在；气质之性则是人的形体形成后才有的。天地之性是

---

① 嵇康，约生于公元224年，卒于公元263年，字叔夜，三国时期魏国人。嵇康有奇才，但口无遮拦。他的朋友曾举荐他任吏部侍郎，嵇康拒绝道：“当今的世道是贼臣当道，我怎么会为贼臣效力呢?!”司马氏集团当时正欲夺取曹魏政权，嵇康的言辞触怒了司马氏，司马昭大怒道：“嵇康不识时务，更极尽嘲讽之能，令人无法忍受!”后来，司马昭假借所谓“不孝”罪名将其杀死。据传，嵇康被杀时神志镇定，他向人要过自己的琴弹了一曲《广陵散》，音律婉转悠扬，在场的人无不为之陶醉，就连树上的鸟儿也停止了鸣叫。嵇康之超脱，可见一斑。

② 参见朱汉民. 周敦颐《易》学的宋学精神［J］. 北京大学学报：哲学社会科学版，2006（4）.

善，气质之性则有善有恶。[1] 这样就使人性善恶获得了本体论的证明。

二程，因其居于洛阳，故后人称呼他们的学派为“洛学”。相比周敦颐与张载，二程进一步摆脱了道教的影响而回归正宗儒学，“孔孟之道不法久矣，自颐兄弟始发明之，而后其道可学而至也”[2]。因而可以说，二程的思想是理学的典型形态。二程还对“理”作了充分论证——“天者理也”[3]，认为世界万物“皆只是一个天理”[4]。他们把封建伦理纲常说成天理，“礼即是理也”[5]。这样，封建道德就被夸大成宇宙的最高法则。三纲五常是天理，是至善的天地之性，那么，与此相对应的是什么？是人欲。人欲是恶，所以，存天理，灭人欲。有人问程颐：生活孤苦的寡妇为了生存能否再嫁？他说：饿死事小，失节事大。[6] 要求妇女牺牲生存的“人欲”，保全夫为妻纲的“天理”，他的这番话也为后人所诟病，被认为是“以理杀人”。

朱熹，生于尤溪（今福建尤溪县），故其学术有“闽学”之说。朱熹被尊为儒学集大成者，世尊称朱子。朱熹在二程的基础上提出了“理一分殊”，认为世界万物都是天地的子女，天地则是由“理”派生出来的，这就是“理一”；万物产生之后，就有了“大小”和“亲疏”之分，“亲疏异情，贵贱异等”，人们“各亲其亲，各子其子”，这便是“分殊”。[7]特别提及的是，朱熹特别强调人们对“天理”的自觉意识。他认为，人的伦理行为不应该是自发的，而是高度自觉的，并突出了自觉认识天理的途径：“古之欲明明德于天下者，先治其国，欲治其国者，先齐其家；欲齐其家者，先修其身；欲修其身者，先正其心；欲正其心者，先诚其意；欲诚其意者，先致其知；致知在格物。”[8] 在这一系列范畴中，“格物—致知”是基本的出发点。“格物”，便是体验“天理”；“致知”，即悟到伦理本体并贯彻到自己的行动中。“格物—致知”实质上便是将外在规范转化为内在的主动欲求，即伦理学上的“自律”。经朱熹构造，一个庞大的以人的伦常秩序为本体轴心的儒学体系得以建立。朱熹思想在其生前未得到统治者重视，他在凄凉中病死。其死后不久，统治者意识到了理学对维护封建统治的重要作用，朱熹死后九年，被宋宁宗谥为“朱文公”。其思想在元、明、清时代成为占统治地位的官方理论，《四书集

---

① 参见张岱年. 中国哲学大纲［M］. 北京：中国社会科学出版社，1982：44.

② 参见《河南程氏遗书》“附录”，胡安国《奏状》。

③ 《河南程氏遗书》卷十二。

④ 《河南程氏遗书》卷二。

⑤ 《河南程氏遗书》卷十五。

⑥ 《河南程氏遗书》卷二十二。

⑦ 朱熹：《张横渠集》卷一。

⑧ 朱熹：《大学章句》。

注》也成为科举考试的依据。

2. 陆王心学

程朱理学以“理”为本体，虽肯定理的客观性和人认识理的可能性，但主张人是受天理或人欲支配的客体，而不是具有自主能动性的主体；而“心学”则是一种高扬“心”亦即人的主体性的主观唯心主义哲学，其代表人物是南宋陆九渊和明代王守仁。

陆九渊，心学创始人，因自号“象山居士”，史称象山先生。他提出“宇宙便是吾心，吾心便是宇宙”①。陆九渊并不否定“理”，正是缘于这一点，从广义上，“心学”属于理学的范畴。但陆认为，宇宙之“理”即心之理，是由心构成的，社会伦理规范与主观道德观念都根源于人心，心和理是一回事。由此看出，朱陆的最大分歧是对“理”的认识有所不同。朱熹所言的理是客观存在的精神性的实体，它显现为“性”，性是心中之理，但不等于“心”。陆九渊则把心与理对等，从而使主观的自我本心与客观的天理达到不可分离的等同，从而导出了人的主体性这一主调。

王守仁是心学集大成者。其因曾结庐于会稽山阳明洞，自号阳明子，学者皆称阳明先生，世人也称王阳明。王阳明的“心”本体论以“心”作为天地万物的主宰，进而从主体的角度去观照宇宙万物。立足于“心”本体论，他又提出“心外无理”的著名命题。显然，王阳明通过“心”本体论，充分地肯定了人的主观能动性，指明了人是世界的主体，世界离不开存在于其中的人的能动性。“知行合一”是王阳明的又一著名命题，同样着重强调了主体道德行为实践的能动性。所谓“知行合一”，即“知之真切笃实处即是行，行之明觉精义处即是知”，也就是将一切道德归结为个体的自觉行为。② 王阳明说：“知是行的主意，行是知的功夫；知是行之始，行是知之成。”③ 正如学习书法，就必须每天临池挥笔。为达到“知行合一”的至高境界，王阳明提出“致良知”的口号。“良知者，孟子所谓是非之心，人皆有之者也。是非之心，不待虑而知，不待学而能，是故谓之良知。”④ 由此，“致良知”也就意味着在自觉的伦理行为中去证实和扩展人的存在，突出了个体的历史责任感以及道德的自律意识。由于他强调发挥主体的能动性，造就了对封建道德的离心力，最终导致理学的解体。但其高扬主体性的思想主张，却能让人体会到“烈耀破迷”般的思想解放意蕴，更加为明末启蒙思潮的出现奠定了基础。

---

① 《象山先生全集·杂说》。

② 参见王阳明：《传习录》，于自力等注译，中州古籍出版社，2008 年版。

③ 参见王阳明：《传习录》，于自力等注译，中州古籍出版社，2008 年版。

④ 参见王阳明：《传习录》，于自力等注译，中州古籍出版社，2008 年版。

明清之际，以黄宗羲、顾炎武、王夫之等为代表，反对空谈性理的宋明理学，主张经世致用。他们认为天下治乱，不在一姓兴亡，而在于万民安乐，古今帝王皆贼，社会动乱的责任应由专制君主来负。明清之际反专制思潮的出现，表明以维护君主专制为主旨、伦理政治一体化的传统儒学走到了尽头。①

二、古代政治思想的总体特征

如前所述，中国古代政治思想的总体特征可以归纳为如下方面：

（一）政治与哲学相结合

在中国思想史上，关于自然与人的思辨哲学并不发达，相比之下，政治哲学却经历了充分的演化发展。人们对于自然与人的思考，在某种程度上是为了满足经邦治世的需要，体察自然的目的在于究天人之际，认识天的目的在于治人。政治与哲学相结合的结果，使得中国古代思想学说的政治意义远远大于其哲学意义，中国传统政治思想也相应地体现为较高程度的哲理化。

（二）政治与伦理相结合

中国历史上，长期占据统治地位的思想学说是儒家思想。儒家诸如仁、义、礼等范畴，既是政治思想，又具有伦理方面的意义。古代思想家们往往基于伦理道德的立场去认识社会政治问题，在观念形态上将伦理规范政治化，同时又把社会政治伦理化。汉唐儒学、宋明理学皆具有非常鲜明的政治伦理一体化特征。即使至近代，仁、义、忠、信等仍然是许多思想家理论学说的重要范畴。

（三）强烈的人文主义倾向

关于人文主义这一概念，并无一致的界定。这里所说的人文主义，是指在社会的价值取向上，倾向于对现实人性而非神性关怀的一种世界观。中国政治思想中的人文主义发展路向，确定于商周时期。关于国家、君臣、民众、礼法、治道的认识构成了中国古代社会政治思想的主要内容，政治思想的发展过程也就是这些认识不断深化的过程。中国古代社会没有像欧洲中世纪那样经过神权政治和神权国家的时代，因此，宗教神学很不发达。汉魏以后，

① 近代以后，从鸦片战争到洋务运动，从戊戌变法到五四运动，中国政治思想在国家民族内忧外患的背景下依然在不懈的摸索中发展，中体西用的改良思想（如现代新儒家）、资产阶级民主思想、马克思主义思想先后登上政治思想的舞台。出于本章阐述范畴的原因，在此不一一赘述。

佛教传入中国，但是并没有改变中国传统政治思想的人文主义特征。从先秦两汉以后直到五四时期，中国政治思想的主旋律始终是以人文为倾向的思想学说。

第二节　儒家政治思想

儒家思想是中国文化的主干。而儒家思想的主体实际上又是它的政治思想，这也是中国传统思想的一个特点。从这个意义上讲，欲了解中国传统思想，就不能不了解儒家思想；而欲了解儒家思想，又不能不了解其政治思想。儒家政治思想随着社会历史发展而不断演进，但其内核并无大的变化。仁政思想、民本思想、大一统思想、中庸思想和大同思想一并构成了儒家政治思想的核心部分。

一、仁政思想

（一）仁政思想的起源与发展

儒家的人性论是其政治思想的逻辑起点。儒学人性论的一个突出特点是对伦理道德的强调，而仁政思想就是在这一基础上展开的。

孔子十分重视道德对政治的作用。他说："道之以政，齐之以刑，民免而无耻；道之以德，齐之以礼，有耻且格。"①孔子希望统治者用道德礼义教导、约束下民，使他们自觉向善、服从统治，而尽量避免使用强制暴力的刑政手段。孔子道德政治的主张到了孟子那里发展为王道仁政。孟子明确区分了王道和霸道两种不同的统治方式，认为王道就是行仁政②，用道德去感化、教导下民，反对靠强力压服下民的霸道，并提出"不违农时，谷不可胜食也；数罟不入洿池，鱼鳖不可胜食也；斧斤以时入山林，材木不可胜用也。谷与鱼鳖不可胜食，材木不可胜用，是使民养生丧死无憾也。养生丧死无憾，王道之始也"③。在孟子看来，所谓王道就是要求统治者要有仁心即"不忍之心"，要发展生产使老百姓衣食无忧，然后再对他们进行道德教化。此外，孟子的仁政还包括轻刑罚、薄赋税和选贤用能等措施。荀子的治国论也推崇王道政治，"君人者，隆礼尊贤而王，重法爱民而霸，好利多诈而危，权谋、倾覆、

---

① 《论语·为政》。

② 《尚书·洪范》曰："无偏无党，王道荡荡；无党无偏，下道平平；无反无侧，王道正方。"这里，王道不仅指周文王所实行的统治策略，同时也指一种公平正直的理想统治方式。

③ 《孟子·梁惠王上》。

幽险而亡矣"[①]。荀子认为，王道是以义为上、以礼治国的方针，而霸道则采取以法治国的方针。不过，虽然孟子和荀子的王道思想都是对孔子道德政治思想的发挥，都不主张用强制暴力和权谋机智去统治人民，但在如何以道德治国的问题上，他们的观点又有很大的不同。孟子主张人性善，其仁政学说建立在统治者内在仁人之心的基础之上，因此十分重视统治者内心自律的作用，同时也重视道德对民众的感化作用；而荀子主张人性恶，他更强调用外在的道德规范去约束统治者和民众，使他们各安其位，从而达到既有等级又合乎道德礼义的理想社会。

秦汉以后，历代儒家都反复倡导王道政治，但他们所推崇的主要是孟子的王道政治，而荀子的学说则遭到冷落。孟子的王道政治以统治者的善心为根基，所以历代儒学家都通过劝谏帝王正心诚意、重义轻利，从而实现理想的王道政治。不过，这种主张往往流于空泛的说教，综观中国历史，可以说，没有任何一个朝代能够真正实行单纯依靠道德教化和统治者发善心的所谓王道政治。

（二）仁政思想的内涵

仁政思想的重要特征，在于以仁义道德作为为政之道和立国的根本。具体而言，其主要包括以下方面的内涵：

1. 为政以德是仁政之原则

孔子继承并发展西周时期"以德配天""敬德保民"的思想，明确提出了"为政以德"的政治伦理原则。他指出："为政以德，譬如北辰，居其所而众星拱之。"[②] 也就是说，行仁德的从政者，必然能人心归服，众人会像群星环绕北斗那样拥戴之。而"为政以德"基本的要求是从政者须竭力做到公平、正直，"政者，正也，子帅以正，孰敢不正"[③]，"其身正，不令而行；其身不正，虽令不从"[④]。孟子更是把君子的仁德提高到得天下与失天下的程度加以突出强调，"天子不仁，不保四海；诸侯不仁，不保社稷；卿大夫不仁，不保宗庙；士庶人不仁，不保四体"[⑤]。

为政者如何通过恰当的途径获得仁德进而保证仁政的实施？儒家认为，最主要的在于为政者自身的道德修为，即"克己""止己""修为"。孔子说：

---

① 《荀子·强国》。
② 《论语·为政》。
③ 《论语·颜渊》。
④ 《论语·子路》。
⑤ 《孟子·离娄上》。

"苟正其身矣，于从政乎何有？不能正其身，如正人何？"① 孔子以后，孟子和荀子皆对这一思想表示了认同，并在某种程度上对之加以发展。例如，孟子强调"养浩然之气"②，"富贵不能淫，贫贱不能移，威武不能屈"③；荀子也指出，从政者"礼及身而行修，义及国而政明，能以礼挟而贵名白，天下愿，令行禁止，王者之事毕矣"④。即是说，统治者如果能做到以礼修身、以义明政，便会受人仰慕，王道事业自然会达成。

2. 强国富民是仁政之根本

孔子将"养民""富民""安民"作为从政者的首要任务进行强调。孔子认为，为政者只有实行惠民政策，"因民之所利而利之"，"择可劳而劳之"，方能"惠而不费，劳而不怨"⑤。孟子也指出"诸侯之宝三：土地、人民、政事"⑥，并认为，富民与强国是具有内在一致性的，"下贫则上贫，下富则上富"，因此"裕民以政"才能富国强国，富国强国方可外服四夷，最终实现治国安邦的目的。孟子还提出"民为贵，社稷次之，君为轻"的思想，告诫统治者要"与民同乐"，"乐民之乐者，民亦乐其乐，忧民之忧者，民亦忧其忧。乐以天下，忧以天下，然而不王者，未之有也"⑦。

先秦儒家将富国裕民作为兴邦之根本，从总体上反映了社会发展的客观要求和人民安居乐业的需要，同时也把握住了治世之道的精髓，因此，这一思想也为各个朝代的从政者所重视。

3. 宽猛相济是仁政之手段

孔子坚决反对用杀戮的手段来治国，指出："不教而杀谓之虐，不戒视成谓之暴。"⑧ 需要说明的是，孔子并非一味反对暴力的手段，而是强调要将"宽"与"猛"有机结合。例如，当闻听郑国子产的儿子大叔尽杀"萑符之盗"时，孔子赞许说："善哉，政宽则民慢，慢则纠之以猛。猛则民残，残则施之以宽。宽以济猛，猛以济宽，政是以和。"⑨ 孟子对当时社会存在的暴政苛政更加深恶痛绝，对之抨击说："庖有肥肉，厩有肥马，民有饥色，野有饿莩，此率兽而食人也……兽相食，且人恶之；为民父母行政，不免于率兽而

① 《论语·子路》。
② 《孟子·公孙丑上》。
③ 《孟子·滕文公下》。
④ 《荀子·致士》。
⑤ 《论语·尧曰》。
⑥ 《孟子·尽心下》。
⑦ 《孟子·梁惠王下》。
⑧ 《论语·尧曰》。
⑨ 《左传·昭公二十年》。

食人，恶在其为民父母也。”[①] 另一方面，孟子认为“伐暴”能深得人心，能“救民于水火之中，取其残而已矣”[②]。实行这样的“王政”，便会“四海之内皆举首而望之，欲以为君”[③]。

4. 礼治德教是仁政之保证

孔子认为，仁政的实施必须以礼治德教为保证。孔子推崇周礼，但同时也指出，应将“仁”的内容渗入到“礼”的体系之中。而要实现礼治必须首先从上做起，“上好礼，则民莫敢不敬；上好义，则民莫敢不服；上好信，则民不敢不用情。夫如是，则四方之民襁负其子而至矣”[④]。孟子强调善教可得民心，他说：“仁言不如仁声之入人深也，善政不如善教之得民也。善政，民畏之；善教，民爱之；善政得民财，善教得民心。”[⑤] 因此，“教以人伦”，使人们领会“父子有亲，君臣有义，夫妇有别，长幼有序，朋友有信”[⑥]，从而在实际行动中“亲其上”“死其长”“虽劳不怨”“虽死不怨”。荀子也把“隆礼贵义”作为正国的重要对策，即“国无礼则不正”[⑦]。荀子主张，对社会人群应“制礼义以分之，使贵贱有等，长幼有差，贫富轻重皆有称”[⑧]。这样，他们就能各尽其职，各得其宜，从而实现“不同而一”的良好社会秩序。

先秦儒家重教善教以得民心的政治主张，对历世的影响很大。如《宋书·礼志》中所言，道德教化能够“诱达群方，进德兴仁，譬诸土石，陶冶成器”。

5. 尊贤使能是仁政之条件

孔子提出“仕而优则学，学而优则仕”[⑨]，即士应该出仕为政。他赞扬尧、舜的禅让制度，目的是要规劝为政者“选贤于众”，这样可以使枉者直，也会使缺乏仁德的官吏难有立足之处。孟子继承孔子这一思想主张，将“尊贤使能”作为政治道德的重要规范加以强调，并将知人善任、任人唯贤看作治理国家的重要先决条件。另外，他还提出：“用下敬上，谓之贵贵，用上敬下，谓之尊贤。贵贵尊贤，其义一也。”[⑩] 并指出“尊贤使能，俊杰在位，则

---

① 《孟子·梁惠王上》。
② 《孟子·滕文公下》。
③ 《孟子·滕文公下》。
④ 《论语·子路》。
⑤ 《孟子·尽心上》。
⑥ 《孟子·滕文公上》。
⑦ 《荀子·王霸》。
⑧ 《荀子·礼论》。
⑨ 《论语·子张》。
⑩ 《孟子·万章下》。

天下之士皆悦，而愿立于其朝矣”①，君主自己也才能有所作为。荀子强调：“贤能不待次而举，罢不能不待须而废。”② 即不按旧的等级次序起用贤能之人。这些思想是对旧的世袭制度的冲击。还应指出的是，孟子不仅主张为政者应尊贤使能，而且提倡贤臣犯颜直谏，认为逢迎谄谀君主助长其恶行的做法乃是大罪。

先秦儒家尚贤思想为后来的儒家所继承和发扬，隋代以后科举制度的兴起，更加确定了广泛而具体的选贤择能途径。

王道仁政的治国思想体现在德治与法治的关系上，便是德主刑辅。儒家德主刑辅思想是在继承西周时期“以德配天”“明德慎罚”思想的基础上发展形成的。儒家所说的“德”，是一种教化，即告诉人们应该怎样和不应该怎样的思想观念和行为准则；而“刑”是指刑罚，是对破坏社会秩序、危害统治的犯罪分子的惩罚手段。孔子主张“为政以德”，强调治国施政要以道德教化为根本，寓法于礼，不应夸大刑罚杀戮的作用，应当先德后刑、先教后诛、以德为主、以刑为辅。汉代以后，统治者吸取秦朝严刑峻法导致灭亡的教训，德主刑辅思想受到了充分的重视。汉武帝时，董仲舒主张“贵德贱刑”“大德小刑”“前德后刑”，在继承和发展儒家德刑观的基础上，提出了德主刑辅的治国方略。董仲舒把“天人感应”之说作为德主刑辅的理论依据，认为“王者法天”，而“天道”即重德轻刑，指出“天道之常，一阴一阳。阳者，天之德也；阴者，天之刑也”③，主张现实政治生活中应该实施以德教为主、以刑杀为辅的施政方针。他认为，教化可使百姓自觉遵守“三纲五常”的封建礼仪制度④，出现“不令而自行，不禁而自止，从上之意，不待使之，若自然矣”⑤ 的局面，只有在进行德教的基础上辅之以刑罚，才是治理国家的理想状态。具体而言，德主刑辅思想的主要内容包括：第一，重视道德教化。认为经过伦理道德的教育和感化，大多数人能够遵守礼仪，安分守己，避免犯罪行为。第二，主张宽猛相济。对于少数顽劣分子，一味的宽厚教育不能达到效果，必须实施刑罚给予制裁。第三，提倡刑罚适中。反对轻罪重罚、严刑苛法，刑罚的严厉程度要与犯罪行为的危害程度相适应。第四，贯彻以“仁”为本。“仁”最基本的含义就是“爱人”，因此欲施仁政、实行德治必须减轻

---

① 《孟子·公孙丑上》。

② 《荀子·王制》。

③ 《春秋繁露·阴阳义》。

④ “三纲五常”源于董仲舒《春秋繁露》一书。“三纲”，指君为臣纲、父为子纲、夫为妻纲。“五常”，指仁、义、礼、智、信。自西汉至清末长达两千年的封建社会里，“三纲五常”是儒家的核心价值观。

⑤ 《春秋繁露·身之养重于义》。

刑罚，“慎刑恤罚”废除苛法酷刑。第五，倡导以身作则。统治者要带头崇尚道德，注重修养，为百姓作表率。第六，注重犯罪预防。预防犯罪是道德教化的直接目的，通过教化强化恪守道德的自觉性，发挥事前预防的功效。

德主刑辅的治国思想在中国历史上产生了深远的影响，成为历代封建王朝标榜的正统法律思想。德主刑辅思想反映了“德”与“刑”的主次关系和先后次序，强调法律与道德结合，惩罚与教育互补，人与自然、社会的和谐，具有一定的合理性。另一方面，其将国家兴亡过分寄希望于帝王将相的道德，又有着理想主义的色彩。

（三）政治伦理化与伦理政治化

儒家的“仁政”思想体现了儒家政治思想的一个重要特征，即政治的伦理化，或者说是伦理的政治化。①

儒家以伦理道德为取向的政治学说，在某种程度上提供了反对绝对君主专制的理论基础。儒家非常强调人伦关系中义务与义务的对应性，君仁对臣忠、父慈对子孝、夫义对妇听、兄爱对弟敬、长惠对幼顺。如果君不仁，则臣可以不忠；父不慈，则子可以不孝；夫不义，则妇可以不听；兄不爱，则弟可以不敬。儒家虽然强调单方面履行义务的崇高性，但并不否认义务的对等。即使是首先奠定“三纲”之说的董仲舒，也明确承认“君不君则臣不臣，父不父则子不子”②。在此，我们可以发现一种从义不从父、从道不从君的政治服从伦理的道义至上倾向。政治服从于伦理亦即意味着君主也须服归伦理，臣民对于君主专制的服从并非无条件的、绝对的，其是以君主的仁政和“内圣外王”为前提的。

儒家的人伦学说，虽然强调义务的对等性，但人伦关系中双方的地位并不是对等的，而是体现为人伦的上下、尊卑、贵贱。在君臣、父子、夫妇、兄弟、长幼关系之中，首先确定了君、父、夫、兄、长的尊贵，对应性义务的履行是以对上下、尊卑、贵贱人伦关系的确认为前提的。

强调上下、尊卑、贵贱的人伦等级秩序，决定了儒家的伦理价值理想在宗法家族社会的社会结构中不可能实现真正的平等伦理，具有“家长制权威”的显著特征。这种“家长制权威”作为传统中国政治伦理的核心，一直延续到封建制度崩溃之时，产生了诸多不良影响。不过，儒家政治伦理化的思想，

① 政治与伦理的关系可以划分为三种情况：第一，政治包含伦理或伦理包含政治；第二，政治与伦理相割离，彼此不相关；第三，政治与伦理彼此独立又相互联系，在外延上交叉，在内容上交融。儒家的学说属于第三种情况。我们把这种情况称为政治伦理化或伦理政治化。

② 《春秋繁露·玉杯》。

对于在现实中如何构建合理的政治制度，是具有一定积极意义的。

二、民本思想

以仁政为核心的政治思想，必然面临一个无法回避的问题，即如何认识民众，如何处理统治者与民众的关系。儒学对这个问题的理解可以概括为以民为本的“民本思想”。民本思想作为一种重视人民的政治思想，认为广大的下层民众才是国家的根本，决定着国家的兴亡盛衰。因此，统治者应该“爱民如子”，必须充分重视人民的意愿。

(一) 民本思想的起源和发展

在儒家经典《尚书》中便有了关于民本的思想。《尚书》曰：“民可近，不可下；民为邦本，本固邦宁。”[①] 这旨在劝说统治者不应当轻视人民，因为正是下层民众构成了国家之根本，人民安居乐业，国家方能安宁。从春秋时期开始，周王室衰落，各诸侯国之间互相兼并，如何战胜他国保存自己是每个诸侯国当政者的首要目标，而获得民众的支持是实现目标的根本。所以，民本思想在当时的战乱时代颇为盛行，记录这个时期的历史的《国语》等书就有很多反映民本思想的实例[②]。

孔子是儒家民本思想的奠基者。《论语·子路》等篇中，孔子要求执政者要富之于民、教之于民，即强调提高人民的物质、精神生活的水平。孟子是中国历史上最著名的民本主义思想家之一。孟子认为，民心向背是统治者能否得天下的根本，并提出：“得天下有道，得其民，斯得天下矣。得其民有道，得其心，斯得民矣。得其心有道，所欲与之聚之，所恶勿施，尔也。”[③] 欲得天下者，必须在执政时按人民的愿望去制定策略，这样才能赢得人民的拥护。孟子还强调人民的意见对于政策的影响，《孟子·梁惠王下》有曰：“左右皆曰贤，未可也；诸大夫皆曰贤，未可也；国人皆曰贤，然后察之，见

---

① 《尚书·五子之歌》。

② 《国语》亦称《春秋外传》，是关于西周、春秋时期周、鲁、齐、晋、郑、楚、吴、越八国人物、事迹、言论的国别史杂记，相传为春秋末期鲁人左丘明所作。《国语》中不乏要求统治者广泛体察民意，顺应人民意志的实例，如《国语·周语上第一》记载：“厉王虐，国人谤王。邵公告曰：‘民不堪命矣！’王怒，得卫巫，使监谤者，以告，则杀之。国人莫敢言，道路以目。王喜，告邵公曰：‘吾能弭谤矣，乃不敢言。’邵公曰：‘是障之也。防民之口，甚于防川。川壅而溃，伤人必多，民亦如之。是故为川者决之使导，为民者宣之使言。’……王不听。于是国莫敢出言，三年乃流民于彘。”这段文字记载了邵公谏厉王之事，意思是说：防民众之说是非、谈朝政善败，就如筑堤防洪水，总有溃决之时。领导者应广开言路，体察民情，然后再对各种情况加以分析，行民之所善、备民之所败，这样行事才能不违逆。

③ 《孟子·离娄上》。

贤焉，然后用之。”孟子民本思想最突出之处在于他提出了“民贵君轻”的理论，把人民置于君主和诸侯之上，颠倒了传统的尊卑关系，这一思想对后世的影响颇为深远，诸多开明的统治者和思想家都赞成孟子的观点。不过，专制的暴君们却对孟子的这种思想甚是反感。例如，朱元璋就认为此乃犯上，是大逆不道，并因此禁止《孟子》一书流传，后来在儒者的极力辩说下，他虽解除了禁令，但许之流传的前提是必须将《孟子》中有关反对专制、贬低君王、倡导民本的内容予以删除。荀子也提倡民本思想，“君者，舟也；庶人者，水也。水则载舟，水则覆舟”①。因此，统治者即便是仅从自身利益出发，也必须以爱民恤民为本。

（二）民本思想对后世的影响

先秦儒家的民本思想尤其是孟子的思想，对后世产生了重大的影响。秦汉以后，随着封建专制的加强，民本思想日渐受到压抑，不过，也有一些开明的统治者依然重视百姓的地位和作用，例如，唐太宗便指出：“天子者，有道则人推而为主，无道则人弃而不用，诚可畏也”②。他还教诲太子说：“舟所以比人君，水所以比黎庶，水能载舟，亦能覆舟。尔方为人主，可不畏惧!”③ 明末清初，诸多思想家总结明朝覆灭的历史教训，进而对君主专制进行强烈抨击，民本思想又因此得到了极大的发展，其中，尤以黄宗羲的思想为著名。黄宗羲继承孟子“民贵君轻”的观点，并加以创造性发挥，他认为，君主及其臣僚只是为天下人服务的仆役，其在《原君》的著述中提出：“古者以天下为主，君为客，凡君之所毕世而经营者，为天下也。”黄宗羲还倡议创建学校议政的制度，让知识精英来监督君主执政，这在一定意义上已近乎于西方社会的议会民主制。

儒家民本思想在一定程度上确认、维护了下层民众的利益，有其积极的一面。但总体而言，这一思想是以承认君王专制制度为基础和前提的，重民、爱民、利民，只不过是统治者改良政治、缓和矛盾，从而达到长治久安的统治目的的手段罢了。

三、大一统思想

实行仁政和贯彻民本思想，都需要稳定的社会政治秩序作为保障。在“以攻伐为贤”的年代，即使意识到民众的重要力量，也难以切实推行儒家的

① 《荀子·哀公》。
② 《贞观政要·论政体》。
③ 《贞观政要·论教戒太子诸王》。

政治主张。于是，历史上有儒家难以进取、而有利于守成之说。面对现实的政治与社会问题，以及各家学派的非议，儒家“大一统”思想逐渐产生。大一统作为儒家政治思想的重要内容，是指全国有且只有一个政治中心，全国都须统一于这个中心。

（一）大一统思想的形成

事实上，大一统的政治思想在儒家之前已经有之。周代“普天之下，莫非王土，率土之滨，莫非王臣”，意思是说，全天下的土地和臣民都属周天子，这显然体现了大一统的思想。儒家的大一统思想始于孔子。“为政以德，譬如北辰，居其所而众里拱之”的观点便是大一统政治思想的典型体现。而完整、系统的大一统论，是由董仲舒创立的。

《春秋》记载：鲁隐公“元年春王正月”。《公羊传》解释说：“元年者何？君之始年也。春者何？岁之始也。王者孰谓？谓文王也。曷为先言王而后言正月？王正月也。何言乎王正月？大一统也。”① 这段话的大意是：什么叫元年呢？国君即位的第一年；什么叫春呢？一年中的第一个季度。王指谁呢？指周文王。为什么先说王后讲正月呢？用的是周文王历法的正月。为什么要用周文王历法的正月呢？那是为了使用天下通用的统一历法（周历以农历十一月即子月为正月）。这里，《公羊传》是将统一历法称为“大一统”。董仲舒对此加以发挥，在“元年春王正月”这几个字上，他阐述了许多观点：第一，他提出，“元”在天地之前，是宇宙的终极本原，“元犹原也……故元者，为万物之本”②。从而产生了独特的“元一元论”宇宙观。第二，他说：“谓一为元者，视大始而欲正本也。”③ 把第一年称为元年，是重视开始，而且要端正根本。皇帝是根本，刚即位是开始，一定要树立正的风气，为天下作表率。第三，春代表天，在王之前。王之后有正，正就是为政，政是统治人民。“王者必受命而后王，王者必改正朔，易服色，制礼乐，一统于天下”④。“春”“王”“正”三个字的顺序表明，“屈民而伸君，屈君而伸天”⑤，人民服从皇帝，皇帝服从上天。第四，经过董仲舒的发挥，“大一统”具有了丰富的政治内涵：一是反对诸侯分裂割据；二是加强中央集权（“两屈两伸”便是一例）；三是要将全国思想统一于儒学。这三方面也就是领土完整、统一政治、统一思想。

---

① 《公羊传·隐公元年》。

② 《春秋繁露·重政》。

③ 《汉书·董仲舒传》。

④ 《春秋繁露·三代改制质文》。

⑤ 《春秋繁露·玉杯》。

（二）大一统思想对后世的影响

西汉以后，大一统思想成为民族的精神元素和国人的传统思维方式。这种思维方式使国人的思想体现为一定的趋同性，即趋同于儒家思想，这就是所谓“人同此心，心同此理”，即所谓“人心所向”。正是缘于这种趋同心理，中华民族具有强大的民族凝聚力，这种凝聚力使得中华民族虽历经千灾万难却又生生不息。可以说，中国能以统一的大国屹立于世界民族之林，大一统思想起到了不可忽视的作用。正如有人所评说的，董仲舒的大一统思想“使我们的国家两千多年来始终维持大一统的局面，不像面积与中国等大的欧洲，一直四分五裂，国家居然有二三十个之多”[①]。史实已经证明，中国历史上繁荣昌盛都出现在统一时期，文景之治、贞观之治的汉唐盛世都出现在统一的时代。而诸如五代十国等分裂时期，战争频繁，人民生活颠沛流离，社会生产力受到严重破坏。

大一统思想在政治上维护政权的统一，得到统治者的重视和提倡。实现政治统一，首先要求思想统一。大一统确立了儒家思想的统治地位，进而在相当长的时期内成为中华民族的精神核心，从而形成了中华民族的特殊风格。儒家思想强调人与人之间的伦理关系和等级差别，在大一统的政体中，从上天到天子皇帝到各级官员再到平民等级森严，俨如一座庞大的金字塔。大一统对于巩固等级观念起了很大的作用，但也导致了中国传统社会平等和个人权利观念的淡薄。另一方面，思想统一于儒学，儒学处于独尊地位，也在一定程度上压抑了其他各家学派的发展和传播，有碍于学说的丰富和繁荣。而且，虽然大一统的目的是使思想统一于儒学，然而在中国历史上，儒学也经常受到冲击。例如，在汉武帝独尊儒术以后，魏晋玄学、隋唐佛教都曾对儒学产生过冲击。

四、“中庸和谐”思想

在中国古代思想史上，“中庸”之道是儒家所特有的思想遗产。“中庸”这一独特的思维方式，使以孔子为代表的早期儒家思想具有典型的政治哲学性质。在儒家经典中，“中庸”被称为“圣人之德”，“故君子尊德性而道问学，致广大而尽精微，极高明而道中庸”[②]。这就是说，在儒家看来，“中庸”之道反映的是一种最高明的政治思维方式，最高尚的政治伦理目标，最恰当的政治统治手段。

---

① 李威熊：《董仲舒与西汉学术》，台湾文史出版社，1978 年版，第 162 页。

② 《中庸》第二十七章。

（一）“中庸和谐”思想的产生与发展

儒家典籍中，“中庸”一词始于《论语》。不过，“中庸”之“中”作为一种哲学思想、政治理论以及道德范畴，却由来已久。例如，《尚书·盘庚》篇载：“汝分猷念以相从，各设中于乃心。”这里所指的是殷王盘庚对其臣民的训辞，所谓“中”，即是统治者对平民阶层提出的道德要求。“中”的要求除了运用于道德方面以外，还时常运用于司法领域。例如，《尚书·吕刑》谈执法时，有“惟良折狱，罔非在中”之言，意思是说用刑要确如其罪，执法倘若“不中”，刑罚必然“不刑”。尚中作为一种哲学价值思想，在《易经》中表现得更为清晰。例如，《易经·观卦》有“中正以观天下”之说，主张“以此之所有，济彼之所无；以此之过，济彼不足”，认为适中才是正确合理的、最富有生命力的。“中”的原则体现在政治上便是“无偏无陂”和“无党无偏”[①]。这些“执中”的观念为儒家中庸思想的产生奠定了重要的理论基础。

春秋时期，孔子首先将“中”与“庸”联系起来，并将其提升到了“至德”的高度，即所谓“中庸之为德也，其至矣乎”[②]。孔子中庸学说较之以往的“执中”思想最大不同之处，在于用经过重新阐发的宗法礼制对“中”的内容作了具体的限定：“中”就是要中于礼，“礼乎礼，夫礼所以制中也”[③]，一切举止言行皆须“约之以礼”。孔子指出，一旦人们奉行中道，根据礼的要求自我约束，就能自觉遵循“君君、臣臣、父父、子子”的宗法秩序，通过个人的“中”来协调社会整体的“中”，从而使“天下有道”，保持相安无事的局面，这正是孔子中庸理论的要义。

值得一提的是，孔子在论说“中”的同时，也提出了“过犹不及”[④]“叩其两端”[⑤]“攻乎异端”[⑥]等命题，从而使中庸成为一种重要的思想方法。“两端”“异端”指的是偏离于“礼”或“中”的“过”和“不及”；“叩”“攻”是指依据礼的要求，去其“过”，济其“不及”，以实现无冲突的、与礼保持一致的适中状态。由此可见，孔子的中庸学说，不仅是以礼为内容的政治伦理原则，而且是以反对“过”与“不及”为特征的、认识事物和处理事物应适度合宜的思想行为方法和准则。

---

① 《尚书·洪范》。
② 《论语·雍也》。
③ 《礼记·仲尼燕居》。
④ 《论语·先进》。
⑤ 《论语·子罕》。
⑥ 《论语·为政》。

战国时期，孔子思想的继承者对中庸思想作了不同程度的发挥。其中，子思[①]将中庸由“至德”提升到“大本”“达道”的哲学高度，“中也者，天下之大本也；和也者，天下之达道也；至中和，天地位焉，万物育焉”[②]，从而实现了中庸思想的创造性发展。子思说：“喜怒哀乐之未发谓之中，发而皆中节谓之和。”[③] 中庸乃人之本性，而“天命之谓性”，意思是说，中庸的本性是天赋予的。因此，中庸既是“天道”又是“人道”，是人之为人的根本所在，“不可须臾离也”。践行中庸必须“尊德性而道问学，致广大而尽精微，极高明而道中庸”，就是要把学问思辨、为人处世的具体实践与天赋本性中的普遍原则相结合，戒慎恭谨，明心见性，按照宗法伦理的规范严于律己。子思这一哲理化的中庸观对于后世儒家影响很大。

秦与西汉前期，是法家与道家在政治思想领域内交替统治的时代，儒家的中庸思想未受到重视。自西汉中叶汉武帝“独尊儒术”开始，儒学地位逐渐提高，中庸思想也逐步发展为维护皇权的政治理论。在这一演变过程中，董仲舒无疑起到了关键性的作用。

董仲舒推崇中庸，提出“德莫大于和而道莫正于中……是故能以中和理天下者，其德大盛；能以中和养其身者，其寿极命”[④]。他认为，中庸大则可以安邦治国，小则可以安身立命。董仲舒作为大一统政策的思想家，其尚中的目的是为了论证封建纲常秩序的合理性和永恒性。董仲舒承袭子思的主张，提出了中庸乃天意体现的思想。他说：“天地之道，虽有不和者，必归之于和……虽有不中者，必止于中。”[⑤] 这种天道具体体现为“王道之三纲”的封建统治秩序和伦理道德规范，“王道之三纲，可求于天”[⑥]。这样，中庸的内容就由宗法礼制转变为伦常纲纪。这是董仲舒对儒家中庸思想的重要发展。他由“阳贵而阴贱，天之制也”[⑦] 的前提出发，衍生出“君臣父子夫妇之义皆取诸阴阳之道”[⑧] 的观点，从而得出臣服从君、子服从父、妇服从夫乃天经地义的结论。由于“天不变，道亦不变”，因此，“三纲”为内容的中庸也就

① 子思（公元前483—公元前402年），名孔伋，字子思，孔子嫡孙，春秋时期著名思想家。子思受教于孔子的高足曾参，孔子的思想学说由曾参传子思，子思的门人再传孟子。后人把子思、孟子并称为思孟学派，因而子思上承曾参，下启孟子，在儒家学说的传承中具有重要地位。

② 《中庸》。

③ 《中庸》。

④ 《春秋繁露·循天之道》。

⑤ 《春秋繁露·循天之道》。

⑥ 《春秋繁露·基义》。

⑦ 《春秋繁露·天辨在人》。

⑧ 《春秋繁露·基义》。

成为普遍恒常的“真理”。而且，董仲舒将中庸与皇权、父权、夫权糅合起来，以不变中庸来论证封建纲纪的永恒性，这样就为封建专制制度构建了精神支柱。董仲舒的中庸思想在中庸理论演变过程中具有极其重要的意义，其后的中庸思想不过是对董仲舒思想的修补而已。例如，程颐说：“父子君臣，天之定理，无所逃于天地之间”①；“男女有尊卑之序，夫妇有倡随之礼，此常理也。”② 朱熹也提出：“中庸者，不偏不倚，无过不及，而平常之理”③；“三纲五常，终变不得”④。可见，程朱都认为中庸就是不偏不易、恒常不变的“正道”和“定理”，从根本上说，他们的这种观点仍然是为封建王权及伦理纲常作论证的。这显然与董仲舒的中庸思想在本质上是一致的。

宋代以降，经过程朱等人的褒扬发挥，中庸之说日渐成为古代社会“垂训万世”的思想教条和行事准则。

(二)“中庸和谐”思想的双重影响

儒家中庸思想流传了两千多年，产生了治国安邦、经世致用、格物致知、化民成俗、人伦日用、道德修养等多种功用和影响。可以说，中华民族在历史上创造的灿烂辉煌与中庸思想的精华息息相关，而中国封建社会的故步自封与中庸思想的糟粕也不无关联。

就价值取向来看，中庸思想虽不完全否定个性，但更多的是偏重共性，强调社会整体和谐的意义。在中庸思想所设计的社会秩序中，个体的价值从属于至高无上的外在普遍秩序的安排，个体必须思不出位，安于其中，以此获得稳定的社会秩序。这种价值取向给社会的发展带来了双重的影响。一方面，其增强了民族的凝聚力，促进了社会安定团结和国家统一，对于社会进步起到了推动作用。另一方面，过分地强调整体，也导致了对个性的抑制甚至蔑视。在中国古代社会，提倡温良恭俭让，赞赏趋稳求和，反对棱角锋芒，荣则俱荣，毁则同毁。“木秀于林，风必摧之”，“事修而谤兴，德高而毁来”，诸如此类的话语生动地表明了轻个体的保守价值观念以及因此积淀而成的广泛社会心理。而且，从处事态度上看，中庸虽承认时事变化，但“变”是以对基本原则的服从为前提的，因此，其更加强调万变不离其宗，以不变应万变。“权虽反经，亦必在可以然之域”⑤，试图将万物变化纳入一定的范围之内，尽可能地维持现状。这一主张对于避免社会动荡、维系文明传承确

① 《河南程氏遗书》卷五。

② 《近思录》卷十二。

③ 《中庸章句集注》。

④ 《朱子语类》卷二十四。

⑤ 《春秋繁露·玉英》。

也有着积极的一面，大一统的中国封建社会持续了两千多年，其间的经济结构、社会制度、文化传统、民族构成虽历经劫难却绵延不断。但是，当新旧交替的时代到来，这种对待事物因循保守的态度的局限性便充分地暴露出来，祖宗之法不可变、今不如昔的社会心理注定会抵制、阻碍社会的革新。

从政治思想的角度来看，首先，儒家学派所称道的“允执厥中”要求人们在治国的政治实践中，须严格按照“中庸”之道行事，观察和处理问题要善于权衡，不走极端。一般来说，在处理政治矛盾问题上的这种全面性要求，是以认识的全面性为前提的。当然，这在政治实践中是很难完全做到的。因为，“执中”的意思并非固定不变，作为一种治国的政治艺术，“允执厥中”并没有一种可以照搬的固定模式，必须从实际出发，灵活运用。“汤执中，立贤无方”①，要做到全面且恰如其分，就应当将贤者立于其位，而不应受繁文缛节规矩的束缚。其次，“无过无不及”是政治策略的辩证法。“中庸之道”之所以能够成为儒家的政治定律，关键在于它教导人们特别是政治家们，如何能够恰当地把握“中”。为了达到这种理想的政治目标，可取的思想方法便是孔子提出的“过犹不及”，即无过无不及。这种思想方法作为政治艺术的基础之一，其实质是儒家政治策略的辩证法思想。当然，“过犹不及”作为一种理想化的政治伦理目标，在现实的政治生活中时时处处都能实现是很难的，但是，不能以此为理由而拒绝这样的思想和行动原则，否则，就会越来越偏离正确的轨道。另外，儒家中庸之道关于无过无不及的要求，对于政治家加强思想作风修养，也是有借鉴价值的。从《论语》等著述中可以看出，孔子常常教育他的学生要按中庸的原则行事，注意自己言行的适度，要求他们做到“己所不欲，勿施于人”。在孔子等先秦儒家看来，要做正人君子，并且在政治上站得住，就应当明白“过犹不及”的道理，守“中行”“执中”。否则，就会犯各种极端化的错误。至于在实践中如何贯彻这一要求，孔子曾说过这样的话：“侍于君子有三愆：言未及之而言谓之躁，言及之而不言谓之隐，未见颜色而言谓之瞽。”② 可见，“无过无不及”作为一种思想方法，对于避免激化矛盾是具有借鉴价值的。最后，在儒家经典中，“中庸”又被称为“中和”，他们在强调“中”的重要性的同时，十分重视“和”的价值和作用，“中”与“和”是可以相互补充的。孔子主张“和”、反对“同”并把“和”与“同”对立起来，“君子和而不同，小人同而不和”③。朱熹对此的注

① 《孟子·离娄下》。
② 《论语·季氏》。
③ 《论语·子路》。

释是："和者，无乖戾之心。同者，怀阿比之意。"[①] 从这些论述中可以看出，作为中庸政治哲学概念的"和"，是从肯定意义上说的，意即和谐、统一；"同"则是作为贬义词用的，含有随波逐流、同流合污之意。正是基于这种理解，儒家及其继承者十分强调"致中和"，如朱熹、王阳明等认为"致中和"就是达天理，致良知。显然，"致中和"不但是养生之道，而且也是治国之道。据《左传》记载，晏婴曾主张君臣关系应该是"和"，而不应该是"同"，"和"才能产生政治上的"相反相济"。他说："君所谓可，而有否焉，臣献其否，以成其可；君所谓否，而有可焉，巨献其可，以去其否。"[②] 这种处理君臣关系、上下关系的政治辩证法，在现代政治生活中仍然有一定的借鉴意义。

当然，中庸之道作为一种权术思想，在政治实践中也会表现出消极的一面，且主要体现为政治上的两面性。中庸之道的一个重要训条是"明哲保身"，"是故居上不骄，为下不倍，国有道其言足以兴，国无道其默足以容，诗曰'既明且哲，以保其身'，其此之谓与"。[③] 孔子教导他的弟子说"邦有道，不废；邦无道，免于刑戮"，并称赞宁武子"邦有道则知（即智），邦无道则愚"。[④] 由于奉行"明哲保身"的信条，在官场中，从政者常常体现出其自私和损人利己的伪劣一面。

五、大同社会理想

大同是儒家倡导和向往的理想社会。"大同"一词最早出现在儒家经典《礼记》中。《礼记·礼运》篇描述了儒家对于未来社会的构想："大道之行也，天下为公。选贤与能，讲信修睦，故人不独亲其亲，不独子其子，使老有所终，壮有所用，幼有所长，鳏寡孤独废疾者，皆有所养。男有分，女有归。货恶其弃于地也，不必藏于己；力恶其不出于身也，不必为己。是故谋闭而不兴，盗窃乱贼而不作，故外户而不闭，是谓大同。"

（一）大同思想的特点

据《礼记》如上描述，可以得知，儒家理想的大同社会具有以下的主要特点：

1. 全民公有的社会制度

这里所说的公有，包括权力公有和财物公有，其中权力公有是首要的。

---

① 《四书章句集注》。

② 《左传·昭公二十年》。

③ 《中庸》第二十七章。

④ 《论语·公冶长》。

权力公有的口号是“天下为公”，具体措施是通过选贤与能来进行社会管理，而选举贤能的权力在于全体社会民众。权力公有之所以重要，是因为权力可以统摄一切、改变一切。只有遏制权力垄断，坚持权力公有，才能保证社会的公平。所以，“天下为公”的性质是与王权根本对立的。唐人孔颖达在《礼记正义》曰：“天下为公，谓天子位也，为公，谓揖让而授圣德，不私传子孙，即废朱均而用舜禹也。”《礼记正义》所举尧将帝位传给舜而不传其子丹朱，舜将其位传禹而不传其子商均的事例，是要证明何谓权力的“大同”。但从所举事例看，尧、舜虽然没有将帝位传给自己的子孙，却是把“天下”作为私有物来“禅让”的，而且是不得已而为之的。“大同”与尧舜之事的区别在于：大同的选贤与能是制度化的，而尧舜禅让是权宜之计；“大同”的权力持有者是“天下”选举的，尧舜却是个人指定的。综观整个古代社会，先秦儒家的大同思想只能是一种极不切实际的空想。

2. 选贤与能的管理体制

这一体制既适用于中央也适用于地方。这里所说的选举是指民举，而非官举。官举与民举的性质不同，然而，先秦后的儒家却混淆了两者的界线，有意将民举变为官举。比如汉儒郑玄解释说：“选贤与能者，向明不私传天位，此明不世诸侯也。国不传世，唯选贤与能也，黜四凶，举十六相之类是也。”① 这里，郑玄仍然是用尧舜的例子来论说“天下为公”和“选贤与能”。隋唐以后，所谓选举已专指朝廷对士人的选拔，选举之事彻底与普通民众绝缘了。

3. 讲信修睦的人际关系

“天下为公”是建立信与睦的良好人际关系的基础。“天下为公”，意味着个人皆是社会的一员，人人有权分享社会成果。不过，先秦之后，这种以“天下为公”为前提的人际关系同样也遭到篡改。《礼记正义》卷二十一解释说：“讲信修睦者，讲，谈说也；信，不欺也；修，习；睦，亲也。世淳无欺，谈说辄有信也。”在这里，“讲信修睦”仅指交往言说的表面现象，“大同”的本意被歪曲了。

4. 各得其所的社会保障

大同世界描绘的是一种无处不均匀、无人不饱暖的社会理想。在那里，男有室，女有家，“老有所终，壮有所用，幼有所长，鳏寡孤独废疾者，皆有所养”，人民安乐，社会和谐。对“大同”的这种原意，先秦后的儒家也有篡改。例如，将这种社会保障解释为在明智君王影响下的一种社会风气，将人

① 《礼记正义》卷二十一。

人皆有的“壮有所用”的劳动权利解释为“不爱其力以奉幼”，将“男有分”说成是“无才者耕，有能者仕，各当其职”，而又将“女有归”解释为“君上有道，不为失时，故有归也”[①]。

5. 人人为公的道德社会

在大同社会里，“货恶其弃于地也，不必藏于己”，人人皆怀着高度的责任心珍惜社会财富，并反对一切自私自利的言行。

值得注意的是，《礼记·礼运》篇在提出大同的同时也提出了儒家的小康思想：“今大道既隐，天下为家。各亲其亲，各子其子，货力为己。大人世及以为礼，城郭沟池以为固。礼义以为纪，以正君臣，以笃父子，以睦兄弟，以和夫妇，以设制度，以立田里，以贤勇知，以功为己。故谋用是作，而兵由此起，禹汤文武成王周公，由此其选也。此六君子者，未有不谨于礼者也，以著其义，以考其信。著有过，刑仁讲让，示民有常。如有不由此者，在势者去，众以为殃，是谓小康。”

小康与大同是相区别的。在小康社会里，“天下为公”被改成了“天下为家”，“天下为公”的“大道”不复存在。在“天下为家”的前提下，人们各亲其亲，各子其子，货为己藏，力为己出。所有这些皆来自权力的私有：“大人世及以为礼”。为了证明这种世袭制度的合理性，便产生了“礼”与“义”的观念形态。“礼”“义”的具体指向是什么？《礼运》曰：“大人世及以为礼，城郭沟池以为固。”即是说，礼是为世袭王权服务的，权力拥有者至高无上，理所当然地应受到尊敬。而“礼”的这一本质需要用“义”来保护，要“城郭沟池以为固”。对“礼”与“义”的原意阐述，也从反面说明了大道之行的正义性和大同世界的公理性，从而更加证明了“礼”“义”的虚假性——礼、义在表面上是公道的，但实际上是依附于权力的。

尽管“礼”“义”是为权力而设，然而在“天下为家”的社会又必须崇礼尚义，大禹、成汤、文王、武王、周公等六君子治世，皆以礼为纲，以著义、考信、明过、扬慈、讲让六者为目，而且示民以常久，使之成为风气。唯有如此，社会才能在“个人皆为私”的情况下大致安定。康者，安也，凡不能如禹汤之类的，民众必视之为祸恶，有位者不保，最终导致天下大乱。

如上可见，《礼运》对于小康社会的描绘表面是褒，实则是贬。“大道既隐”而以“天下为家”的小康并非理想的社会。“家天下”的小康社会是一种自私为己、充满矛盾冲突的社会。即便如此，在“谋用是作”的环境里，这样的小康也是难以实现的。综观古代社会，“在势者大，众以为殃”的史实

① 参见《礼记正义》卷二十一。

绝非个别现象。《礼运》对于小康的描述，虽然称颂了禹、汤、文、武等的盛德，实际上却是在贬斥这种“天下为家”的社会制度以及由此形成的自私自利的社会风气。

（二）大同思想的深远影响

“大同”思想虽产生于古代社会，但却成为中国近代史上鼓励众多仁人志士反抗外寇侵略、推翻封建统治、谋求民族解放、探寻社会发展道路的强大精神动力。

康有为在《大同书》中推展儒家传统的“仁”学，并以此为出发点，描绘了一种“大同”理想社会愿景：其一，政治上真正实现民主，大事皆由人民讨论决定；其二，公有制是社会的经济基础；其三，劳动者具有很高的社会地位，人们以务工劳作为乐事。其四，康有为提出，侵犯平等乃“侵天权”，因此，在“大同”社会里，没有剥削，没有压迫，没有阶级，也没有尊卑之别。其五，妇女地位得到前所未有的提高，在社会各方面皆有与男子同等的权利。其六，教育成为推动社会发展最主要的动力，而民智的开拓则是社会基本的任务。梁启超先生亦提出了有关“大同”理想的主张。在《君政民政相擅之理》等文中，梁启超提出民权代替封建君权是历史发展的必然。他借鉴吸纳西方资产阶级民主政治理论，认为社会制度的演进是有规律可循的，这种规律体现为：多君为政之世→一君为政之世→众民为政之世。这三大阶段又可分出六个小阶段：多君世可分为酋长之世与封建世卿之世；一君世可分为君主之世与君民共主之世；民政之世又可分为总统之世与无总统之世。梁启超明确指出，多君之世即是乱世，一君之世即是小康升平世，而民政之世即大同太平世，多君→一君→民政的演进是由苦向乐、由恶向善、由乱向治的逐步发展过程，而实行民权的民政之世终将是社会历史发展的必然结果，这是任何力量都不能阻遏的。

在中国近代史上，资产阶级革命派也通过赋予《礼运篇》新的蕴义，阐发他们的“大同”理想。其中，孙中山先生对“大同”社会作了如下的深刻阐述：其一，“大同”理想是人类进化之目的。“人类进化之目的为何？即孔子之所谓‘大道之行也，天下为公’。”① 其二，“大同”世界意味着人民享有一切。孙中山认为，“国家是人民所共有，政治是人民所共管，利益是人民所共享。照这样的说法，人民对于国家不只是‘共产’，一切事权都是要共的，这才是真正的民生主义，就是孔子所希望的大同世界。”② 其三，“大同”主

① 《孙中山全集·建国方略》第四章。
② 《孙中山全集·民生主义》第二讲。

义即民生主义，也就是社会主义。孙中山提出：“民生主义就是社会主义，又名共产主义，即是大同主义。”① 其四，“大同”的原则是人道主义，核心是自由、平等、博爱。孙中山指出：“社会主义者，人道主义也。人道主义，主张博爱、平等、自由，社会主义之真髓，亦不外此三者，实为人类之福音……社会主义之博爱，广义之博爱也。社会主义为人类谋幸福，普遍普及，地尽五洲，时历万世，蒸蒸芸芸，莫不被其泽惠。此社会主义之博爱，所以得博爱之精神也。”② 由此不难看出，《礼运篇》的儒家“大同”理想对于孙中山先生三民主义思想产生了深刻的影响。当然，孙中山并非拘囿于儒家经典，而是从他所处的时代现实出发，其“大同”社会理想既有儒家经典的传统依据，又具有他自己所处的资产阶级民主革命时代的特征。

“五四”时期，马克思主义在中国开始传播并不断深入人心，但儒家“大同”思想的影响并没有因之而衰灭。相反地，无论是李大钊等共产主义运动的先驱者对于马克思主义的理解，或者是强调马克思主义中国化的毛泽东思想及其指导下的社会主义实践，都在某种程度上受着儒家“大同”思想的影响。毛泽东在 1949 年《论人民民主专政》一文中指出：“十月革命一声炮响，给我们送来了马克思列宁主义……西方资产阶级的文明，资产阶级的民主主义，资产阶级共和国的方案，在中国人民的心目中，一齐破了产。资产阶级的民主主义让位给工人阶级领导的人民民主主义，资产阶级共和国让位给人民共和国。这样就造成了一种可能性：经过人民共和国到达社会主义和共产主义，到达阶级的消灭和世界的大同。康有为写了《大同书》，他没有也不可能找到一条到达大同的路。”由此可见，大同思想与马克思主义也有一定的相通之处。

如今，全面建成小康社会已然成为建设中国特色社会主义的宏伟目标。而“小康社会”的提法本身，也反映出《礼运篇》的“大同”“小康”之说作为一种思想文化传统，在当代中国仍然具有影响力。

总之，从汉武帝“罢黜百家”开始，儒家以王道仁政为主要内容的伦理政治思想就逐渐成为中国封建社会的正统官方统治思想，并一直延续到近代。而且，在中国传统社会的两千多年里，儒家思想广泛融合，植根于不同时代的人们的心里。直至清代中叶以前，儒家政治主张、道德观念以及思维方式一直是社会的主流符号。进入 19 世纪之后，随着中国的国门被西方列强的坚船利炮打开，中华民族受到外国侵略者前所未有的压迫与欺辱，有人将民族

① 《孙中山全集·三民主义·民生主义》。
② 《孙中山全集·在上海中国社会党的演说》。

衰败的根源归咎于儒家思想文化，儒家思想作为中国封建社会的主流意识形态和传统文化精神核心开始受到空前激烈的批判。即使自“五四”时代开始直到改革开放的今天，对儒家思想的价值始终存在着肯定和否定两方面的不同观点。但应当看到，“王道仁政”所蕴含的公平正义思想以及以民为本的治国方略，作为儒家政治思想的核心，的的确确蕴含着永恒的价值。我们今天所提倡的学习型社会、和谐社会、社会主义核心价值体系和核心价值观，都能从儒家经典中找到根源。传统是割不断的，割断文化的血脉，就会迷失方向，丧失根本。我们有理由相信，儒家政治思想的合理价值必将成为越来越多的人的共识。

第三节　法家、道家、墨家的主要政治思想

“罢黜百家，独尊儒术”虽然压抑了其他学术的繁荣与发展，但是，儒学独尊并没有消灭百家；相反，诸子百家中其他学派有价值的理论，大多流传了下来。其中，法家、道家、墨家的政治思想直至今日依然为人们所重视，产生着一定程度的影响。

一、法家政治思想

法家思想主要起源于春秋时期改革家的思想，此外，还有儒、墨、道各家的一些非主流思想。法家吸收各家学说之长，融入自己的观点，从而形成独特的法家思想。《史记·太史公自序》载司马谈的《论六家要旨》说：“法家不别新疏，不殊贫贱，一断于法，则亲亲、尊尊之恩绝矣……若尊主卑臣，明职分不得逾越，虽百家弗能改也。”

法家的政治思想，其主要内容可概括为如下几个方面：

（一）“势治”思想

1.“势”的含义

简言之，“势”是指客观条件和趋势。“势”的概念由来已久，《吕氏春秋·不二》说：“孙膑贵势。”何谓“势”？“激水之疾，至于漂石者，势也”，如“转圆石于千仞之山者，势也”①。汹涌的激流能把大石头漂起来，高山之上可以将圆石翻滚下去，这种迅猛、锐不可当的推动力，即所谓“势”。目前看，在政治上比较系统地提出“势”治的是慎到。《慎子·威德》说：“势位

① 《孙子兵法·兵势》。

足以屈贤也。”这里，所谓“势”已经是指势位与权力了，即认为善于利用国君的至高无上地位，控制或调动国家机器的专制权力，就可以把奸邪消灭在萌芽之中。韩非说：“自然之势也，非人之所得设也。若吾所言，谓人之所得设也而已矣。”[①] 韩非认为，对于君主而言，自然之势不是主要的，因为它是既成事实，真正的势应是人为之势。韩非特别强调人为之势，意在鼓动君主把权力掌握在自己手中，成为最高的权威。法家认为权势是最为重要的，政治活动不是以才能、是非和道德为标准，而是由权势的大小决定的。

2. 保“势”的方法

“势”“位”对于君主而言经常存在着失去的危险，所以，如何保“势”就显得尤为重要。在这方面，慎到和韩非皆提出了自己的见解：一是任势而不尊贤。慎到告诫君主尚贤是最危险的，“立君而尊贤，是贤与君争，其乱甚无君”[②]。二是通过获得民众支持，以此要挟臣下。正所谓“徭役少则民安，民安则下无重权，下无重权则权势灭，权势灭则德在上矣”[③]。三是君主无为以治臣下。慎到提出“臣事事而君无事，君逸乐而臣任劳”[④] 的主张。意思是指君主不一定需要超众的才能，妙道在于驭臣之术：让臣子各安其位、各尽其才，这样便能实现稳定的统治。四是君主不尚忠。韩非说：“治强生于法，弱乱生于阿，君明于此，则正赏罚而非仁下也；爵禄生于功，诛罚生于罪，臣明于此，则尽死力而非忠君也。”[⑤] 在法家看来，“忠”是一种看不见、靠不住的品行，公平正义的赏罚制度才是可操作的，才是最终能靠得住的。五是君主独操权柄。法家认为，君主必须实行专制独裁统治，国家的权力必须是一元的。国家可以“多贤不可以多君；无贤不可以无君”[⑥]。只有这样，君主才能确保手中始终掌握着更大的权力。

（二）“法治”思想

主张“势治”的法家，同时也认识到了“势”仅仅是一种可以利用的工具。《韩非子·难势》说：“夫势者，非能必使贤者用之，而不肖者不用之也。贤者用之则天下治，不肖者用之则天下乱。人之情性，贤者寡而不肖者众，而以威势之利济乱世之不肖人，则是以势乱天下者多矣，以势治天下者寡矣。”因而，单纯地追求“势”，往往无异于为虎添翼以助其害。那么，如何

---

① 《韩非子·难势》。
② 《慎子·逸文》。
③ 《韩非子·备内》。
④ 《慎子·民杂》。
⑤ 《外储说右下》。
⑥ 《慎子·逸文》。

才能够趋其利避其害、更好地利用势来维护君主专制统治呢？解决之道在于“势”必须与法相结合。

1.“法”意之解析

法家从不同的角度对“法”作了界定。慎到说：“法者，所以齐天下之动，至公大定之制也。”[①] 这是从法的功能角度给法的界定。商鞅则说：“法令者，民之命也，为治之本也。”[②] 这是从法的重要性角度来界说的。管子说：“尺寸也、绳墨也、规矩也、衡石也、斗斛也、角量也，谓之法。”[③] 这是从法作为赏罚的标准来说的。上述都是从法的特性角度来界说的。韩非说：“法者，宪令著于官府，刑罚必于民心，赏存乎慎法，而罚加乎奸令者也。”[④] 这是从法的形式与内容相结合的角度来界说的。如此等等，不一而足。然而，对“法”最本源性的解释当推许慎的《说文解字》：“灋，刑也，平之如水，从水；廌，所以触不直者去之，从去。”这段话用现代汉语来表达就是：“法”的意义是“刑”，它“平等”如水，所以“从水”；独角神兽廌能把理屈不义之人顶触出去，所以也从“廌”从“去”。“法”字这两个不同的形体已经分别代表了“平直”和“标准”两个方面的意义，这是“法”的最初也是最基本的内涵。法家在此基础上，又从不同的角度，把“成文的”“公布于众的”“必须遵守的”“强制执行的”等内涵纳入法的概念中来。

2. 法的产生与功用

法家都认为“法”应该产生于君主。“夫生法者，君也；守法者，臣也；法于法者，民也”[⑤]。商鞅说：“及至文武，各当时而立法。”[⑥] 韩非也说：“圣王之立法。”[⑦] 可见，法家认为谁有了权力和威势，就是立法者，无论他有无德性、是否圣贤。当然，具有立法权的君主也不是随意立法，而应该遵循一定的原则，这个原则就是要因“道”而立法。法是“道”的人事化、社会化的表现，这个立法之“道”的具体内容就是要“因”人的自然情性而立法。“法非从天下，非从地出，发于人间，合乎人心而已”[⑧]，“故法不察民之情而立之，则不成”[⑨]。

---

① 《慎子·逸文》。
② 《商君书·定分》。
③ 《管子·七法》。
④ 《韩非子·定法》。
⑤ 《管子·任法》。
⑥ 《商君书·更法》。
⑦ 《韩非子·守道》。
⑧ 《慎子·逸文》。
⑨ 《商君书·壹言》。

“法”的最大功用是用来治国，即所谓“以法治国”。管子说：“虽圣人能生法，不能废法而治国。”[①] 具体而言，法的功用大致包括以下几点：第一，“法”是“一民之轨”，可以为臣民提供行为标准。韩非说：“一民之轨，莫如法。”[②] 意思是说，法能够为臣民行为提供规范和准则。第二，“法”可以定分去私。法家主张“立法明分”，“法之所加，各以其分”[③]。所谓“分”，就是分清每个人的等级与职守，分清每种行为的界限。慎到举例说明了“分”的重要作用：“一兔走街，百人追之，贪人具存，人莫之非者，以兔为未定分也。积兔满市，过而不顾，非不欲兔也，分定之后，虽鄙不争。”[④] 可见，法家把“明分”当作法的首要任务，而定分的内容主要包括“定赏分财”“制土分民”“明分任职”等。这是战国时期以土地私有制为基础的财产私有观念在法律思想中的反映。另一方面，人难免会有私心。法家认为，公与私是对立的，韩非从汉字构造的角度来论证这种对立：“古者仓颉之作书也，自环者谓之私，背私谓之公，公私之相背也，乃仓颉固以知之矣。”[⑤] 法家还经常把“法”与“私”相对应，认为“法”即代表公意旨在去“私”，所以慎到说：“立法而行私，是私与法争，其乱甚于无法。”[⑥] 第三，“法”能够止暴除奸。《管子》说：“使民用者，必法立而令行也。故治国使众莫如法，禁淫止暴莫如刑。故贫者非不欲夺富者财也，然而不敢者，法不使也；强者非不能暴弱也，然而不敢者，畏法诛也。故百官之事，案之以法，则奸不生；暴慢之人，诛之以刑，则祸不起。”[⑦] 另外，法家还认为法律具有“禁心”即消除犯罪动机的作用。韩非说：“是故禁奸之法，太上禁其心，其次禁其言，其次禁其事。”[⑧]

3. 法的实施

君主制定出法律并不困难，困难的是如何推行法律。法家主张法律要得到切实执行，必须做到：其一，进行普法宣传，使法律的内容家喻户晓，“是以明主言法，则境内卑贱莫不闻知也”[⑨]。其二，君主必须严格执法，即刑无等级，法不阿贵，一断于法，信赏必罚。法家认为，一个国家的法律能否得

① 《管子·法法》。
② 《韩非子·有度》。
③ 《慎子·君人》。
④ 《慎子·逸文》。
⑤ 《韩非子·五蠹》。
⑥ 《慎子·逸文》。
⑦ 《管子·明法解》。
⑧ 《韩非子·说疑》。
⑨ 《韩非子·难三》。

到执行，君主是关键，只要君主能严格按照法律来治理臣民，法律的推行就有了保障。所以，慎到说：为人忌者，“官不私亲，法不遗爱，上下无事，唯法所在”①。其三，应该重刑厚赏。关于重刑方面，法家认为，严刑峻法能够获得以刑去刑的效果，因此主张细过大罪、轻罪重罚。管子说：“上赦小过，则民多重罪，积之所生也。故曰：赦出则民不敬，惠行则过日益。惠赦加于民，而囹圄虽实，杀戮虽繁，奸不胜矣。”② 法家的这种严刑去刑的主张，并非完全可取，秦王朝的失败便与严刑苛法有很大的关系。至于厚赏，法家的言论也很多。韩非说：“是故欲治甚者，其赏必厚矣。”③ 在赏罚的关系上，法家虽然认为厚赏与重刑一样不可或缺，但在赏、罚的运用方面更主张以刑为主，以赏为辅。这一点尤为商鞅所强调：“王者刑九赏一，强国刑七赏三，削国刑五赏五。”④

这里，需要提及春秋战国时代的一个重要文化现象，即儒法之争。通过前面所述，可以得知，法家与儒家在法的问题上持截然不同的观点。首先，大多儒家（荀子除外）基于人性善的观点出发，认为人皆有“恻隐之心”，是可以通过道德教化的，因此，在法律与道德的关系上，儒家重道德而轻法律，认为法律的作用只是暂时的、表面的，而道德的作用才是长久的、深刻的。法家尤其是韩非则不赞同人性善论，认为人性是不足以信任的，道德的作用是有限的、不牢靠的，法的作用才是确定不移、效果昭然的，因此须重法律而轻道德。儒家以德治天下，而法家以法治天下。其次，儒家主张法的特殊主义，即针对不同的人、不同的情形，法律要有伸缩性、灵活性，要区分具体情况采取不同的刑罚。《盐铁论·刑德》中说：“法者，缘人情而制，非设罪以陷人也。故《春秋》之治狱，论心定罪，志善者而违于法者免，志恶者而合于法者诛。”就是说，故意和一贯为恶的犯罪人，危害性大，应当从重处罚；过失和偶然为恶者危害性小，可以从轻或者免予处罚；如果主观上有邪恶之念，即使没有实施任何犯罪行为，也应予严惩。法家则主张法的普遍主义，即同样的法律要适用于所有的人、所有的情形，不能通融、不能改变。最后，从法的特殊主义出发，儒家必然坚持法的不平等性原则，别亲疏贵贱之礼以为法。瞿同祖先生指出：“儒家视尊卑、长幼、亲疏的差别，讲孝悌

---

① 《慎子·君臣》。
② 《管子·法法》。
③ 《韩非子·六反》。
④ 《商君书·去强》。

伦常，于是听讼必原父子之亲，宜轻宜重，一以服制为断。”① 意思是说，法律会根据家族内成员的地位尊卑、长幼辈分及亲疏程度加以区别对待。而从法的普遍主义出发，法家坚持法的平等性原则。

汉初统治者接受了秦王朝倾覆的教训，主张施仁政，儒学亦成为占统治地位的官方思想，儒法之争也以儒家学说的胜利而告终。儒家成为正统的原因是多方面的，但其中一个重要的原因，是儒家更适应宗法传统的社会结构，在这种社会结构里，讲究尊卑长幼差序有别，强调血缘亲情。而在这一点上，主张不别亲疏贵贱“一断于法”、无情公正的法家，就显得相形见绌了。

当然，儒家也并非一味排斥法家，而是将其作为补充，从而在一定程度上实现了儒法的融合。董仲舒便融合了法家的思想，将法作为德教的补充。从此，法律儒家化，即援礼入法、德主刑辅、儒法并用，成为中国古代法律的基本模式，进而形成中国古代法律制度的总体特征：法自君出、礼法结合、诸法合体、崇尚无讼、谨刑慎狱，等等。②

（三）“术治”思想

1.“术”的含义

韩非说：“人主之大物，非法则术也。”③ 韩非对术作了如下解释：

“术者，因任而授官，循名而责实，操杀生之柄，课群臣之能者也。此人主之所执也”④，“术者，藏之于胸中，以偶众端而潜御群臣者也，故法莫如显，而术不欲见。”⑤ 可见，术作为一种行为策略和方法，由君主独操，且潜藏于君主胸中，其对象是官吏臣属。

2.“术治”的具体主张

韩非把商鞅、慎到、申不害等前期法家的法、势、术三者结合起来，融会贯通，使之成为有机的整体，而且，“韩非学说中，法术势这三个方面，‘术’是居于中心地位”⑥。“术”作为一种“存乎一心”的东西，具体包括：其一，循名责实之术。循名责实主张的实质，是君主应该以群臣各自的职分去责成他们。臣下不需要、也不能有越出规定的能动性，即使这种能动性符

① 瞿同祖：《中国法律与中国社会》，见《瞿同祖法学论著集》，中国政法大学出版社，2004年版，第353页。

② 关于中国古代法律制度特征的阐述，可参见武树臣：《中国法律思想史》，法律出版社，2004年版。

③ 《韩非子·难三》。

④ 《韩非子·定法》。

⑤ 《韩非子·难三》。

⑥ 王元化：《文学沉思录·韩非论稿》，上海文艺出版社，1983年版，第220页。

合君主的利益，也要禁绝。韩昭侯兼罪典衣与典冠的故事最能说明这一点："昔者韩昭侯醉而寝，典冠者见君之寒也，故加衣于君之上。觉寝而说，问左右曰：'谁加衣者?'左右对曰：'典冠。'君因兼罪典衣与典冠。其罪典衣，以为失其事也；其罪典冠，以为越其职也。非不恶寒也，以为侵官之害甚于寒。"韩非因此得出结论说："故明主之畜臣，臣不得越官而有功，不得陈言而不当。越官则死，不当则罪。守业其官，所言者贞也，则群臣不得朋党相为矣。"① 可见，法家的循名责实之术是维护君主专政、掌控臣下的有力手段。其二，深藏不露之术。深藏不露是"术治"的本质规定性。法家认为，君主身边的重臣、大臣、太子、后妃等所有人都是靠不住的，"乱之所生六也：主母、后姬、子姓、弟兄、大臣、显贵"②，君主如果把希望寄托于臣下对己的忠贞之上，"传人则制于人"③，必定身死国灭。为了"备内"，法家主张君主对任何事情在未决断之前不要表示自己的好恶是非，至少表面上应该示人以无为、无欲、无事的形象，不要把自己真实的想法、好恶等知晓于别人。其三，聪明独断之术。法家既然认为君臣之利异，因而最终的决策只能由君主独断。然而，法家的君主独断是有前提的：首先，君主要增加自己的"聪明"。君主个人的知觉总带有极大的局限性和片面性，因而，君主要充分发挥臣下耳、目之作用，以帮助君主增加聪明。其次，韩非还教导君主迫使臣下尽其言责，"主道者，使人臣必有言之责，又有不言之责。言无端末、辨无所验者，此言之责也；以不言避责、持重位者，此不言之责也。人主使人臣言者必知其端末以责其实，不言者必问其取舍以为之责，则人臣莫敢妄言矣，又不敢默然矣，言、默则皆有责也"④。再次，君主在听臣下汇报情况时，应不带成见，做到"断无门户"，"观听不参则诚不闻，听有门户则臣壅塞"⑤。最后，韩非还主张"群臣公举"，奖励"告奸"，让臣下之间相互检举揭发。"群臣公举，下不相和，则人主明"⑥；"赏告奸、困末作而利本事"⑦。这样，君主就能化天下的耳目智虑为自己的耳目智虑，从而为君主独断奠定基础。

术治的对象主要是臣，但也偶用于百姓，其中最主要一点就是推行愚民政策，反对开启民智。"圣人之道，去智与巧。智巧不去，难以为常。"⑧ 韩

① 《韩非子·二柄》。
② 《韩非子·八经》。
③ 《韩非子·备内》。
④ 《韩非子·南面》。
⑤ 《韩非子·内储说上》。
⑥ 《韩非子·外储说左下》。
⑦ 《韩非子·奸劫弑臣》。
⑧ 《韩非子·扬权》。

非认为，没有知识、盲目从令的人，才能不折不扣地遵守君主意志，即所谓“寡闻从令，全法之民也”①。由此出发，韩非主张取消除法律教育之外的一切文教事业。这种愚民之术的推行，提倡服从专制，服从权威，文化无用、文人反动，一定程度上有碍于思想文化的自由繁荣。

此外，法家还主张耕战，即常常把“农”和“战”放在一起强调，认为耕战是关系到国家盛衰存亡的头等大事。“国之所以兴者，农战也”②，因为，“民不归其力于农，即食屈于内；不归其节于战，则兵弱于外。入而食屈于内，出而兵弱于外，虽有地万里，带甲百万，与独立平原一也”③。

法家的思想主张早在春秋战国的变革年代，就由一些执掌权柄的法家改革人物在不同程度上贯彻实施，并取得了一定的成效，推动了当时社会的发展。商鞅的法治思想在秦国的实施，更是取得了极大的成功。然而，秦王朝的灭亡也与法家不重视仁义道德、不重视人的主观能动性、一味地严刑峻法、不爱惜民生民力等思想密切相关。秦朝土崩瓦解之后，法家作为一个学派最终退出历史舞台。然而，法家所主张的一些思想和制度，并没有随着秦朝的覆灭而消失。例如，汉代虽然“独尊儒术”，但汉代的君主专政制度，是继秦制而来；汉律也不过是秦律的加减损益而已。

二、道家政治思想

道家政治思想的发展经历了三个时期，分别是先秦时期、秦汉时期、魏晋时期。

（一）先秦道家政治思想

总的来说，先秦时期道家政治思想可大体划分为两个方面：一是老子之学，二是庄子之学。

1. 老子之学

关于老子的政治哲学思想，可分述为以下三个方面：

（1）道法自然。老子政治哲学的基础是“道法自然”。“道”是老子思想体系的最高范畴，居于核心地位。《老子》更加明确地强调了先天地而存在的“道”的优先地位，把那种本来还与具体现象解释相关的“天道”与“阴阳”变成了富于哲理意味的概念，并以此涵盖一切。老子将大地之本原想象为

① 《韩非子·六反》。

② 《商君书·农战》。

③ 《商君书·慎法》。

"道"，"道"是"玄之又玄"的"众妙之门"①。"道"是"天地之根""万物之母"，宇宙天地就是从这里发生的："道生一，一生二，二生三，三生万物。万物负阴抱阳，冲气以为和。"②"道"又是宇宙间的最高法则，"人法地，地法天，天法道，道法自然"③。在人、地、天、道这种依次而进的逻辑关系中，最终的归结是"法自然"。这里的"自然"并非指客观实在的自然界，而是指一种不受外在强制力量主宰而顺其自然的状态，蕴含着"本来如此""自然而然"之义。因此在老子看来，宇宙是一个和谐的、平衡的整体，这种和谐、平衡的状态，是通过构成这个宇宙的万事万物自身不受外界强力干扰的存在和发展而达成和维持的，这就是老子的所谓"自然"。"自然"作为最高的"道"所遵循的基本原则，当然就是宇宙万物间的最普遍原则，它具有普适性，即普遍适用于处理道与万物、人与自然、人与社会、人与人之间的各种关系，也适用于个体自身的身心和谐。

"道"所以受万物尊崇，恰恰在于它对万物不加干涉，完全顺其自然地任万物自我化育、自我完成。老子关于"道法自然"的说明，不仅是为了弘扬天道的自然无为，最重要的在于以天道统摄人道，使人道效法于天道。由于道本于自然，自然以生万物，则"道常无为而无不为"。这样，老子就从他的自然观演绎出无为而治的政治思想。

（2）无为而治。"无为而治"是老子政治思想的核心，是一种"以无事取天下"的积极的政治社会理论。老子认为，"道"的"无为而无不为"既然是人类社会活动应遵循的基本法则，那么，统治者治理国家也应顺其自然，像"道"那样不将其主观意志强加于社会生活，实行"无为而治"的政治主张。老子说："道常无为，而无不为。侯王若能守之，万物将自化。"④只要实行"无为而治"，就不会过多地干扰老百姓，"治大国，若烹小鲜"，"我无为而民自化；我好静而民自正；我无事而民自富；我无欲而民自朴"⑤。老子认为政治混乱、人民贫困，都是由统治者干涉过多引起的。

（3）小国寡民。在老子看来，"无为而治"的政治主张，最适合于"小国寡民"的理想社会。他所描绘的"小国寡民"的社会理想模式是"小邦，寡民。使什佰之器毋用，使民重生而不远徙。有车舟无所乘之；有甲兵无所陈之。使民复结绳而用之。甘其食，美其服，安其居，乐其俗。邻国相望，

---

① 《老子》一章。

② 《老子》四十二章。

③ 《老子》二十五章。

④ 《老子》五十七章。

⑤ 《老子》五十七章。

鸡犬之声相闻，民至老死，不相往来。”[①] 老子厌恶人世间的钩心斗角和尔虞我诈，鄙视仁义礼智纲常名教，幻想回到“小国寡民”的社会里，去享受关系单纯、情感质朴、生活自足的恬淡乐趣。实际上，老子并不是要毁弃君臣之制，“小国寡民”只是老子对政治组织形式的理想，并不是要以此作为改造社会之具体目标。老子所攻击的并不是政治统治本身，而是不符合“自然”标准的政治形式。老子生于春秋乱世，深知周室荣衰变迁和多欲有为的政治所造成的恶果。小国寡民正是对有为政治的反思和对无为政治的憧憬。

2. 庄子之学

一般认为，老子之学在后期逐步演化为两派：主积极的政治谋略派和主消极的隐者思想传统。战国时代是隐者十分活跃的时代，隐者文化甚至成为流行时尚。对于隐者传统来说，老子思想实际上隐含了两种思路：一是以个人为中心的反社会倾向，考虑乱世如何避祸自保；二是以内心体验为中心的反理智倾向，引导人的思想超越有形世界，直达玄妙的终极境界。这两种隐者思想的基本特点在庄子的著作中都有所体现。

（1）齐物外生。“齐物外生”的学说是庄子关于政治社会秩序思考的哲学基础，它由老子的道论推演而出，集中体现了庄子对老子哲学的发展创造。庄子所说的“齐物”，指的是“万物与我为一”的自然境界，即一种人的自然化。在老子那里，“一”与万物是生成与被生成的关系，“一”是万物所遵循的基本道理，统治者应该遵循这样一种统治原则，从而实现“无为而治”。庄子则更进一步将“一”和万物等同，“天地与我并生，而万物与我为一”[②]。更加强调天、地、人所存有的内在自然本性，由此直抵人心，实现真正的超越和解脱。总的来讲，老子之“道”更倾向于强调一种客观性，而在庄子那里，则把这种客观性内化为一种心灵的境界，把“道”上升为自由；老子强调了人生的应然层面，庄子则根本消解了人世应有的标准，彰显了人性本身的自然属性；庄子之道在万物之中，不同于老子的道在万物之上，庄子将“道法自然”的学说，发展为“道”即自然的学说。在庄子那里，自由境界是心灵的超越、解放，人与物都具有本性，应自然放任这种本性，否则会带来不幸的后果。因此，顺应乃是自然永恒之道。仁义礼乐等社会政治规范是使人性难以顺应自然的外在拘束，要真正实现人性自然，就要冲破一切网罗羁绊，达到人与物齐、天人合一的境界。物我同一的反面就是物我分离，人作为有限的主体依旧受到外在环境和自身心智的种种牵绊，要超越这种束缚

① 《老子》八十章。

② 《庄子·齐物论》。

就要跨越我与物的局限，不为物役，自适其适，就是要通过外生的方式超越人自身的有限性，对大道进行领悟。庄子所说的外生，并非是清静寂灭，消除自我，而是要顺应自然，破除拘执，既不强人以同己，亦不合己以从人。具体来说，要实现物我同一的境界就是要做到“至人无己，神人无功，圣人无名”①。“无己”就是不执著于个人，“无功”就是不追求功业，“无名”就是不追求名誉。做到这“三无”，便没有需要，没有需要便是“无待”，“无待”便能随遇而安。这种无待的人生态度便是庄子“逍遥”的游世思想，体现了庄子思想的核心。

（2）在宥天下。庄子的学说本身是反对治理天下的，庄子另立“在宥”一说，以区别于治天下之态度，由此发展了老子有关“无为而治”的思想。“在宥”指的是自在宽容，即包容宽待天下，使天下人能够保持其自然本性。“闻在宥天下，不闻治天下也。在之也者，恐天下之淫其性也；宥之也者，恐天下之迁其德也。天下不淫其性，不迁其德，有治天下者哉！昔尧之治天下，使天下欣欣焉人乐其性，是不恬也；舜之治天下也，使天下瘁瘁焉人苦其性，是不愉也。夫不恬不愉，非德也。非德也而可长久者，天下无之。”② 尧舜禹三代以下，君王喜好奖惩，这是舍本逐末，无法使天下人能够安静欢愉，结果带来天下大乱。他认为，真正尊贵和有能力治理天下的人是体道之人。他不主宰万物，而只关心自身，独来独往，不将自己的喜好强加于人，任百姓万物顺其本性发展。庄子认为想要治理国家的人，只是看到三代帝王的政绩，而没有见到它的后患，即这样治理国家是凭着侥幸。想拯救天下，不外乎伦理教化和借暴治乱两条途径。前者往往防不住浑水摸鱼之人，而后者则常常为借刀杀人者提供了借口。③

（3）至德之世。庄子认为天下大乱的根源在于人们的“八种喜好”互相干扰、纠缠不清。这八种喜好就是明、聪、仁、义、礼、乐、圣、知，仁会影响常态，义会影响常理，礼、乐所助长的是繁复的仪式技巧，圣、知则助长了多才多艺。而天下人却被此所迷惑，尊敬它们、爱惜它们，因而不能安顿生命。不过，对于这些喜好，庄子并非意在通过强制力去除之，而认为这些喜好本身就是人类本性的自然体现，只不过这些喜好都无法触及大道，隐藏了真实之境，只会给人平添烦恼。庄子认为，这些喜好都是因为人们过于执著，被言论和偏见所欺骗，所以应超脱人世而达到人与物相齐的人生境界。庄子的理想政治社会乃是一种有君而无治的“至德之世”。《庄子·马蹄》

① 《庄子·逍遥游》。
② 《庄子·在宥》。
③ 参见《庄子·胠箧》。

曰："夫至德之世，同与禽兽居，族与万物并。恶乎知君子小人哉！同乎无知，其德不离；同乎无欲，是谓素朴。素朴而民性得矣。及至圣人，蹩躠为仁，踶跂为义，而天下始疑矣。澶漫为乐，摘辟为礼，而天下始分矣。故纯朴不残，孰为牺尊！白玉不毁，孰为珪璋！道德不废，安取仁义！性情不离，安用礼乐！五色不乱，孰为文采！无声不乱，孰应六律！夫残朴以为器，工匠之罪也；毁道德以为仁义，圣人之过也。""故至德之世，其行填填，其视颠颠。"① 在这样的社会中，自然出世，自然生活，自然消逝，除了自然过程之外，自己既无需要也不应该给后世留下什么值得回味的东西，一切随自然而消失，"行而无迹，事而无传"②。在这样的社会里，没有君子、小人之分，更不会有"尚贤""使能"之举。

（二）西汉初期的黄老之学

老子的道论，一方面指向的是一种"自由""自保"的隐者文化，以此为代表的庄子在自然中寻求生命的清新；另一方面，则指向一种"君人南面之术"的政治谋略，以此为代表的黄老之学在战国末至汉初一度成为统治集团倚重的治国思想。

黄老之学是在战国百家争鸣的思想基础上出现的，具有综合各家的性质，但仍以道、法两家学说为主。其学说的最重要内容是为法家的政治主张寻找哲学根据，用道家哲理来论证以法治国的必要性与合理性。这样的学说既符合列国统治者急于富国强兵的眼前需要，又符合他们的长远利益，同时也顺应了学术思想发展的潮流，因而代表了战国中后期学术思想的一般趋势。

黄老之学的政治思想大致可概括为两个方面：

1."自然"无为

司马谈在《论六家要旨》中说："道家使人精神专一，动合无形，赡足万物。其为术也，因阴阳之大顺，采儒墨之善，撮名法之要，与时迁移，应物变化，立俗施事，无所不宜，指约而易操，事少而功多。"显然，他这里评论的已经不是老庄代表的先秦道家了。因为，在老庄那里，儒、墨均在排斥之列，绝无"采儒、墨之善"的倾向。因此，司马谈这里赞扬的，其实是汉初大兴的综合阴阳、儒、墨、名、法各家之善而形成的黄老之学。《淮南子》与《论六家要旨》一样，在诸多方面发展了先秦道家思想。"纪纲道德，经纬人事"的人生积极态度，是黄老之学与先秦道家的重要区别。据此，《淮南子》对先秦道家的"无为"做了新的阐释："所谓无为者，不先物为也；所谓无不

① 《庄子·马蹄》。

② 《庄子·天地》。

为者，因物之所为。所谓无治者，不易自然也；所谓无不治者，因物之相然也。”这正与《论六家要旨》的“道家无为，又曰无不为……不为物先，不为物后，故能为万物主”的旨意相合，都是强调遵循客观规律，因时而动，建功立业。可见，《淮南子》批评那种守株待兔式的消极“无为”论，主张积极的“无为”思想。

2. 道法和合

黄老之学的深刻之处，就在于充分论证了实行法治是顺应天道、符合天道之举。他们发现传统道家学说虽然反对法治，但其中顺应天道和人的本性、崇尚自然、反对人为干预的思想内容正好可以用来作为变法的理论根据，论证实行法治的合理性、必要性和可行性。1973 年出土的长沙马王堆汉墓帛书《黄帝四经》，是迄今发现的最早的黄老著作。在这部书中，开宗明义提出了“道生法”的思想。“道生法”是黄老之学的第一思想命题，由此确立了黄老之学的基本思路。这一命题首次将道与法相统一，明确揭示了道与法的基本联系，即：法是由道派生的，其是道这一宇宙间的根本法则在社会领域的落实和体现。这不仅从宇宙观的哲学高度为法治找到了根据，而且也在社会政治领域为“道”这一抽象的法则找到了归结点，从而使“道”不再缥缈虚无。“道生法”命题的具体含义包括：其一，法不是君主按照自己的意愿制定的，而是君主依据“道”的原则制定出来的，所以说“执道者生法”。其二，法的公正性、权威性来自最高的“道”，因而可以作为判断一切是非曲直的标准，人们的一切行为都必须在法的准许下进行。其三，法既然是由“道”派生的，它的权威性对于任何人都应该是普遍有效的，即使是立法的君主也不能例外，“执道者，生法而弗敢犯也，法立而弗敢废也”①。据《史记》《汉书》记载，汉初，上至最高统治者下至民间社会各阶层，黄老之学都受到普遍的崇奉。

（三）魏晋玄学

魏晋玄学侧重注解《老子》《庄子》思想，继承汉代道家的无为思想，以“三玄”为主要的经典依据，企图用道家学说来调整失衡的社会关系和知识分子的内心世界，是道家思想在新的历史时期的复兴。

魏晋玄学用道家的自然无为学说，来论证儒家倡导的贵贱等级制度的合理性，以调和儒、道两家的思想，从而结束了汉代“儒道互黜”的局面。玄学的宗旨虽然是“贵无”，但其最高主题却旨在探寻个体的人生意义、价值追求乃至理想人格。在魏晋玄学的熏染下，老庄之学轻人事、任自然的价值观

---

① 《黄帝四经·经法》。

以前所未有的规模进入中国古代知识分子的心灵世界，进而铸就了中国士人玄、远、清、虚的生活情趣。

道家思想是一个多层面、多趋向的纷繁体系，以上的梳理阐释主要集中在其政治思想内容及社会影响的层面。而且，以上的梳理止于魏晋，但并不意味着魏晋是道家思想的终结。魏晋之后，君、臣、士子潜心研究道家思想的大有人在，如唐玄宗、宋徽宗、王安石、苏辙、明太祖、王夫之、清世祖、魏源等，都对《老子》或《庄子》有过专门的注解。即便是以儒家纲常伦理为核心内容的宋明理学，道家思想也是其不可或缺的重要内容。宋明理学通过扬弃，把道家不可思议、不可名状的“道”变成了统摄人伦物理的实有之道，把“经虚涉旷”的名理清淡变成了“格物穷理”的理性追求。

道家思想中的政治哲学，对中国古代政治实践产生了重要的影响。无论是受到统治者的尊崇，还是边缘化为隐士阶层消极抵抗政治的理论根据，道家政治思想都从不同层面为治国之策提供了思想资源。中国古代政治思想中，老子和孔子代表了两种路向，儒道互补是中国政治文化的基本趋向和格局。冯友兰先生就曾提出：中国的两个主要趋势是道家和儒家，“它们是彼此不同的两极，但又是同一轴杆的两极”①。

总之，道家思想既是政治哲学，又是心灵哲学，为不同时代不同阶层的人们深刻思考人生和政治秩序提供了丰富的观点。随着时代的变迁，道家思想愈发呈现出复杂而鲜明的特色，即便是在现代政治生活中，也时常影响着社会的心理，而且早已跨出国门，成为西方学界关注的内容。

三、墨家政治思想

墨家的政治思想可概括为如下几个方面：

（一）兼爱的思想

墨子认为，当时的社会存在“国之与国之相攻，家之与家之相篡，人之与人之相贼，君臣不惠忠，父子不慈孝，兄弟不和调”② 的现象，究其原因，在于人们“不相爱”，只顾自己，自私自利。墨子将这一现象称为“别”，将只顾自己不顾他人的人称为“别士”，将只顾自己不顾全国的君主称为“别君”。“别”是天下之大害，应通过“兼以易别”的办法予以消除。所谓“兼”，是相互彼此的意思，即不分人我，“视人之国，若视其国；视人之家，

---

① 冯友兰. 中国哲学简史［M］. 北京：北京大学出版社，1985.

② 《墨子·兼爱中》。

若视其家；视人之身，若视其身”①。墨家认为，“兼”是“圣王之道”，是使统治得以安稳、万民衣食得以丰足的根本办法。以兼易别的根本内容是兼爱。然而，如何劝说人们去相爱，像看待自己的国家、家族、身心那样看待别人的国家、家族、身心？墨子回答说，兼爱是有回报的，你爱别人，别人也会反过来爱你。

可见，儒墨两家都主张对人以爱，即从情感心理上打动人，从而达到人我一体。不过，墨家和儒家在“爱人”问题上，有着根本的区别。首先，墨家所讲的“兼爱”是“爱无差等”②，这是对宗法道德和等级制度的否定。儒家所讲“泛爱”即“仁者爱人”，是爱有差等，是“亲亲有术，尊贤有等”③。在儒家看来，墨子的观点是“大逆不道”，所以，孟子指责墨子是无君无父的禽兽。其次，墨家讲相爱，强调相互的义务。“夫爱人者，人必从而爱之；利人者，人必从而利之；恶人者，人必从而恶之；害人者，人必从而害之。”④儒家讲相爱，虽强调推己及人，但主要是从主体修养的角度要求人们尽义务，是不需要对方回报的一种道德境界的自我升华。这反映出儒家重义轻利，而墨家则义利并举。最后，墨家的兼爱，与物质利益相联系。墨子说：“仁人之事，必务求兴天下之利，除天下之害，将以为法乎天下，利人者乎即为，不利人乎即止。”⑤兼爱的目标，是“万民和，国家富，财用足，百姓皆得暖衣饱食，便宁无忧”⑥。儒家讲泛爱，是以“君君、臣臣、父父、子子”为政治前提，以对仁的追求为目的，以“谋道不谋食”相标榜，与物质利益无大关联，并往往以牺牲物质利益来成全其“爱”。

（二）非攻、尚贤、尚同的思想

墨家厌恶诸侯混战，不仅主张“非攻”，甚至研制出许多防御战争的器械，这在《墨子·公输》里有明确的记载。他从维护小生产者利益的立场出发，反对那些攻伐兼并的战争，指责天下诸侯为了一己之私利“攻伐无罪之国”，给人民造成深重的灾难：“春则废民耕稼树艺，秋则度民获敛，今唯毋难一时，则百姓饥寒冻馁而死者，不可胜数。”⑦因此，墨子坚决反对攻伐他国的战争，主张给人民以起码的生存条件，使“饥者得食，寒者得衣，劳者

① 《墨子·兼爱中》。
② 《墨子·滕文公上》。
③ 《墨子·非儒下》。
④ 《墨子·兼爱中》。
⑤ 《墨子·非乐下》。
⑥ 《墨子·天志》。
⑦ 《墨子·非攻中》。

得息"。

墨子还抨击宗法制的世卿世禄制度。他说:"今王公大人,其所富,其所贵,皆王公大人骨肉之亲。"[①] 只要是骨肉之亲,即使是"不能治百人者",却"使处乎千人之官"[②],这是"赏不当贤"。赏不当贤,就必然"罚不当暴",由此导致贤人得不到勉励而恶人得不到制止。墨子认为,举贤是不分门第出身的,应"不党父兄,不偏富贵,不劈颜色"[③],做到"官无常贵,民无终贱,有能则举之,无能则下之"[④]。墨子这种不分亲疏贵贱、以贤是用的思想,是对传统的"亲亲有术"宗法制度的否定,反映了小生产者希望改变自身政治经济地位的要求,是一种思想上的进步。

墨子认为,"天下之所以乱者,生于无政长"[⑤],即动乱的原因是由于没有行政长官进行管理。但是,仅有行政的保障还不够,要从根本上消除社会动乱,还得从思想上加强统治。不同的人、不同的家庭以至不同的诸侯国,都须以统一的思想为行为准则,用墨子的话说,就是"尚同","一同天下之义","一同其国之义"[⑥]。百姓应做到"闻善与不善,皆以告其上。上之所是,必皆是之;上之所非,必皆非之"[⑦]。关于尚同的标准,墨子说:"天下之百姓,皆上同于天子",而"天子又总天下之义,以尚同与天"[⑧]。这显然是一种层层隶属、唯上是从的价值标准,在墨子看来,这一是非标准是为政之本。墨子的尚同思想反映了小生产者对自己命运的无能为力和对统治者的依赖心理。

墨家非攻思想与重用贤人的思想与儒家无大异,但其尚同思想与儒家的尚和思想却差异很大,这种差异也导致了二者后来不同的命运。

墨家学派曾显赫一时,"弟子弥丰,充满天下"[⑨],但日后逐渐衰微,近乎销声匿迹。墨家衰落的原因固然很多,但其学说自身不可克服的矛盾无疑是重要的原因。墨家尚同,主张全社会服从最高统治者的思想意志,做到"天下之百姓,皆上同于天子"[⑩]。只有这样,天下才能大治。墨家虽然用"尚贤"否定了世卿世禄的贵族制,但却又用富于理想色彩的"兼君"来拯

---

① 《墨子·尚贤下》。
② 《墨子·尚贤》。
③ 《墨子·尚贤中》。
④ 《墨子·尚贤上》。
⑤ 《墨子·尚同》。
⑥ 《墨子·尚同下》。
⑦ 《墨子·尚同上》。
⑧ 《墨子·尚同下》。
⑨ 《吕氏春秋·情欲》。
⑩ 《墨子·尚同上》

救万民。表面上，尚同是实现兼爱的途径，天下尚同就可以“治天下之国，若治一家；使天下之民，若使一夫”①；但实际上，尚同与兼爱是自相矛盾的，让天子统一天下思想，众人以天子之是非为是非，哪还有兼爱可言?! 而且，墨家的尚同思想强调简单同一，缺乏应有的弹性和宽容，缺乏自我调节、因时制宜的机能，阻碍了进一步发展的可能性。

与之相反，儒家“和”的思想却在这方面有着“先天”的优势。儒家主张“和”，孔子所说“君子和而不同，小人同而不和”②，便是儒家重“和”思想的典型表现。儒家从宗法血缘关系出发，看重整个家族利益，推广到社会，便是看重国家利益，个人价值的实现需要以整体利益的维护为必要前提。可见，儒家思想强调矛盾的对立统一，“和”是以承认事物的多样性为前提，这也决定了儒家思想具有自我调节的机能和很强的适应性，可以在社会变革时期提出改良的主张，又可以在社会稳定时期奉献“守成”的政策。

墨家思想相比儒家的先天缺陷，注定了儒盛墨衰成为不可逆转的历史趋势。秦汉以后，中国封建社会模式趋于稳定，儒学“守成”的功能得以全面发挥，成为占主导地位的统治思想。

复习思考题：

1. 比较孟子与荀子关于人性论的观点。
2. 简述儒家仁政思想的主要内容。
3. 结合目前中国社会的道德滑坡现象，试论述儒家政治思想对于当代中国道德建设的启示意义。
4. 试论述法家“以法治国”政治主张与当代中国“依法治国”方略的关系。
5. 简述道家道法自然的思想观点。
6. 简述墨家兼爱思想的主要内容。

① 《墨子·尚同上》。
② 《论语·子路》。

第三章　中国古代宗教

"宗教"是一个外来词，英语为"religion"，在印度佛教中，以佛陀所说为"教"，以佛弟子所说为"宗"，合称"宗教"，意指佛法、教理。我们现在所说的"宗教"则是由拉丁文"religio"衍化而来，泛指人对神的信仰。宗教是一种文化现象，它既是人类文化活动的结果，又对后来文化产生深远影响，是人类文化发展史上的一个重要环节。历史学家吕思勉这样概括世界文化史："古代之文明在宗教，后世之文明在学术，学术主智，宗教主情。"① 著名思想家梁漱溟先生也说："人类文化都是以宗教开端，且每以宗教为中心。"② 中国是一个多民族、多种宗教并存的国家，宗教文化是中国文化的基本要素，既是中国传统社会的重要精神支柱，也是中国传统文化整体框架中不可或缺的组成部分，体现着中国文化的基本精神，在中国历史进程中对政治、经济、思想文化各个领域都有着广泛而深远的影响，对中国文化的发展起着无可替代的积极推动作用。不了解中国的宗教，就不可能真正了解中国传统文化，学习、研究中国古代宗教文化及其影响，有助于我们进一步理解中国传统文化的丰富内涵。

第一节　中国古代宗教概观

中国古代宗教在中国社会历史文化的背景下产生，作为古代社会的一种意识形态，既是一种特定形态的思想信仰，又是一种普遍的人类文化现象，在人类文化史上占有十分重要的地位。

① 吕思勉. 先秦史［M］. 上海：上海古籍出版社，2009：348.

② 梁漱溟. 梁漱溟全集：第3卷［M］. 济南：山东人民出版社，1989：97.

一、中国原始宗教

（一）宗教的起源及本质

宗教是人类社会发展到一定阶段而出现的一种普遍的历史文化现象。人类文化最早就采用了宗教文化的形式，在后来的发展过程中随着多种其他文化的产生，才形成了“宗教”与“世俗”两大领域。关于宗教的起源，各国研究者说法不一。如“魔术说”认为宗教起源于原始人的巫术魔术；“灵魂说”认为宗教起源于人对“生”的崇拜和对“死”的恐怖；“生气说”认为宗教是对生命和灵气的信仰与崇拜。但概括起来，宗教的起源主要有两个方面的原因：

一是对自然的敬畏。在原始洪荒时代，生产力极不发达，人类祖先处于一种极不自由的状态，无法把握自己的命运，他们的生存受到来自各方面的威胁，特别是来自自然界的强大力量，由于科学知识浅薄，无法解释这些自然现象，就把一切归结于所谓“神”，相信万物有灵，产生崇敬心理，形成一定的信仰和观念，随之有了各种各样的祭祀活动，这就萌生了原始自然宗教。

二是相信灵魂不死。宗教作为一种社会现象萌芽于旧石器时代中期，重要标志就是灵魂不死观念的出现。考古发现山顶洞人的墓葬遗迹中有大批殉葬物品，说明原始人开始思考人的生死问题，从现实生活推想到死后生活，相信人死后的灵魂，在另一个世界也过着与他们一样的共同劳动、共同消费的原始公社制生活，像生前一样享受生活。这个不灭的灵魂也就是“鬼”。据《礼记·祭义》记载：“众生必死，死必归土，此之谓鬼。”汉代郑玄注：“鬼之言归也。”人们埋葬、祭祀死者就是为了使死者的灵魂得到安息。相信灵魂不灭的鬼神观念正是原始宗教的重要内容。

宗教是一种社会意识形态和文化现象，相信在现实世界之外存在着某些超自然、超人间的神秘力量，并对之敬畏和崇拜，由此生发出一系列的祭祀活动和制度规范，它实际上反映的是人与神的关系，具有超验性、虚幻性、终极性和神圣性。恩格斯说，宗教是一种颠倒了的世界观，是对现实世界的一种虚幻的反映，科学地揭示了宗教的本质，这在宗教的起源上就可印证。诸如鬼神、灵魂等，本来都是人们虚构、想像出来的，而宗教信仰者却当其为真进行膜拜。原始宗教是人类文明的开端，人们对大地、祖先、神灵的祭礼就是他们经济、文化生活的一部分，作为人们的思想支柱和精神武器，强有力地支撑、构架了原始社会体系，成为史前文明发展的巨大驱动力。

（二）中国原始宗教的形式

原始宗教流行在生产力落后、文化科学不发达的历史阶段，还只是一些鬼神观念，尚不具备完备的宗教形式和内容，但已有各种自然自发的形态，且种类繁多，复杂多样。中国原始宗教的形式也很多，如自然崇拜、生殖崇拜、图腾崇拜、祖先崇拜、鬼魂崇拜、英雄崇拜、灵物崇拜、圣贤崇拜、巫术魔法等，在此仅举几种最为重要的形式。

一是自然崇拜。自然崇拜是原始宗教中最早的形式，认为万物有灵，把自然界的事物诸如日月星辰、风云雷电乃至名山大川等自然现象神化，将其作为超自然力量，常以唱歌、跳舞、绘画、雕塑，以及供奉财物、烧香叩头甚至宰杀人畜等活动来祭祀、崇拜，祈求它们保佑、祛灾、赐福。太阳神是群神之首，在原始彩陶上有太阳神或太阳图案，在各种典籍里都记载有人们对太阳神的崇拜。月神崇拜也很盛行，农历八月十五敲锣打鼓防止“天狗吃月”，就是一种祭月仪式。历代皇帝登基后要举行封禅的重大活动就是对山神的崇拜。“河神娶媳妇”的传说则是人们对河神的祭拜。此外，还有崇拜风、云、雷、雨、湖、泉的习俗。几乎所有主要自然物和自然现象都曾经在不同历史背景下被当作超自然存在的神而受到崇拜。北京的天坛、地坛、日坛、月坛说明古代的自然崇拜一直延续到近现代。

二是天神崇拜。天神崇拜是原始宗教传统中的核心内容，认为天神至高无上，具有强大的主宰作用，地上君主的所作所为完全是在遵从天命，履行天神的意志。夏禹大兴礼制，建立了一套祭天的仪制。商代对天帝更加迷信，无论大小事都要通过占卜连问数次天神。周朝出现了“以德配天”的思想，要求君主的“德”足以“配天”，社稷才能长治久安。所谓的“德”主要包括敬天、孝祖、保民，“敬德”就是敬天，这种既敬天神又重人事的天命观不仅维护了天神的神圣地位，也有利于封建统治，是早期宗法性宗教的主要体现。

三是图腾崇拜。图腾崇拜是一种最原始的宗教形式，是自然崇拜、动植物崇拜与人们对祖先的追寻相结合的产物。原始部落中的人相信他们的祖先是某种动物或植物，并把这一物种神化，作为部落的图腾和保护神。如《史记》中说：“天命玄鸟，降而生商。”玄鸟就是商族的图腾。龙是中华民族的图腾，龙图腾是吸收了蛇、兽、鱼等多种动物的形象特征融合而成的一种图腾，可能反映了一些氏族相互结合、同化的过程。人们以本氏族的图腾禁杀禁食，时常举行祭拜仪式，并表现在各种艺术形式中。图腾是原始社会最早的社会组织标志和象征，具有联结群体、密切血缘关系等功能。

四是鬼神崇拜。鬼神崇拜是对众多鬼神的信仰和崇拜，起源于灵魂不灭观念，是原始宗教的重要组成部分。远古时代的人由于不能解释做梦、生死等现象，普遍认为有一种独立于身体之外或不随形体灭亡而消失的精神实体，人死后就变成了鬼，且天地万物皆有抽象的鬼魂、鬼灵或精灵，如日月星辰、山林川泽能够昼夜变化翻云覆雨，也皆有神灵存在。这些魂灵有超凡的能力，人们祭祀鬼神，希望禳除灾害，祈盼丰收，对日月、土地、山川的祭祀，典型地反映了这种观念。

五是祖先崇拜。人们认为祖先死后“灵魂”仍然存在，因而举行各种形式的安灵祭，祈求祖先之灵降临福祉，保佑社稷和后代。商周二代的祖先祭祀最为典型，同氏族的人在宗庙祭祀，同宗族的人在祖庙祭祀，同家族的人在祢庙祭祀，这就体现了血缘的亲疏关系。周代开始强化宗法关系，建立起森严的宗庙制度，诸庙皆朝南，昭庙在左，穆庙在右，太祖之庙居中，祭祀仪式十分隆重，以后历代皇帝都设有祖先灵位，定期祭祀，普通百姓也在家庭祠堂供奉祖先牌位，流传至今。祖先崇拜也是古代宗法性宗教的重要体现，强化了血缘关系和宗法制度。

中国原始宗教反映的是原始人类对自然万物以及自身的一些模糊认识，是后来宗教发展的基础，也是中华文化的雏形，对人类的精神文化生活影响甚大。

二、精神世界的多元格局

（一）中国古代宗教一览

原始宗教并不是一种成熟的宗教，因为各种形式的信仰与崇拜并没有固定的教义与系统的理论。在中国原始宗教中，无论何种形式，其思想基础都是相信万物有灵、灵魂不灭，但尚未形成掌管这些神灵的观念。随着社会的发展、科学文明的进步、阶级和国家的形成，宗教也逐渐摆脱了原始那种低级、自然的状态，灵魂、鬼神等观念逐渐发展成为对天、上帝等至上神的崇拜，出现了“人格神”，原始宗教逐渐演变成人为宗教。直到汉代才形成了以信奉天帝为中心的宗教观念、宗教理论和宗教习俗，从此开启了中国传统宗教产生、发展、演变的新的历程。

中国是一个多种宗教并存的国家，历史上曾经流传过各种宗教，既有上古流传下来的原始宗教、宗法性宗教和后来由本土文化孕育而生的道教，又有从异域输入并逐渐中国化的佛教、景教、伊斯兰教、摩尼教、祆教、犹太教、天主教、基督教等，还有长期存在于民间的秘密宗教，等等。其中，以佛教、道教最为重要。儒学虽不是宗教，但因其具有宗法性宗教色彩和某种宗教功能，常与佛、道并称“三教”。

中国古代宗教文化是动态发展的，大致与当时社会形态的演变同步，但又呈现出自身的阶段性规律，大致经历了几个重要阶段：一是夏商周三代，原始宗教流行，夏信天命，殷尚鬼神，周重教化，宗法性宗教初具规模；二是秦汉时期，中央集权制国家宗法性宗教建立，儒学发展为神学、经学，从道家、神仙方术演化出道教，又从外输入佛教，出现儒、道、佛三教；三是从魏晋南北朝到宋元明时期，儒、道、佛三教相互斗争、渗透、吸收、融合，形成了从“三教鼎立”到“三教合一”的倾向和格局；四是明末清代，在西方现代文明的冲击下，中国传统宗教文化与其他传统文化一样渐趋没落，长期占据核心地位的儒、道、佛三教再无昔日辉煌。

（二）中国古代宗教的特征

由于地理、社会、历史、文化等方面的原因，中国古代宗教文化形成了自己的风格特色，呈现出不同于西方宗教的许多特点，主要体现在四个方面：

一是原始宗教延续，宗法色彩浓厚。“慎终追远”是中国古代社会的重要文化传统，祭祖是帝王将相和普通百姓的头等大事，国有太庙，族有宗祠，家有祖龛，世代沿袭。祖先宗拜一直是原始社会宗法性宗教的核心，后来道教等本土宗教及佛教等外来宗教都保留了这一传统。当私有制形成，原始氏族社会瓦解，希腊、埃及、印度等文明古国的原始宗教就随之转向、消亡。中国不但相当完整地保存了祖先崇拜、天神崇拜等原始宗教信仰，而且不断强化，使之更加系统和完备，郊社宗庙制度成为国家礼制的重要内容，祭天敬祖成了中国社会的普遍信仰，在统治阶级是祭政合一，在普通民众是祭族合一，可说是民族宗教，它是中国宗教的轴心，其他宗教只能通过改造与之调适而不能冲突，因而使得整个中国古代的宗教文化都具有浓厚的宗法色彩。

二是政治影响宗教，皇权高于教权。与西方国家的政教合一传统不同，中国古代宗教没有发展成为真正的国教，宗教的地位始终低于政治，教权从属于皇权。中国历史上长期实行君主专制制度，皇权作为宗法制度的代表者，始终保持着至高无上的权威，君主自封为天子，奉天承运，代天行权，君权神授，一切宗教都不能超越皇权，教权必须依附皇权。君主控制着最高的神权，封禅仪式就是一种体现。各种宗教都必须取得统治者的支持才能立足、发展，如佛教传到中国后也必须服从皇权。东晋道安就说：“不依国主，则法事难立。”在译经过程中，凡与封建纲常伦理有冲突的，都要回避或改译，当佛教的发展威胁到统治阶级的利益时，就会发生“灭佛”运动。皇权高于教权也使得中国古代各种宗教、教派之间没有大规模的冲突和战争，和平相处、多派共存。

三是多教并存，信仰包容。中华民族是多民族融合、共存的共同体，中国文化也是在多元文化的不断碰撞和交融中发展起来的，因而对各种不同的宗教文化也十分包容，形成了多种宗教长期并存的局面。在民间，人们是多教信仰，多神崇拜，大多数民众抱着“唯灵是信”的态度，“逢庙烧香，见神磕头”，对各路神灵皆兼容并取，而不像基督徒、穆斯林那样将异教徒视为洪水猛兽和妖孽，更没有发生过大规模的宗教战争。历代统治者大多数也实行宗教兼容的政策，对各种宗教基本上一视同仁，积极引进、吸收、同化外来宗教，广修寺院，大力支持译经事业，采取以儒为主，道、佛为辅的文化策略，使儒佛道这三种宗教文化形态相互融合构成中国文化的整体。

四是立足人间现实，关注世俗社会。与西方宗教注重出世不同，中国各宗教均有浓郁的入世风格。原始宗教的各种崇拜主要是为了祈求消灾免祸、治病去邪、风调雨顺、国泰民安，而非精神解脱。后来的诸多宗教都注重世俗性，追求长生不老、得道成仙的道教所描绘的就是人的生活理想。印度佛教本来关注的是人的灵魂解脱，但中国化之后就更倾向于人间现实问题，禅宗简化佛教的各种仪式规制便于修行。并且，这些宗教有着强烈干预现实政治的愿望和行动，常常替统治者出谋划策，甚至谋权篡位。中国古代社会历来就有“神道设教”的传统，突出宗教的教化功能，重视行善积德和道德教化，去恶为善被置于宗教教义与宗教活动的首位，中国佛教就是求善、明善、行善的宗教。

第二节　佛教

佛教是人类历史上最宏大的神学体系之一，与基督教、伊斯兰教并列为世界三大宗教，也是对中国文化影响最大的外来宗教。它于汉代传入，经过长期的发展、演变，形成了具有中国特色的宗教体系，与中国本土文化相互影响、碰撞、吸纳、融合，最终成为中国古代思想文化中不可分割、不可忽略的重要组成部分，推动了中国传统文化的发展。

一、佛教在华的传播与演变

（一）佛教的创立

佛教产生于公元前 6 世纪至公元前 5 世纪的古印度，由迦毗罗卫国（今尼泊尔境内）王子乔达摩·悉达多（约公元前 565 年—公元前 486 年）所创，佛教徒尊其为“释迦牟尼”，意为“觉悟了真理的智者”。相传释迦牟尼是净饭王的太子，有感于人生的痛苦，二十九岁时毅然舍弃王位，别妇抛雏，出家修道，三十五岁时在菩提树下静思默想，悟道成佛。他所悟到的真理是世间一切皆因缘而起，无欲无求便无烦恼痛苦，通过修行可以摆脱人间烦恼和生死轮回，最后达到“涅槃”这一最高的精神境界。释迦牟尼顿悟之后，点化他的五位伙伴皈依佛法，成为最早的佛教弟子，即“五比丘”，至此佛教“三宝”俱足，即佛宝（佛陀释迦牟尼）、僧宝（佛的出家弟子）和法宝（佛所说的法），标志着完整的佛教创立。释迦牟尼率其弟子在印度恒河流域传法，直到八十四岁涅槃。

佛教在印度的传播过程中不断发展、分化，形成不少派系，主要经历了原始佛教、部派佛教、大乘佛教和密教四个阶段。公元前 4 世纪，佛陀涅槃百年，佛教分裂成上座部和大众部，被称为“根本二部”。上座部由长老派组成，坚持佛陀创教时的基本理论和戒律，以正统自居。大众部对原始佛教的理论和戒律有较多发展。在公元 1~2 世纪，大众部的一些支派又演变成大乘佛教，认为一切众生经修行皆可成佛，僧徒除了自我修行之外还应普度一切众生，将坚持原始教义的上座部派佛教贬称为“小乘佛教”。6 世纪时，大乘佛教开始衰微，为了挽救颓势，大乘佛教吸收部分婆罗门教内容而形成密宗，认为身密（结手印）、口密（持真言）和意密（观佛尊）“三密”同时相应就能成佛。至 13 世纪初，由于伊斯兰的入侵和自身的粗浅演变，佛教在印度走向衰落。

（二）佛教的流布

公元前 3 世纪，孔雀王朝的阿育王把佛教定为国教，并派使节沿着南、北两路向境外传播佛教。其中，北传佛教进入中国的汉藏地区，其经典用梵文写成，思想主要属于大乘派；南传佛教从邻近的泰国、缅甸等地传入云南傣族等地，经典用巴利文写成，思想属于上座部。佛教从两汉之际开始传入中国，到明清时期它的流传分布形成了三大系统：汉语系佛教（汉地佛教）；藏语系佛教（藏传佛教），俗称“喇嘛教”；巴利语系佛教（上座部佛教），流行于云南傣族、布朗族、佤族等少数民族中。

1. 汉地佛教

关于佛教何时传入中国的说法颇多，一般认为汉明帝永平年间（公元 58 年—公元 75 年）遣使西域取回《四十二章经》为佛法传入中国之始。据史籍记载，永平七年，明帝夜梦金人飞行殿庭，遂派遣张骞等十二人前往西域求法。永平十年，使者与两位印度僧人迦叶摩腾和竺法兰回到洛阳，用白马驮回经书和佛像，并翻译第一部佛教典籍《四十二章经》，洛阳城外白马寺成了中国汉地第一座佛教寺院，被佛教徒称为“祖庭”或“释源”。佛教传入中国显然是中西文化交流的结果。

汉地佛教的传播、发展、演变历程大致可以分为四个阶段：

一是汉代的初传依附期。佛教初来主要在上层社会流行，僧侣也几乎都是外国人，还没有得到中国文化的认同，只能以“道面俗身”的形象依附在中国本土文化中。为了将佛法普及到民间，西域来的佛教徒利用符咒、治病、占星、禳火、祈福等道教神仙方术改头换面，并大量吸收儒家的“仁孝”观念来宣扬慈悲行善、因果报应等佛教思想。由于更多的天竺、月氏等地僧人来到中国译经传教，这时的佛典翻译虽然只是介绍印度佛教的经典和教义，但已形成两大系统，如北方有以译小乘佛典为主的安世高，南方有以译大乘佛典为主的支娄迦谶。东汉末三国时期，还形成了一定规模的建寺和铸佛像，笮融是汉地较早铸造佛像的人。

二是魏晋南北朝的快速发展期。魏晋以来，社会动荡不安，玄学风行，佛教进入快速发展期。佛教经典翻译日增，取得了重要成就，佛教翻译大家鸠摩罗什译出《摩诃般若》《妙法莲华》《维摩诘》《阿弥陀》《金刚》等佛经，道安、慧远、法显、道生、僧肇等华籍高僧在佛教经目整理和理论阐述上做出了突出贡献。在对佛典的解说或佛教思想的理解上，开始形成一些自己的特点，出现了以般若学为主的理义之学。佛教开始与儒学、玄学等中国传统文化融合，走向独立发展。佛学理论家提出了别具一格的理论，形成了特色流派，如慧远倡导“弥勒净土法门”，宣称只要口诵佛号死后便可往生西方净土，被尊为净土宗始祖。道生提出著名的“顿悟成佛”说，为唐代正式形成的禅宗奠定了理论基础。还出现了南北佛教学派，南方有涅槃师、成实师、三论师等，北方有地论师、楞伽师等。佛教得到了统治阶层的大力支持，佛寺林立，大造石窟佛像，出现了敦煌石窟、云冈石窟、龙门石窟等。各地僧尼数量陡增，支谦、康僧会、朱士行等都是著名人物。西行求法活动也开始流行，朱士行到于阗寻取《大品般若经》，成为第一位西行求经之人。法显在 14 年间经历近 30 个国家，带回《方等般泥洹经》《摩诃僧祇律》《萨婆多律抄》等当时中国所缺的大小乘三藏中的基本要籍梵本。杜牧《江南春》：“南朝四百八十寺，多少楼台烟雨中”，反映了佛教的繁荣。但佛教作为外来文化在这一时期与本土文化中的儒、道频繁进行思想交锋。南朝著名无神论者范缜著有《神灭论》，系统批判佛教神不灭论。北魏太武帝尊崇道教，北周武帝崇尚儒，曾下令“废佛”，一度重创佛教。但佛教仍在大多数帝王的支持下继续发展。

三是隋唐的繁荣鼎盛期。隋唐社会统一安定，进入封建社会的鼎盛期，中国佛教的发展也达到鼎盛和成熟。隋朝建立之后，隋文帝复兴受北周灭佛打击的佛教，建筑大量的佛寺、佛塔及佛像，开凿佛教石窟，缮写经文等。到了唐代，全国寺院林立，僧徒遍地，佛教的传播获得了空前的普及。唐代皇帝大多数信佛，实行儒、佛、道三教并行的政策，充分发挥儒学治世、佛学治心、道教养身的不同功能，使佛教得以昌盛，同时促进了儒、佛、道的融合。佛教经义与中国传统文化相互渗透、影响，佛教已在中国扎根，被同化、改造，逐渐走向中国化，成为中国佛教。南北朝时期出现的佛教学派、流派此时已发展成宗派，流派纷呈，如中国的小乘佛教主要有成实宗和俱舍宗，大乘佛教则有天台宗、三论宗、唯识宗、华严宗、禅宗、律宗、净土宗、密宗八大宗派，天台宗、华严宗、禅宗为中国独创。其中，禅宗最具中国传统文化特色，它的出现标志着佛教在中国的本土化改造的最终完成。这些教派都一致主张“心性本觉”，有别于印度佛教的“心性本净”，表现出典型的中国式风格。在佛典翻译著述方面，由于国家的主持和资助，成绩斐然，出现了达摩笈多、玄奘、义净等重要的译经者，国人主译的经典占据绝对优势，特别是玄奘、义净诸大师不畏艰险，求真经，专译事。玄奘从印度各地收集600多部经卷回国，并在长安进行了长达20年的翻译工作，译出75部，共1 335卷，所译佛经约占隋唐译经总数的一半，至此印度大乘佛教的基本典籍都译介到了中国。唐代佛教集前代佛教发展之大成，在许多方面都创造了辉煌。这一时期的佛教艺术，如佛教文学、雕刻、绘画等也达到了较高的水准。但随着佛教的发展，佛寺经济壮大，严重影响到国家税收、兵役，唐武宗又信奉道教，于是在会昌五年（845年）下诏灭佛，毁坏佛寺近5 000座，焚毁大量佛经，迫使大批僧尼还俗。这是“三武一宗”四次法难中最严重的一次，使佛教元气大伤，标志着佛教鼎盛时期的结束。

四是宋元明清的衰落期。宋代以降，汉地佛教与本土固有文化和民俗日益融合，在民间信仰上有着广泛而牢固的基础，但在思想理论上无甚创新，除禅宗之外其余各派都开始衰微。儒、佛、道也从三教鼎立走向了以儒学为主、佛道为次的文化新格局。宋代儒学开始了复兴运动，吸收佛、道思想形成了理学，理学从此成为中国封建社会后期统治阶级的意识形态，佛学风光不再。元代的汉地佛教仍以禅宗为主，但统治者更加重视藏传佛教。明代统治者制定了一些规章制度，恢复汉地佛教，沿用至清。鸦片战争后，佛教与其他传统文化一样彻底没落。

汉地佛教文化圈包括了除青藏高原以及云南傣族聚集地区以外的、以汉民族为主体的流行佛教信仰的广大地区，其主要特点是与中国传统文化思想紧密结合，世俗化倾向十分明显，相对于印度佛教和汉民族的整体文化模式来说，显得独立而成熟。

2. 藏传佛教

藏传佛教文化圈是流行于以藏民族为主的青藏高原地区，虽然与汉地佛教同属于北传大乘佛教系统，但它的独特性使其自成一体而独立于汉地佛教文化圈之外。由于僧侣在藏语里被称为“喇嘛”，藏传佛教又称“喇嘛教”。藏传佛教最显著的特征是政教合一，达赖和班禅既是最高的宗教精神领袖，又是世俗最高权力的掌握者。此外，与西藏本土原始宗教的结合以及活佛转世制度，使藏传佛教更具神秘色彩。

据载，佛教最初传入西藏是在吐鲁番国王松赞干布（约 617—650）执政期间。松赞干布娶尼泊尔尺尊公主与唐朝文成公主，传来印度、尼泊尔系佛教及中国汉地佛教，松赞干布以拉萨为中心建立布达拉宫，为二妃各立大昭寺和小昭寺，供奉佛像，又派遣贵族子弟留学印度，制作文字、文法，翻译佛典，佛教兴起。松赞干部引进的佛教主要是印度密教和中原的大乘佛教，以佛教教义为基础，吸收借鉴本地原始宗教苯教的部分内容，形成西藏地方宗教藏传佛教。到赤松德赞王时（742—797），邀请印度的寂护及莲华生上师入藏，寂护宣扬中观佛教，莲华生弘传密教，还建立了藏区第一佛寺桑耶寺，度藏人出家受戒，成立僧伽制度，随后又请印度僧莲华戒等从事译经，印度中观宗成为藏传佛教的主流。9 世纪初，惹巴巾王下令改定西藏语，统一译语，新译经论，校勘已译佛典，编纂译经目录，又制定“七户养僧”制，并让僧人裁决朝政。但信奉苯教的朗达玛王继位后，镇压佛教，禁止译经，焚毁多数佛典，破坏寺院，令僧侣还俗，史称“朗达玛灭法”。到公元 970 年，藏传佛教再度复兴，到 11 世纪中叶，形成了宁玛派、噶当派、萨迦派和噶举派四大宗派。

萨迦派在元代时达到鼎盛，元世祖册封萨迎五世为“帝师”，统管吐蕃地区的一切政教事务，萨迦派顺势建立了西藏第一个政教合一的封建政权，统一全藏，上层僧侣开始掌握政权。元代以后，萨迦派因内部分裂而衰落。15 世纪初，宗喀巴创立格鲁教，以噶当派教义为主，兼收并蓄各派，形成了系统、完整的教义教法体系，并获得明朝政府的支持，成为势力最大的一派，有色拉寺、哲蚌寺、甘丹寺、扎什伦布寺、拉卜楞寺、塔尔寺六大寺院。

继萨迦派之后，格鲁派执掌西藏政教大权。明嘉靖二十一年（1542 年），格鲁派的首领在传承方面采用的是活佛转世制度，后世形成了达赖、班禅两大活佛转世系统。达赖与班禅一主前藏，一主后藏，分地区弘法，受清廷拥戴，成为西藏的执政教派，达赖喇嘛也成为西藏政治与宗教领袖。1653 年，经清顺治帝册封，“达赖喇嘛”成为达赖系统的专用名称，相传至今的是十四世达赖。从五世达赖开始，达赖的办事机构设在布达拉宫，成为西藏的政教中心。1713 年，清康熙帝正式册封“班禅额尔德尼”，“班禅”这一封号就成为班禅系统的专用名称。从四世班禅开始，班禅都以扎什伦布寺为母寺，相传至今的是十一世班禅。

3. 云南上座部佛教

中国上座部佛教文化圈位于云南省傣族等少数民族聚居地区，属于南传小乘上座部系统。佛教传入傣族地区的确切时间至今尚无定论，大约在7世纪中叶，佛教从缅甸传入，与地方文化互相渗透，融合发展。到了13世纪傣文创造后，傣文经典成了云南上座部佛教较为可靠的载体。16世纪上半叶，缅甸公主与傣族土司联姻，带来了大量的佛经，促使佛教兴盛，在傣族取得了全民信仰的地位。长期以来，云南上座部佛教还能保持原始佛教的佛法、戒律和进修的传统，与南亚佛教国，如泰国、缅甸等大致相同。它具有政教合一、一神崇拜（只崇拜释迦牟尼）、全民信仰等主要特色。在傣族佛教地区，几乎所有的儿童都必须进入寺院接受宗教教育，成年以后才能还俗，“村村有佛道，人人当和尚”，佛教的影响深深地渗透社会的各个角落。

云南上座部佛教在发展过程中形成了摆庄派、左抵派、摆润派、多列派等派别，还借鉴当地领主等级制，形成了特有的僧阶制度和完整的寺院隶属制度，与行政机构并行，上级寺院领导下级寺院，土司通过这套寺院制度控制整个地区，政教合一。其经典号称有八万多部，总称为“三藏”，用傣文、半傣文和半巴利文、全巴利文夹傣文字母注音等形式写成，有绵纸手抄本和贝叶刻本两种，后者称为“贝叶经”。

（三）中国化佛教

在佛教中国化的过程中，形成了很多宗派，其中禅宗与净土宗影响最大。

1. 禅宗

中国佛教大多数宗派来自印度，但天台宗、华严宗、禅宗是由中国独立发展出来的三个本土佛教宗派，以禅宗最具特色，流传最广，是不同于世界上任何宗派的典型的中国化佛教。“禅”是梵语“禅那”的简称，意为“静虑”“禅定”，以沉思领悟佛教真理、静息欲念为修养方法。禅宗主张“不立文字，直指本心”“见性成佛”，无须念经、坐禅等繁琐的修持仪式，顺其自然，主观领悟心中的佛性即可成佛，因为人人心中皆有佛性。禅宗起源于佛法的“教外别传”，也就是在佛教经典教义之外还有“以心传心，不立文字”的教义。传说佛祖释迦牟尼在灵山会上拈花示众，众皆默然，唯迦叶破颜微笑，佛祖道：“吾有正法眼藏，涅槃妙心，实相无相，微妙法门，不立文字，教外别传，付嘱摩诃迦叶。”摩诃迦叶就成了禅宗的开山祖师。佛教传入中国后，禅学或修禅思想也广泛流传，汉魏南北朝时曾译出多种禅经。相传六朝齐梁之际，菩提达摩从印度东来弘扬禅法，但不受重视，乃入少林寺以“二四禅法”授弟子慧可。慧可习得《楞伽经》，传僧璨，僧璨传道信，道信传弘忍，弘忍又传慧能，影响中国千年之久的禅宗便逐渐兴盛。

中国禅宗的真正创始人是六祖慧能（638—713）。传说五祖弘忍在东山寺弘法，以“口说玄理，默授与人”开中国佛教特有的禅风，当准备选弟子传授衣钵时，命众人各作一偈。神秀作：“身是菩提树，心如明镜台。时时勤拂拭，莫使惹尘埃。”慧能作“菩提本无树，明镜亦非台。本来无一物，何处惹尘埃。”弘忍遂秘密将法衣传于慧能。慧能得法后南下，隐居岭南十五年，后在广州曹溪宝林寺开始了禅宗“顿悟”派的活动，后应请在韶州大梵寺说摩诃般若波罗蜜经。嗣法弟子有行思、怀让、神会、玄觉、慧忠、法海等四十余人，其言行由弟子法海编成《六祖坛经》，此为南宗，乃禅门正宗，独尊天下。而留在北方以“渐悟”为特点的神秀一派被称为“北宗”，传数代即亡。

禅宗南宗的主要观点是见性成佛，凡夫即佛，人心就是万物产生的根源，佛性在人性中，心即佛，只要见识本心，即可成佛，佛即众生，众生皆可成佛，主张顿悟成佛，无需坐禅念佛、苦读经典，不需繁复仪式，“不立文字，直指本心”，做到心“无念”，只需在禅师的点拨下，凭借自己的智慧，刹那间领悟佛教“真理”，便达到了成佛的境界。这实际上是对中国传统哲学中孟子的人性善、人人皆可成尧舜和庄子的自然适意等思想的借鉴、融汇，把佛教简单化、世俗化，这种简单易行的修行方式得到了广大群众的支持，为中国化佛教开拓了新的领域。禅宗主要流传于南方地区，如广东、湖南、湖北、江西、浙江一带，是中国佛教各宗派中流传时间最长的一派，影响深远。

2. 净土宗

与禅宗一样，净土宗的历史渊源也可以追溯到古印度佛教中大乘佛教的净土信仰，专修往生阿弥陀佛净土法门，但在古印度，净土法门并未成为一个独立宗派。在大藏经中，专谈净土以及带说净土的经论，有数百种之多，随着佛经的译介，净土宗经典也被翻译到中国，古印度佛教净土思想在东土广泛传布，结合中国儒、道文化，逐渐发展为大乘佛教的一大主流。

净土法门在中国起步于汉晋时代东林寺的慧远大师，慧远与刘遗民等居士在阿弥陀像前立誓结社专修“净土”之法，以期死后往生“西方”，后世净土宗尊其为初祖。北魏昙鸾得到菩提流支所译的《观无量寿经》，在山西玄中寺弘扬净土法门，认为以信、愿、行为本，深信阿弥陀佛力量，必能往生极乐世界。阿弥陀佛成为净土宗最重要的法门。道绰继承昙鸾，又传善导。唐代善导法师（613—681）正式创立净土宗，他号终南大师，初习《观无量寿经》开悟，后入长安，写有十余万卷《阿弥陀佛经》，画有三百壁极乐净土图，在光明寺、慈恩寺等弘扬净土法门，三十年如一日，还著有《观无量寿佛经疏》《净土法事赞》《往生礼赞》等，为净土宗集大成者，相传他念佛时，常有光芒随口而出，被认为是阿弥陀佛的化身，被奉为净土宗第二代祖师。善导之后，净土宗分化为三个流派，即：继承慧远遗风、注重解悟的“慧远流”；一心念佛以求往生的“少康流”；介于二者之间既重禅法又念佛的“慈愍流”。其中，“少康流”更接近广大下层人群，是净土宗的主流。

净土宗以信愿念佛为正行，念佛往生是最终目的，念佛的法门主要有持名、观像、观想和实相，念佛法门主要以信、愿、行为三要，以持阿弥陀佛佛号为特色。五代至宋，净土宗一直盛行，净土法门深受民间百姓欢迎，教、禅、律、净诸宗继续呈现融合兼修的趋势。五代末杭州永明寺即净慈寺的永明延寿大师，作为禅宗祖师禅法眼宗三祖及莲宗（净土宗）六祖，著有宗门巨著《宗镜录》，作《万善同归集》三卷，融合诸宗，推弘净土思想，主张禅净双修，禅宗、净土合流。

中国化佛教来自印度，又有别于印度，呈现出中国的气象和特质：一是调和性，佛教传入中国后与本土的儒、道及其他传统思想有过分歧、冲突和斗争，但佛教不断吸收、调和外部思想，最终与本土文化融合；二是佛教内部具有融摄性，统摄佛教各类经典和佛教各派学说，从而统一佛教各地学风，最终万善同归；三是简易性，佛教教义和修行方法简便易行，如禅宗、净土宗都不讲究繁琐的仪式，易被大众接受，普遍奉行。

二、佛教的基本教义与规制

（一）佛教的基本教义

早期佛教的基本教义有“三法印”“四圣谛”“八正道”以及“十二因缘”等。

“三法印”即诸行无常、诸法无我、涅槃寂静，出于《大智度论》“问曰：何等是佛法印？答曰：佛法印有三种：一者，一切有为法，念念生灭皆无常；二者，一切法无我；三者，寂灭涅槃”。“诸行无常”指世间一切事物，皆在刹那间迁流变异，无一常住不变；“诸法无我”指世间诸法，无论有为、无为，皆是缘起幻有，并无恒常不变、独立存在的实体或主宰；“涅槃寂静”指涅槃是不生不灭、身心俱寂的解脱境界。三法印是识别真佛法与假佛法的标准，一切法若与三法印相违，即使是佛陀亲口所说，也是不了义；若与三法印相契合，纵然不是佛陀亲口所说，也可视同佛说。三法印是佛教的核心价值所在，佛教允许在谨守三法印的基础上对其他方面进行改变，只要不违反三法印，就可以用各种方式传教、修行。

“四圣谛”是释迦牟尼所体悟到的四条人生真理，是佛教全部教义的总纲，包括苦谛、集谛、灭谛和道谛。苦谛是说人生皆苦，通常概括为“八苦”，即生、老、病、死、怨憎会、爱别离、求不得、五蕴（色、受、想、行、识）盛。“苦海无边”道出了全部佛教学说的出发点。集谛是说造成人生痛苦的根源，一切痛苦皆可以溯源于三个根本原因，即贪欲、嗔恨、愚痴三种本能的烦恼，这是造成一切有情众生痛苦之因。灭谛，是说造成诸苦的根源是可以消除的，使人从生死轮回中解脱出来，进入无苦的涅槃境界，这是佛教的最高理想和终极目标。道谛，是说解脱痛苦、达到涅槃的思想理论和修习方法。

“八正道”是对“道谛”的进一步发挥，指八种通往涅槃境界的正确途径或方法。即正见（对四谛佛理的正确见解）、正思（按四谛之义正确思维）、正语（不说非佛理之语言）、正业（住于清净之身业）、正命（符合戒律的生活）、正精进（努力勤修涅槃道法）、正念（铭记四谛之理，远离邪非）、正定（收心禅定）。佛教认为，按照这些正确的途径和方法修行，就可以解脱痛苦，到达极乐世界，其中最根本的一道是正见，即坚定不移地信奉佛教的教义，其余七道则都是在正见的基础上进行精进不懈的修行。

“十二因缘”又称“十二缘起”，是全部佛教教义的理论基础，出自《阿含经》，指从“无明”到“老死”这一过程的十二个环节，因果相随，三世相续而无间断，使人流转于生死轮回的大海，而不能出离。其具体内容是无明（对佛理的愚昧无知，是万苦的总根源）、行（因无明引起的各种行为）、识（脱胎时的心识）、名色（胎中已具的生命体）、六处（即六根，五官加思维）、触（接触）、受（六根得到的感受）、爱（男女情爱）、取（对物质的贪求和执取）、有（贪爱和执取引起的报应）、生（因爱、取、有引起的果报导致再生）、老死（来世之生又趋老死）。人生过程是因果报应循环的，因而劝人行善。

总之，佛教教义的核心是宣扬人世充满痛苦，只有信仰佛教，视世界万物和自我为“空”，才能摆脱痛苦。要解脱痛苦，必须熄灭一切欲望，达到“涅槃”的境界。

（二）佛教的基本规制

由于中国佛教流派众多，本没有完全统一的规制，直到唐朝著名禅僧百丈怀海（749—814）根据中国的具体情况和禅宗的特点，折中大小乘戒律，创制了丛林清规，即《百丈清规》。到元朝元统三年（1335年），朝廷敕令江西百丈住持德辉禅师对此修订校改，遂成《敕修百丈清规》，成为全国统一的寺院丛林制度，但内容精神已与古代相去甚远。佛教的基本规制涉及范围广泛，主要有寺院机构制度、出家制度、受戒制度、三衣制度、过午不食制度、安居制度、素食制度等。

1．寺院机构制度

佛教认为，僧众和合共处如同树木丛集，故而称寺院为“丛林”，中国佛教丛林通常指禅宗寺院，又称“禅林”，是佛教徒进行宗教活动的场所。禅林住持为一寺之首，所住之处称“方丈”，所以住持又称方丈。住持之下分序职和列职，再各分东西两序，作为寺内管理人员。丛林遇事采取开会合议制。座位按僧人的法腊长短排列，法腊指僧尼受戒加入僧籍的年岁，寺内法腊最长者称“上座”，其发言很有权威性。

2. 出家制度

佛教把出家男性叫“比丘”，女性叫“比丘尼”，丘俗称“僧人”“沙门”“和尚”，比丘尼俗称“尼姑”。佛教徒出家，先要剃发，象征舍弃美好装饰，开始朴素的生活。男受“沙弥戒”、女受“沙弥尼戒”各 10 条，成为“沙弥”“沙弥尼”，年满 20 岁时再受“比丘戒”“比丘尼戒”而成为正式的“比丘”“比丘尼”。

3. 受戒制度

佛教徒出家后，必须先受沙弥十戒，即：不杀生、不偷盗、不邪淫、不妄语、不饮酒、不涂饰香鬘、不视听歌舞、不坐高广大床、不非时食、不蓄金银财宝。大小乘戒法均有五种，即“五戒”“八戒”“十戒”“具足戒”和“菩萨戒”。中国僧尼一般按《四分律行事钞受戒缘集篇》，男僧受戒二百五十条，女尼受戒三百八十四条。

4. 三衣制度

按印度佛教戒律的规定，僧人的衣服限于三衣或五衣。比丘应具三衣，又称“袈裟”，以布切细长条横缝合成，由其所切之条数而分多种。三衣包括内衣，又叫“安陀会”，用五条布缝成，日常作业就寝时穿；上衣，又叫“郁多罗僧”，用七条布缝成，在礼诵、听讲、布萨时穿；大衣，又叫“僧伽梨”，用九至二十五条布缝成，进入王宫和出入城镇时穿。五衣是在三衣的基础上再加上作为三衣内衬的覆肩衣和裙子。衣服的颜色也有规定，不许用上色或纯色，如纯青、黄、赤、白、黑和黄蓝、郁金、落沙、青黛等颜色，衣服还必须点上一块别的颜色，称为“坏色”，印度佛教的三衣均用赤色。在中国佛教中，日常的穿着是在汉服基础上改造而来的，称为“常服”，原来的三衣，称为“法服”，只在法会佛事期间穿。

5. 过午不食制度

出家人只在日中时吃一顿饭，午后不吃饭食，只喝茶、果汁或糖水等，这既可减轻居士负担，又有利于修道。但中国汉族僧人特别是禅宗僧人日常要从事劳作，过午不食无法满足身体需要，因而多数寺庙破了这个戒，称之为“药食”。

（三）佛教的仪式节日

佛教在长期发展过程中，形成了许多独特的仪式、节日。佛教的主要仪式有传戒、受戒、做道场、法会、布萨、课诵等。传戒是一种为出家的僧尼或在家修行的教徒传授戒法的宗教仪式，是佛教中重要的佛事活动，也是佛教中最隆重、最庄严的法事，由具有一定资格的僧人或佛教徒主持，设立法坛、传授戒法，又称“开戒”或“放戒”，凡是接受传戒的僧尼或教徒，均由传戒寺院发给戒牒，相当于僧尼出家僧籍证明书。相应地，对于接受戒法的人来说这种仪式叫做“受戒”。受戒的仪式各不相同，有沙弥戎、比丘戒、菩萨戒等，时间也不一致，少则几天，多则数月。水陆法会，全称“法界圣凡水陆普度大斋胜会”，简称“水陆会”，又称“水陆道场”，是汉传佛教中最盛大、隆重的法会，分为内坛佛事和外坛佛事，共分七个坛场。内坛是整个法会与四圣六凡交流的枢纽，供养法界一切有缘含识神灵，发愿度化一切有情，普利冥阳；外坛用于接引修行各种不同法门、根基的修行者。水陆法会举行时间较长，最少 7 天，多则 49 天，参加法事的僧人可达几十上百人，诵经设斋，礼佛拜忏，追荐亡灵。此外，还有各种繁多的法会，主要是讲说佛法及供佛施僧等。布萨也称“诵戒”，是一种忏悔仪式，目的是“清净戒住，常增功德”。僧侣的日常宗教活动还有为人诵经，称为“超度”。如无特殊仪式，僧侣就每日各自修行，即课诵，定时念持经咒、礼拜三宝和梵呗歌赞等法事，一般每日“五堂功课”“两遍殿”，并有钟、鼓、留、木色等法器伴奏。

佛教的节日十分丰富，主要有：佛诞节、盂兰盆会、成道节等。佛诞节也称“浴佛节”，是纪念释迦牟尼诞生的节日，中国佛教一般为农历四月初八，届时佛寺要举行“浴佛法会”，根据“佛生时龙喷香雨浴佛身”的传说，以各种名香浸水灌洗佛身，并拜佛祭祖、诵经、施舍僧侣等。盂兰盆会又称“中元节”，后称“鬼节”，源自释家弟子目连救母的传说，佛经《盂兰盆经》以修孝顺励佛弟子，因此每逢农历七月十五日，佛教徒为追念祖先而举行节日，有设斋供僧、拜忏、放焰口等活动。成道节也称“成道会”“佛成道日”“腊八”，传说释迦牟尼于农历十二月初八成佛，因此佛教徒每年此日以米和果物煮粥供佛，称为“腊八粥”，后逐渐演变为中国民间习俗。此外，农历二月初八为佛出家节，二月十五日为佛涅槃日，以及中国佛教中观音、弥勒、阿弥陀佛、文殊、地藏等佛、菩萨的诞生日、成道日、涅槃日都是佛教重要节日。

（四）佛教的主要典籍

佛教经典十分宏富，卷帙浩繁，很多经典都有不同的语言、不同的译本流传。在传教过程中，佛教逐渐分裂，形成不同派别，信奉不同的经典。如大乘佛教的经典主要有《般若经》《法华经》《华严经》《无量寿经》等，小乘佛教的经典主要是《阿含经》。现介绍几种最重要而又与中国佛教关系最为密切的典籍。

1.《大藏经》

释迦牟尼创立佛教宣传佛法时是口授身传，佛陀圆寂之后，其弟子以集体记诵和讨论的方式收集佛陀的言行，佛教把这种活动称为“结集”。在印度佛教史上，共有四次结集，形成了佛教的经典，分为经、律、论三部分，合称为“三藏”，通晓三藏的僧人又被称为“三藏法师”。中国自南北朝以来几乎各代皆编辑有佛教文献总集，称之为《大藏经》，现存的《大藏经》分为汉语系、藏语系和巴利语系三个语系。20 世纪 80 年代编辑的《中华大藏经》汇集了历代佛教文献典籍，是世界佛教史上、文化史上最有影响力和最有价值的文献总集。《大藏经》虽是佛教典籍，但涉及哲学、历史、语言、文学、艺术、天文等诸多领域，是中外文化交流的结晶，是我们研究世界文化和中国文化不可或缺的资料。

2.《金刚经》

《金刚经》全称《能断金刚般若波罗蜜经》，又称《金刚般若波罗蜜经》，属于经藏《般若部》，代表了《般若部》经典的思想。最早由鸠摩罗什于弘始四年（401 年）译出，以后又相继出现菩提流支、真谛、达摩笈多、玄奘、义净所译的五种译本，并传于世，共计 5 837 字，此外还有藏文、满文译本等。其主要内容是释迦牟尼与弟子须菩提之间的对话问答，揭示佛法真理，宣扬教义，指引人们要做到三心不住，四相皆空；破除我知、法执，而又不着空执；应无所往而生其心。该经以一实相之理为体，以无住为宗，以断疑为用，以大乘为教相。卷末四句偈文——“一切有为法，如梦幻泡影，如露亦如电，应作如是观”，被称为一经之精髓。由于它以空慧为体，说一切法无我之理，篇幅适中，历来弘传甚盛，特别为惠能以后的禅宗所重。

3.《心经》

《心经》全称《般若波罗蜜多心经》，又称《摩诃般若波罗蜜多心经》，简称《般若心经》，属于《大品般若经》600 卷中的一节，现以唐代三藏法师玄奘译本最为流行，篇幅很短，仅一卷，260 字，概括了《大品般若经》的主要义理，是般若经系列中一部言简义丰、博大精深、提纲挈领、极为重要的经典，为大乘佛教出家及在家佛教徒日常背诵的佛经。

4.《坛经》

《坛经》即《六祖坛经》，全称为《南宗顿教最上大乘摩诃般若波罗蜜经六祖惠能大师于韶州大梵寺施法坛经》，是唯一一本由中国僧人所著而被佛教界和学术界共同称为经的禅宗著作，由禅宗六祖惠能口述，弟子法海集录而成。《坛经》共有十篇：行由第一、般若第二、疑问第三、定慧第四、坐禅第五、忏悔第六、机缘第七、顿渐第八、宣诏第九、付嘱第十，主要表达了慧能自性本空、顿悟成佛等富于创造性的佛教思想。现有明清诸藏本、房山石经本及流通本等。1976 年日本影印《六祖坛经诸本集成》，汇集各种版本《坛经》十一种。

三、佛教对中国传统文化的影响

博大精深、源远流长的佛教思想文化自从两汉之际传入中国以来，经历长期的发展演变，与中国本土文化相互借鉴、融合，逐渐由外来宗教发展成为具有中国特色的民族宗教之一，成为中国传统文化重要的组成部分，并渗透到中国社会的各个领域，对中国传统文化产生了广泛而深刻的影响，中国传统哲学、政治、历史、语言、文学、艺术、科技、天文、医学、伦理道德、民族文化心理、民间民俗等无一不打上佛教文化的烙印。在此，仅举哲学、文学艺术、民间习俗等方面为例。

（一）佛教对古代哲学的影响

佛教在中国哲学思想发展史上，有着特殊重要的地位。中国传统儒家哲学注重修身治国安邦和家族伦理道德，道家哲学虽重视鬼神，但总体上都是重视现世人生问题，而对人的本源、彼岸世界等问题缺乏深入、系统的论证。佛教的传入，以其庞杂的宗教教义、富于理性思辨的哲学理论，以及丰富的资料和独到的论证方法，大大丰富了中国哲学，刺激、推动了中国哲学的发展，影响和改变了后来中国哲学发展的进程和面貌，因而不了解佛教，就无法全面把握中国古代哲学。佛教从不同的角度讨论心性问题，如“明心见性”“心即是佛”“性体圆融”等，涉及人类心理活动、感觉经验、道德观、社会观、认识论、本体论、宇宙论等众多领域，所提出的人生皆苦、四大皆空、因缘而起、因果报应等人生哲学，都是对儒、道哲学思想的有益补充。佛教对于人的本性、欲望、烦恼以及解脱之道等所作的详细阐发，是佛教对古代哲学的重大发展。佛教对魏晋玄学和宋代理学产生了深刻影响。魏晋时期中国玄学与佛学紧密融合，当时玄学在思想界占主流，士人们喜好“三玄”，即《老子》《庄子》《周易》之学，清淡之风盛行，出现了何晏、王弼、向秀、郭象、嵇康、阮籍等玄学家和“名士”，探讨有无、言意、动静等问题，而外来佛教中大乘般若空学所主张的“一切皆空”的空宗思想与老庄的贵无思想一拍即合，两者相得益彰。佛教学者僧肇著文阐释非有非无、不知即知、动静相即的观点，总结了玄学论争的基本问题，把玄学推向了新的阶段。宋明理学作为一种新儒学与以往儒学重视社会政治伦理不同，转向了重视修身养性的生命之学，在思维模式、修行方法等方面，均明显受到华严宗、禅宗的影响，朱熹、陆九渊等理学代表人物在青少年时代均有“出入于佛老”的治学经历。佛教的心性学说具有庞大、精细、完整的思想理论体系，传入中国后用中国传统的“人性”“心性”去谈佛性，这些又为理学家所吸收。理学家将佛教中本性与欲念的对立转化为天理与人欲的对立，“存天理，灭人欲”成为理学的核心。佛教的止观学说，通过止观、禅定的方法“明心见性”，自心本具佛性，这直接影响到理学家“善反本性”“变化气质”以“明本”“反本”的主张，形成了主静、主敬的修养方法，如朱熹“豁然贯通”、王阳明“本体工夫，一悟尽透”等说法都与佛教有关。

（二）佛教对文学艺术的影响

佛教对中国文学艺术的影响是全面而持久的。佛教对中国文学的影响主要体现在四个方面：

1. 文体的创新与变革

汉译佛经具有很强的文学性，如《维摩经》《法华经》《楞严经》等，本身就是瑰丽的文学作品，它们的广泛流传在中国创造了变文、俗讲、语录体等新文体，中国的评话、评书、戏曲、俗文学等深受其影响。

2. 文学意境的开拓与表现手法的丰富

佛经中的幻想、夸张等写作手法影响到古典诗歌的意境和中国小说的情节，如王维参禅悟理，又学庄信道，他的山水田园诗极富禅宗的境界，明清小说是由平话、拟平话而来，小说中常见“以诗为证”，散文之后用韵文作结明显是受佛教影响。

3. 佛教题材与思想的广泛吸收

六朝的志怪小说、唐人的传奇，不少都有佛教背景，后来的《西游记》《三国演义》《金瓶梅》《红楼梦》等都有佛教的元素，特别是神话小说《西游记》可以说是典型的佛教题材文学，佛教中因果报应的思想在小说中十分普遍。

4. 文学理论批评的风格

佛教中的“顿悟说”“妙悟说”“境界说”等深刻影响到中国文论风格的形成，中国文论的特点就是以禅论诗，用禅宗的理论鉴赏、品评、阐述诗歌作品。《文心雕龙》这一中国文论不朽名著的作者刘勰从小就在寺院生活，晚年又出家，颇受佛教影响，其他如钟嵘的《诗品》、王国维的《人间词话》等都具有佛教色彩。

佛教对中国古代艺术的影响主要体现在建筑、绘画、雕塑等方面。寺塔是典型的佛教建筑。如白马寺、少林寺、寒山寺、大明寺、开元寺等都是各具特色、拥有千年历史的古寺；举世闻名的敦煌、云岗、龙门三大石窟都是佛教艺术，石窟中的壁画、雕塑色彩鲜艳、飘飘欲仙、栩栩如生，技艺精湛，堪称奇迹。莫大元先生曾说："后汉以降，佛教输入，中国之美术，遂由贵族美术一变而成为宗教美术，建筑则从宫殿楼台而变为寺院塔婆，绘画雕塑则从君臣肖像而变为佛菩提像，工艺则从器皿服饰而变为宗教之佛物法器。此种美术形态之延续，自后汉以迄于今……在中国文化史上，实占有极重要之地位。"① 此外，音乐、舞蹈、书法等也都受佛教的影响。

（三）佛教对民间习俗的影响

佛教在长期中国化的过程中，其思想、教义以及佛教徒的宗教活动、生活习惯等深入民间，对民间习俗产生了广泛的影响。一是在信仰方面，民间对观音菩萨和弥勒佛十分崇拜。观音菩萨被尊为"大慈大悲救苦救难"的善神，其典型造型为"千眼千臂"，又称"千手观音"，表示遍观世界、遍护众生的广大神通；弥勒佛则象征未来和光明，可普度众生，使风调雨顺、五谷丰登，民众长寿多福，中国古代农民起义常以弥勒佛为号召。二是节日文化方面，民间的正月十五元宵节是从佛教法会演变而来，佛教中农历七月十五的盂兰盆会演变成民间的中元节，十二月初八的佛成道节也演变成民间的腊八节，以及观音菩萨诞生日等众多佛教节日也都演化为民间的各种庙会活动。三是在葬仪方面，在很多地方普通人死后都要请和尚念经超度亡灵，火葬习俗也是受佛教影响。四是在饮食方面，佛教的素食制度促进了蔬菜、水果等植物的种植，形成了净素烹饪流派；由于坐禅修行的需要，寺院饮茶成风，促进了民间饮茶习俗的普及。

第三节　道教

道教是在中国文化土壤中孕育而生的唯一的本土宗教，由中国远古原始宗教信仰发展而来，具有汉民族思想和信仰的特点，信众广泛，与中国民间风俗习惯十分密切，是中国传统文化中不可缺少的组成部分，对中国政治、经济、文化等各方面都具有相当广泛的影响。

① 莫大元．中国佛教美术［M］//圣严法师．正信的佛教．西安：陕西师范大学出版社，2008：118.

一、道教的产生及发展历程

（一）道教信仰来源

作为中国本土宗教，道教的思想渊源甚早，也甚为复杂，与中国原始宗教信仰以及纷纷涌现的各家思想文化学说关系十分密切。

1. 原始宗教和巫术

中国古代宗教信仰中流行自然崇拜、鬼魂崇拜、祖先崇拜等。如《礼记·祭法》说："山林川谷丘陵，能出云，为风雨，见怪物，皆曰神。有天下者祭百神。"万物有灵的观念深刻影响到道教的多神信仰，有的被道教吸收改造，变成道教神灵，这种由民间信仰神灵改造成为道教的造神传统，致使道教神灵既多且杂。殷商时代巫术祭祀鬼神活动盛行，用巫术沟通人神，"巫祝"这一角色的职责就是降神、解梦、预言、祈雨、治病、占星等，这是后来道教替人治病的先导，巫祝歌舞娱神、礼拜神君等也就是道教斋醮、符箓等活动的渊源。

2. 神仙方术和阴阳五行学说

战国秦汉时代的方士求仙采药炼丹，对神仙的向往、对炼丹的执著等都是道教的信仰，道教信仰的神仙是人生命的无限延伸，形如常人却能长生不死，神通广大、逍遥自由。由对神仙境界的追求引发而来的以求"不死"之方为主旨的方术就是道教丹鼎派的直接来源。战国时邹衍创立了阴阳家学派和五行学说，认为阴阳二气的相互作用推动了世界的发展和变化，木、火、土、金、水是构成世界的五种元素。早期道教经典中体现了阴阳五行思想，如《周易参同契》用阴阳五行与封爻相配，说明炼丹用药的原理与火候的掌握；《黄庭经》以五脏配五行，用阴阳之气来炼身炼形，说明阴阳五行学说成了道教内外丹学的重要理论根据。

3. 黄老学说

西汉初年，统治者提倡以黄老清净之术治理天下，黄老学说盛行。很多黄老学者本来就是神仙方士，他们以神仙长生思想和阴阳五行学说对道家思想进行宗教性的阐释，使黄老之学与神仙方术相结合，将黄帝和老子不断神秘化和宗教化，到东汉就出现了信奉黄帝和老子的"黄老道"，这就是道教的前身。

4. 谶纬神学

谶是秦汉间巫师、方士编造的预示吉凶的隐语，纬是汉代附会儒家经义衍生出来的一类书。谶纬，是中国古代谶书和纬书的合称，相对于儒家经典而言，即用图谶的观点结合阴阳五行思想来解释儒家经典，推验灾异祯祥。

这种风气经董仲舒的倡导逐步成为谶纬神学，由此儒家经典被宗教化，孔子被神化。西汉末东汉初谶纬之学盛行，儒生与方士合流，宗教气氛浓厚，促进了道教的产生，道教也用谶纬思想来神化老子，并将谶纬之术吸收为道教的方术。

其他如儒家思想中的“天人感应”说以及墨家的尊天、明鬼等思想都被道教吸收，古代医药学与养生学中的行气之术、导引之功等都对道教影响甚大。

（二）道教的创立

道教的正式产生约在东汉中叶，汉代社会战乱与崩溃导致人们对宗教有了急迫的需求，传统的鬼神崇拜、神仙思想、阴阳术数与汉代崇尚黄老的思潮逐渐融合，形成了道教。汉顺帝时（126—144），琅琊人于吉自称得神书一百七十卷，称为《太平清领书》（又称《太平经》），门徒宫崇将其献给汉顺帝，由官府收藏，标志着道教理论已经形成。汉桓帝（147—158）派宦官到苦县祭老子，并在宫中立黄老浮屠祠，表示朝廷对道教的承认，道教终于成为公开的宗教。

早期道教主要有两大派别：五斗米道和太平道。顺帝时，张陵于蜀郡鹤鸣山（今四川大邑县境内）创立正一盟威道，奉老子为教祖，以《老子五千文》为主要经典，因入道者须交纳五斗米，故又称“五斗米道”，以鹤鸣山为中心设二十八治，作为基层组织与活动中心，招徒传教，五斗米道在巴蜀地区流传甚广。张陵死后被教徒尊称为“天师”，五斗米道因此又被称为“天师道”。其子张衡、其孙张鲁保据汉中多年，使得五斗米道的影响从西南一隅传播于海内，发展为道教正宗。汉灵帝时（167—172），河北巨鹿人张角组织的太平道崛起，张角自称大贤良师，以《太平清领书》为经典，遣弟子传教于四方，以符水咒法为人治病，深得人心，教徒展至数万之众，因朝政极其腐败，张角顺应时势，秘密组织黄巾起义。起义失败后，太平道被统治者禁止，日趋衰微。

（三）道教的发展

道教的发展历程大致可以划分为四个阶段：

1. 魏晋南北朝的发展期

由于佛教的刺激、统治者的提倡、下层民众的需要等原因，道教在这一时期获得了很大的发展，在民间的影响不断扩大，信徒不断增加，甚至成为农民起义的号召力量。道教在上层社会也得到发展，东晋哀帝信奉道教，王羲之等世家望族信奉天师道。道教内部也逐渐分化与发展，天师道中向上层发展的那一部分逐渐参与政治活动。随着炼丹术的盛行，道教也吸取了当时风行的玄学，深化了自己的相关理论，出现了几位对道教发展贡献很大的人物。葛洪（283—344），字稚川，自号“抱朴子”，是道教开创时期官方道教理论和仪式的奠基人，著有《抱朴子》，对战国以来的神仙家理论进行系统论述，提出“以神仙养生为内、儒术应世为外”的主张，为神仙长生不老思想和金丹之道理论的集大成者，奠定了官方道教的理论基础，也是道教理论的第一次系统化。寇谦之（365—448），在北方对天师道进行了改革，增订戒律和斋仪，要求诵经、服气、食药、练气诸术，禁止利用五斗米道犯上作乱，这一改革使民间宗教组织符合封建统治者的需要，得到北魏太武帝的扶植。太武帝亲自接受符箓，封寇谦之为“国师”，使五斗米道在北方一度流行，称为北天师道，道教上升为国家宗教，并引发了第一次大规模的废佛运动。陆修静（406—477），南朝庐山道士，广集道经加以整理，汇集了道教的经戒、方药、符图千余卷，分成洞真（天保君所说经）、洞玄（灵宝君所说经）、洞神（神宝君所说经）三洞经典，奠定了道藏的初步基础，他编纂的《三洞经书目录》是中国最早的一部道藏书目。他还根据宗法思想，借鉴佛教仪式，完备了道教的斋醮制度，使道教走向成熟。陶弘景（456—536），梁朝茅山道士，道教茅山宗的开创者，撰写大量道经，发展了道教的修炼理论，整理道教庞大的神仙系统，吸收儒家和佛教思想，并以道教神学理论对王朝施以重要影响，是梁萧衍的“山中宰相”。这一派道教被称为南天师道，完成了道教从民间道教向正统道教的转化。魏晋南北朝时期，道教吸收了儒、佛诸家经义，编修了很多道书，规范了教义、教规和神学体系，道教的主流从民间逐步向上层发展，但由于政治上南北分裂对峙，道教没有形成统一的组织系统与强大的道观经济和宗派，在三教中尚处于最弱的地位。

2. 唐宋的繁荣兴盛期

隋唐实现了国家的统一，道教南北不同派别相互交流，道教教理日渐细密完善。李唐王朝以老子后代为尊，大力扶植道教，使得道教地位迅速上升，在儒释道三家中处于首位。唐玄宗时优待道徒，遍立庙观，亲自为《道德经》作注，将其列为群经之首，并编成第一部道书总集《开元道藏》，招收生徒研习《老子》《庄子》等真经，每年按照儒学的明经考试方法考核生徒。此时也涌现了孙思邈、成玄英、司马承祯、王玄览等一批著名的道教学者。他们研究道教教理，著书立说，使道教理论得到很大发展，巩固了道教的思想基础，唐武宗的灭佛运动也为道教的发展拓宽了道路。到了北宋，赵家王朝也利用道教提升自己的地位，认为先祖赵玄朗与老子同为教主，对道教实行崇奉政策，宋徽宗还自称“教主道君皇帝”，道教备受推崇，成为国教，并刊行了《全道藏》，在科举考试中设立道学科，允许道士们参加科考。汉晋以来一直隐而不显的道教丹鼎派，由于汉钟离、吕洞宾等人的大力倡导，内丹之学兴起，这一时期出现的陈抟、张伯端等道教史上的重要人物，整理注释道经，从理论方面倡导内丹学，内丹学说极为盛行。经过唐宋的发展，道士人数大增，道观遍布全国，规模颇为壮观。

3. 金元明的转变期

金元以来，道教形成了全真道和正一道南北两大派别。全真道是金初王重阳（1113—1170）创立的教派，主张以道教为主，兼容儒、释，三教合一，重视内丹修炼，不尚符箓，不事黄白之术，以修真养性为正道，把清静无为作为修道之本，制定了严格的清规戒律，强调出家修真，内外双修，戒荤酒，不娶妻室（故称“出家道士”），以《道德经》《般若心经》《孝经》作为经典。全真道至元代丘处机时达到全盛。丘处机是王重阳声名最高的弟子，他应成吉思汗之诏西行论道，获得信任，受命掌管天下道教。正一道又称“正一派”“天师道”，是与全真道长期并立的道教教派。元成宗大德八年（1304年），授江西龙虎山张道陵三十八代后裔张与材“正一教主，主领三山符箓”，即龙虎山天师道、茅山上清派、阁皂山灵宝派合并为正一道，尊张天师为正一教主，正一道集符箓派之大成，以行符箓为主要特征，不重修持而崇拜鬼神，可娶妻室，不须出家，故称“火居道士”，主要在南方活动，此后道教符箓各派统称正一道。从此正式形成了道教北有全真派、南有正一派的格局。到了明代，著名道士张三丰在武当山择地建庵，创三丰派，主张三教合一，修己利人，供奉真武神。朱元璋即位后，册封道教天师为“大真人”并代代袭封，但严格管理僧道，专门设立道录司管理天下道士。明朝很多皇帝都尊崇道教，如明成祖自诩为真武大帝的化身，对祭祀真武的张三丰及其武当派大力扶持，下令大修真武神的祀地武当山，使武当山成为著名的道教圣地。道教在明世宗时代达到了极盛。明世宗热衷道教，每日斋醮，不理朝政，朝政以崇道奉玄为中心，官员选拔也以崇道为尺度，不少道士位极人臣。从明成祖永乐年间开始至英宗正统年间辑校了《正统道藏》，共五千三百零五卷，颁布天下，这对于道书的保存和传播起了重大的作用，成为后世最为流行的一部较完整的道教文化丛书。此时，道教依然在中国的各种宗教中占据着主导的地位，但全真道呈衰落之态，而正一道受到统治者的青睐，成为全国道教的主导势力。道教理论进一步与儒、佛融合，原来杂乱的道教神系座次至此排定，解决了道徒信仰的矛盾。

4. 清以后的衰落期

明朝后期、清朝至民国时期，道教逐渐走向衰落。清代前期，清政府宠信儒学和藏传佛教，冷落道教，道教社会地位下降，已经出现停滞和衰落的形势。全真道与正一道互相融合，差别越来越小，内丹学成为道教各派共同倡导的修炼理论和方法。但道教理论、修炼方法仍在不断发展，以全真道龙门派的发展最为显著。道教在民间依然保存着它的影响活力，它通过世俗化，化整为零，进入人们的日常生活和社会文化的各种领域，并继续影响到八卦教等民间秘密宗教。

二、道教的基本信仰与教义

道教虽然派别繁多，但都有着共同的信仰特征和基本教义。

（一）道教的基本信仰

道教的基本信仰是“道”，故称道教，奉老子的《道德经》为道经之首。《道德经》认为“道”“先天地而生”“周行而不殆”“可以为天下母”，是原始之气，是世界的本源，超越一切有形事物而永恒存在。其主要有四层意义：“道”是造化之根，道生天地，是生化宇宙万物的原动力；“道”是神明之本，由三元之气化为三清，聚形为太上老君；“道”有最伟大的德行，以虚无为体、清静为宗、柔弱为用，无为不争；“道”真常永恒，无生无灭，无时不在，无处不有，长存于天地间。道教的全部信仰和修行都以“道”为核心，教导人们学道、修道、行道、弘道。

“道”化为三种气，再化成三位至高无上的神，即“三清尊神”——“玉清元始天尊”天宝君、“上清灵宝天尊”太上道君、“太清道德天尊”太上老君。太上老君由老子神化而来，被认为是天神和道教教主。由“道”而“神”，展开了道教这一多神教的庞大而复杂的神仙谱系。如依据人间等级观念创造的天庭、地狱、海底，派生出玉皇大帝以及阎罗殿和水晶宫的系列各司其职的神仙官员，此外还有四值功曹、山神、城隍、土地、灶王等诸多地方神仙。但一般道观只供奉三清帝像，其他的神则需要另立宫观。

道教追求的终极目标是延年益寿，得道成仙。道教徒向往逍遥自由、与道合一的神仙生活，相信通过修道、悟道、养德能使人返本还原，脱胎换骨，成为神仙，成仙之后就能灵魂常在，肉体永生，这就需要形神双修。传说道教中有八位俗胎凡子修炼成仙，即铁拐李、汉中离、张果老、何仙姑、蓝采和、吕洞宾、韩湘子、曹国舅“道教八仙”。

道教有着独特的修炼方法，主要是以品德修养为根基，宝养精气神，通过服食导引、存想守一、坐忘胎息、精气化炼、静功动功等修炼方法来促进生命的健康和长久，最终达到神形合一，成仙得道。道教称道士的自身修行为道术，道术有很多种，如服气、导引、辟谷、按摩、存思、守一、坐忘、胎息、房中术、内丹、外丹等。唐代外丹成为主要修炼方法，宋元以后则内丹盛行。外丹以服食用铅汞配置其他药物制成的“金丹”求得长生；内丹则以人体为“炉鼎”，用人体内的“精”“气”为药物，运用“神”去烧炼以修成神仙。道教始终以老庄哲学作为修炼的理论基础、方术来源和实践规范，其超凡脱俗的修炼方法吸收、融合了许多中国传统文化，如气功、炼丹等。

（二）道教的基本教义

道教的基本教义可以归纳为三个方面：

1. 仙道贵生，长生久视

仙道贵生的思想是道教信仰的核心宗旨，追求得道成仙，以此实现肉身永存，长生久视。其他很多宗教认为现世人生极为痛苦，向往死后的天国生活。道教则不一样，道教认为人生极为美好，死亡很可怕，希望长生不死，羽化登仙，因而想方设法祛病养生、延年益寿、修道成仙。《抱朴子内篇·黄白篇》中说：“我命在我不在天。”即认为可以通过自行的修炼养生，达到“长生不死、肉体飞升”，与道合一，进入虚无缥缈的神仙世界。道教徒极力探索不死之方，安神固形，性命双修，炼制金丹。这可以说是道教生命哲学教义的主体。

2. 自然无为，柔弱不争

道教认为道以自然为法则，以无为处世应物，成就了万物，也成就了自我。《道德经》说：“人法地，地法天，天法道，道法自然”，“圣人处无为之事，行不言之教”，“道常无为而无不为”，顺应事物发生发展的自然规律，上善若水，随方就方，随圆就圆，“柔之胜刚，弱之胜强”，可谓至善完美。修道就应以静待动，守柔弱而不妄动，呼吸中和，滑泽细微，处世应物，健养身神。

3. 清静寡欲，积德劝善

《道德经》曰“清静为天下正”“咎莫大于欲得”。没有私自嗜欲，乐好清静，这样才符合“道”的体性。道教仿照佛教而制定了教规戒律，其教规有“五戒”“十善”之说。据《云笈七签》所载，“五戒”大略为：不杀生、不嗜酒、不口是心非、不偷盗、不淫色；“十善”大略为：孝顺父母，忠事君师，慈心万物，忍性容非，谏诤蠲恶，损己救穷，放生养物、种植果林，道边舍井、种树立桥，兴利除害、教化未悟，读三宝经律、恒奉香花供养。此外，还有“十戒”“二十七戒”等。道教尊道贵德，因为“道”是道教信仰的主体，而道的最高体现就是“德”，道造化万物由德来蓄养，所以要积德劝善。

此外，道教还强烈关注社会政治与现实人生，加之《道德经》《抱朴子》

中也大量讲述治国安民之道，故而道教在出世、超脱的理想追求外，有着干预政治的传统。葛洪提出“佐时治国”，认为修道不能脱离人世，对于学道与治国应“兼而修之”，并有内圣外王的主张。因此，道教的思想教义融合自然法则与神圣法则、一元论宇宙观与多神信仰、出世精神与在世功德，符合中国哲学“天人合一”的精神。

（三）道教的仪式与节日

道教的宗教生活和日常活动都有一定的仪式，称为“威仪”。俗人初入道时，要接受三皈依戒，入道后还应接受“老君五戒”和“初真十戒”。道教信徒的日常功课是早晚念诵道教经典，在法器的伴奏下，很有节拍地一唱一和。为超度死者举行“祭炼”仪式，对死者进行“施食”“追荐”，以使其生前罪过得到宽宥，早升天界。逢年过节和朔望日祭祀神仙，还有专为信徒设立道场、进行消灾祈福等斋醮活动。“斋醮”是道教的主要仪式，“斋”是清洁的意思，祭祀神仙之前一定要沐浴更衣，不喝酒不吃荤，实行斋戒；“醮”是指祈祷祭祀活动，又称为“道场”，有设坛、摆供、焚香、化符、念咒、上章、诵经、赞颂，并配有烛灯和音乐吹奏程式。仪式因对象、目的不同而种类不同，繁简有异，有六斋、九斋、十二斋等不同斋仪。此外，道教还有占卜、抽签、测字、炼丹、符箓等活动。符是用朱砂画在黄纸上的一些符号，用来治病，箓则是用来驱使天神，这是道教独有法术。

道教节日繁多，各洞神仙圣诞、得道之日皆为道教节日，主要有：三清节，即冬至日元始天尊圣诞、夏至日灵宝天尊圣诞、阴历二月十五道德天尊圣诞。三清是道教的最高神，三清的诞辰自然就成为道教徒的重要节日；三会日，正月初七、七月七日、十月初五，该节可能是道教最早出现的节日，这三天教徒集会，商量重要事务；三元节，正月十五上元节（元宵节）、七月十五中元节（鬼节）、十月十五下元节，这三天不仅自行斋戒悔过，还要举行隆重的斋醮仪式，做施食道场；五腊节，正月初一天腊之辰（春节）、五月初五地腊之辰（端午节）、七月初七道德腊之辰（七夕节）、十月初一民岁腊之辰、十二月初八王侯腊之辰。此外还有朔望日，玉皇大帝、王母娘娘、文昌帝君等诸神圣诞，神灵、祖师纪念日等。道教节日丰富多彩，既传承上古华夏民俗，又与中国传统节气密切相关。

（四）道教的主要典籍

道教奉老子《道德经》、庄子《南华经》为最重要的两部经典。《太平经》和《老子想尔注》是道教早期的主要经典。道教模仿佛教的大藏经创制道藏，收集历代道家著作，主要有《正统道藏》《道藏辑要》《万历续道藏》

等，现仅存明代《正统道藏》，这部道教经典卷帙宏大，内容繁多，共有5 485卷，现存历代道教经典多收录于此。因为道教是在各地民间分散出现的，没有统一的组织、经典和教义，在历代发展过程中又分化成许多不同的道派，各派的主要经典也各不相同，所以道教经典十分庞杂。《周易参同契》是最早的丹经，称为丹经之祖，《抱朴子》也是道教丹鼎派的基本经典。《黄庭经》和《上清大洞真经》则是上清经箓派的主要经典。《度人经》和《三皇文》则是灵宝派和三皇派的主要经典。道教南宗正一派虽然以符箓、斋醮为主，但北宋以后也主张三教一理，修炼内丹，出现了《悟真经》《金丹四百字》等经典。道教北宗全真派更主张三教合一，炼气全神，明心见性，兼容释儒，以《道德经》《孝经》《般若心经》三家经典为主。一般道士的必读经典主要有《道德经》《黄庭经》《真诰》《正一经》《阴符经》《常清静经》《玉皇经》《心印妙经》等。

三、道教对传统文化的影响

道教深深植根于中国传统文化的土壤，是在中国文化精神与历史传统的熏陶之下生长起来的，其教义信仰、基本结构、宗教实践等都与中国文化传统有着血脉关系。它既是中国传统文化的一部分，与儒、佛三教鼎立，共同构成中国文化的整体，体现了中国文化的基本精神，又在长期发展过程中，对中国哲学、民族性格心理等诸多方面都产生了深远的影响，其中对中国古代科技、文学艺术、民风民俗影响尤大。

（一）道教对科学技术的影响

道教文化对中国古代科技发展有着重大贡献。正如世界著名学者李约瑟博士所说："道家哲学虽然含有政治集体主义、宗教神秘主义以及个人修炼成仙的各种因素，但它却发展了科学态度的许多最重要的特点，因而对中国科学史是有着头等重要性的。此外，道家又根据他们的原理而行动，由此之故，东亚的化学、矿物学、植物学和药物学都起源于道家，他们同希腊的前苏格拉底的和伊壁鸠鲁派的科学哲学家有很多相似之处……道家深刻地意识到变化和转化的普遍性，这是他们最深刻的科学洞见之一。"① 道教中的科技思想及成就范围甚广，涉及文理工农医等多种学科，特别体现在古代化学、医学、药物学、养生术等方面。

道教的外丹术促进了古代化学的发展。道教炼丹祈求长生不老，为了炼

① 李约瑟. 中国科学技术史：第2卷"科学思想史"［M］. 何兆武，等，译. 北京：科学出版社；上海：上海古籍出版社，1990：175-176.

造金丹，道士们做了不少试验，其中把硫黄、硝、木炭混合在一起发明了火药。著名炼丹家葛洪总结出一整套经验，撰写了许多相关著作。书中提到的炼丹材料有20多种，对这些材料的属性、作用、产地以及化学反应等作了详尽说明，在《抱朴子·金丹篇》中概括了“还丹”化学变化：“丹砂烧之成水银，积变又成丹砂。”这开启了我国古代化学的先河。

治病救人是道教主要活动之一。葛洪就说：“为道者，莫不兼修医术。”因此历代都有为古代医学、药物学做出贡献的道教学者。如葛洪主张服食仙丹，用草药治病，编写了《金匮药方》《肘后备急方》等重要医学著作，后者记载了内、外、妇、儿、眼各科疾病的治疗方药。唐代道士孙思邈撰写的《备急千金要方》三十卷、《千金翼方》三十卷，合称《千金方》，总结唐以前的临床经验和医学理论，收集了大量药方、诊疗方法和针灸等内容，是中国最早的临床实用百科全书，他又被后代尊称为“药王”。

道教的内丹学促进了古代的养生学的发展。道教对行气、导引、房中术、服食等进行研究和实践，逐渐形成了道教的养生理论和方法。在《道藏》中记录最多、最完整的就是养生术。《太清导引经》《钟离八段锦》等都是一些养生方术，包括辟谷、行气、导引、吐纳等，这些都是现代胎息学和气功的开端。道教修炼内丹的过程就是气功，运用气功进行养生和治疗的方法很早就有。道教积累了很多关于气功的经验，也留下了不少著作，后世称道教是中国传统气功学的集大成者，现在我国流传的一般就是道教气功。武术也是道教中的一种强身健体的养生术，如宋代武当派祖师张三丰的内家拳，包括太极拳、八卦拳、形意拳、大成拳等，都是从道经演化而来，着重炼意，尚意不尚力，长期坚持可以防身保健、延年益寿。道教所行养生之术很多，广泛吸收古代社会所流行的养生之术，加以宗教的解释与发展，客观上促进了古代科学的发展。

（二）道教对文学艺术的影响

在漫长的发展过程中，道教对许多文化领域的辐射作用不断增强、扩散，对中国古代文学艺术产生的影响尤其突出。

道教仙话演变出很多民间故事，也形成了传奇文学，从“志怪”到“神魔”以及戏剧、鼓词等通俗文学作品都充分体现了道教意识。六朝以来，以神仙道教为题材的传奇、小说十分丰富，六朝《汉武帝内传》《海内十洲记》《洞冥记》等志怪小说专为道教而作，《搜神记》《后搜神记》等与道教思想关系密切，如唐代《枕中记》、宋代汇编成书的《太平广记》以及明清小说中的《西游记》《封神演义》《聊斋志异》等。有的名作逐渐演变成戏曲，在元明戏文、杂剧中，以神仙和道教人物形象为题材的作品约占十分之一。演述神仙飞升故事成为戏剧的重要内容，据钟嗣成《录鬼簿》记载，此类剧作至少有四十本，如《青松记》《岳阳楼》《黄粱梦》《八仙庆寿》等。元代的马致远、明代的朱有燉等都是写作道教神仙题材的代表性剧作家。

道教关于仙境和仙人的描述，激发了人们的想象力，大大促进了浪漫主义文学的发展，古代游仙诗发达便是典型例证。游仙诗主要歌咏仙人漫游之情，源于《楚辞》、汉乐府等歌赋，到了魏晋，道士、文人都相继创作游仙诗，出现了大量的游仙诗作，成为一种突出的文学现象，以至我国第一部文学作品选集《文选》将“游仙”列为一种文学体裁，钟嵘的《诗品》、刘勰的《文心雕龙》也都论及游仙诗。道教的神仙境界为古典诗歌增添了新的内容，诗风豪放飘逸，出尘脱俗，如李白自号称“谪仙人”，他的一些诗作表现出仙风道骨、超逸不俗的气度。

道教常通过各种艺术形式宣扬教义，逐渐形成了独具特色的宗教艺术，包括绘画、雕塑、音乐等。三国时就有以道教为题材的画，如杨修的《严君平卖卜图》。历代道教绘画大师辈出，佳作不断，如六朝顾恺之的《洛神赋图》，唐代吴道子的《老君像》《八十七神仙图卷》、道士画家张素卿的《老子过流沙图》，宋代武宗元的《朝元仙仗图》。我国传统山水画中常有云雾缭绕、苍松修竹、隐士高人等构成元素，颇有道教意境。

道教雕塑神像始于南北朝，现存有北魏释迦、老子碑（浮雕），如四川安岳唐代玄妙观摩岩造像、福建泉州宋代巨型老君像、山西太原元代龙山石窟等。道教雕塑“以神写形”“以形传神”，安详、庄严、超尘，深刻影响到我国传统艺术理论及作品。道教音乐的主体为斋醮音乐，后来不断吸收宫廷、民间音乐元素，形成独具特色的道教音乐，流传至今的有北京白云观全真音乐、苏州玄妙观道教音乐等，都是一种“活化石”，与我国的传统戏曲有着血肉联系。道教音乐也影响到我国传统音乐艺术，如《霓裳羽衣曲》《庄周梦》《逍遥游》等都有斋醮音乐的韵味。

（三）道教对民间习俗的影响

在漫长的发展历程中，道教的许多信仰、仪式、节日等活动都自然地转化为民间习俗，代代相传，蔚然成风。道教不断从民间信仰中吸收新的神灵，编入神仙谱系，为之塑像立庙，如龙王、土地、关帝、碧霞元君、送子娘娘等均来自民间，而又将自己的神仙信仰推广到民间，如太上老君、玉皇大帝、吕祖、真武大帝等，使它们成为民间的一种普遍信仰。人们对道教供奉的众神都很恭敬，祭拜殷勤，如对城隍、土地、灶君的崇拜和祭祀几乎遍及全国各个地区、各个民族的千家万户。岁时节令、天灾疾病时斋醮祭祀、求福免祸等成为民间惯例。腊月二十三送“灶王爷”上天，往往会在祭台上贴上

"上天言好事，下界保平安"，祈福保平安。春节来临之前，人们忙于贴门神、画桃符等习俗均来自道教，年画上的钟馗、关公形象都是道教神仙。春节期间多以道观为基地举办庙会，庙会期间，进行民间祈神、游艺、商业等综合性活动。其他如中元节、燕九节、三月三、妈祖诞、东岳神会等与道教有关的民间节日或庙会，至今仍受到人们的重视。民间丧葬要请和尚道士诵经修福超度亡灵，结婚拜天地、入洞房的习俗也一直流传至今。此外，道教"祛邪扶正""助人为乐"的神仙人物、故事，以及《功过格》《阴骘文》《太上感应篇》等劝善书，对民风道德和生活习惯也产生了潜移默化、移风易俗的影响。

两千多年来，道教给我们留下了丰富的文化遗产，对中国文化产生了全面而深刻的影响，不少现代作家、学者都看到了道教之于中国文化的重要性。鲁迅曾说："中国根柢全在道教"①；"人往往憎和尚、憎尼姑、憎回教徒、憎耶教徒，而不憎道士。懂得此理者，懂得中国大半"②。许地山也说："支配中国一般人底理想与生活底，乃是道教底思想。"③ 可见，道教是理解中国人及中国文化，特别是理解中国民间文化的关键。

复习思考题：

1. 如何理解宗教与文化的关系？
2. 中国古代宗教文化的独特性表现在哪些方面？
3. 与原始印度佛教相比，中国化佛教有何特征？
4. 为什么说"中国文化的根柢全在道教"？
5. 你如何看儒、道、佛"三教鼎立"与"三教合一"？

---

① 鲁迅. 致许寿裳［M］//鲁迅. 鲁迅全集：第十一卷. 北京：人民文学出版社，2005：365.
② 鲁迅. 小杂感［M］//鲁迅. 鲁迅全集：第三卷. 北京：人民文学出版社，2005：556.
③ 许地山. 道家思想与道教［J］. 燕京学报，1927（2）.

第四章　中国古代文学

中国古代文学上自孕育华夏文明之开端的上古三代，下迄封建专制主义中央集权制度的结束。无论朝代如何交替，无论政权如何更迭，文学的魅力经久不衰，在几千年的发展过程中形成了独具一格的艺术形式与风格，涌现出一大批卓越不凡的作家，创作出不计其数的优秀作品。中国古代文学的立意表现出社会的繁荣兴衰，搭配入市民的柴米油盐，反映了人间百态。行文中蕴含着诗词曲赋无尽的柔美刚强，平仄间透露出音韵变化的和畅美感，朗朗上口。它也表现了作者的情操与对社会的期望，针砭时弊也好，歌功颂德也好，每个时代自有它可圈可点之处，尽数呈现在文学作品中。尽管古代兴起过不少昏君禁书、残害文人之事，文学终究还是凭着它顽强的生命力，将大部分珍贵的精神与文化食粮流传下来。从第一部诗歌总集《诗经》到清代文学的集大成者曹雪芹所著的《红楼梦》，中国古代文学福泽后世的艺术享受与精神给养，值得我们每一个华夏儿女为这份民族文化遗产自豪和骄傲。

第一节　中国古代文学的文化特征

万世师表孔子在其著作《论语》一书中提到了文学一词："德行：颜渊、闵子骞、冉伯牛、仲弓。言语：宰我、子贡。政事：冉有、季路。文学：子游、子夏。"这里的"文学"指代《诗》《书》《礼》《易》等古代文献典籍。随着历史的不断演进，"文学"的概念也发生了流变——从起初的"孔门四科"之一逐渐发展成为一种以语言文字为工具来反映客观现象的艺术创作活动，其内蕴丰腴，涵盖了神话、诗词、小说、戏剧、散文等诸多形式。

一、强烈的政治教化功能

中国古代文学博采众家之长。若溯其源头，乃于先秦。在古代文学的萌芽阶段，诗歌是最早的文学样式。《汉书·艺文志》有载："古有采诗之官，王者所以观风俗，知得失，自考正也。”[①] 可见当时采诗官从民间采集而来的诗歌作品，在一定程度上已能够反映其时政治统治的利弊得失。《诗大序》有言：“上以风化下，下以风刺上，主文而谲谏，言之者无罪，闻之者足以戒，故曰风。”[②]《诗经》发源的“美刺”传统，绵延后世。

从这一时期起，文学已开始兼具政治教化的功能。《诗经》在成书之时已开始为政治统治服务。《诗大序》中对此有相关的记述：“情发于声，声成文谓之音，治世之音安以乐，其政和；乱世之音怨以怒，其政乖；亡国之音哀以思，其民困。故正得失，动天地，感鬼神，莫近于诗。先王以是经夫妇，成孝敬，厚人伦，美教化，移风俗。”由此观之，统治阶级借“诗”来实现教化百姓的目的：引导夫妇之间和睦相处，敦促晚辈孝敬长者，促使人与人之间的关系温和醇厚，实现教化水平的不断提升，推移一方风俗的优良转变。孔子在谈及《诗经》的教化作用时，也曾说道：“子曰：‘小子何莫学夫诗？诗，可以兴，可以观，可以群，可以怨。迩之事父，远之事君；多识于鸟兽草木之名。’”充分肯定了其在政治与社会生活中所承担的角色意义。

因此，中国古代文学观念是“政本位”的，尤其在先秦时代，可以说没有独立的文学观念，没有专门从事文学创作的人，不管文学、历史、哲学、天文、地理、历法、数学、化学等等，无不为现实人生服务，所以，中国古代强调的是天地人、文史哲、数理化的综合性，综合的最终目的是“务实致用”，也就是追求现实的实用性。中国古代的“政”是“正”，即效法天地之正以正己、正人，以及如何协调天地人、君臣民、你我他之间的关系以合乎正道。所以，我们说“政本位”不是只站在执政者的立场看问题，而是站在整个社会人生的立场看问题，没有那么浓重的阶级意识。因此，诸子百家莫不从政治角度出发来著书立说，阐发他们对正人、正己的理论。对《诗经》的政治解读也是从这个“正”字出发的。

“博我以文，约我以礼。”[③] 诗歌是文学的重要组成部分，若将观察视角从诗歌进一步扩大至文学，显而易见文学也势必承担政治教化的功能。如果将实现“礼治”视为古代社会治世的终极目标，那么文学的不断渗透与发展则为实现这一政治目标提供了不可或缺的外在条件。在后世的古代文学批评中，历代文学评论家也皆将文学作品的社会历史价值视为判断其优劣高下的重要标准之一。

自荀子提出“文以明道”的文学主张，到韩愈、柳宗元在古文运动中实

① 班固. 汉书：艺文志［M］. 颜师古，注. 北京：商务印书馆，1955.

② 陈奂. 诗毛氏传疏［M］. 北京：中国书店，1984.

③ 杨伯峻. 论语译注：子罕篇第九［M］. 北京：中华书局，2009：89.

践“文以载道”的创作追求，再到欧阳修力证“充道以为文”的文道关系，皆反映出文学作为“道”的承载形式，在古代文学的发展流变中不断被引向政教之用。

二、积极入世的思想追求

自汉代“罢黜百家，独尊儒术”之后，儒家思想逐渐确立了它作为中国封建社会正统思想的政治地位。儒家教义中“修身、齐家、治国、平天下”的积极入世思想影响着历朝历代的文人雅士。建功立业的政治抱负成为他们最高的人生理想，同时也成就了中国古代文学创作实践中这一反复歌咏的主题。

儒家思想强调个人的社会责任，道家则强调人内心自然活动的秉性。儒家游方之内，道家游方之外。这两种思想看来相反，其实正好相辅相成。目送归鸿，手挥五弦，是嵇康超凡脱俗高蹈隐逸的理想；采菊东篱，凝视南山，是陶渊明自然而然的原生状态；而陆游，这个动乱之后、身处寂寞时代的伟大诗人，与心如磁石不指南方不肯休的文天祥，还有沧桑傲岸的龚自珍，更是演绎了忧国忧民的万千气象。

为江山社稷鞠躬尽瘁，为黎民苍生效犬马之劳。对功名的求之若渴，对入仕的心慕手追，都在他们所创作的文学作品中留下了有迹可循的踪影。《论语》中用“仕而优则学，学而优则仕”讲述了学识与仕途相互依存的关系。

纵观历代的古代文学作品，文人墨客好用文辞以示入世之心，抒建功立业之志。从曾子“士不可以不弘毅，任重而道远”的君子追求到屈原“路漫漫其修远兮，吾将上下而求索”的振臂一呼，从李白“达则兼济天下，穷则独善一身”的家国情怀到苏轼“老夫聊发少年狂，左牵黄，右擎苍。锦帽貂裘，千骑卷平冈。为报倾城随太守，亲射虎，看孙郎”的雄心壮志，从边塞诗人岑参的“功名须及早，岁月莫虚掷”到豪放词人辛弃疾的“了却君王天下事，赢得生前身后名”，无一不展现出文人们希冀在仕途上一展身手，为国效力，为民进言，实现求志达道的政治理想。

仕途不顺、报国无门之时，文人们也习惯将内心怀才不遇的痛楚寄寓在文辞之下，写下许多深刻表达壮志难酬的优秀作品。从留存的文字中，依稀感受到李白“欲渡黄河冰塞川，将登太行雪满山”的挫败，侧耳倾听着孟浩然“欲济无舟楫，端居耻圣明”的痛心，警醒汲取着李商隐“可怜夜半虚前席，不问苍生问鬼神”的叹息，回味着柳永“忍把浮名，换了浅斟低唱”的无奈。追寻理想费尽周折，兼济天下遥不可及，政治失意之时只能将感慨自我遭遇的无奈叹息倾注于文学创作之中。

无论是宣扬建功立业的豪情壮志，还是诉说壮志难酬的悲怆踌躇，历代文学作品都将文人所追求的入世思想演绎得深刻而厚重。不论出世的陶渊明，入世的杜甫，还是进退两难的悲剧英雄，他们有一共同点，即皆立足于现实社会之上，与人民同呼吸，共命运，心连心。“儒道两家的精神，在生活实践、文学创作中常有转换，出世与入世之间会互相滑动，并没有不可逾越的界线。”入世便以我观物，出世便以物观物，内在与超越、执著与旷达，是相对而言，貌似对立，实则互通。

三、深重、普遍的忧患意识

仔细品读中国古代文学在历代的创作，还能发现一个较为明显的内涵特征，这就是深重而普遍的忧患意识。

早在上古神话传说中已可发现忧患意识的雏形，即先民们已有居安思危的意识存在。《女娲补天》《后羿射日》《鲧禹治水》等神话传说皆讲述了先民们与自然斗争的事迹。从中皆能捕捉到他们对维系生命的代代相传与生生不息保持着的高度警觉。

《战国策》已有关于提醒统治者在诸侯争霸的动荡时期务必昼警夕惕的语录。儒家思想的继承与发展者孟子则进一步把忧患意识与国家存亡、个人安危联系在一起，提出了“生于忧患，死于安乐”的警世言论。唐著名政治家魏征在其著作《谏太宗十思疏》也以“不念居安思危，戒奢以俭，德不处其厚，情不胜其欲，斯亦伐根以求木茂，塞源而欲流长者也”来劝诫统治者，若欲实现天下大治必居安思危，修养德行。从北宋文学家范仲淹“先天下之忧而忧，后天下之乐而乐”到南宋爱国诗人陆游“食粟本同天下责，孤臣敢独废深忧”，再到忧国忧民的杜甫以沉郁顿挫之笔调，娓娓道出《茅屋为秋风所破歌》《春望》《自京赴奉先县咏怀五百字》等诗作，皆表现了他们对国家与百姓的高度责任感，将国家的稳定与百姓的安危视为己任。

心系国家安危，关注百姓疾苦，感触万千，悲悯满怀。在字里行间寄寓仁者爱人之心，感人肺腑。

四、天人合一的审美境界

天人合一是中国传统文化的本源之一，起初是作为哲学范畴的命题为人所知。但这一古代哲学的根本思想一直指引着古人审美境界的形成，在古代文学的发展进程中产生了积极而重要的影响。

在文学初创期所诞生的上古神话中，天人合一的古朴思维得到了诸多的展现。夏商周三代的始祖皆是人与自然通过感孕而生的形式创造而来。在反映原始人类与自然斗争的神话中，也塑造了许多身怀神力的英雄人物形象。

道家创始人老子所提出的“道”亦是天人合一思想的又一载体。“道生一，一生二，二生三，三生万物。”遵循宇宙规律的“道”，是创生万物的根本法则，人自然也涵盖于内，只有遵循“道”，才能实现天、地、人三者之间真正的和谐统一。庄子在《齐物论》中所阐释的“物我合一”的审美思想则进一步指导了后世文学的创作。

古代思想家认为，文字是一种记录天文或阐述天道的符号，被看作一种与天同源的东西。“四书”“五经”不仅其内容发天道，而且其形式本身在观念上就是与天同构的。《文章流别论》认为文学与天是并生的东西，是反映“天经地义”真理的一种形式。古代文学理论认为，文学的任务是揭示宇宙的奥秘，作家的心灵受到天人合一宇宙观的影响，因而很容易与大自然融为一体，自由地与天地往来。

天人合一，体现在文学创作中主要反映在人与自然的关系上。在这种审美思想的指导下，诸多文人都用柔美的笔调创设了人与自然合而为一的美好意境。王维在《周庄河》中一句“舟行碧波上，人在画中游”引出无数遐想。欧阳修也曾用“圣人与天同一体，意未发口天已听”讲述了天人之间的心照不宣。善于驾驭神奇瑰丽想象的诗仙李白在其笔下更有邀月同饮的人天对话：“花间一壶酒，独酌无相亲。举杯邀明月，对影成三人。”白居易也曾寄情山水：“专掌图书无过地，遍寻山水自由身。”柳宗元同样也在自然中尽情抒怀：“投迹山水地，放情咏离骚。”张若虚在《春江花月夜》中还将天人合一的哲学思考引入文学创作之中，提出了关于人生与宇宙的哲学追问：“江畔何人初见月？江月何年初照人？人生代代无穷已，江月年年只相似。”

天人合一的审美思想深深影响着中国传统文学的发展及流变。“昔人论诗词，有景语、情语之别。不知一切景语，皆情语也。”王国维在《人间词话》中提出的物我合一的文学创作观，是又一例证。

文学是文化史中不可或缺的一部分，它记录着历史的瞬息万变，它刻录着时代的演进曲线，它诉说着文化的一脉相承，它描摹着世人的心态情怀，将时代的风起云涌在一笔一画中发散开来，浓淡相宜，辞微旨远。

第二节　古代神话传说

在中华文明的发展进程中，作为中国文化精髓和源头的神话传说，对中华文明的传承产生了极大的推动作用。

神话传说是原始先民在社会实践中创造出来的精神产品，是原始意义上的哲学、自然科学、宗教、历史、道德等多种意识形态的统一体，在很大程度上影响和制约着中华民族的思维习惯、生存方式、精神性格及社会发展，在潜移默化中影响着我们民族的传统文化。

神话的产生与原始人类的好奇心、探索欲望、早期人类的社会生活状况有着极大的联系。先民们在面对他们生存的环境时充满着困惑、好奇、畏惧与崇敬，因此他们力图通过自己的原始思维来探求和解释自然界的奥秘，进而产生了对自然的崇拜，幻想存在着种种超自然的神灵和魔力，最终诞生了神话。另一方面，原始人类的一些历史事件由于没有文字记载，在口耳相传的过程中发生了变异，以至人神杂糅，在进入文明时代后被零散地记录下来而成为传说。因此远古时代被人称作“神话时代”或“传说时代”。

一、神话传说的丰富内涵

神话传说是先民以未经科学洗礼的智慧面对宇宙人生所产生的种种解释，盛载着他们的内心世界，包孕着浓郁的时代情感因素，具有丰富的精神内涵。那些夸张虚幻的表象背后，传达的是崇高的牺牲与奉献精神、顽强不屈的坚强意志、崇尚仁义道德的品质、和谐向心的意识等等，它们集合了我们民族精神的精髓，并成为中华民族的宝贵财富，激励和引导着中华民族以不屈不挠、坚忍顽强、勇于奉献的大无畏精神走过漫漫的历史进程。这种民族精神一直推动着我们民族向前发展，影响着我们的文明。

中国古代神话丰富多彩，宏伟瑰丽，但却没有完整而系统的记录，而是零散地存在于不同的古籍当中。中国古代文献中，经、史、子、集等各类书中都或多或少地记录着神话材料。成书于战国初年至汉代初年的《山海经》是留存古代神话资料最多的著作，被人们普遍看作中国古代神话的珍贵宝库。书中记载了许多矿产、神异怪兽、民俗人情、药用生物、名山河流及其地理位置等，天南海北、包罗万象，具有极高的文学艺术价值。此书记载了大量闻名于后世的神话，保持了古代神话朴实的原始面貌，是了解和研究古代神话的重要文献之一。其中鲧禹治水、夸父逐日、精卫填海等神话故事都记载于其中。《淮南子》中也搜罗了一些上古的神话传说，有关于海外三十六国、昆仑山、禹以及九州八极等神话。中国著名的四大神话——女娲补天、共工触山、后羿射日和嫦娥奔月，都是由它保存下来的。

神话内容涉及自然环境和社会生活的各个方面，可分为创世神话、英雄神话、自然神话、地理神话、寓言神话等类别。

二、创世神话

创世神话叙述的是世界以及人类怎样产生的过程，在神话传说学领域占有极为重要的地位，其中关于盘古开天辟地的传说流传最为广泛，影响最大。其内容最早见于三国时徐整著的《三五历纪》：

“天地混沌如鸡子，盘古生其中。万八千岁，天地开辟，阳清为天，阴浊为地……天日高一丈，地日厚一丈，盘古日长一丈，如此万八千岁。天数极高，地数极深，盘古极长。后乃有三皇。”

先民由卵生生命现象设想宇宙也是破壳而生的，中国的阴阳太极观念可能就源于此。盘古头顶天脚踩地支撑了一万八千年，才使天地之间相距九万里。有了天地才有世界，万物才有生存空间。

开天辟地的盘古神话随着道教的兴起和传播，广泛流传于我国南方少数民族，分布的地域涉及湖南、广西、贵州、云南等省区。这些民族和地区流传的盘古神话传说大都具有相似的情节，都把盘古描绘成开天辟地、化生万物的创世英雄并尊崇为民族始祖。如贵州苗族古歌所唱：“盘古公公从东来，举起大斧辟两块，白的一块浮为天，黑的一块沉为地。盘古公公英雄汉，说起话来像雷鸣，眨眨眼睛就闪电，呼吸变成东风吹，眼泪汇成清水流，头发变成材和草，久久撑天太长久，身子散架落纷纷，盘古死后变成坡。”这种“垂死化身”的宇宙观，暗喻了人和自然的相互对应关系。同时，宇宙生成的人格化、意志化过程也反映了先民对自身力量的坚定信念。

那关于“人”的诞生又有什么样的起源呢？先民依据用泥塑形的实践经验，创造了女娲造人的神话。据《风俗通》所载：“俗说天地开辟，未有人民，女娲抟黄土做人，剧务，力不暇供，乃引绳于泥中，举以为人。故富贵者，黄土人；贫贱凡庸者，絙人也。”[①] 女娲任务繁重，力量远不能供应需要。于是她把绳子伸入泥浆中，再举起挥洒。泥点溅落的地方，都变成了人。后来人们说，富贵贤能的人就是女娲抟黄土造的；而女娲挥绳，泥点溅落变的人则是后世那些贫贱凡庸的人。这则神话不但虚构了人类的产生，也试图阐释人类为什么会有社会地位的差别。

三、英雄神话

远古自然条件恶劣，人们常常遇到各种各样的灾难，如洪水、猛兽等。生存环境的艰苦，却未能吞噬先民的生存意志，反而激发了先民不屈的奋斗

① 李昉. 太平御览［M］. 北京：中华书局，1960.

精神，这种奋斗精神本身就意味着对命运的抗争，由此而孕育出一大批反抗自然、反抗天帝的神话英雄。

（一）夸父追日

“夸父与日逐走，入日；渴，欲得饮，饮于河、渭；河、渭不足，北饮大泽。未至，道渴而死。弃其杖，化为邓林。”（《淮南子·天文训》）

其大意是说，夸父追赶太阳，却在半路因口渴而死，于是丢弃他的手杖，其手杖化作了桃林为后人解渴。夸父这种不向自然屈服、勇于献身、造福人类的精神永远值得后世的人景仰。

（二）精卫填海

自然神话《精卫填海》同样表现了先民们战胜自然的坚定意志。

“发鸠之山，其上多柘木，有鸟焉，其状如乌，文首、白喙、赤足，名曰“精卫”，其鸣自詨。是炎帝之少女，名曰女娃。女娃游于东海，溺而不返；故为精卫，常衔西山之木石，以堙于东海。”（《山海经·北山经》）

此则神话讲述了炎帝之少女溺亡于东海，死后化作名叫精卫的小鸟，以锲而不舍的精神、宏伟的志向，衔石木以填东海。从古至今，正是这种勇者无惧，百折不挠的精神支撑着华夏民族历数出一个个惊天动地的历史变迁。这个神话以一种悲壮之美震撼着人们的心灵，至东晋，田园诗人陶渊明也曾在其诗作中用“精卫衔微木，将以填沧海；刑天舞干戚，猛志固长在”来追忆这个神话。

（三）后羿射日

后羿是发明弓箭的巧匠，他用高超的箭法，为民除害，造福人类，成为华夏族人敬仰的对象。

“逮至尧之时，十日并出。焦禾稼，杀草木，而民无所食。猰貐、凿齿、九婴、大风、封豨、修蛇皆为民害。尧乃使羿诛凿齿于畴华之野，杀九婴于凶水之上，缴大风于青邱之泽，上射十日，而下杀猰貐，断修蛇于洞庭，擒封豨于桑林。万民皆喜，置尧以为天子。”（《淮南子·本经训》）

十个太阳一起出现，烧焦了庄稼，杀死了草木。人民没有了赖以生存的食物。尧派后羿去射落其中的九个太阳。这个过程不仅需要英雄胆略，还要有超人的神技。人们把自身发展过程中所积累的各类重大发明，集中在神话英雄身上，并把他们看做本部族的理想的象征。自然神被人类自己的神所代替，它标志着人类自身的主体性突出了。神话进入了一个英雄的时代，这是社会进步的结果。

（四）鲧禹治水

对于进入农业初期社会的民族来讲，治水是一件头等重要的大事。其中鲧禹治水的传说，世代相传。

“洪水滔天，鲧窃帝之息壤以堙洪水，不待帝命；帝令祝融杀鲧于羽郊。鲧复生禹，帝乃命禹卒布土以定九州。”（《山海经·海内经》）

这篇神话反映了先民在自然灾害面前表现出的英勇无畏的抗争精神。

禹也是一位治水英雄，他发明创造了疏导的治水方法，而且历尽千辛万苦，“八年于外，三过其门而不入。”① 传说寄寓了先民对禹的崇敬，教后世缅怀，同时将古代治水的经验记录在案。禹的传说在后世传播的过程中也经历了“神话化”的演变，他与涂山氏婚恋、禹的出生和形貌等神话则产生于战国时期。《淮南子》就叙述了禹一段神奇的家庭故事：

“禹治洪水，通轩辕山，化为熊。谓涂山氏曰：‘欲饷，闻鼓声乃来。’禹跳石，误中鼓，涂山氏往，见禹方作熊，惭而去，至嵩高山下，方生启。禹曰：‘归我子！’石破北方而启生。”

这则神话具有较高的叙述技巧，有人物，有语言和动作描写，还呈现了细节，已经具备了小说的三要素——人物、情节、环境，可以说是小说的雏形。

中国神话传说以其广博精深的意蕴、生动活泼的表现力，成为中国浪漫主义叙述文学的源头，为后世文学奠定了基础。神话传说不仅为各类文学作品提供了丰富的原型和素材，也直接影响了文学创作的思维方式、表现手法、欣赏效果等。文学作品，只有表达了一个国家或民族集体的信念与行为方式，表达了该民族最深的集体情感，才能得到集体的共鸣。神话传说作为人类集体无意识的产物，能够唤起民族最深层的记忆和想象，给作家带来意料不到的灵感与启示，为创新文化艺术提供不竭的智力资源，后代的诗歌、小说、戏剧都从神话传说中吸取过营养。

第三节　古代诗词

中国古代诗歌源远流长。古代诗词的魅力唱和着“先秦风骚”而来，洒脱着“魏晋风流”行世，唯以“唐宋风采”而独尊，采撷“明清风韵”而充盈。两千多年的诗词史上涌现出的优秀诗人与千古名篇，不胜枚举。

① 杨伯峻. 孟子译注［M］. 北京：中华书局，1960.

一、先秦风骚

中国古代文学博采众长，内蕴丰厚。探索中国文学的源头，梳理时间记载的脉络，定格在先秦。“风骚”传统从先秦萌芽，一直绵延后世，是中国古典文学极具特色的创作原则。

风，即“国风”，指代《诗经》；骚，即《离骚》，指代《楚辞》。《诗经》与《楚辞》代表着中国古典诗歌创作的两大典范。《诗经》作为现实主义创作的典范与作为积极浪漫主义典范的《楚辞》，在中国古代诗歌的创作发展史上并驾齐驱，掩映成趣。

《诗经》是中国第一部诗歌总集。《诗经》原名《诗》，又称《诗三百》，收录了自西周初年到春秋中叶约五百年间的诗歌作品。《诗经》存目 311 篇，其中另有 6 篇笙诗，即有目无辞，故《诗经》实有 305 篇。自汉武帝时期施行“卓然罢黜百家，表章六经”“置五经博士”（《汉书・武帝纪》），崇《诗》为经，始称《诗经》。

《诗经》所收录的作品内容十分广泛，深刻反映了殷周时期社会生活的不同方面。其中有相当一部分是描写男女之间的爱情，也有一些篇目直刺时政，揭露政治的黑暗与腐败、人民遭受的压迫和痛苦，还有一些是记载西周上层统治者祀神祭祖、赞美业绩的作品。《诗经》全书按照《风》《雅》《颂》三个不同类别进行编排。

《风》即“十五国风”，共收录诗歌 160 篇，包括周南、召南、邶风、鄘风、卫风、王风、郑风、齐风、魏风、唐风、秦风、陈风、桧风、曹风、豳风，合称“十五国风”。“风”即音乐曲调，因此《国风》即指在诸侯管辖地域的乐曲，犹如后世的地方乐调。《诗经》的精髓在《国风》，而《国风》中的婚恋诗又是其中最具有艺术价值的篇章。作为《诗经》的开篇之作，《周南・关雎》被视为一首动人的情歌广为传唱。诗歌开头以雎鸠之鸣作为起兴，将一位男子对采荇菜女子的爱慕之意寄寓其中：

“关关雎鸠，在河之洲。窈窕淑女，君子好逑。参差荇菜，左右流之。窈窕淑女，寤寐求之。求之不得，寤寐思服。悠哉悠哉，辗转反侧。参差荇菜，左右采之。窈窕淑女，琴瑟友之。参差荇菜，左右芼之。窈窕淑女，钟鼓乐之。”

《雅》即“正”，“雅乐”即“正乐”，收录的是当时宫廷与贵族所享的音乐。《雅》有《大雅》与《小雅》之分，主要是用于区别音乐的不同和产生时代的远近。《雅》作为宫廷音乐，有一些描写贵族宴饮的诗歌，真实地记载了殷周时期王公贵族享乐的生活状态，例如《小雅・鹿鸣》：

“呦呦鹿鸣，食野之苹。我有嘉宾，鼓瑟吹笙。吹笙鼓簧，承筐是将。人之好我，示我周行。呦呦鹿鸣，食野之蒿。我有嘉宾，德音孔昭。视民不恌，君子是则是效。我有旨酒，嘉宾式燕以敖。呦呦鹿鸣，食野之芩。我有嘉宾，鼓瑟鼓琴。鼓瑟鼓琴，和乐且湛。我有旨酒，以燕乐嘉宾之心。”

《颂》即宗庙之音，是指用于朝廷、宗庙祭祀的音乐。以诗、乐、舞合一的形式祈祷神明庇佑，赞颂王侯功德。如《周颂》《鲁颂》《商颂》。中国古代诗歌具有美刺的功效，具有鲜明的功利性和实用性。例如《周颂·维天之命》就赞美了具有美好德行的周文王对周人后代的遗惠：

“维天之命，於穆不已。於乎不显，文王之德之纯。假以溢我，我其收之。骏惠我文王，曾孙笃之。”

从思想内容上看，《诗经》引领了古典文学的现实主义创作风潮。从艺术手法上看，“赋、比、兴”在《诗经》中的广泛运用，则为中国古代诗歌艺术表现手法奠定了基础。朱熹曾在《诗集传》中对“赋、比、兴”作出界定，他认为：“兴者，先言他物以引起所咏之词也”；“赋者，敷陈其事而直言之者也”；“比者，以彼物比此物。”[①] 其中，最基本、最常用的艺术创作手法是赋。

通观整部《诗经》，其中收录的诗歌作品描写生动形象，语言朴素优美，音乐自然和谐，富有极强的艺术感染力。孔子在《论语·为政》篇里以“子曰：‘《诗三百》，一言以蔽之，曰‘思无邪’”来论述《诗经》的艺术特色。《诗经》作为民间的口头文学创作，是当时政治、经济、社会生活的集中反映，对中国诗歌的发展有着深广的影响，是珍贵的古代史料。

作为“风骚传统”的另一组成部分，战国时期出现的《楚辞》，是继《诗经》之后的又一座文学高峰。鲁迅在《汉文学史纲要》里评论楚辞的集大成者屈原时说道：“逸响伟辞，卓绝一世。”[②]

楚辞，从其本意而言，指的是楚地的歌辞，是运用楚地的文学样式，融合方言声韵与风土产物等加以创作的文学作品，具有浓厚的地方色彩。及至西汉成帝在位时，刘向在前人编撰的基础上，辑录屈原、宋玉及汉代淮南小山、东方朔、王褒等人的辞赋成书。因此，《楚辞》又指代了这部楚辞体诗歌集。全书以屈原的作品为主，其他作品也都承袭屈文的形式，运用楚地的文学样式、方言声韵和风土产物等，具有浓厚的地方色彩。屈原的作品有两大类：一类是屈原收集加工的民间传唱的口头文学作品，如《天问》《九歌》

① 朱熹. 诗集传［M］. 上海：上海古籍出版社，1980.

② 鲁迅. 汉文学史纲要［M］. 北京：人民文学出版社，2006.

等。一类是屈原个人在政治生活中遭遇不幸的忧愤幽思之作，如《离骚》《九章》等。《楚辞》的艺术风格和形式相比《诗经》有了质的飞跃，它确立了中国诗歌的浪漫主义传统，是中国诗歌在发展中走向成熟的标志之一。

屈原是中国古代文学史上第一个有明确记载的伟大诗人。《离骚》是我国现存的第一篇抒情长诗，且是篇幅最长的一首抒情诗。《离骚》的思想内容一方面阐释了屈原的"美政"理想和忠贞情操，将上古三代理想君主尧舜禹与亡国之君夏桀、商纣进行对比，宣示出诗人内心对美好德行的渴求："昔三后之纯粹兮，固众芳之所在；杂申椒与菌桂兮，岂维纫夫蕙茝；彼尧舜之耿介兮，既遵道而得路；何桀纣之猖披兮，夫唯捷径以窘；惟夫党人之偷乐兮，路幽昧以险隘；岂余身之惮殃兮，恐皇舆之败绩；忽奔走以先后兮，及前王之踵武；荃不察余之中情兮，反信谗而齌怒；余固知謇謇之为患兮，忍而不能舍也；指九天以为正兮，夫唯灵修之故也；初既与余成言兮，后悔遁而有他；余既不难夫离别兮，伤灵修之数化。"（《离骚》节选）另一方面又通过飘逸诡谲的想象，讲述了诗人争取自由、反抗侵略、不屈不挠的斗争精神："长太息以掩涕兮，哀民生之多艰。余虽好修姱以鞿羁兮，謇朝谇而夕替。既替余以蕙纕兮，又申之以揽茝。亦余心之所善兮，虽九死其犹未悔。怨灵修之浩荡兮，终不察夫民心。众女嫉余之蛾眉兮，谣诼谓余以善淫。固时俗之工巧兮，偭规矩而改错。背绳墨以追曲兮，竞周容以为度。忳郁邑余侘傺兮，吾独穷困乎此时也。宁溘死以流亡兮，余不忍为此态也。鸷鸟之不群兮，自前世而固然，何方圜之能周兮，夫孰异道而相安？屈心而抑志兮，忍尤而攘诟。伏清白以死直兮，固前圣之所厚。"（《离骚》节选）

《离骚》作为楚辞的代表作，集中展现了楚辞的创作特色与艺术成就。诗歌运用长短句式进行创作，结合楚地的方言，使诗歌语言极富变换。抑扬顿挫的音节、参差不齐的结构，辅之以迷离缥缈的想象，让楚辞传递出了浓郁的浪漫主义气质。而"香草美人"的象征手法既是对《诗经》比兴手法的继承，同时又赋予了更多的艺术内涵。

《楚辞》的创作受到了楚地巫文化的深刻影响，祭祀鬼神的民情风俗在许多文学作品中都成为原始的创作素材。屈原也将其大量地引入文学创作之中，其作品《湘君》《湘夫人》《山鬼》等皆为此类作品。《湘君》《湘夫人》这一组作品是民间祭祀湘水之神"湘君"与"湘夫人"的祭歌，作品哀婉悱恻地刻画了二人生死不渝的爱情：

帝子降兮北渚，目眇眇兮愁予。
袅袅兮秋风，洞庭波兮木叶下。
登白薠兮骋望，与佳期兮夕张。

鸟何萃兮苹中，罾何为兮木上？
沅有茝兮澧有兰，思公子兮未敢言。
荒忽兮远望，观流水兮潺湲。
麋何食兮庭中？蛟何为兮水裔？
朝驰余马兮江皋，夕济兮西澨。
闻佳人兮召予，将腾驾兮偕逝。

（《湘夫人》节选）

继先秦诗歌之后，汉代诗歌继续保持着发展势头。在这一时期产生了一种新的诗歌形式——乐府诗。

汉武帝时设立专门的音乐机构——乐府，由其负责采集各地的诗歌，这些原本在民间流传的诗歌，经由乐府保存下来，汉人叫做“歌诗”，魏晋时始称“乐府诗”或“乐府”。

汉代乐府诗按内容大约分为贵族文人所作之颂歌、军乐、民间歌辞三类。乐府诗的题材内容比较广泛，有反映战争痛苦的，有反映徭役沉重的，有反映游子漂泊他乡的，有反映人民劳动生活的，还有反映妇女受纲常礼教束缚的，比如《孔雀东南飞》。汉乐府作为《诗经》现实主义精神的承袭，坚持了“感于哀乐，缘事而发”（《汉书·艺文志》）的创作传统，广泛而真实地反映了汉代社会生活的原貌。

在体式上，乐府诗以五言为主，兼有七言及杂言，句式比较灵活，语言自然流畅，通俗易懂，生活气息浓厚。乐府诗是诗歌历史上的一个里程碑，象征着诗歌开始追求自由和个性，对后代的乐府民歌创作产生了深远影响。

二、魏晋风流

汉末到魏晋，阶级矛盾激化，社会动荡不安。政治局势的变化不定对这一历史时期的社会风气与文化思想都产生了巨大的影响。魏晋风流是这一时期所特有的社会现象，代表着文人所追求的旷达、率真、自然的人生状态。建安七子、竹林七贤、陶渊明、谢灵运皆是魏晋风流的代表人物。

（一）建安七子与竹林七贤

建安七子分别是孔融、陈琳、王粲、徐干、阮瑀、应玚、刘桢七位作家，得名于曹丕的《典论·论文》。建安七子所创作的文学作品，反映了社会的动乱，表达了建功立业的精神向往。这些作品与“三曹”的作品一道，成为建安文学的代表。建安七子之中，王粲被称为“七子之冠冕”。

竹林七贤是嵇康、阮籍、山涛、向秀、刘伶、阮咸、王戎。因七人常聚于山阳竹林之下肆意酣畅，故世称“竹林七贤”。他们与建安七子在政治抱负与生活追求上有所不同。他们不再独尊经典，开始崇尚老庄思想，喜好放达自由的生活态度。其中阮籍与嵇康的文学成就最高，嵇康的《与山巨源绝交书》、阮籍的《咏怀》都是代表作品。

（二）田园牧歌陶渊明

东晋陶渊明开创了以描写山村风光、表达归隐之心的山水田园诗的先河。陶渊明以田园生活为题材进行诗歌创作，把自己对田园生活的向往与热爱融入诗歌之中，运用物我合一的意象、质朴简练的语言，创作出风格平淡自然、意境隽永深邃的田园诗。例如组诗《饮酒》（之五）：

“结庐在人境，而无车马喧。问君何能尔？心远地自偏。采菊东篱下，悠然见南山。山气日夕佳，飞鸟相与还。此中有真意，欲辨已忘言。”

通观全诗，诗人选用生活中极其寻常的事物，纯用白描式的描写，将平淡醇美之感不动声色地寄寓在文字之中。

又如《归园田居诗五首》（其一）：

“少无适俗韵，性本爱丘山。误落尘网中，一去三十年。羁鸟恋旧林，池鱼思故渊。开荒南野际，守拙归园田。方宅十余亩，草屋八九间。榆柳荫后檐，桃李罗堂前。暧暧远人村，依依墟里烟。狗吠深巷中，鸡鸣桑树颠。户庭无尘杂，虚室有余闲。久在樊笼里，复得返自然。”

诗人用田地、草屋、柳树、桃李、狗吠声、鸡鸣声入诗，平实质朴，但平淡之中又有哲理。一句“久在樊笼里，复得返自然”，则写出了诗人参透人生玄机，悟道了田园山水真正的品格，找寻到内心真正向往的追求。

（三）山水美景谢灵运

晋末诗人谢灵运首开先河，将自然美景引入文学作品的创作。一改往日文人创作仅将山水之物作为叙事抒情的陪衬之物的方法，将山水美景塑造成为独立的审美对象。他的创作，不仅把诗歌从淡乎寡味的玄理中解放出来，同时也丰富了诗歌艺术技巧的表现形式。正如《文心雕龙·明诗》篇所说：“宋初文咏，体有因革，庄老告退，而山水方滋。”① 如果说陶渊明的诗歌是立足田园的静观赏析，那谢灵运的诗歌则是人在画中游的移步赏玩。因此谢灵运的山水诗与陶渊明的田园诗风格迥异。谢灵运将山川美景引入诗中，捕捉自然界中灵动的声音，通过对画面加以营造，辅之以生动细腻的语言，山清水秀，重峦叠嶂纷至沓来。如《从斤竹涧越岭溪行》一诗：

“猿鸣诚知曙，谷幽光未显。岩下云方合，花上露犹泫。逶迤傍隈隩，迢

① 刘勰. 文心雕龙·卷二·明诗第六［M］. 北京：中华书局，1985：67.

递陟陉岘。过涧既厉急，登栈亦陵缅。川渚屡径复，乘流玩回转。苹萍泛沉深，菰蒲冒清浅。企石挹飞泉，攀林摘叶卷。想见山阿人，薜萝若在眼。握兰勤徒结，折麻心莫展。情用赏为美，事昧竟谁辨？观此遗物虑，一悟得所遣。”

此诗记叙了清晨出游越岭的经过，且用一贯的手法形象生动地描绘了一路所见的自然景物。猿猴的鸣叫、山谷的晨曦、岩石雨露、小溪山川、唯美的画面使人内心平和宁静。全诗笔法清新自然，山水一色，浑然天成。最后通过表达对高人隐士的仰慕，寄寓了自己希望寄情山水、排遣忧闷的愿望。全诗将“叙事—写景—说理”这一程式化特点诠释得淋漓尽致。

魏晋风流不仅代表着魏晋士人所追求的人生态度，激发了当世文人的创作思维，同时也对后世文学产生了深远的影响。

三、盛唐之风

唐代文学将对形式主义和浮靡诗风的批判贯穿整个时代。陈子昂、李白、杜甫、元结、白居易皆是站在这场斗争的前沿，并取得丰硕成果的杰出代表。当时，各种风格和流派相互影响，相互促进，将唐诗创作引向了辉煌的巅峰。

唐诗在艺术方面有两个突出的特点：一是异乎寻常的创新；一是富有变化的风格。

唐代诗歌的创新主要体现在诗歌形式的大发展。首先唐人发展和完善了五言古诗，在声律美上有了新的创造，创造了五言近体诗（五言律诗）；其次唐人创造和完成了七言古诗、七言近体诗（七言律诗）等一些新的诗歌形式。这个时期，诗歌体裁已经比较齐备。

唐诗风格主要表现在不同作者多变的艺术风格上。最能代表唐代诗歌艺术成就的诗人当属李白和杜甫，二人诗风迥异，分别是浪漫主义与现实主义的代表。

（一）豪放飘逸话李白

盛唐是唐代诗歌的全盛时期，李白以其独步一时的卓绝成就屹立于盛唐诗歌的璀璨巅峰。李白在诗歌创作中用变幻莫测的想象、喷涌而出的情感、气魄宏大的意象，铸就了雄奇豪放、飘逸浪漫的诗歌风格。正如其诗有言：“兴酣落笔摇五岳，诗成笑傲凌沧洲。”①

李白的诗歌具有浓郁的主观色彩，字里行间表现出诗人豪迈万丈的气概

① 李白. 李太白全集：卷之七·古近体诗·歌吟·江上吟［M］. 王琦，注. 北京：中华书局，2008：374.

与激扬高亢的情怀。如其诗《上李邕》一诗，全诗一气呵成，气势如虹：

“大鹏一日同风起，扶摇直上九万里。假令风歇时下来，犹能簸却沧溟水。世人见我恒殊调，闻余大言皆冷笑。宣父犹能畏后生，丈夫未可轻年少。”

李白的诗歌在抒情方式上也具有鲜明的特点。“喷发式”的情感宣泄是李白洒脱不羁、遗世独立的人格意识的形象再现。例如其诗《南陵别儿童入京》：

“白酒新熟山中归，黄鸡啄黍秋正肥。呼童烹鸡酌白酒，儿女嬉笑牵人衣。高歌取醉欲自慰，起舞落日争光辉。游说万乘苦不早，著鞭跨马涉远道。会稽愚妇轻买臣，余亦辞家西入秦。仰天大笑出门去，我辈岂是蓬蒿人。”

李白将自己万丈豪情之心与志在必得之意在诗歌之中表现得淋漓尽致。诗人欣喜无比，醉舞狂歌，甚至想要与日月争夺光辉。告别家人入京，诗人仿佛已经看到了平步青云的仕途。仰天大笑，走出家门，高呼着拥有雄才大略的自己又岂能与平庸之人相提并论。

李白诗歌另一大特点表现为想象奇绝，变化莫测。通过神奇瑰丽的想象，辅之以异乎寻常的衔接，以充满跳跃性的方式，将所见之景物描摹得蔚为大观。此类诗歌，往往跨度较大，纵横变幻，给人以极具艺术感染力的想象冲击。许多诗歌的意象都呈现出发想无端，想落天外的特点。如《望庐山瀑布二首》（其二）：

“日照香炉生紫烟，遥看瀑布挂前川。飞流直下三千尺，疑是银河落九天。”

诗人在游览庐山时，折服于庐山瀑布的气势磅礴。挥笔泼墨，仅用二十八字，便将庐山瀑布的奇绝壮美完全浓缩于笔墨之中，想象夸张，变幻莫测，极富壮美瑰丽之美。

对于语言的塑造，李白始终坚持清新俊逸的风格。李诗的语言体现出“清水出芙蓉，天然去雕饰”的特点。在李白的众多诗歌之中，我们皆能品味到清新自然的语言美。其摒弃了刻意的雕琢，旨在抒发真实可感的自然之情。李白清新俊逸的语言风格特点，也得到了举世公认。李白作有《独坐敬亭山》一诗：

“众鸟高飞尽，孤云独去闲。相看两不厌，只有敬亭山。”

诗题一个“独”字，将诗人孤独无伴的身影凸显在空旷的画面之中。诗人完全顺着自己的情感而展开文思，写景亦是抒情，全无雕饰。诗歌虽然简短，却意味深长。诗人置身山中，喧闹皆散去，唯有空旷之景。

（二）沉郁顿挫说杜甫

面对盛唐文学的璀璨成就，中唐诗人继续卓绝努力，在这一时期取得新的艺术成就。从盛唐至中唐，诗歌也发生了巨大的转变。杜甫正是衔接这一转变的伟大诗人。作为现实主义诗人的杜甫，其诗内容深厚，语言刚健、音调铿锵、章法曲折，形成一种沉郁顿挫的风格，有“诗史”之称。杜甫在创作方法上，转益多师，众体皆备，集诗歌之大成，因此其本人也被尊称为“诗圣”。

杜诗最主要的风格体现为“沉郁顿挫”。“沉郁”即诗歌感情的深挚、沉雄；“顿挫”则是创作手法的多变、曲折。清人吴瞻泰在《杜诗提要》有云：“沉郁者，意也，顿挫者，法也。”①

沉郁的风格主要表现为诗人将沉雄壮阔的意境与细致入微的描写统一起来。如《旅夜书怀》一诗：

“细草微风岸，危樯独夜舟。星垂平野阔，月涌大江流。名岂文章著，官应老病休。飘飘何所似，天地一沙鸥。”

诗歌前两联着笔于“旅夜”，深夜行舟，一个“独”字将诗人寄宿天地之间的身影无限放大，铺垫了全诗孤寂凄凉的基调。星月垂挂，江水奔流，宇宙苍茫，意境壮阔。后两联笔锋一转，由描写景物转入抒情议论，政治失意，感怀伤时。纵观全诗，景中寓情，情感丰沛，深沉凝重。

“顿挫”之感则是通过诗歌内容寓意深远，谋篇布局曲折多变。如《蜀相》一诗：

“丞相祠堂何处寻？锦官城外柏森森。映阶碧草自春色，隔叶黄鹂空好音。三顾频烦天下计，两朝开济老臣心。出师未捷身先死，长使英雄泪满襟。”

杜甫一生忧国忧民，始终怀抱致君尧舜的政治理想。但因身处国势艰危之时，仕途坎坷，报国无门。公元760年，诗人到访成都武侯祠，写下此首感人肺腑的千古绝唱。全诗感情浓烈，首联描写祠堂之景，道出诗人的急切向往，表达了忠君爱国的杜甫对诸葛亮的仰慕之情。颔联刻画祠庙荒凉之景，景中见情，凄凉寂寞的景色中隐约流露出诗人的痛惜之心。颈联两句，情感急转变换，直抒胸臆，以高度凝练的语言概括了诸葛亮一生的生活际遇、政治理想、辅国伟业，再次高扬了诗人的敬仰之情。尾联则笔锋一转，充满凭吊之伤感，为全诗点睛之笔，一语道出英雄失意的感同身受。全诗结构紧密，前后呼应，感情真挚强烈。通过感情的起伏跌宕，使诗歌甚是沉挚悲壮，震撼人心。

（三）其他唐朝诗人

除李杜之外，盛唐诗坛还涌现出山水田园诗派代表王维，他刻物精细，

① 吴瞻泰. 杜诗提要［M］. 台北：大通书局，1974.

状写传神。如《山居秋暝》："空山新雨后，天气晚来秋。明月松间照，清泉石上流。竹喧归浣女，莲动下渔舟。随意春芳歇，王孙自可留。"

孟浩然长于写景，诗风清淡。如其诗有云："八月湖水平，涵虚混太清。气蒸云梦泽，波撼岳阳城。欲济无舟楫，端居耻圣明。坐观垂钓者，徒有羡鱼情。"（《望洞庭湖赠张丞相》）

边塞诗派的代表岑参、高适之诗则气势豪迈，情辞慷慨，语言变化自如。如岑参诗"瀚海阑干百丈冰，愁云惨淡万里凝。中军置酒饮归客，胡琴琵琶与羌笛。"（《白雪歌送武判官归京》）；"故园东望路漫漫，双袖龙钟泪不干。马上相逢无纸笔，凭君传语报平安。"（《逢入京使》）高适则有《燕歌行》等代表作品。

中唐时期的诗人白居易是继杜甫之后又一伟大的现实主义作家。他善于直指社会时弊，其诗语言通俗流畅，与元稹同为新乐府运动的倡导者。白居易现存诗三千余首，《长恨歌》《琵琶行》《秦中吟》（十首）及新乐府五十首等代表作广为流传。

刘禹锡与白居易并号"刘白"。其诗善用比兴手法，突出政治内容。如其诗："朱雀桥边野草花，乌衣巷口夕阳斜。旧时王谢堂前燕，飞入寻常百姓家。"（《乌衣巷》）

李贺诗境新奇瑰丽，极具浪漫主义。如流传后世的佳句："女娲炼石补天处，石破天惊逗秋雨。"（《李凭箜篌引》）

晚唐诗人李商隐与杜牧合称"小李杜"。李诗深情绵邈，寄托遥深，李商隐也是古代文学史上成就卓著的抒情诗人。如名篇《锦瑟》："锦瑟无端五十弦，一弦一柱思华年。庄生晓梦迷蝴蝶，望帝春心托杜鹃。沧海月明珠有泪，蓝田日暖玉生烟。此情可待成追忆？只是当时已惘然。"杜牧的诗歌感怀时事，感情深切。如其诗《泊秦淮》："烟笼寒水月笼沙，夜泊秦淮近酒家。商女不知亡国恨，隔江犹唱后庭花。"

唐代是诗歌发展全盛的黄金时期，流传下来的诗近五万首，诗人两千余家，是我国历史上极其丰富的文学艺术瑰宝。

四、两宋之采

宋代是继唐代之后文学发展的又一座高峰。诸多文体都进入繁荣时期，包括诗、词、散文、话本等，其中词在这一时期达到鼎盛。词是一种配合音乐的诗。词的曲调叫"词牌"。词产生于隋、唐之间，流行于中、晚唐，在宋进入全盛时期，成为宋代文学的标志。宋词分婉约派与豪放派。

（一）婉约派

婉约派多写男欢女爱、离愁别绪等内容。词句委婉绰丽，追求精巧、细腻的感情，代表人物有柳永、欧阳修、李清照、晏殊、秦观等。

1. 凡有井水处，皆歌柳永词

“学诗当学杜诗，学词当学柳词”。柳永作为北宋第一个“专职”词人，堪称词史上里程碑式的人物。他是第一位对宋词进行全面革新的词人，在词史上有着重要地位。明王世贞《艺苑卮言》谓柳词为“词之正宗”，清末民初郑文焯亦誉其为“北宋正宗”。近世更有冠柳永为“千古词状元”者，对柳永词推崇有加。他以一落魄文人，流连坊曲，采纳市井新声，为文人词作输入新鲜血液，并自觉地以市民情调取代贵族情调，变“雅”为“俗”，从而改变了词的审美内涵和审美情趣，在词中开拓出另外一番境界。他的词作铺叙有序，情景交融，缠绵悱恻，易于吟诵，无论在内容上还是在艺术上都独具创造性。宋人叶梦得曾言“凡有井水处即能歌柳词”，可见流传之广。例如千古名篇《雨霖铃》：

“寒蝉凄切，对长亭晚，骤雨初歇。都门帐饮无绪，留恋处，兰舟催发。执手相看泪眼，竟无语凝噎。念去去，千里烟波，暮霭沉沉楚天阔。多情自古伤离别，更那堪冷落清秋节。今宵酒醒何处，杨柳岸，晓风残月。此去经年，应是良辰好景虚设。便纵有千种风情，更与何人说。”

全词围绕离别展开，将离别之愁绪铺叙漫衍。从交代离别的时间、地点、环境着笔，寒蝉、长亭、骤雨，诗人选取的意象也极为独到，简单几笔便铺垫了伤感的基调。紧接着，作者将视角转换到离别的具体场景之中，写了饯别之时种种无奈，竟有执手却无言的酸楚。千里烟波，路途甚远，无限愁苦。下阕诗人讲述了离情伤悲，良辰美景，独缺佳人。整首词情景交融，行云流水，时间层次与感情层次体现为交叠的多重性。

2. 婉约派其他词人

欧阳修是北宋前期的著名文学家和文论家。他的《踏莎行》是婉约派的代表作品，词中写相思之情，写得清刚明媚，语近意深：

“候馆梅残，溪桥柳细，草熏风暖摇征辔。离愁渐远渐无穷，迢迢不断如春水。寸寸柔肠，盈盈粉泪，楼高莫近危阑倚。平芜尽处是春山，行人更在春山外。”

李清照是北宋末年杰出的女词人。她十八岁嫁给赵明诚，早年生活美满，晚年经历了国破家亡、颠沛流离之痛。李清照的词前期反映了上层妇女闲居的心情，后期的词情调凄苦，深沉哀伤。

李清照在艺术形式上擅长白描手法，语言清丽，音律和谐，具鲜明独特的风格，对后世影响较大，称为“易安体”。如其代表作之一《声声慢》：

“寻寻觅觅，冷冷清清，凄凄惨惨戚戚。乍暖还寒时候，最难将息。三杯两盏淡酒，怎敌他晚来风急！雁过也，正伤心，却是旧时相识。满地黄花堆积，憔悴损，如今有谁堪摘？守著窗儿，独自怎生得黑！梧桐更兼细雨，到黄昏、点点滴滴。这次第，怎一个愁字了得！”

开篇连用十四个叠词，极富感染力。词人运用最平常的生活语言进行创作，将此刻妇人的茫然若失表现得淋漓尽致。

（二）豪放派

豪放派风格豪迈奔放，结合现实生活，或思古抒怀，或写景言志，词句质朴，其代表人物有苏轼、陆游、辛弃疾、文天祥等。

1. 词至东坡，倾荡磊落

苏轼的词不论在境界的开拓、思想的丰富、风格的突破上都高出他之前的词人。他的词如其人，大气磅礴，千古传诵的《念奴娇·赤壁怀古》即是：

“大江东去，浪淘尽，千古风流人物。故垒西边，人道是，三国周郎赤壁。乱石穿空，惊涛拍岸，卷起千堆雪。江山如画，一时多少豪杰。遥想公瑾当年，小乔初嫁了，雄姿英发。羽扇纶巾，谈笑间，樯橹灰飞烟灭。故国神游，多情应笑我，早生华发。人生如梦，一尊还酹江月。”

苏轼词也不乏清新流畅之作，他描写农村风光和农民劳作的词就具有这样的风格。例如《西江月·照野弥弥浅浪》：

“顷在黄州，春夜行蕲水中，过酒家饮，酒醉，乘月至一溪桥上，解鞍，由肱醉卧少休。及觉已晓，乱山攒拥，流水锵然，疑非尘世也。书此语桥柱上。照野弥弥浅浪，横空隐隐层霄。障泥未解玉骢骄，我欲醉眠芳草。可惜一溪风月，莫教踏碎琼瑶。解鞍欹枕绿杨桥，杜宇一声春晓。”

2. 东坡之词旷，稼轩之词豪

辛弃疾是南宋词人，他用词来反映当时的主要矛盾，表现出豪迈的气概和强烈的爱国主义精神。在艺术风格上，辛词以豪放为主，热情洋溢，慷慨悲壮，笔力雄厚，与苏轼并称为苏、辛。前人说：“词至南宋集大成。”

辛弃疾有代表作《南乡子·登京口北固亭有怀》：

“何处望神州？满眼风光北固楼。千古兴亡多少事？悠悠，不尽长江滚滚来。年少万兜鍪，坐断东南战未休。天下英雄谁敌手？曹刘，生子当如孙仲谋。”

词人通过对古代英雄人物的歌颂，讽刺南宋统治者在金兵的侵略面前不敢抵抗、昏庸无能，全词饱含着爱国卫国的强烈感情。

稼轩词中有一部分对田园生活进行描绘的作品，极富生活气息，语言清

新朴素。如《清平乐·村居》:

“茅檐低小，溪上青青草。醉里吴音相媚好，白发谁家翁媪？大儿锄豆溪东，中儿正织鸡笼。最喜小儿无赖，溪头卧剥莲蓬。”

剪影式的手法，将乡村风景逐一呈现，语言清新自然，既描绘了恬淡之景，又刻画了老人与小孩的人物速写。

就词的发展看，南宋时期的作品不论是反映的生活广度，还是思想深度，或是风格的多样化，都达到了前所未有的成就。

五、元曲之音

在文学史上与唐诗、宋词并称的还有元曲。元曲包括杂剧、散曲。杂剧相当于现代的戏曲和歌舞剧，它是把音乐、舞蹈、对话熔于一炉的综合性舞台艺术。散曲是诗歌的一种体裁形式。散曲的出现，要追溯到12世纪前的辽宋时期。那时，在中国的北方流传着一种具有少数民族特点的民间歌曲。这些民歌具有尖锐泼辣、质朴鲜明、音韵粗犷、语言流畅等特点，随着北方民族入主中原，逐渐被文人吸收，成为一种专业创作。到了元代，散曲异花独放，达到了创作的顶峰。元代有姓名可考并有作品流传的散曲作家就有200人之多。小令与套数是散曲的两种基本类型。在结构上，小令相当于单支曲子，而套数则由同宫调的两支以上的单曲组合而成，以其较长的篇幅表达相对复杂的内容。小令和词一样最初也是民间小调，和音乐结合得很紧密，后来被文人们赏识，并逐渐脱离音乐而成为供人们阅读欣赏的案头文学。在中国古典诗歌体制中，小令只能算一种即兴小品，抒情短章，在艺术技巧上既继承了前代的词，又有所发展。元代小令现存3 000多首。与唐诗宋词相比，小令既显得数量少，题材内容较窄，在思想内容上达到的成就也大为逊色，但作为一个时代的新诗体，仍有不可忽视的认识价值和美学价值。元代的散曲作家还是给我们留下了许多值得欣赏的好作品，代表人物有马致远、张养浩等。马致远善于运用多种修辞手法和塑造形象鲜明的人物。他的小令名作《天净沙·秋思》被称为“秋思之祖”:

“枯藤老树昏鸦，小桥流水人家，古道西风瘦马。夕阳西下，断肠人在天涯。”

作品内容本身简单普通，叙述因旅漂泊，时逢黄昏，感应突袭，感而发，发而恩，恩而悲，悲而泣，泣而痛。

元代是一个民族压迫深重的时代。元代的散曲中有许多竭力为统治者歌功颂德、粉饰太平的作品；也有一味赞颂富贵福寿，宣扬人生虚幻，悲观厌世的作品；还有露骨地描写色情的作品。这些都是元代文坛中不健康的一面，是文人们的自嘲，是高压民族政策的产物。

六、明清风韵

明代诗文的变化发展体现出新的时代特征。李贽“童心说”、前后七子拟古复古、公安竟陵独抒性灵，都成为这一时代诗歌发展的多元助力。

（一）明朝诗文

明初诗坛，宋濂、刘基、高启三位诗人卓立于元明易代之际，并称为明初诗文三大家。高启以博学工诗的聪明才智与兼学众家的创作追求，被誉为“明代第一诗人”。其诗一改诗坛缛丽之诗风，展现出超凡脱俗之意趣。正如明代诗人李东阳在《怀麓堂诗话》中所言：“国初称高、杨、张、徐。高季迪才力声调过三人远甚，百余年来，亦未见卓然有以过之者，但未见其止耳。”①

明朝到了中期，出现了宦官专政。此时，明代的文人的创作偏向于抨击朝政，针砭时弊。其中有欲借主张“复古”而施行变革的文学群体——前七子。前七子以李梦阳为核心，成员有何景明、徐祯卿、边贡、康海、王九思、王廷相。

到了明嘉靖中期，出现了承接前七子复古主张的又一文学群体——后七子。后七子相较于前者而言，更加注重对格调法度的讲究。该文学群体以李攀龙、王世贞为代表，还包括谢榛、宗臣、梁有誉、徐中行、吴国伦等人。

明万历年间，诗文又产生了新的革新力量，先后出现了公安派、竟陵派。公安派是明代非常重要的文学流派，公安三袁分别指代袁宗道、袁宏道、袁中道三兄弟。因其为湖北公安人，故称公安派。其中，以袁宏道的成就最高。袁宏道提出了公安派的文学主张：“独抒性灵，不拘格套。”

明代晚期，诗坛上又崛起了以钟惺、谭元春为代表的竟陵派。竟陵派主张“引古文之精神，以接后人之心”。在创作观念上，竟陵派受公安派的影响，提出重真诗重性灵的追求。

（二）清朝诗文

清代诗文堪称“别树一宗”（《清史稿·艺文志》），作者之众，作品之多，足以证明清代文学思想的空前自由。其中既有对前世文学的承袭之作，也不乏另辟蹊径的创新珍品。

清初诗坛，易代诗人展示出革新的创作追求。钱谦益、侯方域、吴伟业皆为清诗的发展做出了贡献。其中，钱谦益更是被誉为清诗的开山宗匠。如

① 李东阳. 怀麓堂诗话校释［M］. 李庆立，校. 北京：人民文学出版社，2009：94.

其诗《后秋兴》，抒情写志，颇见性灵。

除此之外，活跃在清初诗坛的著名学者还有黄宗羲、顾炎武、王夫之等人。

从清初到清代中期，清代诗坛出现了许多诗派，涌现出许多新的诗学主张。其中对文学创作产生了重要影响的包括沈德潜的“格调说”、翁方纲的“肌理说”与袁枚的“性灵说”。“格调说”在诗学观念上主张孔子提出的“温柔敦厚”，提倡运用比兴手法，文学作品要含蓄委婉。“肌理说”则是嘉庆年间考据学盛行之下应运而生的创作主张。“性灵说”继承了公安派的文学主张，提倡写个人的真实遭遇，抒发个人的创作灵感。

清代后期诗文最为杰出的作者是龚自珍与魏源。龚自珍有讥切时政的《己亥杂诗》：“九州生气恃风雷，万马齐喑究可哀。我劝天公重抖擞，不拘一格降人才。”魏源有切中时弊的《晓窗》：“少闻鸡声眠，老听鸡声起。千古万代人，消磨数声里。”

清词的代表作家当属纳兰性德。王国维其力作《人间词话》一书中以“北宋以来，一人而已”来评价纳兰性德在词史上的地位。纳兰性德现存词三百余首，大多清新秀丽，隽永飘逸。如其作《菩萨蛮》：“萧萧几叶风兼雨，离人偏识长更苦。欹枕数秋天，蟾蜍下早弦。夜寒惊被薄，泪与灯花落。无处不伤心，轻尘在玉琴。”

清代诗文包罗万象，涵盖众多，汇聚了以往文学创作的各种文体，呈现出蔚为大观的文学景象。

第四节　中国古代小说与戏剧

小说在中国古代文学史上发展得比较晚，萌芽于先秦，发展于两汉魏晋南北朝，成熟于唐代，至明清时期发展至顶峰。古代小说一般分为两大类：一类为文言小说，一类为白话小说。据《中国通俗小说总目提要》载，我国白话小说有 1 157 部，据袁行霈、侯忠义《中国文言小说书目》载，文言小说有 2 700 种。其中有的成为世界文学的瑰宝，有的成为中国人民传诵的佳作，传载着历代人民的生活情貌与文化品质，陶冶着中国人民乃至世界人民的情操。

一、中国古代小说的发展脉络

（一）先秦两汉是小说的萌芽期

古代小说的源头有以下几个方面：首先是神话传说。那些奇异的想象，极大地刺激了后来的志怪小说的产生。其次是寓言故事。先秦诸子中有许多寓言片段，几乎都是一些短小精悍的小故事，如庖丁解牛（《庄子》）、拔苗助长（《孟子》）、齐人伤金（《列子》）、守株待兔（《韩非子》）等，开启了后世的笑话林和寓言等小说文体。最后是史传。如《左传》《战国策》《史记》《三国志》等，在写人、叙事方面对后代小说的创作产生了积极的影响。

（二）魏晋六朝至唐代是小说的雏形期

魏晋南北朝时期主要有志人小说和志怪小说两种。志怪小说主要是受到佛经故事以及巫、方士的影响而发展起来的，借助神异题材反映出广大人民的思想和愿望，一般篇幅短小，写法上重事件叙述而不重人物刻画，只是粗陈梗概而已。魏晋南北朝志怪小说现今共存有 30 多种，比较著名的有《博物志》，其由西晋张华编，分类记载了异境奇物、古代琐闻杂事及神仙方术等。志人小说专门记录人物逸闻。刘义庆的《世说新语》是成就和影响最大的一部，其语言精练，简约含蓄，隽永传神，既有典雅的词句，又有生动的口语。有不少故事成为名句或成语，如“难兄难弟”“拾人牙慧”“一往情深”等，都是源于此书。

（三）唐代是小说的定型期

唐代的小说被称作传奇。唐传奇多为文言短篇小说，是在六朝志怪小说的基础上融合历史传记小说、辞赋、诗歌和民间说唱艺术而形成的新的小说文体。唐代传奇有相当高的艺术成就，主要表现在情节更加曲折丰富，结构更加完整，文字更加华丽生动，塑造了一批生动的人物形象。这时期作品题材非常丰富，有历史题材的，如陈鸿的《长恨歌传》《东城父老传》；有爱情题材的，如元稹的《莺莺传》、白行简的《李娃传》；有寓言讽刺题材的，如沈既济的《枕中记》中的“黄粱梦”；还有游侠题材、神怪题材等。唐代传奇对宋以后的白话短篇小说话本也有很大影响。传奇中叙事、诗笔、议论结合的形式，即所谓“文备众体”的特点，以及传奇描写人物的手段，如比较细腻的描写传神的人物对话等，话本也都有所借鉴和发展。

（四）宋元为小说的发展期

到宋代，“说话”的兴盛和话本的产生，实现了“中国小说史上的一大变迁”（鲁迅《中国小说史略》），白话小说成了我国小说的主流，小说这一文学样式得到充分发展。话本是“说话”（说书）艺人用来记录故事梗概的底本，它是一种民间文学，反映了城市平民的思想感情和生活，它突破了六朝小说和唐传奇的局限，社会内容扩大，现实性增强。话本的主要内容有两类，即“讲史”和“小说”。“讲史”即长篇话本，是以历史事实为依据，讲述历代兴废争战之事，加入了许多民间有趣的故事传说。因只是口头讲叙，故事仅具梗概，语言也多是浅近的文言，夹杂一些白话，所以艺术性低于“小说”。代表作有《大唐三藏取经诗话》，它成为《西游记》的雏形。“小说”即短篇话本，多以表现下层人民生活为题材，揭露鞭挞统治阶级，赞扬支持被压迫者尤其是妇女的反抗斗争行为，有较高的思想性。在艺术表达方面，用口语进行创作，通俗简明，故事情节曲折生动，引人入胜。佳作有《碾玉观音》《铝斩崔宁》《志城张主管》等。

（五）明清时代为小说的繁荣期

这个时期的小说从思想内涵和题材上最大限度地涵盖了传统文化的精华。神魔小说、人情小说等成为小说的主流，集体创作再度转向个人创作，作家个性在作品中表现鲜明。出现了长篇章回小说《三国演义》《水浒传》《西游记》《金瓶梅》等传世之作。文言短篇小说有瞿佑的《剪灯新话》、李昌祺的《剪灯余话》。

白话短篇小说以冯梦龙的“三言”、凌濛初的“二拍”最具代表性。《喻世明言》《警世通言》《醒世恒言》合称“三言”，各四十卷。其中《喻世明言》大部分出自元明民间话本小说，《警世通言》和《醒世恒言》大部分是明人的拟作，其中有极少数可能是冯梦龙的创作，如《老门生三世报恩》。“三言”的思想内容复杂，题材多取自稗史或传说，大致有三大类：揭露官场黑暗腐败或统治者的恶行；爱情婚姻题材；歌颂朋友间的信义，谴责背信弃义的行为。《初刻拍案惊奇》《二刻拍案惊奇》合称“二拍”，各四十卷，基本是凌濛初个人独立创作的，它的问世标志着中国短篇小说的创作进入一个新的阶段。“二拍”所反映的思想特征与“三言”大致相同，艺术水平也不相上下，故在文学史上一般都以两书并称。“三言”“二拍”代表了中国古代白话短篇小说的最高成就，反映出当时市民阶层的思想、生活和情趣。

清代无论是文言小说还是白话小说在这个时期均异军突起，把中国古代小说发展推向了高峰。清初至乾隆时期的小说成果丰硕，文言小说有蒲松龄的《聊斋志异》，白话小说有吴敬梓的《儒林外史》和曹雪芹的《红楼梦》，这些代表作取得了前所未有的成就。

《聊斋志异》创造性地继承了魏晋志怪小说、唐传奇的优良传统，既反映了丰富的社会生活，又有很高的艺术造诣，成为我国短篇文言小说之最。《聊斋志异》是一部短篇集，其故事情节曲折离奇，结构布局严谨巧妙。作品采用谈狐说鬼的手法，对当时社会的腐败、黑暗进行了批判，揭露了种种丑恶，表达了人民的愿望。《儒林外史》是一部杰出的现实主义长篇体讽刺小说，作品运用含蓄、婉转的手法对科举制度进行辛辣的讽刺和嘲弄。吴敬梓生活在一个科举制度臻于末流的时代，当时八股取士制度使文人们醉心举业，八股之外，百不经意，造就了"儒林群丑"，作者对其进行了深刻的揭露和抨击。《红楼梦》是中国现实主义文学的典范之作，以贾宝玉与林黛玉、薛宝钗的爱情与婚姻悲剧为主要线索，描写了贾氏家族由盛而衰的历史，反映了中国专制礼教社会必将走向灭亡的过程。《红楼梦》是中国传统文化的瑰宝，将白话小说的创作推向顶峰，是世界文学宝库中的奇葩，被译成多国文字，广为流传。

晚清出现了"四大谴责小说"，即李宝嘉（李伯元）的《官场现形记》、吴沃尧（吴趼人）的《二十年目睹之怪现状》、刘鹗的《老残游记》和曾朴的《孽海花》。1840 年鸦片战争的爆发，使得中国社会性质发生了根本性的变化，但小说的创作却未立即反映这种变化。一直到 1894 年中日甲午战争，这时期出现的一些公案侠义小说仍旧反映着古代小说的面貌。因此，1895—1911 年这一时期才算是真正意义上的近代小说时期，这时古代小说终结，演进为近代小说。

二、殊途同归的戏剧

（一）中国戏剧的源流

中国的戏剧与希腊悲喜剧、印度梵剧并称为世界三大古老的戏剧文化。中国戏剧从萌芽到成熟，经历了漫长而复杂的历史过程，它不断地丰富、更新与完善，在发展中逐渐形成了精湛的中华戏剧体系。

中国传统戏剧起源于模仿原始劳动的歌舞。中国第一部诗歌总集《诗经》中的《颂》部分与《楚辞》中的《九歌》部分，都包含了以祭祀为目的的歌舞和歌舞剧的成分。戏剧真正登上文学舞台是自宋代开始，当时泛称杂剧。

宋代的杂剧表演已经具有了相当完整的故事情节和用第一人称为陈述口吻的角色表演形式。但宋杂剧仅处于起步阶段，多流行于民间。当时在南方盛行的戏剧形式称为南戏，是中国戏剧最早的表现形式，它形成于南宋与北宋之交的浙江温州（古称永嘉）一带的民间。它是在宋杂剧的基础上，融和南方民间小曲、说唱等艺术因素形成的。南戏以体制庞大、曲词通俗质朴为特点，初具戏剧的基本艺术特征，剧目多表现民间故事。金院本出现在北宋灭亡后，它与杂剧有继承关系，其故事性更加丰富。宋金时期还盛行说唱艺术，如诸宫调，它是一种用不同宫调的曲牌联套演唱的艺术形式，对元杂剧剧本的结构、刻画人物的方法和表演程式的特点等都产生了直接的影响。

元代，是中国戏剧发展的重要时期。元曲与唐诗、宋词并立在中国古代文学的舞台，成为其中不可或缺的元素。元曲主要分为杂剧和南戏两大类。元杂剧代表了元代的最高文学成就。元杂剧是在诸宫调和金院本基础上发展起来的成熟的戏剧形式，它有完整的艺术形态，剧本主要由唱曲、宾白和表演三部分组成。在体制上，元杂剧以折为单位，每本多由四折构成，依次写故事的开端、发展、高潮和结局。有的还有“楔子”，位置在折前或两折之间，用来介绍人物、情节等。四折一楔子的结构形式是元杂剧的显著特色之一。元杂剧对音乐也有严格的规定，一折戏只用一套曲子，由同一宫调的不同曲子组成。元杂剧用北曲演唱，乐器主要使用琵琶等弦乐，风格豪放激越。元杂剧角色分为末、旦、净，一本戏只由一人主唱，剧中用“科”来规定动作表情或指示舞台效果。元杂剧创作当时风靡全国，涌现出一批卓著的戏剧作家和演员，剧本成千上万，形成了繁荣的景象。剧目类型各具特色，有正剧、悲剧、喜剧、悲喜剧，题材广泛，内容丰富，多反映历史与现实生活。元代出现了王实甫以及“元曲四大家”（关汉卿、郑光祖、白朴、马致远）等优秀剧作家。关汉卿的《窦娥冤》、马致远的《汉宫秋》、白朴的《梧桐雨》、郑光祖的《倩女离魂》、纪君祥的《赵氏孤儿》这些都是脍炙人口的佳作。伟大的戏剧家王实甫创作了被称为“天下夺魁”的《西厢记》，成为元代戏剧最高成就的代表。元代南戏的体制与杂剧大为不同，称为“出”，一部戏往往有几十出，规模宏大，故事曲折。音乐一般用南方的音乐，但在后期也吸收北方的音乐成分。采用独唱、对唱、合唱、轮唱等不同的演唱方式，从而表现各种复杂的情景和感情。因此，南戏多讲述家庭和爱情故事，较少历史、公案之作。著名的南戏剧目有元末明初的“四大古戏”——《荆钗记》《白兔记》《拜月亭记》《杀狗记》。这些优秀作品对后世的戏剧创作产生了深刻影响。

明清时期是中国戏剧的繁盛期。受南戏影响，明杂剧打破了元杂剧四折一楔子的体制，多可有八九折，少可有一折，并且在以一折短剧抒写情怀方面还取得了独特的成就。明杂剧虽然在继承元杂剧艺术成就的基础上有了新的发展与创造，但在思想、艺术和演出上脱离现实，渐趋衰落。这时，出现了一种新的戏剧形式——传奇。传奇汇集了南戏和元杂剧的精华，成为明中叶之后主要的戏剧形式。高明的《琵琶记》就是一部由南戏向传奇过渡的作品。传奇创作的黄金时期是在明朝万历年以后，涌现出了诸多传世佳作，其中成就最大的是汤显祖。汤显祖的“临川四梦”是明代最伟大的戏剧作品，包括《紫钗记》《牡丹亭》《邯郸记》《南柯记》。《牡丹亭》是其代表作，作品通过杜丽娘和柳梦梅生死离合的故事，歌颂了反对封建礼教、追求幸福爱情的反抗精神。这个剧作深受读者和观众的喜爱，直到今天，“闺塾”“惊梦”等片断还活跃在戏剧表演的舞台上。由于对戏剧文学、音乐的理解不同，明代剧坛出现了不同的派别，如昆山派、临川派和吴江派等，著名剧作家有李开先、张风翼、吕天成、冯梦龙等。

清代传奇剧情节处理更为紧凑，人物刻画更为细腻，角色分工更为细致。清初出现了轰动剧坛的“南洪（升）”“北孔（尚任）”两位巨星，他们的代表作《长生殿》和《桃花扇》被称为清代戏剧的“双壁”。清代是中国戏剧的转型期，戏剧在民间快速发展和广泛传播，体现出民间化与通俗化的特点。地方戏蓬勃兴起，在声腔方面主要有高腔、梆子腔、弦索腔、皮簧腔四大系统。还有一些地方小戏，如山西晋中秧歌、东北二人转、河北落子、南方花鼓戏、江西采茶戏等。清代中期，传奇衍生出许多地方流派，著名的有微调、汉戏、昆曲、秦腔等，这些剧种又相互融合，取长补短，终于在 19 世纪中叶诞生了中国的国粹——京剧。京剧是中华文化国粹之一，它的行当全面、表演成熟、气势宏美，成为中国戏剧的代表，已列入“人类非物质文化遗产代表作名录”。

（二）古代戏剧的特色

在长期的发展过程中，我国古代戏剧形成了自己的特色。这些特色凝聚着中国传统文化的美学思想精髓，构成了独具魅力的戏剧观，使中国戏剧在世界戏剧文化中闪耀着独特的艺术光辉。

1. 综合性

中国古代戏曲是高度综合的民族艺术。这种综合性不仅表现在它融会各个艺术门类（诸如舞蹈、杂技等），还体现在它精湛深厚的表演艺术上。各种不同的艺术因素与表演艺术紧密结合，通过演员的表演实现戏剧的全部功能。中国戏剧以唱、念、做、打的综合表演为中心。唱，指唱腔技法；念，即朗诵技法；做，指做功，是身段和表情技法；打，指表演中的武打动作。这四种表演技法相互衔接，相互交叉，构成方式视剧情需要而定，但都统一为整体。中国戏剧充分调动了各种艺术手段的感染力，把曲词、音乐、美术、表演统驭在一个戏里，体现出和谐之美，形成中国独有的节奏鲜明的表演艺术。

2. 程式性

程式是戏剧反映生活的表现形式，它是指对生活动作的规范化、舞蹈化表演并被重复使用。程式直接或间接来源于生活，但它又是按照一定的规范对生活进行提炼、概括、美化而形成的。此中凝聚着古往今来艺术家们的心血，它又成为新一代演员进行艺术再创造的起点，因而戏剧表演艺术才得以代代相传。戏剧从表演方式、剧本形式、角色行当、音乐唱腔、化妆服装等各个方面都有一定的程式。如角色行当，生、旦、净、丑为四大基本分行，每一行都有其特有的性格、道德品行和唱腔、念白的规定。戏剧表演对脸谱、穿戴、唱法等都有严格的规定。不同的剧种有不同的脸谱勾法，并用不同的基调象征人物的性格与品行。红色表示忠烈正义，黑色表示鲁莽豪爽，白色表示阴险狡诈，紫色表示刚正稳练，金色表示神佛等。当然，程式并不是一成不变的，优秀的艺术家能够突破程式的某些局限，创造出更具个性化的规范艺术。

3. 虚拟性

虚拟是戏剧反映生活的基本手法。它是指以演员的表演，用一种变形的方式来比拟现实环境的对象，借以表现生活。中国戏剧的虚拟性首先表现为对舞台时间和空间处理的灵活性方面，所谓“三五步行遍天下，六七人百万雄兵”“顷刻阅千秋事业，方文地万里江山”“眨眼间数年光阴，寸炷香千秋万代”，突破了西方戏剧的“三一律”局限。其次是在具体的舞台气氛调度和演员对某些生活动作的模拟方面，诸如刮风下雨、船行马步、穿针引线等等，更集中、鲜明地体现出戏剧虚拟性特色。中国戏剧的虚拟性，既是戏剧舞台简陋、舞美技术落后的局限性带来的结果，也是追求神似、以形写神的民族传统美学思想积淀的产物。它是一种美的创造，极大地解放了作家、舞台艺术家的创造力和观众的艺术想象力，从而使戏剧的审美价值获得极大的提高。

4. 抒情性

中国古代戏剧不在于表现动作的冲突，而是以内心冲突的抒情为重点。感情充沛处就用歌唱，即使在双方的对白中，也常插入抒发内心的独白，因此具有较强的抒情性。西方戏剧则更多地表现人物面对面的冲突，具有较强的动作性。此外，中国古代戏剧是从诗歌发展变化而来，因此它本身就包含着较强的抒情性。这种抒情性不是作为某一种抒情成分，而是渗透于题材的选择、情节的安排、性格的刻画、语言的锤炼以及演员表演、唱腔伴奏、舞台美术等剧曲的一切构成因素、构成部分之中的。抒情性是中国古代戏剧独有的美学特征。

5. 主观性

中国古代戏剧往往直接表达作者的思想倾向和强烈感情，直接对剧中人物进行褒贬。而西方戏剧则力求将思想倾向从情节和场面中自然地流露出来，对人物仅做客观的描绘。中国古代戏剧的这种主观性，与东方文化重主观表现有关，也与中国民间观众看戏时的爱憎倾向有关。观众的直接干预使戏剧必须态度鲜明、是非清楚。

第五节 古代散文

散文与诗歌在中国古代文学史上占据着同等重要的地位，为中国古代文学的发展提供了丰富多样的原料给养，可以说二者是中国古代文学不可偏废的起源。

随着历史的发展，中国古代散文呈现出了不同的时代风貌：先秦诸子、两汉文章、魏晋清峻通脱之文、唐宋古文、晚明小品文、清代为古典散文的最后终结。

一、古代散文的发展脉络

（一）先秦诸子与史家之文

先秦时期主要指秦始皇统一中国以前的夏、商、周、战国时期。先秦散文主要分为历史散文与诸子散文。历史散文是历史著作，诸子散文是政治哲学著作。

春秋战国时期，铁器与牛耕的使用，极大地促进了生产力的发展，随之而来的文化繁荣与政治变革，都为文学的进一步发展提供了优渥条件。为了进一步适应社会发展的需要，散文作为记事、论争、著述的工具，得到广泛运用，产生了飞跃。这一时期，产生了以《国语》《左转》《战国策》为代表的史家之文和以《庄子》《孟子》《荀子》《韩非子》为代表的诸子之文。

1. 古代史家记事本源——史家之文

先秦历史散文出自史官之手，所谓“左史记言，右史记事”。此类散文主要记载各国政治、军事、外交等事件以及统治者、谋臣策士言论等等。史家之文的发展约可分为三个时期。初期的历史散文，以《尚书》和《春秋》为代表。《尚书》是我国最早的历史散文集；《春秋》是我国第一部编年史。第二阶段的历史散文，则是以编年史《左传》和国别史《国语》为代表，全面而具体地反映了当时的政治、经济、军事、外交等社会面貌。第三阶段的代表著作是《战国策》，标志着历史散文的发展达到了新的高峰。

《尚书》，是中国第一部历史文献汇编。尚即“上”，乃表上古之意。书即历史“记载”之意。由此，“尚书”可解读为“上古的史书”。《尚书》记事范围从原始社会末期开始，涵盖夏、商、周上古三代，时间跨度极大，内容覆盖面极广。自汉代以来，《尚书》有今古文之分。我们现在研究的《尚书》限于今文《尚书》二十八篇。今文《尚书》包括《虞书》《夏书》《商书》《周书》四部分。《尚书》中已出现了记叙、描写、议论、抒情等文学表达手法，是我国第一部散文集。该书的文诰皆独立成篇，结构相对完整，文字佶屈聱牙，对先秦历史叙事散文的发展有直接影响。而其中“典、谟、训、诰、誓、命之文”的文体对后世官方文告也产生了一定影响。

《汉书·艺文志》有言：“古之王者，世有史官，君举必书，所以慎言行、昭法式也。左史记言，右史记事；事为《春秋》，言为《尚书》。帝王靡不同之。”

《春秋》是我国现存的第一部编年体断代简史，是继《尚书》之后出现的一部以记事为主的史料汇编。《春秋》以时间为脉络，记述了从鲁隐公元年（公元前722年）到鲁哀公十四年（公元前481年）共242年内的重大历史事件。《春秋》是孔子依据鲁国不同历史阶段的史官所编撰的鲁史进行修订而成的史书。《春秋》较为真实地反映了当时的社会现实，以鲁国为主体，兼及其他诸侯国。《春秋》长于叙事，尤其是描写战争，较《尚书》成熟很多。

《国语》是我国最早的一部国别体史书，是《春秋》之后的一部重要著作。《国语》主要来源于各国史官的记述，分别记载了周、鲁、齐、晋、郑、楚、吴、越八国的史实，因其以记言为主，故称《国语》。《国语》包含了许多政治经验的总结，其思想倾向略近于《左传》，只是不像《左传》那样鲜明突出。《周语·召公谏弭谤》一篇，记周厉王以肆意残杀为消弭不满言论的良方，使“国人不敢言，道路以目”，结果被民众驱逐至流亡。文中提及的“防民之口，甚于防川”的道理，微言大义，发人深省。

《左传》是我国第一部记事翔实完整的编年体史书，也是优秀的散文典范，标志着史家之文发展到了新的阶段。《左传》是《春秋左氏传》的简称。与汉初编订的《春秋公羊传》《春秋穀梁传》合称为“春秋三传”。《左传》记述了周王室的衰落及诸侯争霸的社会变迁，上起自鲁隐公元年（前722年），下止于鲁悼公十四年（前453年）。《左传》最为突出的成就是长于叙事，它把《春秋》中过于简短的记事发展成为完整的叙事散文。其在描写战争与刻画人物方面，皆体现了高超的叙事技巧。全书记载战争480多次，详略有致，并在激烈的军事斗争中生动地刻画人物，郑庄公、重耳、曹刿等历史人物栩栩如生，宛在眼前。其中《烛之武退秦师》《曹刿论战》《秦晋殽之战》皆为名扬后世的佳作。《左传》被誉为先秦散文的“叙事之最”，标志着叙事散文的成熟。

《战国策》记事上承《春秋》，下讫楚汉，记载了战国时代一些重要历史史实与游说谈资。该书以战国时秦、齐、楚、赵等列国为经线，以历史事件为纬线而展开，是继《国语》之后的又一部国别体史书。随着士阶层的崛起，以“献智”之方式来建功立业的策士们开始游说于各国之间，《战国策》就生动形象地记载了战国策士们的言行。所编辑的文章十分鲜明地表现出策士的性格与心态，人物形象被刻画得极具典型性。善用比喻、巧用寓言、博引史事是该书生动形象的重要辅助手法，如“狐假虎威”“鹬蚌相争”“南辕北辙”等皆已成为成语流传至今。《战国策》中的名篇《冯谖客孟尝君》《邹忌讽齐王纳谏》《苏秦以连横说秦》皆是优秀历史散文的代表。《战国策》是一部优秀的散文集，标志着史家之文又攀登到新的高峰。

2. 古代传统思想栖居——诸子散文

春秋战国时期，诸侯争霸，社会变革。相对宽松的思想环境与学术氛围为不同阶级的思想家们提供了有利的历史舞台。学术的不断扩散推动了私学的发展，学在官府的局面被打破。这一时期，私人之学兴起，私家著作也相继出现。战国之时，百家争鸣，诸子斗艳，思想学术达到了空前繁荣。

孔子（前551—前479），名丘，自仲尼，山东陬邑（今山东曲阜）人。其先世为宋国贵族，后因变乱迁鲁。孔子曾任鲁国司寇，但后遭遇仕途失意而开始周游宋、卫、陈等国，却也四处碰壁，后返鲁，专注于教学和著述。孔子授徒众多，“弟子盖三千焉，身通六艺者七十有二人”①。

《论语》是记述孔子及其弟子言谈举止的典籍，是一部语录体散文集。现通行的《论语》共二十篇。《论语》一书反映了孔子以“礼”与“仁”为核心的思想主张。“颜渊问仁。子曰：克己复礼，为仁。一日克己复礼，天下归仁焉。为仁由己，而由人乎哉？颜渊曰：请问其目。子曰：非礼勿视，非礼勿听，非礼勿言，非礼勿动。颜渊曰：回虽不敏，请事斯语矣。”（《论语・颜渊》）“礼”与“仁”皆为孔子思想的承载，“仁”为目的，“礼”为方法。

《论语》的语言特点可概括为言简意赅，含蓄隽永。其中的一些议政论道之语——“朝闻道，夕死可矣”（《论语・里仁》）、“岁寒，然后知松柏之后凋也”（《论语・子罕》）等皆溢于文辞。

孔子是中国历史上第一位伟大的教育家。《论语》里还有许多记述孔子教育思想的言论。孔子主张“有教无类”，曾道：“自行束修以上，吾未尝无诲焉。”（《论语・述而》）在对不同学生进行教导的时候，孔子主张要因材施教：“子路问：‘闻斯行诸？’子曰：‘有父兄在，如之何其闻斯行之？’冉有问：‘闻斯行诸？’子曰：‘闻斯行之。’公西华曰：‘由也问“闻斯行诸？”子曰：“有父兄在。”求也问：“闻斯行诸？”子曰：“闻斯行之。”赤也惑，敢问。’子曰：‘求也退，故进之；由也兼人，故退之。’”（《论语・先进》）孔

① 司马迁撰. 史记・卷四十七・孔子世家第十七［M］. 北京：中华书局，2009.

子还强调“知之为知之，不知为不知”“学而不思则罔，思而不学则殆”（《论语·为政》）。在教学方法上，孔子提倡启发式教学：“不愤不启，不悱不发，举一隅，不以三隅反，则不复也。”（《论语·述而》）

《论语》作为语录体散文，旨在记言，通俗浅显，其在对话中说理的形式直接影响了先秦说理文的体制。

墨子名翟，生平事迹不详，生于孔子之后。《墨子》一书非一人一时之作，亦非墨子自撰，它是一部记录了墨子及墨家各学派学说的著作，由墨子弟子及其后学记录、整理、汇编而成。

墨子在政治上提出了“兼爱”“非攻”“尚贤”“尚同”“节用”“节葬”“非乐”等主张。“兼以易别”是他的政治思想，“非攻”是其具体行动纲领。他主张“兼相爱，交相利”，认为遵循这一原则，就不会再有强凌弱、贵傲贱、智诈愚的现象了。墨子主张任人唯贤，讲求选拔人才必须以贤能作为标准，认为只有通过这样的方式才能真正选出国家之栋梁。

墨子也是中国古代逻辑思想的重要开拓者之一。在《墨子》一书中，他比较自觉地、大量地运用了逻辑推论的方法，以建立或论证自己的政治、伦理思想。墨子最早提出名实必须相符的思想。他还在中国逻辑史上第一次提出了辩、类、故等逻辑概念，是中国古代逻辑思想的重要开拓者之一。

老子与庄子是先秦道家的代表人物。《老子》与《庄子》是道家的主要代表作。

据《史记·老子列传》，老子名李耳，字聃，生卒不详，春秋晚期楚国人。《老子》相传为老子所著。《老子》一书五千字，文约而意丰。今存《老子》共八十一章，上篇三十七章，称为《道经》，下篇四十四章，称《德经》，故《老子》又称《道德经》。

《老子》阐释了深邃的哲学思想，谈玄论道。其中以“道”为核心。“道，可道，非常道。名，可名，非常名。”（《首章》）道，即为规律，是世间万物存在与变化的依据。

老子的学说带有辩证法的思想。在谈论福祸的相互关系时，老子提出：“祸兮，福之所倚，福兮，祸之所伏。”（《章五十八》）。在说到刚柔的关系时，老子有云：“天下莫柔弱于水，而攻坚强者莫之能胜，其无以易之。弱之胜强，柔之胜刚，天下莫不知，莫能行。是以圣人云，受国之垢是谓社稷主。受国不祥是为天下王。正言若反。”（《章七十八》）老子主张以天道自然、无为而治的方法治世。

《老子》一书以韵文为主，韵散结合的形式，是先秦说理文的另一形态，它和《论语》都以注重情感和形象性，奠定了先秦说理散文的基本特征。

庄子（公元前369年—公元前286年），名周，战国时宋国蒙人。《庄子》一书，原有五十二篇，现存三十三篇，《内篇》七篇，《外篇》十五篇，《杂篇》十一篇。一般认为《内篇》为庄子所作，《外篇》《杂篇》则为其门人后学所著。《庄子》虽是一部哲学著作，其中许多篇章看似围绕论题展开，但众多篇章已开始以构思奇妙的寓言结构成文，并且在论述中，形象情感与逻辑思辨结合在一起，可算作抒情性说理文，标志着先秦散文已逐步摆脱语录体的形式。

诸子散文中，《庄子》的文学色彩最为浓郁。其充满神奇诡谲的想象，汪洋肆意的夸张，跌宕有致，气势磅礴，极具浪漫主义色彩，是先秦诸子散文中成就最高的作品。《庄子》善于以具体形象的比喻和故事来说明和暗示哲理，例如名篇《逍遥游》，以高飞万里的大鹏形象，寄寓了作者自身不愿禁锢于功名利禄的束缚，想要追求绝对自由的人生理想。

孟子、荀子是孔子之后的儒家思想发展与继承者。《孟子》《荀子》二书则是《论语》之外的重要儒家著作。其中《孟子》与《论语》《大学》《中庸》合称为《四书》。

孟子（约前372年—前289年），名轲。《孟子》的思想主体是伦理政治学说，其理论基础是性善论。孟子认为，人都有恻隐之心、羞恶之心、恭敬之心、是非之心，这四心就是人类的文化规范——仁、义、礼、智的萌芽和根本。孟子反对兼并战争，但他却赞同反抗暴政、救民水火的统一战争。针对当时诸侯都想一统天下的心理，孟子指出，实行“仁政”，就可以得到人民的拥护，因而必定能够一统天下，即“仁者无敌”。孟子的“仁政”学说，包含了对人民的重视，即民本思想，也就是说把人民看作国家政治的根本。民本思想是孟子学说中最光辉的组成部分，是对我国古代人道主义思想的总结和提高，虽然这种思想与现代思想尚有差异，但仍然值得我们借鉴。

荀子名况，战国末期赵国人。《荀子》的文章论题鲜明，结构严谨，说理透彻，有很强的逻辑性。语言丰富多彩，善于比喻，排比偶句很多，有他特有的风格，对后世说理文章有一定影响。《荀子》中的五篇短赋，开创了以赋为名的文学体裁；他采用当时民歌形式写的《成相篇》，文字通俗易懂，运用说唱形式来表达自己的政治、学术思想，对后世也有一定影响。

荀子的思想偏向经验以及人事方面，是从社会脉络方面出发，重视社会秩序，反对神秘主义的思想，重视人为的努力。孔子的中心思想为“仁”，孟子的中心思想为“义”，荀子继二人之后提出“礼”，重视社会上人们行为的规范。

（二）汉代论说、史传散文与辞赋

古人云：唐诗宋词汉文章。继先秦之后，汉代散文进入又一个新的发展阶段。古人所谓“汉文章”包括了政论史论文、历史传记、辞赋三个类别的文学体裁。

1. 解析治世得失——政论散文

汉代政论文是在先秦散文的基础上的继续发展，往往是就某一件事具体而发的，多采用奏疏等形式，总结前代兴亡的教训，为统治者提供经验与借鉴，出谋划策，针对性强，史论兼具政论。其中贾谊的《过秦论》最具代表性：

“及至始皇，奋六世之余烈，振长策而御宇内，吞二周而亡诸侯，履至尊而制六合，执敲扑而鞭笞天下，威震四海。南取百越之地，以为桂林、象郡；百越之君，俯首系颈，委命下吏。乃使蒙恬北筑长城而守藩篱，却匈奴七百余里。胡人不敢南下而牧马，士不敢弯弓而报怨。于是废先王之道，焚百家之言，以愚黔首；隳名城，杀豪杰，收天下之兵，聚之咸阳，销锋镝，铸以为金人十二，以弱天下之民。然后践华为城，因河为池，据亿丈之城，临不测之渊，以为固。良将劲弩守要害之处，信臣精卒陈利兵而谁何。天下已定，始皇之心，自以为关中之固，金城千里，子孙帝王万世之业也。”（《过秦论》节选）

2. 再现历史原貌——历史传记

司马迁（公元前145？—前87？），字子长，阳夏人（今陕西省韩城县）。司马氏世掌太史之职。其父司马谈，热爱天文、熟知史事、通晓诸子学术，武帝时为太史令。司马迁幼承父训，少而好学，20岁起游历全国；27岁任郎中，38岁继任太史令。天汉二年（前99年），司马迁为了替投降匈奴的李陵辩解，触怒武帝，惨遭下狱，被处腐刑。太始元年（前96年）被赦，出任中书令。他忍辱负重，发愤著书，征和初年（前92年）左右，基本完成这部巨作，不久即去世。

《史记》是我国第一部纪传体通史，记载上至黄帝，下至汉武帝的涵盖三千多年的兴衰沿革。全书一百三十篇，五十二万余字，由十二本纪、十表、八书、三十世家、七十列传组成。十二本纪，按帝王顺序和年代记述政治上的重大事件和帝王本人的事迹；十表，把错综复杂的史实用简明的表格列出来；八书，分别记载礼乐、经济、天文、地理等各方面的情况；三十世家，主要记载诸侯、王的史实；七十列传，主要记载官吏、名人以及一部分下层社会人物。

司马迁在著述《史记》的过程中，坚持以实录为创作原则。班固在《汉书·司马迁传赞》中，评述《史记》时说："其文直，其事核，不虚美，不隐恶，故谓之实录。"司马迁坚持写真人真事，在真实的基础上选择事件、组织材料、安排情节。抒发真实情感，表述真实初衷。如《报任安书》一篇，悲慨淋漓，表达了为学术殉身的坚定信念。

"古者富贵而名摩灭，不可胜记，唯倜傥非常之人称焉。盖文王拘而演《周易》；仲尼厄而作《春秋》；屈原放逐，乃赋《离骚》；左丘失明，厥有《国语》；孙子膑脚，《兵法》修列；不韦迁蜀，世传《吕览》；韩非囚秦，《说难》《孤愤》；《诗》三百篇，大抵圣贤发愤之所为作也。此人皆意有所郁结，不得通其道，故述往事，思来者。乃如左丘无目，孙子断足，终不可用，退而论书策以舒其愤，思垂空文以自见。"（《报任安书》节选）

司马迁的实录精神对后世的史学产生过巨大影响。后世的许多史学著作，例如二十四史等，不仅在体例上受到了《史记》的影响，在创作态度上也深受实录精神的影响。

班固（公元 32—92 年），字孟坚，扶风安陵（今陕西咸阳县东北）人。青年时在太学读书，学问渊博。其父班彪续补《史记》而作《后传》，彪卒后，班固进一步收集资料，续写父书。后有人告其私改国史，因而入狱。其弟班超求见明帝，说明原委，明帝见其原稿，甚为欣赏，因而得以释放，任兰台令史。后升为郎，并奉诏撰写《汉书》。后大将军窦宪出征匈奴，命班以为中护军，随同出征。永元四年（公元 92 年），和帝因窦宪企图谋反，迫令其自杀，班固也因此免官。同年，班固死于狱中。其时，《汉书》尚未全部写完，后由其妹班昭和马续相继完成。

《汉书》记事，起于汉高祖，止于王莽末年。共一百卷，计数十二本纪、八表、十志、七十列传。全书只写西汉一代，是我国最早的纪传体断代史，开了后世断代史之先河。

3. 敷陈其事而直言之——辞赋

赋是汉代新兴的文学样式。其既如诗歌又如散文的体制，在古代各类文体中最为特殊。辞赋产生的渊源可以追溯到先秦时期的楚辞、《诗经》和先秦诸子散文。赋至汉代，蔚为大观。在汉人习用的概念中，赋或辞赋，是包括了散体赋、骚体赋、四言赋在内的赋体的总称。

单独言辞，大多则指骚体赋。骚体赋在体制上极力模仿楚辞体，以赋名篇。楚辞体作品的创作在汉代没有新的发展，许多作品都是有意模仿屈原《离骚》《九章》等，承袭了楚辞体的形式，这一类作品被称为骚体赋。但骚体赋不同于楚辞，已经被散文化了，是楚辞演变为汉大赋的过渡形式。其代表作品有贾谊的《吊屈原赋》、司马相如的《长门赋》。骚体赋源于《楚辞》

诗体辞赋，待及六朝，其句式趋于四六，注重对偶与辞藻，又讲究声律，便成为骈赋。到了唐朝，限韵限字，骈赋就演变为律赋。汉初六十年是骚体赋的时代。

西汉武帝时期，散体赋蓬勃发展。散体赋以主客问答的形式，“铺陈摛文，体物写志”。其近于散文而远于诗歌，句式参差，不重韵律。散体赋的创作以体物写貌为主，擅长铺陈摛文，以才力取胜，承担着“润色鸿业”、显示帝王声威的任务，如司马相如的《子虚赋》《上林赋》、班固的《两都赋》为其代表。因其篇幅较长，规模宏大，故又称为散体大赋。散体大赋是汉赋的主干，所以散体大赋可直接称为汉赋。枚乘《七发》曰：“说七事以启发太子。”全篇皆为散文，辞藻丰富，多用比喻与叠字，以叙事写物为主，是一篇完整的新体赋，标志着汉赋体制的正式确立。

辞赋在两千多年的历史演变过程中，对中国文学的发展贡献是巨大的。尤其是在战国末至魏晋文人五言诗开始繁荣的这段长达五六百年的时间内，辞赋始终是文坛的主角，承担着延续、促进和繁荣文学创作的重任，影响深远。古代文学的所有式样包括诗歌、散文、小说、戏剧都不同程度地受到辞赋的启发和滋润。

（三）魏晋清峻通脱之文

魏晋南北朝掀起了中国古典文学又一个创作高潮，这一时期的古典散文饱含极富个性的文学创作。题材丰腴，酣畅抒情，山水景物成为新的审美对象，文风呈现出清峻通脱之感。曹丕的《与吴质书》、嵇康的《与山巨源绝交书》、阮籍的《大人先生传》都是其中的代表之作。

东晋初年王羲之的《兰亭集序》以骈散结合的韵味、俯仰古今的视角，尽显雅逸爽朗之感。

“永和九年，岁在癸丑，暮春之初，会于会稽山阴之兰亭，修禊事也。群贤毕至，少长咸集。此地有崇山峻岭，茂林修竹；又有清流激湍，映带左右，引以为流觞曲水，列坐其次。虽无丝竹管弦之盛，一觞一咏，亦足以畅叙幽情。是日也，天朗气清，惠风和畅，仰观宇宙之大，俯察品类之盛，所以游目骋怀，足以极视听之娱，信可乐也。夫人之相与，俯仰一世，或取诸怀抱，悟言一室之内；或因寄所托，放浪形骸之外。虽取舍万殊，静躁不同，当其欣于所遇，暂得于己，快然自足，不知老之将至。及其所之既倦，情随事迁，感慨系之矣。向之所欣，俯仰之间，已为陈迹，犹不能不以之兴怀。况修短随化，终期于尽。古人云：“死生亦大矣。”岂不痛哉！每览昔人兴感之由，若合一契，未尝不临文嗟悼，不能喻之于怀。固知一死生为虚诞，齐彭殇为妄作。后之视今，亦犹今之视昔。悲夫！故列叙时人，录其所述，虽世殊事异，所以兴怀，其致一也。后之览者，亦将有感于斯文。”

东晋末年的陶渊明发展继承了王羲之的文风。《桃花源记》《五柳先生传》皆是历代名篇。《桃花源记》夹叙夹议，在飘逸的语言风格中建构了一个理想的世外桃源，遗世独立，寄托了作者对于淳朴宁静的精神追求。《五柳先生传》则是陶渊明的自传散文，宣示出其不慕荣利、率真自然的心理格局。

（四）唐宋古文

1. 唐代：运散入骈的开端

唐代散文主要有骈文、“古文”两类。唐初，骈文仍很流行，人们将骈文称为“今文”“时文”，将继承了先秦两汉文风的散文统称为“古文”。唐初骈体大家首推“初唐四杰”——王勃、杨炯、卢照邻、骆宾王。其中王勃的《滕王阁序》更是其中的代表之作：

“豫章故郡，洪都新府。星分翼轸，地接衡庐。襟三江而带五湖，控蛮荆而引瓯越。物华天宝，龙光射牛斗之墟；人杰地灵，徐孺下陈蕃之榻。雄州雾列，俊采星驰。台隍枕夷夏之交，宾主尽东南之美。都督阎公之雅望，棨戟遥临；宇文新州之懿范，襜帷暂驻。十旬休假，胜友如云；千里逢迎，高朋满座。腾蛟起凤，孟学士之词宗；紫电青霜，王将军之武库。家君作宰，路出名区；童子何知，躬逢胜饯。”（《滕王阁序》节选）

到了中唐时期，韩愈、柳宗元等人发起了“古文运动”。他们以“文以明道”为主张，在理论上批评齐梁时期“彩丽竞繁”的文风，提倡文章要有深厚的思想内容，要有刚健的风骨，并且在各自的文学创作实践中坚持这一思想。

2. 宋代：古文运动的高潮

晚唐、五代时期骈俪文风再次流行，宋代文学家也面临着与初唐文学家相似的局面。一些作家沿着古文运动的遗风继续前进，并取得了辉煌成就，形成了“唐宋八大家”——韩愈、柳宗元、欧阳修、曾巩、王安石、苏洵、苏轼、苏辙。

韩愈（768—824），字退之，河南河阳（今孟县）人。韩愈是古文运动的旗手，是奇崛险怪诗派的开创者。韩愈是继司马迁之后，成就最卓著的散文作家。他提出了文以明道、不平则鸣、学古创新、提高学养等创作主张。韩愈的散文，内容丰富，大致可分为论说文、记叙文、抒情文。

宋代的古文运动以欧阳修的出现为标志。欧阳修（1007—1072），字永叔，号醉翁、六一居士，庐陵（今江西吉安）人。在文道关系上，欧阳修继承了韩愈的观点，重申道对文的重要作用。在散文革新方面，他主张“平易自然”，“平易自然”遂成为宋代散文的一大特点。这一主张在其写景抒情文中得到了极大的体现。例如其代表作《醉翁亭记》（节选）：

“环滁皆山也。其西南诸峰，林壑尤美。望之蔚然而深秀者，琅琊也。山行六七里，渐闻水声潺潺而泻出于两峰之间者，酿泉也。峰回路转，有亭翼然临于泉上者，醉翁亭也。作亭者谁？山之僧智仙也。名之者谁？太守自谓也。太守与客来饮于此，饮少辄醉，而年又最高，故自号曰醉翁也。醉翁之意不在酒，在乎山水之间也。山水之乐，得之心而寓之酒也。”

王安石（1021—1086），字介甫，号半山，临川（江西省抚州市）人。在仕途上，神宗时以知制诰知江宁府，召为翰林学士侍讲，后擢升参知政事，前后两度为相。在其执政期间，积极推行农田水利、青苗、均输、保甲、免投、市易、保马、方田等新法，缓和阶级矛盾，发展生产，使国家臻于富强。由于保守派的反对，成效不大。晚年退居金陵，封荆国公，世称王荆公。在文学上，王安石散文的题材内容多集中在议论上。他主张文章应“有补于世”，重视文章的社会意义。其散文见地深刻，布局严谨，辩理深透，笔力雄健。散文代表作有《答司马谏议书》。

苏轼把宋代的古文运动推向了高潮。苏轼（1036—1101），字子瞻，眉州眉山（今四川眉山）人。苏轼的散文集前人之大成并加以发展，长于抒情与议论。苏轼之文，有超凡入化的情韵，有真率深挚的情感，兼有创新出奇的锐气与错综变化的美感，这些构成了苏轼散文独特的气质。其代表作品有《留侯论》、前后《赤壁赋》等。

“苏子曰：‘客亦知夫水与月乎？逝者如斯，而未尝往也；盈虚者如彼，而卒莫消长也。盖将自其变者而观之，则天地曾不能以一瞬；自其不变者而观之，则物与我皆无尽也，而又何羡乎！且夫天地之间，物各有主，苟非吾之所有，虽一毫而莫取。惟江上之清风，与山间之明月，耳得之而为声，目遇之而成色，取之无禁，用之不竭。是造物者之无尽藏也，而吾与子之所共适。’”（《前赤壁赋》）

（五）晚明小品文

明代中期出现了以李梦阳、何景明为首的“前七子”，他们提出“文必秦汉，诗必盛唐”的口号。后来又出现了以李攀龙、王世贞为首的“后七子”，其口号及创作实践与“前七子”一脉相承。同时期活跃在文坛上的还有“唐宋派”，其中以归有光的散文创作成就最高。其散文简洁平淡，对清代“桐城派”影响较大。他善于描写生活细节，通过一些琐事表达思想感情，文章平易自然，委婉动人，代表作品有《项脊轩志》。

晚明出现的小品文代表了晚明散文所具有的时代特色。晚明小品文数量很多，内容题材趋于生活化、个人化。许多作家的创作中渗透着晚明文人特有的生活情调。其中“公安三袁”的作品颇具代表性。小品文的另一个特点是率真自然，注重真实的情感，无论是描写个人日常生活，还是抨击时政，时有直抒胸臆之作。

（六）清代古典散文的终结

由于清政府的高压强制政策，也由于经历了国破家亡的历史反思，晚明时期活泼自由的小品文很快就销声匿迹。代之而起的是清代散文流派——桐城派。桐城派从清代初叶产生，一直延续到清代灭亡，占据了清代散文的主流。桐城派的代表人物有方苞、刘大魁、姚鼐等，因其皆为安徽桐城人，故称为“桐城派”。

五四新文化运动以后，白话散文兴起，现代散文取代了古典散文，清代散文成为中国古典散文的终结和尾声。

二、古代散文的特点

（一）感染力强，语言极富变化

在古代文学漫长的实践中，散文慢慢地发展和成熟起来。从初期只言片语的简单记载发展到长篇大论，从片段的语录体发展到结构严谨的专题论文，从语言的质朴无华发展到多彩多姿。

由于汉语语言结构的独特性，散文创作在文字编排上呈现出极富变化的特点。例如先秦散文《春秋》在语言表达上所演绎的“一字见义”“一字褒贬”的表达效果，后世誉之为“春秋笔法”。文字中体现出汉字精妙的变化，例如将杀有罪者称“诛”，杀无罪者称“杀”，下杀上称“弑”，等等。

还有许多抒情散文，在节奏与韵律的和谐配合下传递出作者内在的真情实感，极富感染力。例如《滕王阁序》：“襟三江而带五湖，控蛮荆而引瓯越。物华天宝，龙光射牛斗之墟；人杰地灵，徐孺下陈蕃之榻。”对仗匀称，错综多变，节奏明快，铿锵有力。

（二）文以载道，强调社会作用

从先秦诸子到明清散文，历代优秀散文家从孔子、孟子、荀子、韩非子、墨子，到唐宋八大家之韩愈、王安石，再到“桐城派”、魏源，皆在其创作中实践着文以载道的创作思想。

白居易在《与元九书》中曾提出“文章合为时而著，歌诗合为事而作”的口号，主张在写作文章时，要尊崇“为时”“为事”的创作原则，将文学与现实政治、社会生活紧密联系。

文以载道可视作中国古代散文发展的基本理念，极其强调文章的社会作用，或以其宣扬政治主张，或以其传播社会伦理观念，或以其教化百姓。

（三）体式多样，主题内容丰富

散文作为中国最古老的文学样式之一，在发展及其流变的过程中，与政治主张、社会思想、人伦情感产生了多层次的立体碰撞。这为散文逐渐发展成为杂文学奠定了基础。

在历代散文发展中，体式上呈现出了多样性的变化。早在先秦时期，历史散文已有了编年体与国别体的区分。在记录先贤圣人言谈举止方面，则有通俗浅显的语录体。而到了汉代，更是细分出了政论文、历史传记、辞赋等不同的体式类别。

古代散文的主题与内容也是丰富多样的，可将其划分为：论说文、记叙文、抒情文等等。诸多优秀作品生动地诠释了这一特点，例如记录社会变迁的《左传》、传播儒家思想的《论语》、实录历史的《史记》、优美高洁的《桃花源记》等等。

在风格上，古代散文呈现出百花齐放的特点。《左传》叙事技艺高超，《庄子》神奇诡谲；“史家之绝唱，无韵之离骚”是《史记》，平易自然之下的情景交融是《醉翁亭记》；辞赋兼具如诗亦如文的特点，古文则凸显出深厚刚健的底蕴。

复习思考题：

1. 请简述《诗经》中“风”“雅”“颂”的含义与特征。
2. 请简述陶渊明田园诗的特征。
3. 为什么说李白是浪漫主义诗人、杜甫是现实主义诗人？
4. 宋词有哪些代表流派？
5. 明代为小说的繁荣期，涌现出了哪些传世佳作？
6. 古文运动有哪些代表人物？
7. 请简述古代散文的特点。

第五章　中国古代科技

在中国古代社会，中华民族在科学技术领域取得了重大的成就，为人类社会的发展做出了巨大的贡献，对欧洲近代的科学技术产生了深远的影响。正如英国著名科学家李约瑟博士在《中国古代科学技术史》中所言："古代和中世纪中国非凡的发明创造能力和对自然的洞察力，给我们提出了两个基本问题：第一，为什么他们竟能如此遥遥领先于其他国度？第二，为什么他们现在却不比世界其他国家领先几百年……近代科学只兴起于17世纪的欧洲，那时找到了从事发明的最佳方法，但当时及其后的发现和发明在许多情况下都有赖于以前许多个世纪内中国在科学、技术与医学方面的进步。"① "我们应该记住，在早些时候，在中世纪时代，中国几乎在所有的科学技术领域，从制图学到化学炸药都遥遥领先于西方。从我们的文明开始到哥伦布时代，中国的科学技术常常为欧洲人所望尘莫及。中国古代的科学技术是足以令中国人感到骄傲和自豪的。"②

第一节　中国古代科学技术观及特征

思想文化是科学技术孕育的土壤，科学技术是在一定的思想文化背景下产生的，具有浓郁的文化色彩，而中国古代的科学技术深受中国传统的儒家、道家、释家、名家、墨家、法家、兵家、农家、杂家、阴阳家等诸子百家思想的影响，其中又以儒家和道家的思想尤为明显。

科学技术是文化的重要组成部分，又是在整个社会的文化氛围中存在和发展的，文化基质是科学技术发生与发展的必然的社会条件。文化的核心是一种价值观念和行为规范的融合内敛。这种价值观念和行为规范，又用各种制度来体现，同时通过人们的社会行为和生活方式来呈现，在社会的发展进

① 李约瑟.《中国：发明与发现的国度——中国科学技术史精华》英文版序言［M］. 南昌：21世纪出版社，1995.

② 潘吉星. 李约瑟文集［M］. 沈阳：辽宁科技出版社，1986：204.

程中经过历史的积淀形成强大的文化传统。这种文化传统是孕育科学技术文化生长的土壤，在科学技术的认识、进行科技创造的思维方式、从事科技活动的实践行为、社会的科技体制以及科技的发展状况等方面深刻地影响着人们。而我国传统的科学技术主要具有以下三个特点：

一、重整体轻个体的有机自然主义特征

科学技术观是人们认识科学技术本质的基本观点和总体看法。不同的文化意识形态，就有不同的科学技术观，从而引导科学技术的发展方向和道路。中国传统科学技术对自然世界的研究与探索，以人与自然的和谐统一为出发点。中国古代是把天、地、人三者看成一个彼此相连的有机整体，不管是农业、医学，还是其他科学技术，都强调顺天时、尽地利、应人和。

荀子提出："农夫朴力而寡能，则上不失天时，下不失地利，中得人和而百事不废。"（《荀子·王霸篇》）可见，在中国传统社会，特别主张天时地利人和，三者和谐统一才能诸事顺利。这种观点深刻地影响着中国传统科学技术。而中国传统医学理论则把人体视为一个小宇宙，与外在自然环境、气候对应关联，人体的生理、病理受所处的自然环境和气候条件的影响。《淮南子·精神训》中讲到："故头之圆也象天，足之方也象地。天有四时、五行、九解、三百六十六日，人亦有四支、五脏、九窍、三百六十六节。天有风雨寒暑，人亦有取与喜怒。故胆为云，肺为气，肝为风，肾为雨，脾为雷，以与天地相参也，而心为之主。是故耳目者日月也，血气者风雨也。"[①] 董仲舒提出了"天人一也"思想，"天地之气，合而为一，分为阴阳，判为四时，列为五行。行者，行也，其行不同，故谓之五行。五行者，五官也，比相生而间相胜也，故为治，逆之则乱，顺之则治。"[②] "天亦有喜怒之气，哀乐之心，与人相副，以类合之，天人一也。"[③] 天人是一个和谐的整体，天地四时的变换与人的生理状况是同一的，并且影响着人的生理状况，而人事的变化也昭示着天地物候的变换。

中国传统科学技术对自然世界的探索是同对人事、社会的思考相结合的，追求人与天、社会和自然和谐统一的整体主义精神，就是受天人合一思想的影响。在传统中国哲学思想中，儒家追求理想的君子人格，把自然拟人化，以人的理想模式去比拟自然物象。道家则追求物我同一，把人比拟为自然，主张人向自然回归。不管是人的自然化，还是自然的人化，都是要从自然物

---

① 刘文典. 淮南鸿烈集解［M］. 北京：中华书局，1989：220-221.

② 苏舆. 春秋繁露义证［M］. 北京：中华书局，1996.

③ 苏舆. 春秋繁露义证［M］. 北京：中华书局，1996.

象中找到与人类生理或者精神的契合点，其基本思想就是人与自然的和谐统一。

这种整体主义的科学技术观，一方面使中国古代的科学家能够全面、系统、辩证地思考科学技术，推动其发展进步，但也让人类对自然缺乏深入的研究。所以，中国古代的科学技术始终都显得笼统、神秘和模糊，缺乏具体、精确探索自然世界的科学精神。

二、重直觉轻实证的非理性主义特征

中国的哲学思想是从心出发的，重视精神层面的思考，通过直觉思维认识世界。老子的无为而无不为思想，就是要顺应客观态势，尊重自然万物的自身规律，不妄为不乱为。而庄子则认为世界的本源是“道”，它无为无形，可传而不可授，可得而不可见，是一种处于混沌状态的无固定形态的“气”。他在《养生主·庖丁解牛》中提出了“技”，就是在反复实践和以往经验基础上通过感觉去把握自然世界。在《逍遥游》中，庄子给我们描绘了一个无拘无束、自由自在的精神生命形态；而在《齐物论》中，庄子认为自然物象世界虽然千差万别，归根结底却是齐一的，“天地与我并生，而万物与我为一”，这种境界则需要一种“物化”的心态，要“丧我”“忘我”，才能把握世界的本真。在这种思想影响下，中国传统科学技术就一直处在一种重直觉顿悟而轻实验分析的状态之中。

而儒家思想也是从心出发，重视精神层面的思考和价值追求。孔子认为一切都是天命，“天何言哉？四时行焉，百物生焉”，“天”是宇宙万物的主宰，人类是要秉承天命而行事的。孟子提出“尽心”“知性”，人们认识自然世界着意于心，就能“知天”。宋明理学则将心学发展到极致，程颢、程颐提出了“格物致知”，认为事物都有其物理，应该把知识、道理与天理联系起来。陆九渊提出了“宇宙便是吾心，吾心便是宇宙”；王守仁宣扬“心外无物，心外无事，以外无理”。这就是中国传统的哲学思维模式。

不管是儒家还是道家，他们认识自然世界的出发点都是心，都重视通过直觉和内心的感悟去把握自然世界，强调认识主体的主观能动性。这就直接影响中国传统科学技术的存在状态，不愿意对自然事物进行具体的逻辑分析和系统的科学实验论证，所以就缺乏对自然事物理性的分析、逻辑的判断和实验的验证，缺乏科学理性主义精神，更多的是根据感觉的思维方式，从人的内心世界和主观意志去体悟自然世界。

三、重实用轻理论的工具主义特征

中国传统文化以伦理道德价值为终极追求，深受其影响的中国古代科学技术十分重视事物的实际效用和功能，对自然世界对象本身进行抽象的纯粹理论性的研究比较缺乏，因而具有浓厚的功利主义或者工具主义色彩。

中国古代科学技术的工具主义色彩表现在具有明显的实用性特征。中国古代科学技术产生和发展的直接动因是经济、伦理和政治统治目的，具有明显的实用主义特质，如天文学、农学、医学、地理学、数学等都遵循这一规律。天文学在中国古代之所以高度发达，一方面，是因为统治者们认为天象直接关联着他们的命运，被视为历代王朝改正朔（颁订新历法、国号），易服色（制定新法令及礼俗），受命于天的标志，将天上星空区域与地上的国州互相对应，用天象变化来预测人世吉凶祸福。另一方面，是因为中国是农业国家，以农立国，农业是国家的经济命脉，因此重视农业的同时也重视天文，"观象授时"，可以指导农业生产。中国古代历法的演进推动了天文学的发展，也催生了另一门学科——数学发达起来，中国古代数学的许多方法都是在解决天文历法问题中产生和形成的。其实，中国古代数学尤其擅长代数和算术，就是为解决生活中的实际问题服务的。如"算经十书"中的《九章算术》，是一本综合性的历史著作，是最简练有效的应用数学，系统汇集和总结了战国、秦、汉时期的数学成就。李约瑟说："《九章算术》是数学知识的光辉集成，它支配着计算人员一千多年的实践。但是，从它的社会根源来看，它与官僚政府组织有着密切的关系，并且专门致力于统治官员所要解决的问题，土地的丈量、谷仓的容积、堤坝和河渠的修建以及税收、兑换率等——这些似乎都是最重要的实际问题。为数学而数学的场合极少。"①

中国古代的技术也十分发达。据有关统计，中国古代的技术成果比例占科学技术成果的80%。我国最早的农学专著《齐民要术》系统地总结了6世纪以前黄河中下游地区农业耕作和食品加工的技术知识，而农学一般理论往往蕴含在具体的农业技艺之中。被外国学者称为"中国17世纪的工艺百科全书"的《天工开物》，也更多地着眼于手工业，很少从理论层面予以阐释和解说。

中国古代封闭分散的农业经济和高度集权的政治体制使中国文化具有重伦理、整体思辨和经验性的特征，从而使中国古代的科学技术朝着实用化、技术化和伦理化方向发展。② 在中国传统哲学语境中，无论是儒家还是道家，都持反观内省的直觉主义认识论，只求知其然而不知其所以然，不求甚解，有浓郁的主观臆测成分，对客观事物缺乏深入具体的逻辑分析和科学系统的实

① 潘吉星．李约瑟文集［M］．沈阳：辽宁科技出版社，1986.

② 洪英俊．中国传统科技方法若干特点的经济根源［J］．华东交通大学学报，2005（3）.

验。[①] 所以中国古代科学技术在儒家崇尚务实和经世致用思想的影响下，具有强烈的实用性和工具主义特征，以满足国家统治和人们日常生产生活的需要。[②] 中国传统科学技术十分张扬实践理性，突显经世致用，本质上是对以科技为主要内容的工具理性的反动；理想境界上的“天人合一”和伦理追求上的“真善同一”，使主体与客体相互融合而不是像西方哲学语境中的二元对立，因而外在自然也就不可能成为真正意义上的认识与改造、征服与索取对象，重顿悟而不重论证，重直觉而轻逻辑的思维方式，就很难按一定的逻辑和原则将概念和范畴连贯起来形成科学理论体系。[③]

第二节　中国古代科学技术的主要成就

美国科学家罗伯特·K. G. 坦普尔说：“中国人和西方人一样都会惊讶地看到，近代农业、近代航运、近代石油工业、近代天文台、近代音乐，还有十进制数学、纸币、雨伞、钓鱼竿上的绕线轮、独轮车、多级火箭、枪炮、水下鱼雷、毒气、降落伞、热气球、载人飞行、白兰地、威士忌、象棋、印刷术，甚至蒸汽机的基本结构，全部源于中国。”[④] 这说明中国在古代科学技术的各个领域都有巨大的成就，为世界的科学技术发展做出了重要的贡献。

一、博大精深的古代天文学

天文学是中国古代最发达的四门自然科学之一。我国古代天文学的成就主要体现在三个方面：天象观察、观天仪器和编订历法。

（一）天象观察

在河南安阳出土的殷墟甲骨文中，已有丰富的天文现象记载，这表明我们的祖先在公元前 14 世纪就已经掌握了发达的天文学知识。西周时期，人们就已为肉眼可见的星辰、星座命名，把黄、赤道带两侧的恒星划分为 28 个星座，称为 28 宿，根据太阳在 28 宿中的位置来确定一年的季节。长沙马王堆汉墓出土的《五星占》就有五大行星的记载，测量的金星会合周期为 584.4

① 王翠. 中国传统科技文化迟滞现象探因 [J]. 开封大学学报，2009 (4).

② 王渝生. 中国古代科技与传统文化 [C] //纪念孔子诞辰 2560 周年国际学术研讨会论文集，2009.

③ 况长清. 试论中国传统科技文化的缺陷 [J]. 理念月刊，2002 (7).

④ 罗伯特·K. G. 坦普尔. 中国：发明与发现的国度——中国科学技术史精华·西方受惠于中国 [M]. 南昌：21 世纪出版社，1995：11-12.

日。南北朝时期祖冲之的《大明历》把一年的时间规定为365.24281481天。隋朝刘焯创制的《皇极历》提出“等间距二次内插法”公式，测定岁差为76年差一度。北宋沈括编修的《奉元历》中以365.24358日为一回归年。元代郭守敬测定一年为365.2425日。随着天体观测仪器的更新、观测技术的改进，观测准确度逐渐提高，我国历法也就日趋准确精密。

英国科学家李约瑟博士说：“中国是文艺复兴以前所有文明中对天象观察最系统、最精密的国家。”春秋鲁太史所引《夏书·胤征》有“辰弗集于房”的记载：“乃季秋月朔，辰弗集于房（注：集，安也；房，舍也。日月不安其舍，则食），瞽奏鼓，啬夫驰，庶人走。”这是世界上最早的日食记录，描述了夏代仲康元年日食发生时人们惊慌失措的场面。《诗经·小雅》以诗歌形式记载日食：“十月之交，朔日辛卯，日有食之。”殷墟甲骨文中也有多次日食的记载，据《夏商周断代工程丛书》简本记载：“殷墟甲骨文中有带干支的日月食记录，通过现代天文学计算，可以回推其发生的时间，因而有重要的年代学研究价值。夏商周断代工程对甲骨文中可能的日月食记载进行学科交叉研究，由宾组卜辞中的五次月食，推得武丁在位的年代 。”

中国是世界上对彗星记录最早、最完整的国家。《春秋》记载：“秋七月，有星孛入于北斗。”这是关于哈雷彗星的最早记录。《史记·秦始皇本纪》记载：“始皇七年，彗星先出东方，见北方，五月见西方……彗星复见西方十六日。”《晋书·天文志》记载：“彗体无光，傅日而为光，故夕见则东指，晨见则西指。在日南北，皆随日光而指。顿挫其芒，或长或短……”

黑子现象是太阳表面的一种气体漩涡，其温度比太阳其他部分的温度低，光芒也就暗一些，从地球上看就好像是太阳表面出现了黑色斑点，又被称为日斑。公元前140年前的《淮南子·精神训》就有“日中有踆乌”（高诱注：“踆，犹蹲也。谓三足乌。”）记载。世界上最早记载太阳黑子的是载于《汉书·五行志》中的河平元年（公元前28年）三月的黑子现象：“河平元年，三月乙未，日出黄，有黑气大如钱，居日中央。”我国历史上有关太阳黑子的记录有101次，不但有时间，还有形状、大小、位置及变化情况等。美国天文学家海尔评价说：“中国古代观测天象，如此精勤，实属惊人。他们观测日斑，比西方早2 000年，历史上记载不绝，并且都很正确可信。”

（二）观天仪器

中国古代天象观测最早、最完整主要得力于观测天象的仪器的精密。我国古代使用的观测仪器主要有浑仪、简仪和浑象等。

浑仪，是以浑天说为其理论基础制造出来的观测天体的仪器。张衡是东汉中期浑天说的代表人物之一。梁代刘昭在注释《后汉书·天文志》时在

《张衡浑仪注》中说："浑天如鸡子。天体圆如弹丸，地如鸡中黄，孤居于天内，天大而地小。天表里有水，天之包地，犹壳之裹黄。天地各乘气而立，载水而浮。"我国浑仪大约是在公元前4世纪至公元前1世纪之间发明的，后经历代天文学家不断改进，到唐代时，李淳风设计了一架比较精密完善的浑天黄道仪。整个仪器分为三层，里层叫四游仪，中层叫三辰仪，外层叫六合仪。公元1276年，元朝天文学家郭守敬对浑天仪进行了简化，创制了简仪，对唐宋繁复的浑仪进行了简化革新。它由相互独立的地平装置和赤道装置组成，以地球环绕太阳公转一周的时间365.25日分度，它的赤道装置用于测量天体的去极度和入宿度，这与现代望远镜中广泛应用的天图式赤道装置的基本结构相同。现存于南京紫金山天文台的简仪是明正统二年到七年间的复制品，而郭守敬创制的简仪于清康熙五十四年被传教士纪理安当作废铜熔化了。简仪的创制，是当时世界天文史上最先进的技术，而欧洲直到1598年才由丹麦天文学家第谷发明了类似的装置。

浑象是一种表演天体视运动的仪器，它把太阳、月亮、二十八宿等天体及赤道、黄道都绘制在一个圆球表面，可以不受时间限制而随时了解天象，用它能表演太阳、月亮以及其他星象的升起、降落及方位，还能形象地说明夏天白天长、冬天黑夜长的道理。我国第一架浑象在公元前70至公元前50年间由耿寿昌创制，现存的清代天体仪可算是古代浑象的一种仿制品。

（三）编订历法

我国的历法相传是黄帝首创。古代历法把回归年作为年的单位，把朔望月作为月的单位，是一种兼顾阳历和阴历的阴阳合历。中国古代所用历法始创于夏朝，故称夏历，它按十二月的顺序，分别记述每月的星象、气象、物象以及所应从事的农事和政事。商代的历法在夏历基础上，把最早实行的阴阳合历进行调整，使之逐渐趋于完备。最早成文的历法是春秋时期的四分历，它规定一年为365.25日，采用19年7个月的置闰法，这是当时世界上所使用的最精密的数值。汉武帝太初元年，推行民间天文学家落下闳创制的《太初历》，这是第一部资料完整的传世历法，它规定以正月为岁首，并首次引入了二十四节气。南北朝时期天文学家、数学家祖冲之编制了《大明历》，首次引入了岁差，这是我国历法史上的一次重大改革。祖冲之在《大明历》中采用了391年中设置144个闰月的新闰周，比19年闰7年更精密。他推算的回归年日数为365.24281日，交点月日数为27.21223日，这些数值与现在的测量值都很相近。唐代天文学家僧一行编制了《大衍历》，于公元724年主持了我国历史上第一次规模宏大的天文大地测量，使我国在子午线长度的实际测定上走在世界前列。元代天文学家郭守敬制定了《授时历》，这是中国古代最精确的历法，与现行的格列高里历法相等，但比它早出现三百年。明代大统历，基本沿袭旧制，行用364年，成为中国历史上使用时间最长的历法。

中国古代区分了二十四节气，以使历法更好地把握和顺应天象和自然季节变化。西周时期，就有了春夏秋冬四季名称。战国末年，《吕氏春秋》中出现了立春、春分、立夏、夏至、立秋、秋分、立冬、冬至八个节气。至西汉初年，《淮南子·天文训》中更是出现了全部的二十四节气，其名称与顺序已与今天完全一致。二十四节气是中国历法的独特创造，是我国宝贵的文化遗产，对农业生产起着重要的指导作用。

二、妙手回春的中华医学

中国古代医学在发展过程中形成了博大精深的理论体系，独具特色，取得了举世瞩目的成就，至今仍占据着西医无法替代的地位。

（一）中国传统医学的哲学基础

中国传统医学以阴阳五行作为其哲学基础，通过“望闻问切”四诊合参法，以“辨证论治”的原则，探究病因、病位、病理以及人体内五脏六腑、经络关节、气血津液的变化来判断邪正消长。形成于春秋战国时期的《黄帝内经》作为中医学形成的标志，以阴阳五行学说为基础，贯穿于中医学的各个方面，用以说明人体的组织结构、生理功能、病理发生规律以及人体脏腑组织之间的相互关系与变化，对中医理论的形成和发展起了重要的作用。《黄帝内经》上说：“人生有形，不离阴阳”，“阴阳者，天地之道也，万物之纲纪，变化之父母，生杀之本始，神明之府也，治病必求于本”，“阴胜则阳病，阳胜则阴病，阳虚则外寒，阴虚则内热。”《管子·四时》中说：“阴阳者，天地之大理也。四时者，阴阳之大经也。”《周易·系辞》中说：“一阴一阳之谓道。”五行学说则认为宇宙是由木、火、土、金、水五种物质元素衍化运行组成的。《尚书·洪范》曰：“五行，一曰水，二曰火，三曰木，四曰金，五曰土。”人们根据五行的特性，将事物推演归类成五大系统，用生（木生火、火生土、土生金、金生水、水生木）、克（木克土、土克水、水克火、火克金、金克木）、乘（木乘土、土乘水、水乘火、火乘金、金乘木）、侮（木侮金、金侮火、火侮水、水侮土、土侮木）关系来说明人与自然之间、人体内部的相互促进与制约关系。其后的运气学说、经络学说等都是以阴阳五行学说为基础发展起来的。

阴阳五行学说作为传统医学的哲学理论建构基础，认为“阴阳者，天地之道也”，阴阳对立统一是宇宙的普遍规律，生命的根本也在于阴阳的对立统一，“生之本，本于阴阳”，人体机体内部之间、机体与外部环境之间达到对立统一，人体就健康，人体阴阳失衡则人体就出现疾病。中国传统医学阴阳五行学说是中国古代自然哲学思想与医学相结合的结果，它能从整体上、从运动中辩证地认识人体的生理、心理、药理、健康、疾病等现象，其中蕴含有一定的合理性，所以对传统医学的建立和发展起了积极的作用，也对传统医学的疾病诊治产生了深刻的影响。①

（二）中国传统医学的沿革和发展

中国传统医学最早的文字记载是甲骨文，其中就有许多人体和疾病的记载，殷墟出土的甲骨约16万片，与疾病相关的则有323片，已经出现了与疾病相关的专有文字，关于疾病名称的表述也有了一定的方式，就是在表示生病部位文字的前面加上“疒”，如“疒目”“疒心”“疒口”等，共有40多种病名。②。《山海经》的《山经》中记载了大量药物及其所治疗的疾病或保健作用，《海经》中也有很多健康状况的描述。据统计，《山经》记载了124种有治疗、保健（含防御）、毒副作用的药物，其中植物药49种，动物药67种，矿物药8种。③《山海经·大荒西经》记有十巫采药的故事，“有灵山、巫咸、巫即、巫彭、巫姑、巫真、吴礼、巫抵、巫谢、巫罗十巫，从此升降，百药爰在。”《周礼·天官》中记载有“医师”一职，负责“掌医之政令”。《黄帝内经》的《灵枢》中就有用砭石作针灸的记载，“其病皆为痈疡，其治宜砭石。”春秋战国时期开始出现了解剖和医学分科，治疗方法不断多样化，有砭石、针刺、汤药、艾灸、导引、布气、祝由等。扁鹊创立了“望、闻、问、切”四诊法，其精于内、外、妇、儿、五官等科，应用砭刺、针灸、汤液、按摩、热熨等法治疗疾病，被尊为医祖。西汉时期，开始用阴阳五行学说解释人体生理及病理。东汉时期张仲景在“八纲”（阴阳、表里、虚实、寒热）基础上总结出了“八法”（发汗、催吐、攻下、和解、清凉、温热、消导、滋补）。华佗以麻醉和外科手术闻名于天下，创立了“五禽戏”。唐人孙思邈，唐太宗李世民称赞其“凿开径路，名魁大医；羽翼三圣，调和四时；降龙伏虎，拯衰救危；巍巍堂堂，百代之师”，采用辩证治疗，收集药方5 000多个，后世尊为“药王”。两宋时期，医学分科接近完善，政府设立翰林医学院。金元以降是中国医学史上学派争鸣、民族医学崛起的辉煌时期，金元四大家影响较大，刘完素的火热说、张从正的攻邪说、李东垣的脾胃说、

① 刘学礼. 医学哲学的历史发展［J］. 南京医学大学学报：社会科学版，2002（9）.

② 甄雪燕，梁永宣. 最早的医学文字档案——甲骨文［J］. 中国卫生人才，2012（10）.

③ 龚胜生，罗碧波.《山海经》的医学地理学价值［J］. 华中师范大学学报：自然科学版，2012（3）.

朱震亨的养阴说，极大地丰富了中国传统医学理论。从明代开始，西方医学传入中国，中西医学融会贯通，成为现代中西医学结合的先声。

（三）中国传统医学的文化特征

中医文化是指中医学理论体系形成的文化社会背景以及蕴含的人文价值和文化特征。它是人类文化宝库中一颗璀璨的明珠。概括起来，中国古代传统医学文化有三个方面的特征：

1. 思维的整体辩证性

中国传统医学对人生命现象的研究，始终坚持天人合一、有机联系的整体观和阴阳平衡、五行生克的辩证观。这种思维方式至今仍然是中医学的理论基础，而且对现代医学的发展有着重要的启示意义。

中国传统医学的整体观，应该从三个层面来理解：一是把人本身看成一个统一的、有机联系的、密不可分的整体。构成人的物质元素、形体结构、功能运动，必须实现完美的协调一致和高度的内在统一；否则，哪个方面、哪个环节、哪一点上出现问题，都会影响到人体整个系统的正常运行，造成人体疾病的产生。正因为如此，人一旦出现病情，中国传统医学在对人的病情进行诊断和治疗时，不是“头痛医头脚痛医脚”，而是从整体出发，考察病情的内在联系和致病原因，实施整体的调节和治疗，恢复人体整体的协调健康。

2. 调整阴阳的平衡性

《素问·至真要大论》中说：“谨察阴阳之所在而调之，以平为期。”中医学认为阴阳分别代表人体内相对的双方。《内经》说：“生之本，本于阴阳。”用阴阳哲学思想来说明人的形成和生长发展的规律。根据阴阳理论，人体正常生理状态下，阴阳要保持相对平衡，如果一方出现偏衰或偏亢，人体正常的生理功能就会紊乱，也就会出现相应病理状态。人的日常生活起居、自我锻炼、精神调摄和药物作用都受到阴阳的协调平衡。人体如果表现为阴虚、阳虚或阴阳俱虚，则预示着人体开始衰老。相应地，阴阳失调也就有对应的体现，阴虚则阳亢，阳盛则阴虚，阴盛则阳病，阳盛则阴病。所以，根据阴阳医学理论，要防治人体衰老，关键在于阴阳要调和，阴阳要平衡，精神乃治。这说明中国传统文化注重对称，强调平衡的哲学根底。

3. 动静结合的恒动性

中国哲学很早就对动静的辩证关系有认识。《周易》提出“动静有常”，《吕氏春秋》提出“流水不腐，户枢不蠹”。这都说明，自然界中的物质都是动与静的辩证关系的和谐统一，自然事物只有运动，才发生变化，运动产生万物。这种哲学思想深刻影响着中国医学。中医理论认为，人的生命活动从发生、发展到消亡的全部过程，都是人体内部的矛盾运动。《内经》提出“高下相占，升降相因，而变化矣。”运动是一种自然规律，也是人体健康能够维持的最基本因素，人的生命运动规律就是人体内新陈代谢的过程和规律。如果人体的运行规律出现障碍就是患病，人体内部的结构就会失调。所以，动静有常，按一定规律运动，常运动才能增进健康、预防疾病，身体也才能保持有序的运动状态，才能延年益寿。

中国哲学亦有主静说。动与静是一种辩证统一的关系。老子认为“清静为天下正”“不俗以静”；明蔡清则认为“天地之所以久者，以其气运于内而不泄耳，故仁者静而寿”。道家和佛家思想都是主静的，禅宗坐禅，道家气功就是一种典型的“主静”的体现，这都对中国文化影响巨大。而中医学也深受这种影响，认为“静”能养性、修身，从而升华成一种养生理论。当然，中医学理论中的“静”不是停止，而是在浮躁的外部世界中，保持内心世界的“静”，在“动”中取“静”。所以，“动”与“静”是一种辩证关系，是相辅相成的保健之大旨。

（四）中华医学文化的代表论著

1.《黄帝内经》

《黄帝内经》是我国现存最早的一部医学典籍和中医学奠基之作，被尊为“医家之宗”。宋人林亿在《重广补注黄帝内经素问·序》中云：“上穷天纪，下极地理，远取诸物，近取诸身，更相问难，垂法以福万民。”《经史百家杂钞》注云：“岐伯，黄帝臣。帝使岐伯尝味草木，典主医病与论医，更相问难，著《素问》《灵枢》，总为《内经》十余卷，为医书之祖。”从《黄帝内经》开始，中医药文化的哲理就十分明晰，阴阳学说、五行相生相克、整体宇宙观等哲学思想基础已经奠定。《黄帝内经》医学理论的最大特点就是充分融会了中国文化的精髓。

该书主体部分成于西汉，后经历代增补，有《素问》和《灵枢》两部分，各81篇，共162篇文章，基本上为黄帝与岐伯君臣间的问答文，主要内容涉及中国医学的整体观、阴阳五行、藏象经络、病因病机、诊法治则、预防养生等，系统总结了汉代以前的医学成就，奠定了中国医学的理论基础，具有深远影响。

（1）“返璞归真”的道家思想体现

《黄帝内经》认为人是自然之物，是适应自然环境而生存、繁衍的高级生物，所以《黄帝内经》构建了天、地、人的概念，并研究三者的关系，如《灵枢·本神》说：“天之在我者德也，地之在我者气也，德流气薄而生者也。”人的生存及生命需要天地之气来维系，人离开天地之气的维系就很难生存。因此，《黄帝内经》认为人的各种疾病都与自然环境有关。

“返璞归真”是道家的思想，所以，也有人认为《黄帝内经》的以上医学思想是受了道家思想影响，这样的思想在《黄帝内经》里还有很多，《黄帝内经》并由此建立了顺应自然的系统医学理论体系，提出相应的防治疾病的原则和方法。

（2）“和衷共济”的儒家思想体现

和衷共济是儒家的思想，也是中国文化包容性的体现，《黄帝内经》同样吸取了其思想精髓——一方面提出，人与天地自然相应，天、地、人必须保持和谐统一，人才能健康地生存；另一方面提出，人体五脏以及五官九窍、肢体、经脉、气血是一个有机联系的系统，它们之间保持着协调统一的关系。

《黄帝内经》尤其强调五脏六腑的协调平衡，如《素问·灵兰秘典论》就将五脏六腑比喻成政府机构的职官，提出十二藏当“相使”，而“不可相失”，而《黄帝内经》奠定的中医藏象学说，也是秉承了协调平衡、和衷共济的思想。

（3）穷理悟道的理学思想

穷理悟道是理学的重要思想，它既是儒家格物致知的体现，也受道家所推崇。格物和穷理也是朱熹推崇的思想，朱熹早年出入佛、道，31 岁正式拜程颐的三传弟子李侗为师，专心儒学，成为程颢、程颐之后儒学的重要人物。所以穷理悟道融会了儒、道、佛的思想，在《黄帝内经》里，主要体现在对人体生理、病理的认识。

由于古代科技水平的局限，《黄帝内经》难以完全用解剖、客观的生理等来解释人体的功能。因此，在认识比如藏象、病因病机、病征等问题时，就借用了理学的方法来归纳。因此，《黄帝内经》也将医学之理称为“道”，学医为业当悟其道，就是要把握其内在规律。

2.《本草纲目》

《本草纲目》是一部闪烁着人类智慧光芒的巨著，被达尔文称为“中国古代的百科全书”。它是明代医学家李时珍集 30 年心血编撰的一部药物学著作，全书共 52 卷，分 16 部 60 类，总计 190 多万字，收载药物 1 892 种，收集医方 11 096 个，绘制精美图案 1 160 幅，采用“以纲挈目”编撰体例，系统总结了 16 世纪前的药学研究与临床实践成果，是中国古代医学的集大成者，被誉为 17 世纪的中国大百科全书。书中不仅考证了历代本草中的不少错误，还提出了科学的药物分类方法，变革原有上、中、下三品分类法，采用“析族区类，振纲分目”分类，把药物分成矿物药、植物药、动物药，每种药物分列释名（确定名称）、集解（叙述产地）、正误（更正过去文献的错误）、修治（炮制方法）、气味、主治、发明、附方（收集民间流传的药方）等项。《本草纲目》广泛涉及医学、药物学、生物学、矿物学、化学、环境与生物、遗传与变异等诸多科学领域，正如李建元在《进本草纲目疏》中指出："上自坟典，下至传奇，凡有相关，靡不收采，虽命医书，实该物理。"

作为支撑中医药学以《黄帝内经》为穹隆的中医学说的三大支柱之一的《本草纲目》，自1596年出版问世，四百多年来，已成为东方医学界共同研究的热门话题，深受中西方学界推崇备至。当然，这主要是有一种特殊民族文化元素在起作用。在《本草纲目》的医学思想中，对自然、生命、社会的文化思想研究统领全篇。《本草纲目》全书自始至终体现了李时珍的"智慧精髓"和"医道文化思想"。

李时珍的医学思想把人看成是一个统一的生命过程，而且把生命与自然看作是统一的运动过程，展现了一种"天人和通"的宇宙观。根据《本草纲目》从低级到高级、从低等到高等、从简单到复杂、从无生命到有生命之排列顺序，可以发现李时珍的"以人为本"思想内涵，他把人放在《本草纲目》最末，就说明，人类在自然界中处于最高的地位，一切都是为了"人"，一切都是为了人的"生命"。李时珍医道文化思想既是生命之道，更包含着自然与社会之道。李时珍医道文化是中华文化的集中体现，是中华民族的大智慧。①

3.《伤寒杂病论》

东汉末年张仲景所著的《伤寒杂病论》集秦汉以前医学之大成，将理法方药一线相连，其内涵博大精深、蕴意深远，并以其理论精辟、辨证规范、治法森严、组方严谨、处治灵活的学术特色饮誉古今。受到后世医家一致推崇，被奉为"众方之祖""医学指南"和"规矩准绳"。其医学思想、认识理念、思维模式以至临床治则等知识，已构成张仲景医药思想体系，并在传播中形成特有的文化现象。

晋朝太医令王叔和收集整理了《伤寒杂病论》各种版本，命名为《伤寒论》，著论22篇，记述了397条治法，载方113首，总计5万余字。宋仁宗时，翰林学士王洙发现了"蠹简"，书名为《金匮玉函要略方论》，其中一部分内容与《伤寒论》相似，一部分论述杂病。医学家林亿、孙奇奉命校订《伤寒论》时，与《金匮玉函要略方论》对照，知为张仲景所著，更名为《金匮要略》，共计25篇，载方262首。

中医集中体现的就是"中和""仁""义""爱心"等。这些都深刻融入

① 王剑，何诚道，等. 论李时珍医道文化思想体系［J］. 亚太传统医药，2010（7）.

了儒家、佛教、道教的思想。在儒释道的影响下，成就了一批又一批著名医家，为中医的发展发挥了重要作用，而在张仲景身上也无不闪现着仁爱、自强和孝道。东汉末年，政治黑暗，社会动荡，战乱频繁，加上天灾，连年瘟疫。不到十年，张仲景的宗族200多人死于疫病者达到三分之二。这激发了他勤求古训、学医救人，为中医“辨证论治”奠定了坚实的基础。他在《伤寒杂病论》序言中写道：“医虽小道，能救殃疴。上以疗君亲之疾，下以救贫贱之厄，中以保生长全，以养其身。”

张仲景继承了《内经》《难经》等经典的医药理论，结合自己长期的医疗实践，正确掌握和灵活运用了“辨证论治”的诊疗法则，创立了许多宝贵的诊治方法，总结发展成为我国第一部临床医学的伟大著作。书中将病症分为外感伤寒与内伤杂病两种，系统分析了伤寒的原因、症状、发展和处理方法，创造性地确立了对伤寒病“六经分类”辨证施治原则，奠定了理、法、方、药的理论基础，还精选了300多药物配伍比较精炼、主治明确的方剂，为中医方剂学发展提供了依据。

4.《神农本草经》

《神农本草经》，是中国传统医学四大经典著作之一，最晚于东汉时期整理成书，是药物学理论发展的源头。《神农本草经》书名最早见于西晋皇甫谧的《针灸甲乙经·序》。南朝梁齐陶弘景在《本草经集注·序》中记载：“此书应与《素问》同类，但后人更修饰之耳。”《神农本草经》是后世公认最早的药物学专著，是汉代以前药物学知识的系统总结，全书由总论与各论两部分组成，总论概述了君臣佐使、七情和合、四气五味等药物理论和药物的采收、炮制、贮藏及用药方法等。各论部分介绍了每种药物的具体内容，共收藏药物365种，其中植物药252种、动物药67种、矿物药46种。按药物的功效和主治，对应“天地人三才”把药味分成上、中、下三品。①

5.《备急千金要方》

《备急千金要方》是唐代医学家孙思邈于永徽三年（652年）编著的一部综合性临床医学著作，总计233门，方论5 300首，共30卷。《四库全书总目提要》记载：“思邈尝谓人命至重，贵于千金，一方济之，德逾于此。故所著方书以千金名。凡诊治之诀，针灸之法，以至导引养生之术，无不周悉，犹虑有阙道，更撰翼方辅之。考晁、陈诸家著录，载《千金方》《千金翼方》各三十卷。”孙思邈深感古代医方散乱浩繁，难以检索，于是博取群经，勤求古训，结合临床实践经验编著而成，他认为人的生命重于千金，一个处方却

① 张登本.《神农本草经》的成书与沿革［J］. 中华中医药学刊，2010（5）.

能救人于危殆，所以用《千金要方》作为书名，简称《千金方》。该书集唐代以前诊治经验之大成，系统地总结了《内经》以来至唐初的医学成就。孙思邈逝世后，被尊称为药王。

三、成果丰硕的中华数学

中国古代的数学成就辉煌，从远古到宋元时期，一直是世界数学发展的主流，其理论系统完善、成果丰硕，是名副其实的数学王国。

（一）十进制

中国从原始社会就已形成了十进位制，到商代就有万位数字，在已发现的商代陶文和甲骨文中，当时就已能够用一、二、三、四、五、六、七、八、九、十、百、千、万十三个数字，记十万以内的任何自然数，现能证实的当时最大的数字是三万。甲骨卜辞中还有奇数、偶数和倍数的概念。万位以上的大数在春秋战国时期就已有记录。《国语·郑语》中记载：“合十数以训百体，出千品，具万方，计亿事，材兆物，收经入，行姟极。”其中，万、兆、经、姟等都是大于万的记数表述。《汉书·律历志》记载：“数者，一百千，万也，所以算数事物，顺性命之理也。”这说明汉代已经使用万位以上的大数，万以下的数是十进制的，大于万的则有十进制和万进制两种。十进制是中国古代的一项杰出创造，对世界数学史的发展有重要意义，英国著名数学家李约瑟博士对中国的记数法予以高度的评价：“如果没有这种十进制，就几乎不可能出现我们现在这个统一化的世界了”①，“总的说来，商代的数字系统比同一时代的古巴比伦和古埃及更为先进更为科学”②。

（二）圆周率

中国最早计算出圆周率，在这方面取得了令人瞩目的成就。3 世纪中期，魏晋时期的数学家刘徽创制了割圆术，不断利用倍增圆内接正多边形的边数来求出圆周长的方法，这为计算圆周率建立了缜密的理论和完善的算法。约公元 1 世纪东汉时期的数学经典《九章算术》在“方田”章中写到“半周半径相乘得积步”。魏晋时期的数学家刘徽于公元 263 年撰写了《九章算术注》，在“半周半径相乘得积步”后面写了 1 800 余字注记，这篇注记就是数学史上著名的“割圆术”。用这种方法，他求得圆周率的近似值为 3. 14。南北朝

---

① 李约瑟. 中国科学技术史：第 3 卷［M］. 北京：科学出版社；上海：上海古籍出版社，1990：323.

② 李约瑟. 中国科学技术史：第 3 卷［M］. 北京：科学出版社；上海：上海古籍出版社，1990：333.

时期著名的数学家祖冲之对圆周率作出了更为精密的计算，据《隋书·律历志》记载："宋末，南徐州从事史祖冲之，更开密法，以圆径一亿为一丈，圆周盈数三丈一尺四寸一分五厘九毫二秒七忽，朒数三丈一尺四寸一分五厘九毫二秒六忽，正数在盈朒二限之间。密率，圆径一百一十三，圆周三百五十五。约率，圆径七，周二十二。"祖冲之利用割圆术求出了圆周率小数点后七位数，即 3.1415926 与 3.1415927 之间，并且还求出了密率为 355/113、约率为 22/7。密率的发现是数学史上的卓越成就，而西方直到 1573 年才由德国人奥托得到，1625 年发表于荷兰工程师安托尼斯的著作中，欧洲称之为安托尼斯率，这比中国的晚了 1 000 多年。

（三）数学专著

中国古代数学史上，有十部著作为古代数学的发展产生了重要的影响，被称作"算经十书"，它们是《周髀算经》《九章算术》《孙子算经》《五曹算经》《夏侯阳算经》《孙丘建算经》《海岛算经》《五经算术》《缀术》《缉古算机》，这些算书是汉代至唐代一千多年间重要的数学著作。

《周髀算经》大约成书于公元前 1 世纪的西汉时期，是现在最古老的一部数学著作和天文历算著作。该书的主要内容是关于比较复杂的分数四则运算、开平方方法和勾股定理的应用，这说明我国古代数学知识在当时已经达到了一个比较高的水平。在西汉后期与东汉初期之间，出现了一部里程碑式的著作《九章算术》，全书分方田、粟米、衰分、少广、商功、均输、盈不足、方程、勾股九章，共有 246 个数学问题，系统总结了先秦到东汉初年的数学成就，它是我国古代数学问题的专集，对我国古代数学的发展产生了深远的影响。《海岛算经》原名为"重差"，是刘徽在为《九章算术》作注时增补的一卷，即第十卷，此卷第一个问题则是如何测量海岛的高和远的问题，在唐代出现的单行本时命名为《海岛算经》，是我国最早的一部数学测量专著，也是我国古代地图学的基础著作。

四、历久弥新的技术成就

（一）四大发明

四大发明最早出现在培根的《新工具》一书中，但只有三大发明：火药、指南针、印刷术，没有造纸术。培根说这三项发明改变了世界历史，而没有说这三项发明是谁发明出来的。马克思也沿袭了培根的三大发明说法，火药把骑士的城堡炸得粉碎，指南针造成了地理大发现，印刷术变成新教的工具，最后成为改变这个世界的杠杆。但马克思也没有把这三项发明归于中国。来华耶稣会士艾约瑟（Joseph Ed-kins）把造纸纳入发明之中，三大发明就变成四大发明。明确提出四大发明是中国人做出的贡献则是英国科学家李约瑟博士。①

1. 造纸术

我国是世界上最早发明纸的国家。在纸发明以前，古人曾用兽骨、石、青铜、木、竹、缣帛等作为书写材料。西汉前期出现了纸，但主要是麻纸，由于其原料有限，不足以代替帛简。1957 年在西安灞桥西汉早期墓葬中出土了以大麻、苎麻为原料的“灞桥纸”“西安麻纸”。东汉汉兴元年（公元 105 年）宦官蔡伦改进造纸术，用树皮、麻头、敝布及渔网等原材料，经过挫、捣、抄、烘等工艺制造成纸，这种造纸法原料来源广、造价低，很快便得到推广。后世为纪念其功绩，称为“蔡侯纸”，《后汉书·蔡伦传》记载：“自是莫不从用焉，故天下咸称蔡侯纸。”

造纸术的发明与改进，是书写材料的一次伟大革命，促进了科学文化的传播，推进了人类文明进程。4 世纪开始传到朝鲜，后来又传到越南和日本，8 世纪传到中亚，再经阿拉伯传到非洲与欧洲。

2. 印刷术

印刷术的源头可追溯到古代的印章和拓石。印章在先秦时期就产生了，一般只有几个字，表示姓名、机构或官衔，印文有阴文、阳文之别，反刻正印。东汉时期出现了拓石，将湿纸覆盖在石碑的石刻文字上，用墨打拓石碑上的文字或图形的方法，即墨拓石碑，叫做“拓石”。后来，又将刻在石碑上的文字刻在木板上，然后再进行传拓。石刻文字是阴文正写，所以“拓石”取得的文字就是正字的复制技术。隋朝时又创造了刻板或雕版印刷技术，把文字刻画在一块一块的木板上，再用刻好的木板印书。隋唐时期，雕版印刷大行于市。北宋仁宗庆历年间，毕昇在雕版印刷术基础上经不断实践总结，发明了活字印刷，用胶泥刻字，一个字一个字地制作，再经火烧煅，使其变硬，便可根据需要编排并反复使用。

沈括《梦溪笔谈》记载：“庆历中，有布衣毕昇，又为活板。其法用胶泥刻字，薄如钱唇，每字为一印，火烧令坚。”活字印刷术是印刷史上一次伟大的技术革命，为世界文化的发展做出了巨大贡献。

3. 火药

火药的起源始于古代炼丹术，是古代炼丹家在炼制丹药时无意间配制出来的，它是用硫黄、硝石、木炭混合而成的。古人为求长生不老而炼制不死的丹药，火药的发明则是无意间的附带发明。在《神农本草经》里，硝石、

① 江晓原. 关于四大发明的争议和思考 [N]. 解放日报，2011-09-01.

硫黄都是作为药材记载的。在唐代，在伏火硫黄、伏火硝石的实验中发现，点燃木炭、硝石和硫黄的混合物，会发生强烈燃烧。唐末火药开始用于军事，从方术之士的炼丹房走出来而进入了兵器制作坊，开创了由冷兵器向火器过渡的一个全新时代。1044 年，北宋仁宗时的文臣曾公亮和丁度编纂了《武经总要》，书中记载了黑火药的三个配方，这说明火药已经成为北宋军队的一项标准装备。宋代战事接连不断，促进了火药武器的加速发展，北宋王朝成立了火药作坊，专门制作火药箭、火炮、霹雳炮、震天雷等燃烧性和爆炸性较强烈的武器。南宋末年的突火枪、元代的铜铸火铳都是以火药的爆炸作为推动力的武器。

火药的发明，除用于军事目的外，在我国古代更多地用于爆竹和烟花生产，以供娱乐消遣。恩格斯在《炮兵》中写道："在中国，还在很早的时期就用硝石和其他引火剂混合制成了烟火药，并把它使用在军事上和盛大典礼中。"13 世纪，火药制造技术传入阿拉伯，后又传入欧洲，14 世纪欧洲才开始使用火药。火药的发明是世界历史上的划时代进步。

4. 指南针

目前传统的观点认为指南针大约出现在战国时期。战国时期，就已发明了用来指示南北方向的司南，它是用天然磁石制成，样子像圆底的汤勺，置放于平滑地盘上并保持平衡，可以自由旋转，静止时勺柄指向南方。《韩非子·有度》记载："夫人臣之侵其主也，如地形焉，即渐以往，使人主失端，东西易面而不自知。故先王立司南以端朝夕。"东汉王充在《论衡·是应篇》中记载："司南之杓，投之于地，其柢指南。"记载的是用"司南"指示方向。宋代科学家沈括在《梦溪笔谈》中对当时的指南针进行了详尽的记载："以磁石磨针锋，则能指南；然常微偏东，不全南也。"书中还介绍了水浮法、碗唇旋定法、指甲旋定法、缕悬法四种磁针装置方法。随着航海事业的发展，指南针广泛应用于航海交通。北宋朱彧在《萍洲可谈》中记载了指南针应用于航海交通的情况："舟师识地理，夜则观星，昼则观日，阴晦则观指南针。"许兢在《宣和奉使高丽图经》也有类似的记载："惟视星斗前迈，若晦冥则用指南浮针，以揆南北。"到了元代，指南针发展成为海上指航的重要仪器，不论阴晴昼夜都用指南针导航，而且还出现了罗盘导航。指南针大约在 12 世纪末 13 世纪初，传到阿拉伯和欧洲各国。

指南针的发明和传播，促进了世界航海事业的发展，使郑和下西洋和麦哲伦环球航行成为可能，为世界各国的经济文化交流提供了便利条件。

（二）新四大发明

在中国科技馆新馆陈列的四大发明不再是我们教科书上的指南针、印刷术、造纸和火药，取而代之的则是丝绸、青铜、陶瓷和造纸印刷。中国丝绸博物馆副馆长赵丰认为，原来的四大发明，已经不能完全代表中国古代科技的最高水平，一些专家通过史料研究提出了新的研究成果，把丝绸、青铜、造纸印刷和瓷器作为新的四大发明。[①] 主要原因有两个：一是要让这些发明的科技含量更高，二是要让它的范围变大，防止别人来争夺我们的发明权。像丝绸，涉及种桑、养蚕、纺织、印染等，将一大批工艺都归在其名下，范围扩大了，科技含量高了，就不容易被争夺抢占。青铜涉及一系列的冶金工艺。陶瓷在烧制工程中就有很多化学和艺术学问，也相当复杂。造纸印刷合并，就解决了“灞桥纸”这类争议，也把活字印刷、雕版印刷包含进去，确保了中国的发明优先权。[②]

第三节 对中国古代科学技术的认识

根据《自然科学大事年表》（1975年版）记载，明朝以前，世界上重要的发明创造和重大科学成就大约300项，中国则有175项，占总数的57%以上。英国科学家李约瑟博士指出，中国的发明发现，远远超过同时代的欧洲，在3~13世纪一直保持在西方望尘莫及的科学知识水平。中国古代的建筑、陶瓷和纺织等三大技术，火药、指南针、造纸和印刷术四大发明，农学、医学、天文和算术四大传统学科在世界科学史上都做出了卓越的贡献，推动了世界科学技术的发展。事实上，直到16世纪，中国的科学技术对世界科技的发展仍然有重要的贡献。元代数学家朱世杰的“四元术”及“招差术”、天文学家郭守敬的简仪和授时历，明代航海家郑和下西洋、李时珍的《本草纲目》、科学家徐光启的《农政全书》等都在世界科技史上占有一席之地。

一、对中国科技发展的推动作用

中国传统文化中的优秀和积极因素对中国科学技术的发展有着导向、构建和启示作用。

（一）和谐思想与中国古代科技发展

中国传统文化思想流派众多，观点纷呈，不同学派都有自己的思想体系。在众多的思想流派中，都论述到人与自然的和谐思想。由于古代中国是以农

① 吴玉蓉．中国古代四大发明需重新定义［N］．东方早报，2008-08-01.
② 江晓原．关于四大发明的争议和思考［N］．解放日报，2011-09-01.

立国，人们就十分依赖自然环境，重视人与自然的关系，从而在劳动实践中不断观察总结，进而发展成为自然科学。通过观察天文地理以及四季变化，来了解自然、顺应自然，通过总结积累的天文学、地理学知识趋利避害，指导农业生产。所以，顺应自然、与自然和谐统一的思想可以说是中国传统文化的重要内容。不管是在医学，还是农学，抑或天文学，都体现了人与自然和谐的思想。如《黄帝内经》提出了“整体观念”，强调人体与自然界是一个整体，人体各个部分都是彼此联系的。人是自然的产物，是天地之气的结晶，只有处理好人与自然、人与人的关系，人体内的脏器才能有序运转，生命才能延续。

中国古代科学认知方法深受中国传统文化思想的影响，十分注重整体思维，这种思想集中体现在《老子》和《易经》等哲学经典中。在中国文化中，天地人相联系、天人合一、人与自然和谐的观点非常鲜明，在诸如《黄帝内经》《孙子兵法》《九章算术》《天工开物》等古代科技著作中已有比较系统的论述。从某种角度上来讲，中国古代科学可以称作“整体性科学”，有别于西方社会的“精确性科学”。所以，中国传统文化整体观与和谐思想，对科技的发展起着明显的推动作用。整体和谐思想与整体研究的成果更好地促进了医学、数学、建筑学、军事学、物理学、农学和天文学等的发展。①

（二）兼收并蓄会通思想与中国古代科技发展

中国传统文化是一种多元文化，是各族人民共同创造的智慧结晶，同时也以开放胸怀创造性地吸收外来民族文化，并且将其本土化。在中国发展史上，以汉族为主体的各民族相互交融，形成了华夏民族博大宽容的气质。中国传统文化也不抱残守缺、故步自封，积极吸取其他民族和外来文化的长处，并将其本土化，这就彰显了中华文化兼收并蓄的胸怀。

儒家思想是中国传统文化的精髓，它融合和吸收了诸如墨家崇尚节俭、法家重农等多家流派的思想。唐朝灿烂的中华文化，就是多民族文化大融合。源于印度的佛教从西汉末年传入中国后，历经魏晋六朝至唐朝盛极一时，但是，佛教传入中土后，被中国文化经过加工改造、消化吸收，形成具有浓郁中国文化精神的宗教。丝绸之路、郑和下西洋、唐僧西天取经、与少数民族和亲等也体现了中国传统文化的融合会通精神。

中国传统文化经历几千年的发展，形成了自己的思想体系，特别是其兼收并蓄的会通思想，对哲学和自然科学的发展都起到了直接或间接的作用，

① 林坚，马建波．论中国传统文化对科技发展的双重作用［J］．自然辩证法研究，2006（11）．

从而推动了科学技术的发展。①

二、对科技发展的阻碍作用

中国传统的科学技术文化深受中国传统的政治、经济和文化的影响，既为其发展提供了土壤，也成了其走向兴盛的障碍。所以，我们要对中国传统科学技术有清醒的认识和思考。中国古代科学技术的兴盛繁荣，为推动世界文明文化的发展做出了不可替代的贡献，但是，我们也不能夜郎自大、沾沾自喜，而要持有一种批判的精神去深刻反思中国古代科学技术在近现代的没落。

（一）资本主义生产方式的缺乏阻碍了科学技术的发展

中国的封建社会经历的时间十分漫长，缺乏资本主义生产方式的刺激，这是制约和阻碍中国古代科学技术持续发展的重要动因。中国的封建社会一直持续到1840年鸦片战争，整个时长达2 300年，而欧洲到1640年英国资产阶级革命爆发结束了封建社会，整个时长1 100年。中国最早进入封建社会，也最晚走出封建社会。这既促进了古代科技的发展，也严重阻碍了古代科技的持续发展。

封建统治适应了当时小农经济和生产力的要求，对科技的发展起了一定的推动作用，使中国古代科技取得了辉煌的成就，但是却缺乏严重的持续发展动力。封建社会制度，其巩固基础是依靠剥削囤积财富的地主土地所有制，维护社会运转的是官僚政治，政治与经济大权集于一身，实行家天下的家长制的统治模式，依靠特权、税赋就可以满足他们的生活需求，对商品生产、科技发展、技术革新就没有利益关联，他们也就没有推动科技发展的欲求，而是满足自给自足的小农经济；皇帝有至高无上的尊严、权力、财富，帝王将相等统治阶级喜欢什么，什么就能得到发展，反之则受到压抑。所以，凡是适应统治阶级需要的科技项目就能得到以皇帝为中心的统治阶级的重视支持，并大力推动它发展。像幻想遍地是黄金的炼金术，能长生不老、永享世间荣华富贵的炼丹术，能预测社稷安危、长居权力中心的占星术等就是典型的明证。而大量手工艺生产技术与官僚阶级没有切身的利益，就不能得到重视，甚至被禁止与扼杀。指南车本是古代了不起的发明创造，却得不到官僚的重视支持而没有发扬光大，因为封建社会，普天之下莫非王土，不需要导航指路。《天工开物》，一部系统总结农业和手工业生产技术的百科全书，本应有划时代的价值意义，被国外广泛流传，在中国却受到冷落和失传，20世

① 林坚，马建波. 论中国传统文化对科技发展的双重作用［J］. 自然辩证法研究，2006（11）.

纪初才从国外传回国内。郑和下西洋是中国航海史上的一次壮举，由于其航行目的在于推行怀柔政策、安抚各帮的政治目的，所以就没有西方冒险家那样给国家带来巨额利润，反而是亏空国库。

近代科技则是伴随资本主义的发展而产生并发展起来的。作为新生产力代表的资产阶级，就是依靠科学技术战胜封建统治，从而促进了科学技术的发展。正如马克思在《机器、自然力和科学的应用》中所说："火药、罗盘、印刷术——这是预示资产阶级社会到来的三项伟大发明。火药把骑士阶层炸得粉碎，罗盘打开了世界市场并建立了殖民地，而印刷术却变成新教的工具，并且一般地说变成科学复兴的手段，变成创造精神发展的必要前提和最强大的推动力。"资本主义的生产目的刺激了科学技术的发展，资本家把科技发明作为提高竞争力的重要手段，而雇佣制的工作形式也促使工人提高技术技能。这些都有力地推动了近代科学技术的发展。

（二）自给自足的小农经济和重农轻商政策制约了科学技术的发展

中国封建社会实行的是自给自足的小农经济，这就难以促使商品经济的发展。自给自足的小农经济是一种自然经济形式，以小农业与家庭手工业相结合，以自产自给为生活基本形式。由于缺少交换，手工业和商业缺少发展的市场，不可能形成商品经济，也就阻碍了科学技术的传播和发展。另一方面，农民长期受雇于地主，作为长工或者佣人成为地主阶级的依附，没有人身自由。他们最基本的需求就是维持最起码的生活水平的生存需求。所以，在精神层面上也就缺少对技术革新的动力。

中国是传统的农业国家。农业是本，是国家的经济命脉，占据着主导地位；而新兴的商品经济是末，统治者又长期采用重农抑商政策，奖励农业，限制、压制工商业，对私营工商业者以重税加以控制。所以，社会生产力一直停留在较低下的水平，对科学技术的需求欲望也就不强。这种自然经济形式也就不可能为科学技术的发展起到推动作用。再者，"八股取士"的科学人才选拔制度，也严重制约了科学技术的发展。科举制度以"四书""五经"等儒家经典作为核心内容，以"八股文"形式按套路应对，将读书、应试、做官三者融为一体，从而演变成一种官吏选拔制度，科学技术不能登大雅之堂，并且严加压制。这就从思想层面上制约了科学技术的发展。

（三）重直觉轻实证和重实用轻理论的文化传统制约了科学技术的发展

中国读书人皓首穷经，学习的都是儒家"四书""五经"等经典，践行一种"修身齐家治国平天下"的君子理想人格，而对推进社会发展的科学技术则被划入末技而难登大雅之堂。这是深受中国传统哲学思想一贯主张重人伦轻自然、重直觉感悟轻实践验证的影响。中国古代的建筑、陶瓷和纺织三大技术和火药、指南针、造纸及印刷术四大发明，就是满足于实际应用。《九章算术》中的246个题，都是解决生产生活中的实际问题的应用题。中国古代的科学技术仅仅停留在经验层面，知其然不知其所以然，只停留在表面而不求甚解，很少从理论上作进一步的探索，含有很强的主观臆测。近代科学技术需要的逻辑方法和实验方法在中国古代科学技术中很难出现，也就难以形成以系统的观察实验与严密的逻辑推理相结合的理论体系。宋人朱熹也提出“格物致知”，但不是通过观察与实验来了解事物，而是采取修身养性和静观默念等内省方式去感悟，以达到明心见性的境界。①

中国古代科技文化是中国传统文化的组成部分，对推动社会发展有重大影响，对推进世界科技的发展做出了不可替代的贡献。但是，中国漫长的封建社会、自给自足小农经济、科举考试制度和重人伦轻自然的文化传统阻碍了科学技术的发展，使其在近代远远落后于西方。我们要深入分析制约中国科学技术发展的因素，深刻反思影响中国科技发展的缺陷，制定促进现代科学技术发展的对策与措施，推进科学技术快速发展。

复习思考题：

1. 如何认识传统儒家与道家思想对中国古代科技文化的影响？

2. 对中国古代科技的重整体轻个体、重直觉轻实证、重实用轻理论的特征，你是怎样理解的？

3. 学术界有人把丝绸、青铜、陶瓷和造纸印刷称作新四大发明，认为它们才是代表中国古代科技的最高水平。你对这种观点有怎样的看法？

4. 学术界的“李约瑟难题”：“为什么近代科学只在欧洲文明中发展，而未在中国文明中成长？”对此你是怎样认识的？

---

① 张雁. 中国近代科学技术落后的原因与未来科学技术发展展望［J］. 世界科技研究与发展，2002（2）.

第六章　中国传统艺术

第一节　中国传统艺术的审美特征

中国艺术源远流长，绘画、书法、音乐、舞蹈、戏曲、建筑、雕塑、工艺美术等传统艺术经过长久历史的积淀，深深地透出五千年文明古国厚重的文化底蕴。中国传统艺术种类繁多，在“技”的层面虽千差万别，但在共有的自然环境、共同的社会组成、同样的历史背景下，在思想内涵和审美追求等方面自然而然地具有某些共有特质，并在其自身发展过程中逐渐形成了独特的审美特征。总体而言，大致表现在以下几方面。

一、意象之美

不同于西方古典艺术那般追求科学模仿的具象艺术，也不同于西方现代以来的完全不关注形象的抽象艺术，中国传统艺术是介于二者之间的意象艺术。也就是说，中国传统艺术在创作之初，并不是完全被支配于客观物象之下，也不是完全凌驾于物象之上。艺术家作为艺术创作的主体与客观物象发生情感联系，进而为艺术创作提供形象基础，此时主客观相互交融后的物象亦不是单一的原本形象，而已成为艺术创作的主题元素——意象。意象是艺术家在始见客观物象之初，由有感而发而将主观情思付诸客观物象之中，进而主客观发生情感互动和交融之后产生的。意象一经产生，会触发艺术家更深一步的艺术创作，从触景生情到情景交融，从而达到主客观统一的境界。

以绘画为例，早在唐代的绘画理论中就已对意象有所阐发，比如张璪的“外师造化，中得心源”便简洁地阐明了艺术创作中主客观统一的必要性，这便是绘画创作中意象的产生渊源。后来的郑板桥的“眼中之竹、胸中之竹、手中之竹”更加细致地阐明了绘画创作过程中由初始到构思再到形之于画面的整个过程。这由眼中之竹到胸中之竹的转化过程便是意象的形成过程。从艺术本身的形象特质来看，中国绘画艺术也是意象的，也就是齐白石简而概之的“似与不似之间”。苏轼的“论画以形似，见与儿童邻”，倪瓒的“逸笔草草，不求形似”等画论，都十分鲜明地指出了中国古代绘画的意象性特点。

二、境界之美

这里的境界并非一般认为的技艺的娴熟层面（如老子的“澄怀观道”），而是由技艺而升华的精神维度，庄子的“庖丁解牛”便是由技而艺的经典阐述。到了魏晋南北朝，社会所赋予艺术的态度和功能远超于“游于艺”和“成教化，助人伦”的层面，而是“圣人含道暎物，贤者澄怀味象”，这也奠定了中国画尤其山水画的精神追求，即是对境界、对意境、对格调的追求。此外在中国传统艺术中，除了绘画以外，诗歌、园林、戏剧等均讲求对境界的追求和营造。意境理论的阐发便是由诗歌率先提出。诗歌中对境界的追求的实例俯拾皆是，如柳宗元的那首“千山鸟飞绝，万径人踪灭，孤舟蓑笠翁，独钓寒江雪”。诗歌与绘画相通相融，诗中有画、画中有诗、诗画一体的意境始终是中国文人艺术的最高追求。此外，中国私家园林对于境界的追求也相当深刻，尤以江南园林为代表。园子虽小，但通过走廊迂回、小窗镂空、亭台楼阁、假山树石及楹联书法、诗歌吟唱等所营造的境界氛围却是极其深远的。此外，戏剧中的单鞭执马也是典型例子，舞台上并无实马存在，然手持马鞭，疾步驰骋，便已跨越千里。这些对抽象境界的追求极具审美价值，亦是中国传统艺术中所独有的。

三、线条之美

此处专就造型艺术而言。不同于西方造型艺术讲求对块面的追求，中国的造型艺术对线的讲求达到了极致。就绘画而言，一根细小的线，在中国画的演变发展中就有十八种表现形式，也就是常说的“十八描”。在人物画中，魏晋时顾恺之的铁线描，唐吴道子的“莼菜条”都将线的造型潜质发挥到极致。在山水画和花鸟画中，古人特别讲求对笔墨的表现掌控，这里的笔便是对线的强调。此外，中国艺术中所特有的书法这一艺术形式，完全是线的艺术。每一篇书法作品、每一个汉字的结体构成均由书法家手中的笔所划出的线条完成。一根根看似简单的线，它的长短、曲直、节奏、疏密、浓淡都隐含着极深的审美内涵，都是艺术家主观创造的必备载体，承载着独特的精神特质，这一审美特征是中国艺术中所独有的，也是其他民族难以企及的。

以上从中国传统艺术的内涵追求、艺术形象和形式语言层面对其审美特征进行了粗略分析，然中国传统艺术是庞杂的，是多样的，更是多元的，以上三点不能完全概括中国传统艺术的所有审美特征，但却是中国多数传统艺术所共有，是中华文化经过几千年积淀而形成的独具价值的审美特质。除此之外，中国的“天人合一”的思想对中国传统艺术也影响深远，比如建筑的审美并不仅关注建筑本身，更讲求与建筑所处周围的环境是否协调等等。

进入21世纪这一全球化的时代后，中国传统艺术虽承受着西方文化的强烈冲击，但其本身的审美追求和特有价值在今天仍不断延续，并被赋予更多的时代精神和现代意义。无论如何演变、如何发展，中国传统艺术所具有的审美特征永远深植于中华民族的血液和基因里，从不会被改变且历久弥新。

第二节　中国传统绘画

在中国本土的传统绘画中并无“中国画”这一概念。“中国画”这一名称是近代以来为了与从西方引进的以油画为主的外来画种（简称西洋画）相区别而产生的。中国画以毛笔、水墨等独有的工具绘制而成，以宣纸、绢、颜料等为绘画媒介，水墨画是其典型代表。从题材上看，中国画可分为人物画、山水画、花鸟画等类别；从表现方法和绘画风格而言，可分为工笔、写意、工兼写、白描等；按其展示形式而言，有卷轴、中堂、册页、扇面、横披等。中国传统绘画反映了中华民族独特的审美意识和审美理想，表达了中国人在对待自身与自然、自身与社会等各方面的独特认识，集中体现了中国人共同的审美情感和精神追求。

一、中国传统绘画的发展概况

（一）原始社会时期

中国传统绘画的起源可以追溯到原始社会时期的岩壁画和陶器上的纹样等装饰图案。虽然此时的技法多显稚拙简单，但表达了原始先民对自然、神灵、现实生活的最初的审美记录。其中代表性的岩画有江苏连云港将军崖岩画、内蒙古阴山岩画等。彩陶上的绘画遗存中，以仰韶文化、马家窑文化最具特色，造型简练概括，色彩朴实沉稳，并伴有较强的主观抽象性，奠定了中国传统绘画的审美基调，如《舞蹈彩陶盆》《旋涡纹彩陶盆》等皆属此类。

原始社会时期，是中国绘画的最初始阶段。由于当时生活现状和生产工具等方面的限制，原始绘画虽描绘粗犷简略，但充分表现了原始时期人们最真实的心灵感受和生命气息。

（二）秦汉时期

先秦时期又被称为“青铜时代”，青铜器作为礼器大量存在于上层社会，而这一时期最有代表性的纯粹绘画作品也开始出现。在湖南长沙出土的两幅战国帛画是先秦晚期绘画水平的真实体现，《人物龙凤图》和《人物御龙图》是目前为止所能见到的最早的保存最完好的两幅帛画，这两幅帛画均表现了墓主人死后升天的情形，绘画水平上较之前代在用线、构图上也进步很多。

秦汉时代是中国古代社会第一次大繁荣大昌盛的时期，但绘画作品流传下来的极为少见。秦代由于朝代短促及战火连绵，绘画几无遗迹；汉代的绘画大体可以从画像石画像砖上的图案纹样而一窥风貌。画像石画像砖以现今河南南阳、山东嘉祥及四川地区为代表，以表现农耕社会、礼仪制度、婚丧嫁娶、孝子烈女为主，用线粗辣豪放，构图奇崛多样，阴刻阳刻并存，造型艺术在这一时期的社会教化功能凸显。此外在长沙马王堆一号汉墓中也发现有帛画，此画为“T”字形，分三段描绘，上为天界形物，中为人间生活，下为阴间鬼怪，此图技法熟练，构图讲究，设色多样，显示了当时的绘画水平已达到一定高度。

（三）魏晋时期

从整个中国古代的绘画发展历程来看，魏晋时期是中国绘画的转折时期。社会上战乱频繁，思想上玄学兴起，魏晋风度俨然形成，绘画由之前的“成教化，助人伦”而演变为自觉发展之事，职业画家开始出现。同时佛教的传入和外来画风的影响也带来了这一时期的绘画形质的转变，即山水画萌芽出现。顾恺之是首屈一指的大画家，有“才绝、画绝、痴绝”之称，其代表作《女史箴图》《列女仁智图》《洛神赋图》皆为杰作。顾恺之讲求线条的运用，并通过线条的变化显示出人物的动态。“铁线描”是其常用之描法，其提出的“传神写照”更是对人物画提出了更高层次的追求。作为《洛神赋图》中的背景山水也成为研究魏晋山水的必修之作。此外他还有画论传世，如《画云台山记》《魏晋胜流画赞》皆为名篇。

伴随着绘画的发展，绘画批评理论也开始出现，谢赫《古画品录》中的“六法论”成为衡量中国传统绘画艺术水准的重要评价标准，其为：气韵生动、骨法用笔、应物象形、随类赋彩、经营位置、传移摹写是也。

（四）隋唐时期

隋代展子虔的《游春图》是至今为止保存最完好的最早的青绿山水作品，意味着至少在隋代山水画已由魏晋的萌芽而独立成科。此图中的人物景致安排也改变了魏晋“人大于山、水不容泛”的比例问题，线条精炼、设色淡雅、布局合理，描绘了一幅初春之际人们踏春游玩的情景。

唐代是中国古代绘画各个画种都达到顶峰的时期。人物画家中的阎立本、吴道子、张萱、周昉等，皆为后代竞相效仿的学习对象。唐代人物画如同大唐气象一般，人物形象丰腴肥美、饱满雍容，这也是唐朝以肥为美的审美情趣的体现。阎立本的《步辇图》《历代帝王图》表现了一派宫廷华贵气象，所绘人物不仅是表面的描摹，更是对其心理活动的再现；被称为“画圣”的吴道子描绘形象长袍大袖，风度飘飘，擅画佛教题材，以“吴带当风”著称史册，以《送子天王图》为典型代表。此外他对唐代山水画的变革也影响深远，张彦远有“山水之变，始于吴，成于二李”之说，可见吴道子之功至伟。之后的张萱、周昉这对师徒皆以仕女题材留名于史，表现的是宫廷贵妇的丰腴富态和日常生活。张萱的《捣练图》表现的不仅是一种日常劳作，更是“女德”的象征；周昉的《挥扇仕女图》则表现的是对宫廷贵妃失宠后寂寞空虚、凄凉婉约的精准描绘。山水画方面，李思训父子的青绿山水堪称楷模，被后世称为所谓“北宗”之祖。李思训大青绿着色，在前代的基础上更加发展，他的《江帆楼阁图》，描绘了山水景物、亭台楼室、人物鞍马等，布局妥帖，用笔老辣，设色丰富，同时通过对江水的远阔的表现，也体现出对江天合一、浩渺无尽的意境追求。其子李昭道继承家学，《明皇幸蜀图》描绘了李隆基因安史之乱避难蜀地途中休息的场景，画面上山高险峻、人物众多、色彩富丽，较其父有过之而无不及。水墨山水也在唐代开始出现，以王维为嚆矢，画面水墨淋漓，甚少用色，并始创破墨，丰富了山水画的技法表现。其后张璪同为一脉，他提出的“外师造化，中得心源”成为艺术创作主客观统一的最精道箴言。在花鸟、畜兽画方面，韩滉《五牛图》堪称经典，其描绘了五头形态不同、性情各异的憨牛形象，在形似的基础上更有“传神”的再现。

（五）五代两宋时期

五代两宋时期，人物画方面以顾闳中的《韩熙载夜宴图》为代表，此图描绘了韩熙载因抑郁寡欢、无心政事、沉迷酒色的情形。南唐后主李煜因觉闻韩熙载的日常生活情形，遂令画家顾闳中潜入其宅，画家目视心记，由此图出。画中的韩熙载虽处于夜宴之中，但其心情却与场景不甚协调，因皇帝的猜疑、同僚的排挤致使其难以欢愉。画家技高过人，再现夜宴场景，人物描绘众多，以五个场景充分表现了主人公的内心活动，实为佳作。

此时期山水画大加发展而逐渐取代人物画的主流位置。五代的荆浩、关仝是北方山水的代表人物。荆浩的《匡庐图》描绘的是崇山峻岭，气势雄伟、画幅巨大，其全景构图用笔谨严，山势纹理清晰，真实表现了北方山水的宏大气魄。其弟子关仝继承师学，亦多有传世经典。南方则以董源、巨然为首，作品以平淡天真、温润自然为特色，完全不同于北方山水的风貌。董源的

《潇湘图》，其山势平缓，温润松软，以披麻皴描绘山体，充分表现了南方山水的特质，是后来山水文人的学习模范。其弟子巨然和尚则在继承师学的基础上稍有变化。到了北宋，山水画更是大放光彩，李成、范宽、郭熙各领风骚，均以北方山水为对象。李成以描绘荒寒萧瑟之景为胜，尤其对树的描绘甚有特色，后称“蟹爪”，更加有效地表现了画面的荒寒景象，《读碑窠石图》为代表；范宽是关陕之人，自然描绘山水多，其气势雄伟，《溪山行旅图》全景式构图，山体坚硬气势逼人，绘以雨点皴，充分表现了一派北方大川的雄伟险峻。画中溪流潺潺，行旅漫步，动静结合、虚实相生，实为杰作之上品。郭熙师从李成但又独有创造，他善于描绘四时、朝夕之景，同一景物的四季变化、朝暮有异均在他笔下能完全展现。《早春图》便是其描绘初春时节，大地复苏，冰川融化，树木萌芽的杰出作品。到了南宋，山水画大异于北宋，首先构图由全景变为边角式，且技法上多用斧劈皴，锋利无比，爽朗有致，“南宋四家”的李唐、刘松年、马远、夏圭为代表，其中尤以马远的《踏歌图》为最。此图构图奇崛，用笔干脆，山石锋利，加之山下农民踏歌，一静一动，一实一虚，充分表现山水、踏歌情形的同时更是意境悠远，令人浮想绵绵。此时期的花鸟画以五代黄筌、徐熙为代表。黄筌描绘细致华丽，适合宫廷的趣味，这也是后来北宋画院的学习范本；徐熙则稍见粗放荒寒，故有“黄筌富贵，徐熙野逸”之说。

（六）元明清时期

在元代，骨气高洁的汉族文人多隐逸江湖，畅游山林，寄情书画，这也是文人画由北宋苏轼、文同等人发迹以来达到高峰的时期，尤以元四家为最。黄公望、倪瓒、吴镇、王蒙是元代山水的杰出代表，崇尚韵致温润的文人山水，多以披麻皴描绘山体，这其中黄公望的《富春山居图》、倪瓒的《渔庄秋霁图》最为著名，画面气韵生动，意境幽远，用笔恬淡，墨色淡雅，一派高洁雅致之趣。

明代的绘画主要分为三个阶段：第一为浙派绘画，以戴进为首，崇尚南宋山水，用笔坚挺，院体气息浓郁；第二为吴门画派，以沈周为代表，他继承前代各家之学，广泛吸纳，又游历江南，画面气韵不凡，精巧有致，功力深厚，用笔老辣且不失文人情怀，实为明中期文人山水的杰出代表；第三为明末的董其昌所引领倡导的“南宗”山水为主，因其创立“南北宗论”并崇南抑北，遂独领一时，为清初四王所膜拜的领袖。

在明末清初的交接之际，清初四王崇尚的南宗山水占据官方位置，同时也有浪迹江湖的野逸大家。四僧中的八大山人和石涛历来被竞相摹习，那种野逸之气、压抑之情、不拘成法之魄都可奉为宗师之列。到了清代中期以聚居扬州的众多落寞文人为代表，“扬州八怪”不拘束于官方的统治，自画自卖，各抒己情，其中郑板桥、金农等人皆属此列。海派是清末画坛翘楚，任伯年、赵之谦、吴昌硕等人，在西方文化的冲击之下，匠心独运，创造出别具一格的书画佳品，蔚为大观，独领风骚，为20世纪的现代中国画发展开启了新的一页。

二、中国传统绘画赏析

自古以来，绘画便是人类社会历史发展的形象记录，在欣赏一幅幅传世的作品时，我们势必会被牵引入当时的社会风貌和时代气息当中去，得以认知世界、观照历史。而绘画作为艺术作品也能够给予我们以无尽的审美享受，也使我们在欣赏这些作品的过程中能提高审美能力、滋养人格品行。

（一）山水画赏析

意境是中国传统艺术追求的最高境界。在中国的诗词、京剧、园林中都非常注重意境的营造，山水画也不例外，且是意境表现的重要艺术形式之一。山水画的意境由来是画家在受客观的山水景物触动下，有感而发，触景生情，融汇万物于胸中，并最终以画卷的形式呈现出来。虽然尺寸有限，但在有限的画幅之间却能表现无限的千里山川，最重要的是能令观者在这有限的画幅中产生无限的遐想，感悟到无限的境界，体会到最终极的“道”的存在。此外画中那些巍峨耸立的高山，坐隐亭中的逸者，渔舟唱晚的小舟，小桥流水的居所，又无一不是画家理想中的归隐之地和内在心灵的向往处所。

北宋范宽的《溪山行旅图》极具雄壮的意境之美，整幅作品采用全景式构图，以顶天立地的山体占据画幅三分之二的位置，充分表现了北方关隘地区山势雄伟的特点。山顶紧逼天间，仿佛直插云霄，与天同高。山顶点滴灌木丛生，山体坚硬，采用钉头皴描绘，山间一细小飞瀑直流而下，对比强烈，虚实相生，山下近景溪流湍湍，行旅依稀而行，给这壮美静谧的山景以“动”的因素，动静结合，充分表现了北方山水的巍峨气势，将北方自然山川的雄壮之美表现得淋漓尽致，那高强的山体直逼人的内心，让人过目不忘。

南宋马远同样是营造意境的高手，他最具代表性的《踏歌图》境界非凡。同样，他的《寒江独钓图》亦属此类，画面极其简洁，仅寥寥数笔勾画一坐于小舟之上的老者，水的描绘更是简洁，整幅作品几乎全为空白。有皴必有水，这是中国画中所特有的独到之处，在江天无尽、水天合一的江面之上一老翁垂钓于小舟，引起观者无限的想象——老翁此时正在冥想，正在自在地畅游于山林之中，与大自然亲密无间地融为一体。这境界异常高远，这场景最令人向往，更不由得令人想起柳宗元那首“千山鸟飞绝，万径人踪灭。孤舟蓑笠翁，独钓寒江雪”的千古名诗，正如苏轼所言：“诗中有画，画中有诗。”

山水画是中国所特有的一种艺术形式，它包含了极其深刻的文化内涵和精神追求，不同于西方风景画的再现描绘，它更在于“澄怀观道”，透过山水画去体味蕴含于其中的“道”的奥妙，由此，不论是创作山水画还是欣赏之，必要的甚或极高的思想修养内涵是特别重要的，也因为如此，中国山水画艺术的格调才会上升为以意境追求为目标的精神探索。

（二）花鸟画赏析

花鸟画是中国画中专以“花”“鸟”为主要表现对象的一类绘画，早在唐代花鸟画就已经独立成科。在五代时期就已形成“黄筌富贵，徐熙野逸”的工笔与写意两种风格的并存局面。从花鸟画的表现技法而言，大体可分为工笔花鸟和写意花鸟。

工笔花鸟画在表现技法上尤其讲究白描对对象轮廓勾画时的准确性，张彦远说：“象物必在于形似，形似须全其骨气，骨气形似，皆本于立意而归乎用笔。”可见用笔是工笔花鸟的一大关键点。线条的变化、韵律的把握、造型的准确，一切都是由开始的用笔和线条决定。工笔画对色彩也极为讲究，中国画中的色彩多以固有色为主，不像西方追求环境色、光源色等，要求色彩极力接近物象的原本固有色彩，小心翼翼，细腻工整。有名的如赵佶《芙蓉锦鸡图》，描绘精细，造型谨严，设色淡雅，是工笔花鸟的代表。写意花鸟则不拘泥于细节的精准描画，大笔挥洒，极度抒情，寥寥几笔便能异趣横生，神采奕然，真切抒发了作者的内心情感，最著名的如明代徐渭的《墨葡萄》《杂花图卷》等，充分表现了画家内心抑郁不快，明珠无人赏识的压抑之情。

（三）人物画赏析

人物画是中国画中最早出现并成为主流的画种之一，现今发现的两幅战国时期楚墓的帛画便足以证明。人物画很早便开始萌发，且一开始就确立了中国画所特别倚重的以线造型的绘画手段。在长期的历史发展中，形成了多种题材的人物画，包括宗教人物、现实人物和历史人物等等；从具体的表现技法而言又有写意人物、工笔人物、白描线描人物等。

到了魏晋时期，人物画有了极大的发展，最著名的画家当属顾恺之。他不仅是此时期或者整个中国美术史中最具影响力的画家之一，同时他提出的画论观点也影响深远。“以形写神”“传神写照”“迁想妙得”皆是历来画家的绘画追求。《洛神赋图》是其根据曹植的文学名篇《洛神赋》而作的绘画作品，描绘了一个浪漫而凄惨的爱情故事。该作以长卷的形式把主人公洛神的形象清晰地展现出来，主人公在画面中反复出现，长卷根据故事情节的发展分成若干段，并以文字形式隔开，保持情节连续性的同时又巧妙地以空间艺术的形式表现时间艺术，技法上以“高古游丝描”为主要描法，将人物的面部表情和动作神态精细刻画，线条劲健连绵，高古不凡。

人物画由魏晋的“秀骨清像”特点经隋而至唐便转变为“丰腴肥美”的形貌，以肥为美是唐代的审美趣味，同时也是大唐盛世气魄的体现。唐代的著名人物画多以宫廷后妃为表现对象，周昉的《簪花仕女图》便是一例。该作表现了宫中贵妇寂寞空虚，百无聊赖，心境凄凉的内心世界，虽衣着华贵，衣食无忧，风度翩翩，但失宠后的孤寂内心无人可懂，无人可以倾诉。画家以独特的绘画功力不仅将人物的外部特征描绘得栩栩如生，同时将人物内心的凄凉孤独之感也表现得淋漓尽致。人物画在宗教绘画上也十分繁盛，始于魏晋的敦煌莫高窟壁画就描绘了大量有关佛教的故事题材和天国景象。自佛教传入中土，相应的西域画法也伴随而来。中国是极具文化包容性的国度，西域画法在经历了魏晋的传承以后，至唐代逐渐被本土化，为我所用，这其中的集大成者非吴道子莫属，“吴带当风”流行一时并被后世传颂。北宋武宗元是继承此种风格的突出代表，他的《朝元仙仗图》描绘的是道教诸多神仙朝拜最高神祇的故事。画家以线条的变化刻画出不同身份、不同动态的多个人物，并突出了整个队伍的行进动态。

第三节　中国传统书法

汉字的发明为书法的产生奠定了基础。汉字不仅在思想交流、文化继承等方面承担了重要的社会作用，在漫长的历史演变中还形成了书法这一独特的造型艺术。

一、中国传统书法发展概况

现今看来，最早的书法遗迹为甲骨文。甲骨文是古代先民为了占卜、预测、记事等在骨片上所形成的刀刻痕迹，以殷墟出土的甲骨文为代表，其上文字或对称均衡或错落疏朗或大小有异，表现了刻画者用刀的娴熟程度，是具有极高价值的文化遗存。

先秦时期，出现了以青铜器为载体的金文。青铜器上的铭文多是与青铜器同时铸造而成，因青铜器的礼器作用和地位象征，这些铭文的内容多与诏书、赐命、征战、盟约等相关。著名的金文有西周的《大盂鼎》，此篇金文结体圆润有致，布局谨严平实，用笔方圆并存，是先秦金文的杰出代表。

在西周后期篆书开始出现。秦始皇统一天下后，为沟通之便，统一天下文字，命李斯等人整理并创设小篆作为全国统一用字。小篆一改大篆的复杂不规则，更加整齐划一，适于书写应用。小篆的通行带来了书写之便，同时也逐渐显现了书法的艺术之美。李斯不仅是小篆的创始者，同时也是一位小篆大家，他的小篆起笔落笔浑圆，结体长圆、线条圆畅，柔中带刚，是历代习篆书者的绝对标尺，现今著名的有《琅琊台刻石》等。

汉代书法主要以隶书为主，俗称汉隶。隶书的产生与实际的书写条件大有关系，因当时的书写媒材多以竹片或木片所制的竹木简为载体，制作相当不易，故在一片竹木简中能写更多的字便是最好，由此字的竖划便逐渐变短而横划渐趋拉长，汉字书写便日渐扁平，形成了隶书这一字体。除了扁平，隶书的另一特点便是横划的波挑所形成的“蚕头燕尾”，这是隶书最为典型的特点。汉隶中《西峡颂》为代表，此作古朴浑厚，杨守敬说此作“方整雄伟，首尾无缺失，尤可宝”。此外，在汉代出现了专业的书法家，张芝和蔡邕便是此时期著名的书法大家，尤其张芝的章草书写，发展和完备了汉字的书写字体，其有名的代表作如《终年帖》，笔势连贯，章法合理，跌宕起伏，气脉合一，是不可多得的草书杰作。

魏晋时局动荡，战乱频繁，玄学思想兴盛，大多有识之士隐逸山林，畅饮酒诗，魏晋风度的潇洒之气自然体现在书法上。这一时期的书法代表当“书圣”王羲之及其子王献之莫属，史称“二王”。王羲之官至右军将军，又称王右军，他继承前代诸家之长，增损变通，形成自己独特的“游若蛟龙”的潇洒风姿，他的书法代表了魏晋书法尚韵的精神气质，被称为天下第一行书的《兰亭集序》是其代表作。王献之为王羲之的第七子，他师承家学并有所突破，兼擅各种书体，且都造诣非凡，有“一笔书”之称。王献之的行书《鸭头丸帖》最为著名，气势开张，俊朗爽迈，全帖 15 个字，分两行，共蘸墨两次，一次一行，笔势贯通，墨色自然，由浓而淡，全篇节奏跌宕，变化自然。

隋唐书法名家辈出，是书法史上极其重要的时期。隋朝的智永《千字文》，楷书法度谨严，草书则劲健沉稳，全篇贯通，相互协调，是历代书家的必临之作。

唐朝是大度开张的一代，大唐气韵，法度开明，最为著名的便是“颜筋柳骨”。颜真卿的楷书代表了唐朝书法尚法的气质，其敦厚宽博，外扩有度，也是唐朝精神内涵的艺术表现。他的《多宝塔碑》，结体宽厚，大度包容，又不失法度之气，是历代学习楷书的必临之作。此外他在行书方面也建树不凡，作为天下第二行书的《祭侄文稿》，全篇跌宕起伏，悲愤伤痛之情溢于言表，感情真挚，是行书中的不朽之作。柳宗元也是唐代楷书的另一座高峰，他不同于颜真卿的宽博厚重，而是内收骨干，硬质爽朗，《玄秘塔碑》是其代表作，其结构谨严，笔势劲健，是另一种唐楷的表征。除此之外，唐朝的欧阳询、褚遂良、虞世南、张旭、怀素等也都是唐代声名不凡的大书家，为唐代书法的兴盛做出了自己的不朽贡献。

五代两宋是书法大发展大繁荣的时期。尤其在宋代，书法的尚意性，是文人士大夫精神追求的体现，在北宋出现了代表此时期书法最高峰的书法四大家，史称“苏、黄、米、蔡”，即苏轼、黄庭坚、米芾、蔡襄。如苏轼的《黄州寒食帖》被尊称为“天下第三行书”，此帖为苏轼被贬黄州时过寒食节所发的人生感慨，表达了苏轼此时的悲凉惆怅之情。该篇书法是这种心情下的真实写照，通篇跌宕有致，气势豪放，急速而稳健，气脉贯通，章法合理，一气呵成，是不可多得的行书佳品。此外宋徽宗赵佶的“瘦金体”也是颇具代表性的一支，它是徽宗的独创，其字体劲瘦，劲健有神，独具匠心，自成一家。

经历了魏晋的尚韵、唐代的尚法、宋代的尚意，元代书法则进入了重新选择的境地，尤其在赵孟頫“古意”说的提倡下，书法重新回到以晋唐风范为学习标杆，追溯复古的潮流。但由于距离晋唐时间甚远，加之异族统治的社会复杂性，元代的书法并无太多建树，反而因过于循规蹈矩而缺乏活力。赵孟頫是元代书法的代表者，他各种书体兼擅，尤其楷书形成了自己的“赵体”范式，隽永秀美，华滋圆润，《九成宫帖》是其代表作，对后世影响深远。

明代的书法，主要是官方限定的台阁体的流行。台阁体，谨严过之而生气不足，加之陈陈相因，千篇一律，有卓著创造者不多。至明中叶稍有改观。吴门书派是有代表性的一支，尤以祝允明和文征明两位为代表。祝允明小楷精致典雅，甚得前人之法又自出机杼，《赤壁赋》是其代表作。他的草书墨色淋漓，落笔跌宕，激情四溢，气势豪迈，《手札》则是他不可多得的草书精品。文征明是书画兼擅的大艺术家，在书法上他的楷书最为后人称道，他的小楷清秀雅劲，清润秀丽，《后赤壁赋》是其众多小楷中的杰出代表。

清代的书法基本因袭前代的书法样式，馆阁体盛行。稍有成就者便是清中叶的“扬州八怪”诸家，迥异于官方的陈腐相袭，尤其郑板桥的“六分半书”，独具特色，融各书体之长而又自出胸臆，跌宕起伏，结体怪异而格调不凡，是书写审美与主观性情相融的杰出代表，他的《难得糊涂》是家喻户晓的上品之作。清末碑学兴起，篆书迎来一次高峰，代表者如邓石如，他直取李斯、李阳冰及石鼓文的书风特点并加以改良，在清末帖学兴盛的时期，他专事秦汉碑刻，形成了自己秀美坚韧的篆书风格，是清代书法的一座高峰。

二、中国书法赏析

《兰亭集序》为一代行书楷模。此作是永和九年王羲之与诸多好友在会稽山兰亭下曲水流觞时，为众人所作诗集书写的序言，全篇一气呵成，气脉贯通，隽永俊朗，飘逸潇洒，是历代书家的必摹之作。全篇几十个“之”字，无一字结体笔势雷同，变幻万千，后唐太宗极其喜爱，招致全朝臣子竞相临摹，现今被誉为最忠于王羲之原本的是冯承素的摹本，亦称为神龙本，原迹仍在太宗陵寝内。

此书表现了在暮春之初，“群贤毕至，少长咸集”，作者兴奋之情溢于言表，开始的一个“永”字，便极为精炼。开篇几行用笔细腻，结构多变。随着“此地有崇山峻岭，茂林修竹”一番景物描写，字里行间更透出一种得意与潇洒。最后感慨历史人生，笔法更加简练，仿佛与自然融为一体，全如神来之笔。至此全篇跌宕纵肆、变化丰富，足见一代书圣之风流。

同时，此作品之结构与四平八稳的馆阁体格格不入，字形灵动，不匀称之间，随性赋笔，笔画带有极强的刚毅之力，又与时代风格稍异。西晋士人的觉醒，大多恐怕是清淡无为，避世求全的老庄之道，这些在竹林七贤的身上就可见一斑，而作者却在说“固知一死生为虚诞，齐彭殇为妄作”，显然是想改变什么。其笔力横竖之间，有着极足的隶体风骨，笔力遒劲，实不负“入木三分”之赞。

《祭侄文稿》是唐代颜真卿的传世杰作。文稿前篇部分用笔相较沉稳，作者面对侄儿的头颅，仿佛在平静心情。“维尔挺生，素标幼德，宗庙胡琏，阶庭兰玉，每慰人心”这几个标准的行楷字，像是对季明感到欣慰。进而笔锋一转，柔肠千回，苦痛顿生，用笔时轻时重，情绪顿时如惊涛骇浪，不可收拾，特别是“尔父”两字用笔极重，似乎也想起了自己哥哥的大义凛然！全篇最劲四字“父陷子死”又有多少肝肠寸断，以致后来笔法愈加凌乱，祭文最后已不成笔画，歪斜之间多真情流露。

此篇祭文虽说多处涂改，用笔粗放，但却饱藏几许心血眼泪。在这铮铮铁骨的字里行间，充满了作者对侄儿柔情爱护的真情。笔虽凌乱，但笔意简拓，开张之笔，金石不屈，全文如高空坠石，闪电霹雳，又如绵绵春雨情意不尽，可谓柔中带刚，寄托了正义凌然不可侵犯，士不可不弘毅，任重而道远的情怀。

第四节　中国传统雕塑

雕塑从空间形式上分为三维立体雕塑和平面二维浮雕。制作工艺主要有雕、刻、塑、铸、焊接等。

一、中国古代雕塑发展演变

中国古代雕塑的出现可以推及旧石器时期，当时石器打制已为雕塑的制作开始积累丰富的经验。陶器出现之后，在器物的某些部位出现了雕塑的雏形，如陶人头、兽形壶等。先秦时代的青铜器可以看作雕塑独立形式的形成，其工艺精美，主要以铸造而成的礼器和祭品为主。

秦汉是我国雕塑的发展与成熟时期。秦始皇以武力横扫六国，一统天下，强大的军事力量和对阳刚威武之美的崇尚，奠定了秦代雕塑的基调。秦始皇陵兵马俑打破了西方世界认为我国无写实造型能力的谬见，其历史价值和艺术价值不可估量。汉代的雕塑则不同于秦代的阳刚威武之美，而是延续楚国的浪漫气质，最重要的代表是霍去病墓前的石雕。它不同于兵马俑的整体性，而是单体的石雕刻画，运用原有石材的模样，稍加人工雕饰却栩栩如生，作品充满了写意性和象征性，对于氛围的刻画恰到好处。《马踏匈奴》表现了战马脚踩匈奴，威风凛凛的气魄，匈奴则手持弓箭，抬头求饶，表情生动而姿态鲜活。《伏虎》就整块石材的原貌而稍事雕琢而成，全身在一条直线上，似在积蓄力量而会突然出击一般，将内在精神刻画得恰到好处，实为呈现汉朝浪漫气息的代表之作。具有同样艺术气息的雕塑还有在四川出土的东汉说唱俑。这件陶俑不仅有对说唱人物的简单塑造，还重点刻画说唱者在高潮刹那眉开眼笑、手舞足蹈的情景，将现场气氛表现得淋漓尽致。此外，还有著名的《马踏飞燕》，作者“异想天开”，巧妙地将马的疾驰凌驾于燕子之上，更加符合速度的要求，加之马的四蹄的摆布，显得生动非凡，着实是千里马的艺术呈现。

魏晋南北朝时期，由于佛教的传入，大量的宗教雕像出现在佛教石窟中。敦煌石窟、龙门石窟、云冈石窟等都开凿兴建，并在唐朝达到顶峰。这时期的佛教雕塑由之前的西域风格逐渐本土化，形成了独有的民族风貌。除佛教造像之外，陵墓雕刻仍然十分盛行活跃，尤其是墓前神兽的雕刻极为精湛。有名的如永宁陵的麒麟雕像，这尊麒麟刻有双翼，昂首阔步，体态颀长，纹线清晰，是难得的精品佳作。

经过隋代的短暂过渡，雕塑在唐朝迎来了全盛时期。唐朝的雕塑也主要分为陵墓雕塑和佛教石窟造像。唐太宗墓前的昭陵六骏是杰出的精品。此乃李世民生前南征北战所骑的六匹战马，它们分别是飒露紫、拳毛騧、青骓、什伐赤、特勒骠、白蹄乌，李世民对其珍爱有加，生前便早已命人为六匹战马制作高浮雕。其中三匹奔驰，三匹站立，以简练明快的线条和传神肖似的造型，真实刻画了唐朝战马的形象，似乎唐太宗英勇善战的帝王形象再现眼前。在佛教石窟造像方面，洛阳龙门石窟的卢舍那大佛极具代表性。“卢舍那”是光明普照、光辉普遍的意思，该尊佛像是整个龙门石窟中最为壮丽的一尊，造型雄伟，明静秀丽，高贵华容，表情祥和，集中体现了大唐艺术的内在精神。唐代雕塑艺术中规模最大的莫过于敦煌莫高窟了。比较典型的如45窟菩萨像，该尊菩萨为彩塑，色彩精美，造型严谨，姿态婀娜，凤眼半闭。菩萨由男性变为女性，体现了佛教美术本土化、世俗化的特征。此外四川的乐山大佛，气势雄伟，体态庞大，利用整山开凿且与山体周围环境相互协调，是极具审美价值的杰作。

五代两宋至明清是整个佛教雕塑和其他雕塑的衰退期。出现这一现象的原因有佛教传播的势力衰减，文人士大夫审美价值的提升等，尤其后者对中国雕塑产生的影响甚大。文人士大夫自命高洁不凡，难以与从事泥瓦匠之类的苦力工合为同类，大力贬低这些无文化、无学识修养的民间工匠。即使有相当作品，由于年久损坏加之无文献记载，也难以寻踪。自这时期至清末，卓有建树的雕塑，有济南长清灵岩寺的彩塑。此彩塑等人大小，造型准确，色彩朴雅，人物塑造传神，极具真实感，是不可多得的古代写实雕塑，体现了写实塑造的高超水平和能力。此外，民间艺人的雕塑制作中最有名的非天津“泥人张”莫属。传说“泥人张”能在与人交谈之际，于袖口之下偷偷塑造，不一会便有绘声绘色的传神之作出现，令人叫绝。他的代表作《渔樵对话》极具写实功力，描绘的是渔夫和樵夫对话畅谈天地义理的故事。渔夫的鱼篓、樵夫的干柴以及须发等都为真实物件，两人交谈的情状传神至极，似乎重现于眼前，惟妙惟肖，栩栩如生，是体现我国古代民间艺人高度塑造水准的杰出代表。

近代以来，雕塑的发展有了新的气象，留洋海外的雕塑家创作颇丰。这期间，滑田友、刘开渠、李金发、王临乙、潘鹤等，接受了西方的造型观念的影响，创作出了《蔡元培像》《人民英雄纪念碑》《艰苦的岁月》等雕塑佳作。

二、中国古代雕塑赏析

中国古代的雕塑艺术中最具代表性的当属陵墓雕塑和石窟造像。陵墓雕塑以秦始皇兵马俑为代表，石窟造像则以云冈石窟为典型。

秦兵马俑坑位于秦始皇陵东垣外 1 225 米处。在 20 000 多平方米的地宫内，严整地排列着 8 000 多尊形象丰富、气势雄伟的兵马俑，形成步、骑、弓、车兵统一组合的庞大兵团。秦俑均以秦军真实的战士为模特，通过精心的塑造显示出不同身份人物的性格特征和精神风貌，使得众多人物形象无一雷同，具有丰富精微的艺术表现力。如将军佣的形象总体上面容端庄，身躯魁梧，巍然伫立，有非凡的神态和威严的魅力。具体的各个人物又各有特征，有的面型修长，一把长须；有的髭须飞卷，目光炯炯；有的稳健风雅；有的威猛豁达。一般战士的神态更是多种多样。有的眉宇凝聚，显得意志坚定而刚强；有的五官粗犷，性格憨厚淳朴；有的舒眉秀眼，性格文雅；有的注目凝神，机警聪颖。总之，制作者能抓住不同身份人物的性格特征而着意刻画，塑造多种多样的人物典型，并通过庞大的阵容体现出强大的视觉冲击力，使它成为令人叹为观止的奇迹。同时，这个秩序井然的组合体以千军万马压境的磅礴气势，更表达了王权对永恒、稳定、一统的追求。

秦俑整齐划一的排兵布置，严谨写实的造型样式，气势恢宏的军队规模，真人等大的塑造模式，真实再现了秦朝的金戈铁马以及战无不胜的英勇伟绩，同时也是秦始皇意欲再征天下的伟大心胸的真实体现。

云冈石窟是我国四大著名石窟之一，造像众多，气势伟岸，涵盖内容丰富，是中国古代石窟雕刻艺术的集中代表。云冈石窟不仅造像本身富有特色，它还完备地呈现了印度和中亚等西域地区的佛教艺术向中国传入并最终被中国本土所融化吸收的演变历程，显示出佛教造像在中国世俗化、本土化的历史过程。云冈石窟按其开凿时间而言可分为早、中、晚三个时期，每一时期各具特色。早期主要以西域风格为主，由于佛教刚刚传入中土，佛教造像的样式多沿用西域模式，纯朴浑厚，气势宏伟。中期开凿的石窟中造像则逐渐褪去浑厚磅礴的气势，更显精致细腻，尤以装饰华贵为特色，淡化了西域造像的风貌特征而更显中土化。晚期的造像如同其他石窟一样，艺术表现力逐渐衰退，石窟的规模，佛像的大小，都已不复当初。虽然如此，但所雕刻人物仍然俊秀隽永，风骨飘逸，是整个北方石窟艺术的楷模，同时也预示着“秀骨清像”的人物造型风格的滥觞。此外，石窟中的关于宫殿建筑的雕刻式样，以及由此而生的中国本土式佛像龛，在后来的寺庙建造中得到大量应用。云冈石窟后期的窟室布置安排、装饰纹样等，也都凸显出佛教艺术中国本土化的特点。总之，云冈石窟融汇了多种艺术风格和多个时期和地区的造像艺术，并最终以中国风格蔚为大观，它是石窟造像“中国化”的典型代表。

第五节　中国工艺美术

工艺美术兼具实用与审美的双重功能。从远古时期开始，先民们就已经开始参与到工艺美术的制作之中，经过历朝历代的发展，工艺美术形成了极为丰富的门类，其精湛的工艺和纷繁复杂的形式显示了中国民众独特的生活智慧和强大的艺术创作力。

一、中国工艺美术发展概况

旧石器时代的打制石器是这一时期的主要工艺品，其形式以实用为主，那些兽牙、钻孔贝壳则逐渐满足了先民们对审美装饰的需求。新石器时代石器工艺有了大幅度进步，石器的制作由打制改为磨制，石器更加光滑、规整、均衡、美观，有的甚至钻孔，石器逐渐由实用的属性过渡到更多审美性的层面，有的已经上升为礼器。随着定居生活的开始，先民们对容器的需求日增，加之对火的掌控能力加强，陶器制作开始出现。如同石器的发展一样，最初的陶器主要是满足对水、食物等的储存需求。随着生活的发展、技术的进步、思维的健全和需求的广泛，陶器制作的器形、大小以及外部的装饰也逐渐变化，彩陶开始出现。相比素陶的简约朴素，彩陶更具艺术性。黄河流域的仰韶文化是彩陶的主要聚集地，这些彩陶质地更加细腻，类型更加繁复，装饰性也更加突出。它们多以红黑赭黄白等颜色绘制纹样，造型概括简约、浑朴天真，有几何、植物、动物、人物等纹样，是史前美术中最精美、最丰富、成就最高的艺术形式。彩陶纹样的主观抽象性的特性也奠定了我国艺术的创造基调，说明中国艺术一开始便不像西方那般追求逼真写实的科学性再现艺术。现存的具有代表性的彩陶如《三鱼纹盆》《人面鱼纹盆》《人头形器口彩陶瓶》等，均是极为珍贵的文化遗产，是远古时代先民智慧与劳动的结晶。这一时期，黑陶也相继出现，它质地细薄、黝黑发亮，是先民在技术层面进步的又一体现。

先秦又被称为“青铜时代”。从夏朝开始人们就掌握了完备的青铜冶炼技术，进入商朝后青铜工艺更高度发达，制作的器物之大，装饰纹样之多，工艺之精良，史无前例。当时的青铜器是社会等级、地位分化的象征，同时也是宗教活动的祭祀用品。出于装饰、图腾信仰等目的，制作者将各种图案纹样装饰于青铜器上，其纹样大多狰狞、恐怖、威严，尤以饕餮等猛兽为代表，使人看来不寒而栗。四羊方尊、后母戊鼎是极具代表性的两件青铜器，此两鼎也是统治者权利身份地位的有力象征，纹样繁复，体积庞大，在人类造物史上极为罕见。此外漆器在商代也开始出现，并在春秋战国时期逐渐繁荣。漆器以其轻巧、方便使用、装饰华美等特点成为当时主要的手工业品种之一。在山东出土的东周漆盘上的家居宴乐图等，制作精良，造型奇特，装饰华美，具有极高的实用与审美价值。

秦代立国时间较短，基本是延续、提升战国时期在青铜、制陶、漆器等方面的技术。汉代是中国工艺发展转折的时期，青铜器的制作更加娴熟且努力向日常生活方面延伸，铜镜、铜灯、铜鼓等相继产生，制作精良、华贵富丽，或施以鎏金，或饰以金银。有名的如《长信宫灯》，它可以改变照明方向，同时无烟雾污染，将人与物巧妙合一，独特的造型设计，极具匠心，是兼具科学、工艺与审美于一体的杰出代表。同时，汉代的丝织工艺也有了很大发展，锦、纱、绢、绫、罗等相继出现，品种繁多，纹饰多样，如流云纹、动物纹、花卉纹以及吉祥文字等，《万世如意锦》《登高明望四海锦》等皆为极富特色的代表作品。

六朝时期，由于战乱频繁，北方大量人口迁移南方，促进了各地区间工艺技术的交流。魏晋开始有了瓷器的生产，最早的瓷器是青瓷，主要的产地在浙江地区。这一时期的青瓷器物品种繁多，壶、罐、碗、杯、盘等多有出现，取代了汉代青铜器而开始在日常生活中大量使用。河北景鼎封氏出土的《莲花尊》极具代表性，这一瓷尊设计新颖、以器腹为中心，匠心独运，下部饰以向上的三层莲花瓣，上部则饰以向下的三层莲花瓣，层层相连，是一件难得的瓷器珍品。

隋代虽只有短短的二十几年，但为唐朝的发展起到了推动作用。在工艺美术中，隋代的一大贡献便是完成了白瓷的烧制。白瓷质地白皙，剔透无瑕，亦为此后彩绘瓷的发展奠定了坚实的基础。

唐代是工艺美术大繁荣的时期，陶瓷方面有青瓷、白瓷、花瓷、唐三彩等，并且形成了各地不同的风格。白瓷以邢窑为最，胎质厚而细腻，瓷质坚硬，素白大方，不加纹饰，器底多璧形圆圈，史称“玉璧底”。唐三彩是唐朝制陶的一大发明，它色彩富丽，造型优美，因多用黄绿褐等色釉而得名。其所制物品众多，人物、动物、器皿多有涉及。染织工艺在唐朝也十分发达，丝织品种类繁多，制作工艺精良，追求色彩的华丽富贵，唐锦中的《花鸟纹锦》纹饰繁杂，色彩斑斓，清新华美，是不可多得的精美之锦。印染术也得到了显著提高，印染方法众多，有蜡颉、绞颉、碱印等方法。

宋代陶瓷形成了几大名窑，如定窑、汝窑、钧窑、官窑、景德镇窑等，各个窑烧制的瓷器各有特点，是中国陶瓷烧制的繁荣鼎盛时期。定窑胎质坚细，器体微薄；汝窑装饰细腻，釉色华美；钧窑多彩釉色，朦胧浑厚；官窑造型端庄，釉色晶莹。景德镇窑的青白瓷，品种繁多、制作量大、质地坚实。比较典型的代表作品如《汝窑青瓷瓶》《官窑瓜棱直口瓶》等，都是珍贵的传世名作。

元代在工艺美术方面的贡献是青花和釉里红的成功烧制。青花瓷高洁雅致，改变了以往的刻花、印花堆塑为主的陶瓷装饰方法，代表作如《青花瓷鸳鸯莲纹盆》；釉里红以铜红着色在胎上直接画花，一次烧制而成，与青花同属釉下彩，代表作如《青花釉里红雕花罐》。

明代在陶瓷、染织等方面都有所发展。景德镇成为全国制瓷中心，器物之多，种类之繁，数量之大，皆居全国首位。明朝的家具工艺之精美，造诣之高超，可以说史无前例。明式家具主要以框架式样为主，线条流畅，造型优美，做工巧妙，风格雅致，在世界上享有盛誉，尤其以黄花梨、紫檀所制作的家具更是美不胜收，代表作如《黄花梨高靠背椅》《紫檀花桌》等。

清朝在陶瓷制作上仍以景德镇为重镇，色釉十分发达，制作精美，极其华贵。值得一提的是清代的刺绣工艺，达到了极其发达的程度，形成了各地不同风格的刺绣基地，如苏绣、蜀绣、粤绣、湘绣等。苏绣针法丰富，多达40余种，苏绣多用留水路的分色方法，物象变化大，装饰性强，色彩典雅和谐。蜀绣富有浓郁的民间气息，淳厚朴实。粤绣多用金线刺绣，也多用垫绣，物象立体感强。湘绣物象刻画生动，写实效果较强，源于民间农村，多以动物为表现题材。

二、中国古代工艺美术赏析

先秦“青铜时代”创造了极其丰富多样的各类青铜器物，最具代表性的当属现存于中国国家博物馆的后母戊鼎。

该鼎是迄今为止发现的最大的青铜制器皿。后母戊鼎是周王为祭奠缅怀其去世的母亲而铸造，体量巨大，雕饰繁复，刻画了大量狰狞的饕餮纹饰，威严庄重，做工精良，极尽奢华之能事。鼎身四周铸有精巧的盘龙纹，耳郭饰有虎咬人头纹，耳的上面还有两尾鱼形，足上则铸蝉纹，通体造型厚重典雅，气势恢宏，方正之间给人以无限的压力和尊崇之感。该鼎原名为“司母戊鼎”，后经专家学者的一并考订，深觉“后母戊鼎”更切合周王祭母的心意。作为国家博物馆镇馆之宝的后母戊鼎体量巨大，同时期和后世再难有此鼎出现，是先秦时期中国先民的智慧结晶，集中代表了高度发达的商代青铜文化，显示出商代青铜铸造业的生产规模与杰出的技术成就。

在古代工艺美术的众多门类中，最令人叫绝的当属中国所特有的瓷器。

瓷器是中国的伟大发明，历史久远。瓷由陶而来，较之陶在材料和制作工艺上要求更加严苛。青花瓷的烧制成功在中国陶瓷史上意义非凡，尤其元代青花瓷以其质地温润，色泽青华，描绘细致，造型优雅为历代宫廷和文人所珍爱。《青花瓷鸳鸯莲纹盘》是元代青花瓷中极具代表性的作品。此器造型大方简洁，规整美观，是元代盘式的典型之作，绘画精巧，构图谨严，盘内侧串枝花一周，六朵牡丹相间点缀在枝茎上，盘中心描绘鸳鸯戏莲的主题纹饰，盘外侧也是牡丹环绕，与内侧相呼应，此器青花色泽艳丽，釉质细腻，是元代景德镇烧制的少有的难得上品，更为元青花瓷的精粹和代表作。

宗白华在论及中国美学意境时说："艺术的境界既使心灵和宇宙净化，又使心灵和宇宙深化，使人在超脱的胸襟里体味观察宇宙的深境。" 熊秉明先生言："中国传统哲学家的终极目的不在于建造一个庞大精严的思想体系而是在思维的省悟贯通之后返回于实践生活之中。"可以说在中国传统文化中，道德、哲理、艺术、生活是一而不是多，艺术是哲理的艺术，生活是德性的生活，哲理使艺术深化，艺术则更使生活美化。

复习思考题：

1. 简述中国传统艺术的审美特征。
2. 王羲之《兰亭集序》赏析。
3. 请对云冈石窟进行赏析。

第七章　中国传统社会生活

中国这样一个文明古国，亦是悠久饮食文化之境地，不仅有着灿烂丰富的饮食文化，还有凝结渗透了“天人合一”哲学与美学观念的服饰文化以及“一方水土养一方人”中透露出的不同民俗、文化与人的精神内涵，更有在各个历史阶段人们祭祖、拜月、踏青、登高、折柳驱邪……这样大多数人约定俗成的习惯性定势的节日节庆文化。男耕女织，日出而作、日落而息，春种秋收，守望相助，田园牧歌等等，都代表了中国传统文化重要的一部分——社会生活文化。

本章将主要从服饰文化、饮食文化、民居建筑以及节日节庆文化等方面，对社会生活文化中的方方面面为大家做逐一介绍，从而从衣食住行娱乐的点点滴滴中展现出世代相传的传统风俗文化。

第一节　绚丽斑斓的服饰文化

可以说，自从有了人类，便有了服饰。在西方传说中，自从亚当夏娃偷食禁果后，用树叶遮羞，这便是最早的服饰了。服饰可算是人类作为百灵之长所特有的劳动成果，既体现着人类物质文明的发展水平，又体现着人类社会的精神文明。服饰的出现是人类文明进步的一大标志，同时也是人类抵御严寒酷暑的重要手段。

中国是世界四大文明古国之一，古代文明在世界文明史上占有极其重要的地位，在悠久的历史和灿烂的文明的引导下，民族服装曾有过高度发达的时期，有着“衣冠大国”的称谓。我国又是个多民族共处的国家，各民族服装既相互影响又相互联系，既自成体系又独立发展，从而产生了具有独特东方韵味的服装体系。纵观人类文化的发展历程，不难看出服饰文化是人类世界和历史的一项重要活动。服饰作为社会文明的重要表现形式之一，它的内涵总是渗透在各个历史时期的社会活动中，是时代政治、经济、文化的产物，与人类数千年的文明史紧密相连。

一、古代服饰文化面面观

服饰是人们内在思想情感、审美的外化表现形式，是一种文化在服装上的体现和传承。几乎是从服饰起源的那时开始，它就作为一种符号，集中体现着人类的生活习俗、审美情趣、色彩爱好，以及种种文化心态、宗教观念，构成了服饰文化精神文明内涵。若把“服饰”一词分解为“衣服”“服装”和“装饰”的话，应该先有衣服，后有装饰用的饰物。在漫长的中国古代史中，服装这一文化符号，往往是身份地位的象征，代表着某个人的政治地位和社会地位，同时提醒人们恪守本分，不得妄自僭越。服装制度成了社会政治秩序的一部分，成为帝王为君之道中必须关注的内容。可以认为，在中国古代，服装不仅仅是用来保暖避寒，更是社会政治的一部分，其重要性是现代社会难以想象的。

装饰品的起源晚于服装，始见于旧石器时代晚期。《后汉书·舆服志》说：原始人“见鸟兽有冠角髯胡之制，遂作冠冕、缨、蕤，以为首饰。”山顶洞人除以石珠、海蚶壳为装饰品外，也会用兽牙、鱼骨来装饰自己。“这些东西最初只是作为勇敢、灵巧和有力的标记而佩带的，只是到了后来，也正是由于它们是勇敢、灵巧和有力的标记，所以开始引起审美的感觉，归入装饰品的范围。”除服装上和头部之外，人类出现较早的装饰物还有耳饰、项饰、戒指和手镯等。耳饰有坠、环、管等多种。

在装饰上，中国人自古重玉，认为君子如玉，将玉赋予人格象征。春秋战国时，上层人士不论男女，都须佩带几件或成组列的美丽雕玉。贵族为示勇武兼用自卫还必佩带一把镶金嵌玉的宝剑。除了佩玉，服饰上的不同装饰也往往是辨别身份的标识。辽代以丝绸官服上山水鸟兽刺绣纹样区分官品，发展到明清则以官服补子上的飞禽走兽标识等级。金代以官服上花朵纹样大小定尊卑，品级最低的用无纹或小菱纹。而龙这一中华图腾则逐渐发展成为皇帝的专有标识。

二、中国古代服饰演变传承

中国古代服饰的历史源流，若往古代典籍中探寻，往往归于具有浓郁神话传说色彩的三皇五帝。而对照考古成果，服饰应该起源于距今五六千年前母系氏族公社的繁荣时期。这个时期内出土的文物有纺轮、骨针、网坠等，以及有纺织物的残片。一些原始绘画艺术也可以成为服饰起源的佐证。如甘肃出土的彩陶，其上的陶绘已将上衣下裳相连形象而生动地描绘出来。

殷商时期，随着青铜器的使用与生产工具的改善，社会生产力迅速发展，极大丰富了物质文明，更孕育出比原始社会更加灿烂的精神文明。甲骨文中出现了与服饰相关的象形文字，如桑、麻、帛等。同时，随着生产力发展和社会分工，服饰礼仪不仅仅体现着时代审美，有着明显的时代烙印，更成为统治阶级的工具，成为阶级分化的一种标志。

到了周代，冠服制度在商代基础上进一步发展完善。等级尊卑的区分，反映在服饰上，有各种不同功能的服饰，如祭礼服、朝会服、从戎服、吊丧服、婚礼服等，不同等级的人又有各自不同的功能服饰，不得逾越改变。这些上至天子、下至庶民都必须遵循的服饰之礼，甚至被沿用于商周以后两千多年的中国封建社会。

春秋战国时期，礼乐崩坏。至战国七雄崛起，各自独立，不再遵循周礼及受百家争鸣之风影响，在服饰上也各显风采。其中除秦国因处西陲，与其他六国有差异外，其他六国服饰大多奢侈。如春申君的三千食客中的上客均着珠履；卫王宫的卫士穿黑色戎衣等。

汉初服饰，与民无禁。西汉虽有服饰制度，但也不甚明白，大抵以四季节气而为服色之别，如春青、夏赤、秋黄、冬皂。汉代妇女日常之服，则为上衣下裙。

魏晋南北朝不仅是社会大动荡、民族大融合的时期，也是古代服装大变动、大融合的时期。随着五胡乱华，大量的胡人迁往中原，胡服成了时髦服装：紧身、圆领、开叉。朝服同于汉代，天子与百官之朝服以所戴之冠来区别，亦都有五色朝服。

隋唐时期因为中原与西北各民族的交往更加频繁，因此，文物中常见唐人著胡服装束。隋唐时妇女的日常服饰是衫、袄、裙，上身着襦、袄、衫，下身束裙。裙以红色最流行，其次是紫、黄、绿。唐代妇女的鞋子多将鞋头作凤形，尺码同男子相似。宫人均着红棉靴，歌舞伎者也都着靴。

宋代，北方大片土地沦为契丹、女真统治区，服饰也因其政治和经济因素而发生交互影响。宋代妇女的日常服饰，大多上身穿袄、襦、衫、背子、半臂，下身束裙、裤。其面料为罗、纱、锦、绫、绢。尤其是裙子颇具风格，其质地多见罗纱，颜色中以石榴花的红色最注目。褶裥裙也是当时裙子中有特点的一种，有六幅、八幅、十二幅不等，贵族妇女着裙的褶裥更多。

元代，蒙古人统治中原，所以元代的服饰比较特别。如蒙古人多把额上的头发弄成像桃子般的一小绺，剩余则编成两条辫子，再绕成两个大环垂在耳朵后面，戴笠子帽。元代人的衣服主要是质孙服，较短的长袍，比较紧、比较窄，在腰部有很多衣褶，这种衣服是为了适应作为马上民族的蒙古人可以非常方便地上马下马。

朱元璋借农民起义推翻元、建立明帝国后，为进一步迅速消除蒙古人影响，禁胡服、胡语、胡姓，继而又以明太祖的名义下诏：衣冠悉如唐代形制。明朝不论是皇帝冠服还是文武百官服饰，其样式、等级、穿着礼仪不可不谓繁缛。日常服饰往往都有明文规定。明朝皇帝姓朱，遂以朱为正色，又因《论语》云“恶紫之夺朱也”，官服中紫色废除不用。明朝官服最有特色的是用“补子”表示品级。补子是一块40~50厘米见方的绸料，绣上不同飞禽走兽纹样，再缝缀到官服上，胸背各一。文官的补子用飞禽，武官用走兽，各分九等。明人平日里常穿的圆领袍衫则凭衣服长短和袖子大小区分身份，长大者为尊。明代的妇女服饰规定民间妇女只能用紫色，不能用金绣。袍衫只能用紫绿、桃红及浅淡色，不能用大红、鸦青、黄色。带则用蓝绢布。另外，明代的衣衫已出现用纽扣的样式。

清代为加强统治，“留发不留头”，按满族的习俗制度实行剃发改服，但主要针对男子服装。而女装，满汉发展不一。在康雍时期，汉族妇女还明显沿用明代款式，时兴小袖衣和长裙。乾隆以后，女装渐肥渐短，袖口日宽，再加云肩，花样不断翻新，到晚清时都市妇女多已去裙着裤，衣上镶花边。而满族妇女则着“旗装”，梳旗髻，穿“花盆底”旗鞋。至于后世流传的所谓旗袍，曾长期主要用于宫廷和王室。清代后期，旗袍也为汉族中的贵妇所仿用。到民国，旗袍更进一步根据时代审美不断变革。

三、从“头”说到“脚”

（一）头上的讲究

在古代，帽子其实就是最古老的一种“头衣”。头上系的装饰物，就被称为“头衣”。

相传，在黄帝时期，它才真正出现。古代劳动人民在地里进行劳作的时候为了尽量避免炙热太阳炎热的光照而发明了用布来包头。布裹脑袋，冬夏都用得着。但是毕竟很不美观，于是人们发明了美观又实用的帽子。

但在一个很长的时期里，并没有“帽”这个字，而一直沿用头衣的称呼。直至秦汉时期，依然称呼为头衣。因头也作元，头衣也称元服。《左传·僖公三十三年》记载：“先轸（晋大夫）免胄入狄师，死焉。狄人归其元，面如生。”《仪礼·士冠礼》记载：“令月（好月份）吉日始加元服。”郑玄注：“元，首也。”《汉书·昭帝纪》记载：“［元凤］四年春正月丁亥，帝加元服。”元服一词后传至日本，逐渐发展成为男子成人礼的一种代称。上古贵族男子虽无帽而只有头衣，如若细分，却有冠、冕、弁等不同类型。

1. 冠

冠，是一般贵族所戴的普通帽子。男子二十岁行冠礼。《礼记·曲礼上》记载："男子二十，冠而字。"少年经冠礼方始成人，社会和家庭就按成人的标准要求他了。正因为如此，所以古人把戴冠看成是一种"礼"。《晏子春秋·内谏下》云："首服（元服）足以修敬，而不重也。"《晋语》云："人之有冠，犹宫室之有墙屋也。"于是冠就成了贵族的常服。卫国内乱，子路被人砍断了系冠的缨，他说："君子死，冠不免。"于是，停止战斗"结缨"，结果被对方趁机杀死，可算是遵循冠礼的一种极致（《左传·哀公十五年》）。在当时的贵族社会中，当冠而不冠是"非礼"的。例如《晏子春秋·内篇杂上》载："［齐］景公……被发，乘六马，御妇人，以出正闺。刖跪击其马而返之，曰：'尔非吾君也。'景公惭而不朝。"（闺：宫门。刖跪：因罪被砍去脚的人，这里指受过刖刑而守闺门的人。）不仅帝王将相如此，有"教养"的平民也如此。《后汉书·马援传》载，马援未做官时"敬事寡嫂，不冠不入庐"。

冠为贵族男子成年所必戴，也就成了他们区别于平民百姓的标志，逐渐成为达官贵人的代称。李白《古风》二十四有云："路逢斗鸡者，冠盖何辉赫。"（盖：车盖。）鲍照《代放歌行》曰："冠盖纵横至，车骑四方来。""冠"也可是成人的代称（当然通常不是庶人），与"童子"相对。《论语·先进》有云："冠者五六人，童子六七人，浴乎沂，风乎舞雩。"《曲礼上》又说："人生十年曰幼，学；二十曰弱，冠。"意思是从十岁到不满二十是幼年，任务是学习；二十至二十九岁是弱年，进入这个阶段时要行冠礼。后代即以"弱冠"连称表示年岁。王勃《滕王阁序》有云："等终军之弱冠。"按《汉书·终军传》载，终军年十八选为博士弟子，谒者给事中，几年后，"自请愿受长缨，必羁南越王而致之阙下"。王勃所说的"弱冠"就是指二十多岁。同时，因为戴冠就要束发，所以古人又用"结发""束发"表示二十岁。如《史记·主父偃列传》说："臣结发游学四十余年。"陈子昂《感遇》三十四则说："自言幽燕客，结发事远游。"

在古代中国，只有四种人不戴冠：小孩、罪犯、异族人和平民。

2. 冠的形制和部件

古代冠跟后代的帽子形制相差甚远。冠并不像现在的帽子那样把头顶全罩住，而是有个冠圈，上面有一根细细的冠梁，从前到后覆在头顶上，其作用主要是为把头发束缚住，同时也是一种装饰。这跟现在的帽子也存在明显不同。

戴冠时，先把束在一起的头发盘绕在头顶处形成髻，再用𦅃把头发包住，然后加冠、笄、簪。缅后来又写作纵。这是一块整幅（二尺二寸宽）六尺长的缁帛（黑帛）。因为戴冠必先以缅韬发，所以古人有时以缅指冠。例如，扬雄《解嘲》记载："戴纵垂缨而谈者皆拟于阿衡。"戴纵即戴冠。阿衡是商汤的宰相伊尹，这句是说士大夫们都把自己比成古代的贤臣。

笄与簪是一个东西。先秦时叫笄，从汉代起叫簪。笄、簪的作用是横插过头发与冠冕，使之固定。专用以固定头发的是发笄，固定冠冕的叫衡（横）笄。杜甫《春望》道："白头搔更短，浑欲不胜簪。"头发短而稀少了，插簪就有了困难。

笄、簪多为竹制，所以偏旁从竹。造型上是根细长钎子，一头锐，一头钝，钝的一头有装饰。为了防止冠冕掉下去，在冠圈两旁有丝绳，可以在颔（下巴）下打结，把冠圈固定在头顶上。这两根丝绳叫缨。缨关系着冠的固定，所以子路的缨被砍断后，他为了不"免冠"才"结缨而死"。缨打结后余下的部分垂在颔下，称为緌，也是一种装饰。系冠还有另外一种办法，即用丝绳兜住下巴，丝绳的两头系在冠上，这根丝绳叫做纺。

簪与缨既为戴冠必不可少的组成，所以在古代文学作品中常以其指代冠和戴冠的士大夫。如杜甫诗："空余老宾客，身上媿簪缨。"朱敦儒《相见欢》："中原乱，簪缨散，几时收?"陶潜《和郭主簿（其一）》："此事真复乐，聊用忘华簪。"鲍照《代放歌行》："冠盖纵横至，车骑四方来。素带曳长飙，华缨结远族。"

3. 冕、弁

冕，《说文》有云："大夫以上冠也，邃延垂旒统纩。"延，又写作綖，是一块长方形的版。邃意深远，这里指其长形，延覆在头上。旒，又写作璲，是延的前沿挂着的一串串小圆玉。纩是系在冠圈上悬在耳孔外的玉石，通常叫做瑱。统是垂在延的两侧用以悬纩的彩绦。旒、统、纩都是冕的部件。

冕是天子、诸侯、大夫的祭服，后来只有帝王才能戴冕有旒，于是"冕旒"就成了帝王的代称。王维《和贾至舍人早朝大明宫之作》道："九天阊阖开宫殿，万国衣冠拜冕旒。"

弁，也是贵族戴的比较尊贵的头衣，有皮弁、爵弁之分。皮弁是用白鹿皮做的，由几块拼接而成，缝制的形式类似后代的瓜皮帽，皮块相连接处缀以许多五彩玉石，称为綦，又写作琪、瑧。爵弁又称雀弁（爵即雀，二字古字通），其颜色红中带黑，与雀头颜色相近而得名。据说爵弁的形制与冕略同，除颜色外只是旒、顶上的版前后相平而已（冕则前面略低）。根据东汉的《释名》记载，皮弁、爵弁只是颜色不同，形制则完全一样。

冠、冕、弁虽是三物，但由于都是男子的头服，大同小异，所以冠又是三者的总名。

4. 胄

冠、冕、弁都是和平时期的常服，如遇战争，则要戴“胄”。胄是古名，秦汉叫兜鍪，之后延至今日则习惯称为盔。兜鍪系取名于胄的形状像鍪。鍪是一种炊具，圆底敛口反唇，肚略大。鍪边翻卷，是带翻边的锅。杜甫《垂老别》中写道：“男儿既介胄，长揖别上官。”（介：铠甲。诗中介、胄均作动词用，指披甲戴盔。）辛弃疾《南乡子》中写道：“年少方兜鍪，坐断东南战未休。”说孙权年纪轻轻就统率大军。

兜鍪也简称鍪。扬雄《长杨赋》中写道：“鞮鍪生虮虱，介胄被沾汗。”段玉裁认为鞮是履，鍪是兜鍪，他的话是对的。兜鍪又写作兜牟。《五代史·李金全传》中写道：“晏球攻王都于中山，都遣善射者登城，晏球中兜牟。”

戴胄（兜鍪）时并不摘掉冠，而是在冠弁上加胄。戴胄者见到尊长就要摘掉。例如描写春秋时晋楚鄢陵之战：“郤至（晋臣）三遇楚子（楚王）之卒，见楚子必下，免胄而趋风（疾趋如风）。楚子使工尹襄（楚臣）问（存问而有所馈赠）之以弓。郤至见客（即工尹襄）免胄承命。”（《左传·成公十六年》）又如描写秦晋殽之战前，秦军路过周的北门：“左右免胄而下，超乘者三百乘。王孙满尚幼，观之，言于王曰：‘秦师轻而无礼，必败。’”（《左传·僖公三十三年》）按照周代礼仪，两国交兵，一国之臣遇到对方的国君，仍要行君臣之礼，即使俘虏对方国君时也不例外。郤至每遇楚王就脱去胄，是按“礼”行事。工尹襄是楚君的代表，郤至同样要“免胄”致敬。秦军免胄而跳下战车，也是表示对周天子的敬意，那么王孙满为什么还要批评他们“轻而无礼”呢？依照周礼，诸侯军队路经天子所居之地仅仅“免胄”并不够，还要把武器收藏起来，铠甲卷起来。秦军战车上的战士虽免胄下车，却未收纳武器铠甲，并很快又“超乘而去”，表现出秦军的轻脱骄浮。

胄不但保护头顶，也能保护面部，因此戴上胄后别人就看不清他的脸。《左传·哀公十年》有这样一段记载：“［叶公］及北门，或遇之，曰：‘君胡不胄？国人望君若望慈父母焉。盗贼之矢苦伤君，是绝民望也，若之何不胄？’乃胄而进。又遇一人，曰：‘君胡胄？国人望君如望岁焉，日日以几。若得君面，是得艾也。民知不死，其亦夫有奋心，犹将旌君以徇于国，而反掩面以绝民望，不亦甚乎？’乃免胄而进。”戴胄是为防矢，但却“掩面”而不可见；免胄是为了露出面容，振奋民心。北齐名将兰陵王高长恭在邙山之战为振奋士气，也曾阵前免胄，让士兵看清他的面貌，辨认他的身份。

5. 女帽

说到女帽，不得不提到一个词——巾帼。“巾帼”由来已久，就是古代妇女的头巾和发饰。古时候的贵族妇女，常在举行祭祀大典时戴一种用丝织品或发丝制成的头饰，这种头巾式的头饰叫巾帼，其上还装缀着一些金珠玉翠制成的珍贵首饰。但由于巾帼不易保存，后世早已弃用。《晋书·宣帝纪》："亮（诸葛亮）数挑战，帝（司马懿）不出，因遗帝巾帼妇人之饰。"

（二）衣裳的学问

1. 深衣

深衣是直筒式的长衫，把衣、裳连在一起包住身子，分开裁但是上下缝合。通俗地说，就是上衣和下裳连在一起，用不同色彩的布料作为边缘（称为"衣缘"或者"纯"）；其特点是使身体深藏不露，雍容典雅。深衣，是古代诸侯、大夫等士大夫阶层家居便服，也是庶人百姓的礼服。袖子越长代表着地位越高，这在古装剧中经常出现。

深衣有四种不同名称：深衣、长衣、麻衣、中衣。此衣名的由来是因为穿着时能拥蔽全身，将人体掩蔽严实的缘故。《五经正义》中认为："此深衣衣裳相连，被体深邃"且具体形制的每一部分都有极深的含意，而"深意"的谐音即为"深衣"。

而现代的和服就是主要模仿汉服中的深衣，至今日本仍将和服称"吴服"，意思就是指从中国吴地传来的衣服。但经过漫长的历史时期，日本已经发展出自己的民族特色，比如：女式和服背后的大腰带比汉服更宽大；和服的线条都是直线形的，袖子也是方方直直的，汉服不仅袖子是圆形，整个线条，尤其是衣服的摆，还有袄、裳都是上窄下宽线条。

2. 亵衣

古代女子的内衣最早被称为"亵衣"。《礼记·檀弓下》说："季康子之母死，陈亵衣。敬姜曰：'妇人不饰，不敢见舅姑。将有四方之宾来，亵衣何为陈于斯？'命之。"汉朝司马相如的《美人赋》说："女乃弛其上服，表其亵衣，皓体呈露，弱骨丰肌。""亵"意为"轻薄、不庄重"，古人对内衣的心态可见一斑。

当时的亵衣过腰、胸、肩等分别系带，是为了在流动中达到不同的"塑身修形"效果。在袋口的拼接处，必须绣上小幅图案来遮住线的结点，保持画面完整，且汇聚了绣、缝、贴、补、缀、盘、滚等几十种工艺，用以表达不同的主题。

小链接：各朝对亵衣的称呼

汉：抱腹、心衣

魏晋（十六国）：两当

唐代：内中
宋代：抹胸
元代：合欢襟
明代：主腰
清代：肚兜

关于肚兜，其来源可追溯到天地混沌初开之时。伏羲和女娲兄妹二人在漫天洪水以后通婚，生儿育女，创造了人类最初的服饰——肚兜，目的是用来遮掩人体之羞。“肚兜”上有各类精美的刺绣。红色为“肚兜”常见的颜色。《红楼梦》第三十六回写宝钗来至宝玉房中，看见袭人在做针线，原来是白绫红里的兜肚，上面扎着鸳鸯戏莲的花样，红莲绿叶，五色鸳鸯。

3. 裙子起自何时

在远古时代，我们先祖为御寒冷，用树叶或者兽皮连在一起，便成了裙子的雏形。东汉末年刘熙撰写的《释名·释衣服》上说：“裙”，“群”也，即把许多小片树叶和兽皮连接起来。相传在四千多年前，黄帝即定下“上衣下裳”的制度，规定不同的地位的人着不同颜色的衣裳。那时的“裳”，就是裙子。

据文献汉人刘歆所著《西京杂记》，和汉人伶玄撰写的《飞燕外传》都记载了汉成帝皇后赵飞燕的故事。西汉的皇后赵飞燕爱穿裙装，一天她穿了一件云英紫裙来到太液池边，在笙歌鼓乐中翩翩起舞，突然间狂风大作，她像风筝一样飘起来，宫女慌忙追赶去抓她的裙角，赵飞燕的裙子被扯出褶皱，赵飞燕穿上皱纹的裙子更漂亮了，从此，宫女们盛行穿折叠出褶皱的裙子，美其名曰留仙裙。

4. 穿裤子的习俗

裤子是人们下体所穿的主要服饰。裤子原写作“绔”“袴”。早在春秋时期，人们已穿裤。不过那时的裤子不分男女，都只有两只裤管，其形制和后世的套裤相似，无腰无裆，穿时套在胫上，即膝盖以下的小腿部分，所以这种裤子又被称为“胫衣”。

《拾遗记》中有这样一个故事：说的是战国时曾先后出任秦、魏丞相的张仪和齐相苏秦“同志好学”，外出时见到什么典故，就马上将它记下，有时身边没有竹木之简，无所题记，就干脆“以墨书掌及股里”，晚上回到家里，再将它抄写下来。股即大腿，因为手掌及大腿无衣，墨书之后可以洗去，所以被用来代简题记，假若在两股也着有袴，那就不是书在股上而是书在袴上了。

（三）脚下也有说头

张爱玲在《更衣记》中写道：“古中国衣衫上的点缀品却是完全无意义

的，若说它是纯粹装饰性质的罢，为什么连鞋底上也满布着繁缛的图案呢？鞋的本身就很少在人前露脸的机会，别说鞋底了。”虽说是对中国服饰的批判，但中国服饰注重细节的特点可见一斑。

1. 鞋

中国的先民用草、麻、葛编织成履。鞋的称谓很多，有屦、履、舄等。其中以舄最为显贵。古鞋的种类按材料来分，有草葛、布帛和皮革三种。布帛鞋是指以麻、丝、绫、绸、锦等织物布做成的鞋。自商周时期起，鞋的穿着均有制度。如汉代，祭服穿舄，朝服穿靴，燕服穿屦，出门则穿屐。至唐代，官民都可穿靴。

舄是我国早期对于一种重木底鞋的称呼，是帝王大臣常穿的尊贵的鞋，多用兽皮或丝绸作面，布底之下加一厚木为底。周代的舄有等级之分，天子足登赤舄，依次为赤、白、黑；王后之舄亦为厚底及赤、青、元三色。夏用葛麻、丝绸，冬用兽皮制作而成。《诗经》上有“纠纠葛屦，以屦霜”一句，其中的屦就是指一种比较简陋的用麻、葛编成的单底鞋。

履，是早期用草、麻、葛等编织而成的鞋。《说文》中即有“履，足所依也”。它是汉代以后对鞋较普遍的称呼。

另外还有一些鞋的种类。例如清代花盆底鞋：满族妇女喜欢穿长袍，行走不便，便在鞋底上加上高底。鞋底上宽下圆，形似花盆，因此而得名。这种花盆底鞋为木头底，上面裹一层布，鞋底制成马蹄状，所以又叫马蹄底鞋。穿上此鞋走路时会发出有节奏的响声，传说穿上这种鞋可以驱蛇虫，蛇虫听到走路的声音，就会远远地避开。

玉靴：隋唐时期，民族交流，社会开放，少数民族的鞋饰传入中原。当时流行胡地的翘头鞋、勾头鞋等时尚鞋饰。

“三寸金莲”：始于南唐时期的一种缠足习俗，妇女多自小就用布、缎等裹住双脚，遏制脚长大，脚越小越好。随之便出现了适合小脚的鞋子，称为“弓鞋”。

2. 袜子（足衣）

古人衣裳不像现代服装，穿着方便，只需扣上纽扣，便能紧身。在古代，衣裳不缝扣子，而用缝在衣服上的带子打结来紧裹衣襟。不仅上衣有带子，裤子有带子，连袜子和鞋子也都有带子。而古代的袜子也不像现在的袜子由专门的机器编织而成，而是手工用布或绸或绢等织物缝制而成的。袜子从夏朝开始一直到西汉都有带子。

根据古代资料考证，在中国夏朝就出现了最原始的袜子。《韩非子》一书中有“文王伐崇，至凤黄（凰）墟，袜系解，因自结”的记载，是指周文王系袜子的带子散开了，自己手扎袜带的情节。可见在这个时期袜子已经在我国上层人士中出现，成为一种身份的象征。

周代时，人们遵守脱鞋入室习俗，平时生活中在室内大都赤足行走。据《左传・宣公十四年》："楚子闻之，投袂而起，屦及于室里。"意思是说，楚王因事出室，不及穿鞋，屦人追到了室里（即寝门），才进屦由楚王穿上。《列子》载："宾者以告列子，列子提屦跣而走。"这都说明古人在室内是不穿鞋的，都是赤足走路的。如果在宫廷内穿鞋上殿见君，那就会遭杀身之祸。汉时，还规定：有罪的人不准着履。《汉书匡衡传》载："衡免冠徒跣待罪，天子使谒者诏衡冠履。"又，《董贤传》载："（贤）诣阙免冠徒跣谢。"这可证明凡待罪者都跣足。到唐代，入室脱靴之俗已变，但在某些场合仍有脱鞋的习俗。《法苑珠林》第二十八卷载："若是白衣，多着靴鞋为荣。初入寺内不劳脱履，若入佛堂，得脱也。"

在远古时期，原始人用树叶兽皮遮体，主要是为了取暖等生理的需要，或兼具区分性别的一种标志。这主要是物质层次的表现。古语云："仓廪实而知礼节，衣食足而知荣辱。"因此渐渐地，随着物质文明的发展，人类不再满足于温饱的追求。追求美是人的天性，因此服饰就有了装饰作用。在等级社会中，更成为身份的象征，人类便把社会地位、文化心态、宗教信仰、兴趣偏好等赋予于服饰中。

因此，服装是人类生产礼法制度、生活方式、宗教信仰以及其他意识形态的一种映像，时而成为传统守旧的堡垒，时而成为革命进步的旗帜，更时常成为两者交锋的导火索与阵地。纵观人类几千年的文明史，社会的变革、生产生活方式的演变，必然会引起服装的变化。反过来，服装的变化又会影响人们对社会进行改良与变革的决心，往往成为一系列重大变革的突破点与标志。因此我国服装的变迁史，也映射着一场漫长而曲折的社会思想史。

作为民族文化的重要组成部分之一的服饰文化，是我国民族精神的表现。中国有着久远灿烂的文化，我们更应该保存和发扬这种精华。

小链接：看服装颜色 分人物等级

《易・系辞》说"黄帝尧舜垂衣裳而天下治"，可知衣服式样不同于普通人。这种象征身份和地位的特点主要体现在颜色、材质上。这些进而与中国的礼仪共同构成了中国文化的一部分。

春秋战国时期，卫王宫的卫士穿黑色戎衣，而以读书人代表的诸子则穿青色，《诗经》中"青青子衿"为据。宋代规定"三品以上服紫，五品以上服朱，七品以上服绿，九品以上服青"，以区别不同档次的官员以及作为官民的区别。自唐宋以来，龙袍和黄色就为皇室所专用。百官公服自南北朝以来紫色为贵。明朝因皇帝姓朱，遂以朱为正色，又因《论语》有“恶紫之夺朱也”，紫色自官服中废除不用。同时规定：平民妻女只能衣紫、绿、桃红等色，以免与官服正色相混；劳动大众只许用褐色。清朝皇帝还以赏赐黄马褂为特别恩宠。在材质上，不同阶级也是有区别的。下层阶级无力购买丝绸等贵重材料的衣服，而只能穿麻葛等低等的衣服。唐代诗人所谓“遍身罗琦者，不是养蚕人”，可以说明这个事实。

第二节　色香味俱全的饮食文化

俗话说“衣食父母”，可见衣服和食物是位于同等重要的地位的。

长期以来，中国人见面时总是用“吃了没有?”这样的经典用语来相互问候，也足可见“吃”在中国人心目中占有至高无上的地位。《辞源》说：“仰赖以为生存者称天。”《史记·郦食其传》说：“王者以民人为天，而民人以食为天。”在中华民族的社会生活文化中，饮食占据了极其重要的位置，中餐也有着以食表意、以物传情的特点。中式烹调具有历史悠久、技术精湛、品类丰富、流派众多、风格独特的特点，是中国烹饪数千年发展的结晶，在世界上享有盛誉。中国烹饪，是中国文化的重要组成部分之一，故又称中华食文化。中餐系世界三大菜系之一，深远地影响了东亚地区。菜谱来源于中国各个地区和民族的菜肴。色、香、味、意、形被称为国菜五品。因此饮食文化也便成为传统文化中重中之重的内容。

中国饮食文化源远流长，从生食开始，然后是熟食，最后才是烹饪。同时茶酒文化也是饮食文化中的重要内容。

一、中国传统饮食文化

在以中餐为代表的中国菜系，以西餐为主题的法国菜系，以及又被称为清真菜系的土耳其菜系的世界三大菜系中，中国菜烹饪历史最悠久，特色最丰富，文化内涵最为博大精深，使用人口最多，世界首屈一指。孙中山先生在《建国方略》中提到：“昔日中西未通市以前，西人只知道烹调一道，法国为世界之冠，及一尝中国之味，莫不以中国为冠矣。”

菜，草之可食也；肴，鱼肉，多指熟肉食，不包括蔬菜、蛋品。由于饮食原料、主副食品的搭配和各地区自然环境、文化、风俗习惯，形成了不同风味的地方菜系。因此，所谓菜系是指在一定区域内因气候、地理、历史、物产及饮食习俗的不同，经过漫长历史演变而形成的一整套自然体系的烹饪技艺，并被全国各地所承认的地方菜。其中比较流行的分类法包括四大菜系，即鲁、川、粤、淮扬（扬州、镇江、淮安），或是八大菜系，即除以上四大菜系外还加上了浙、闽、湘、徽菜。

（一）鲁菜——菜系之首

鲁菜主要由济南菜和胶东菜组成，是我国北方菜的代表。山东是我国古代文化的发祥地之一。北魏山东人贾思勰在《齐民要术》中已记载有山东菜百种以上，烹调方法有蒸、煮、烧、炖、酿、煎、熬、烹、炸、腊、泥烤等，这是我国最早的菜谱。明清时期鲁菜的品种和质量不断丰富和提高，济南、胶东两地的菜传入宫廷，成为御膳的主体。

鲁菜可用三组词来形容——浓少清多，醇厚不腻，鲜香脆嫩。其中以糖醋鲤鱼、锅溻豆腐、九转大肠、葱爆海参、清蒸加吉鱼、烤大虾奶汤蒲菜等菜品最为有名。

其中的九转大肠，乃清朝光绪初年由济南“九华楼”首创。此楼烧制的大肠下料狠，用料全，先煮熟焯过，后炸，再烧，出勺入锅反复多次，直到烧煨至熟。有一次“九华楼”店主杜某请客，席间有一道“烧大肠”，品味后客人们纷纷称道，有说甜，有说酸，有说辣，有说咸，座中有一文人提议，为答谢主人之盛意，赠名为“九转大肠”，赞美厨师技艺高超和制作此菜用料齐全、工序复杂、口味多变的特点。此菜色泽红润，大肠软嫩，兼有酸、甜、香、辣、咸五味，为山东的传统风味菜。

（二）川菜——巴蜀美味

川菜是一个历史悠久的菜系，其发源地是古代的巴国和蜀国。据《华阳国志》记载，巴国“土植五谷，牲具六畜”，并出产鱼盐和茶蜜；蜀国则“山林泽鱼，园囿瓜果，四代节熟，靡不有焉”。当时巴国和蜀国的调味品已有卤水、岩盐、川椒、“阳补之姜”。其出现可追溯到秦汉时期，而唐宋时川菜更是脍炙人口，在宋代川菜形成自己的流派，当时的影响已达中原地区，元明清时期，川菜得到极大发展，逐渐成为我国主要地方菜系。

菜系之中以川菜最为清鲜纯浓，麻辣鲜香，同时川菜讲究一菜一格，又百菜百味，故国际烹饪界有“食在中国，味在四川”之说。南宋诗人陆游曾写下“新津韭黄天下无，色如鹅黄三天余。东门彘肉更奇绝，肥美不减胡羊酥”的诗句赞美川菜的物美、味鲜。特色菜品主要包括：宫保鸡丁、麻婆豆腐、开水白菜、鱼香肉丝、灯影牛肉、锅巴肉片、樟茶鸭子、水煮肉片。

麻婆豆腐：四川传统名菜，始创于清同治初年，当时成都北郊万福桥有一陈兴盛饭铺，主厨掌灶的是店主陈春富之妻陈刘氏。她用鲜豆腐、牛肉末、辣椒、花椒、豆瓣酱等烧制而成。她烹制的豆腐，麻、辣、烫、嫩，味美可口，十分受人欢迎，人们越吃越上瘾，名声渐传开，因她脸上有几颗麻子，故称麻婆豆腐，从此名扬全国。

开水白菜：四川传统名菜。“开水白菜”原系川菜名厨黄敬临在清宫御膳房时创制。后来黄敬临将此菜制法带回四川，广为流传。30 多年前，川菜大师罗国荣调来北京饭店掌厨，又将“开水白菜”的烹调技术带回北京，从而成为北京饭店高档筵席上的一味佳肴。“开水白菜”烹制不易，其关键在于吊汤，汤要味浓而清，清如开水一般，成菜乍看如清水泡着几棵白菜心，一星油花也不见，但吃在嘴里，却清香爽口。

（三）苏菜——金齑玉脍

江苏菜系简称苏菜，主要由淮扬菜、苏州菜和南京菜组成，口味可用“酥烂脱骨而不失其形，滑嫩爽脆而益显其味”来概括。

淮扬菜包括扬州、镇江、淮安一带的菜肴，其特点是少用酱油，菜肴油而不腻，烂而不糊，代表菜有淮扬狮子头、清蒸鲥鱼。苏州菜包括苏州、无锡两处的地方菜肴。其特点是细切粗斩，制作精细，用料考究，口味浓中带甜，侧重酥烂鲜香，代表菜有叫花鸡、松鼠鳜鱼等。南京菜以烹制鸡鸭见长，特点是滋味柔和，咸淡相宜，厚汁本味，鲜香酥嫩，代表菜有三套鸭、南京扒鸡、清炖八宝鸡等。

三套鸭：此为扬州传统名菜。以南酒调味，家鸭腹中套野鸭，野鸭腹中套仔鸽，家鸭肥美，野鸭香酥，菜鸽鲜嫩，三鲜融合一体。风味独特，滋味极佳，是扬州各种鸭菜中最著名的一种。吃时是从外层吃起，有层出不穷，乐在其中之感。其汤特别鲜美，有“七咂汤”之誉，“七咂”是指：入口后咂一下尝鲜味，咂七次仍可感到鲜味。

叫化鸡：又称黄泥煨鸡。相传明末清初时，常熟虞山麓有一叫化偶得一鸡，苦无炊具和调料，无奈之余宰杀去脏后，带毛涂泥，放入柴火堆中煨烤，熟后敲去泥壳，鸡毛随壳而脱，香气四溢。适逢隐居在虞山的大学士钱牧斋路过，试尝，觉其味独特，归家命其家人稍加调味如法炮制，更感鲜美。此后遂成为名菜，并一直流传至今。

（四）粤菜——清淡鲜活

粤菜包括广州、潮州、东江三个地方菜，用料广泛新奇，菜肴清淡、生脆、爽口，五滋六味皆备。五滋即清、香、脆、酥、浓，六味是酸、甜、苦、辣、咸、鲜。著名菜品主要有烤乳猪、蚝油牛肉、龙虎斗、冬瓜盅、文昌鸡、烩蛇羹、梅菜扣肉、东江盐焗鸡、白云猪手。

龙虎斗：又名“龙虎凤烩”，是闻名中外的广东传统名菜。龙虎斗，顾名思义，是用猫肉和蛇肉制成的。传说这道菜的创始人是清朝同治年间的江孔殷。他在北京做官，曾品尝过各种名菜佳肴，对烹饪颇有研究。当江孔殷七十诞辰将要来临之际，亲朋好友纷纷请他在大寿这天拿出一道谁都没吃过的新菜，他因此反复琢磨。一天他正闭目养神，忽然听到老猫在不停地叫唤，他睁开眼看见老猫正朝笼里的一条蛇张牙舞爪，笼中的蛇也昂首吐舌，似要向猫扑去。江孔殷灵机一动，便想出了用蛇和猫制成的菜肴，蛇为龙，猫为虎，因二者相遇必斗，故名曰“龙虎斗”。待过生日时，他就把“龙虎斗”这道新菜奉献给诸亲友。亲友们品尝后，都觉得不错，但感到猫肉鲜味还不足，建议再加鸡共煮，其味更佳。江孔殷根据大家建议在此菜中又加了鸡，这样就一举成名。后来此菜虽然改称为“龙虎凤烩”，但人们仍习惯称它为“龙虎斗”。

文昌鸡：号称海南传统四大名菜之首，因产于文昌而得名。是中国最佳食用型鸡种之一，在海南素有“没有文昌鸡不成席”之说。

食文昌鸡以白切为主，另有椰汁乳鸡、酥鸡炸子鸡等。其白切加工方法和佐料俱独特。白切文昌鸡皮黄且脆，肉嫩且美，骨酥且鲜。据传，文昌鸡最早出自当地潭牛镇天赐村，此村盛产榕树，家鸡啄食树籽，皮黄且脆，肉嫩且美，骨酥且鲜。食法以白切为主，配以独特的佐料，令人大快朵颐。以鸡油、鸡汤精煮的米饭，俗称“鸡饭”。文昌鸡在香港、东南亚一带也备受推崇，名气颇盛。

（五）浙菜——南料北烹

浙菜由杭州菜、宁波菜、绍兴菜组成，其中以杭州菜为代表。浙菜口味因时因地而异，富有乡土气息。著名菜品有西湖醋鱼、龙井虾仁、干炸响铃、油焖春笋、生爆鳝片、蜜汁火方、莼菜黄鱼羹、清汤越鸡等。

龙井虾仁：传说此菜与乾隆有关。乾隆下江南游杭州，时值清明，当他身着便服来到龙井茶乡时，天忽下大雨，只得就近在一位村姑家避雨。村姑好客，让座泡茶。茶用新采的龙井，炭火烧制的山泉所沏，乾隆饮到如此香馥味醇的好茶，喜出望外，便想要带一点回去品尝，可又不好开口，更不愿暴露身份，便趁村姑不注意，抓了一把，藏于便服内的龙袍里。待雨过天晴告别村姑，继续游山玩水，直到日落，在西湖边一家小酒肆入座，点了几个菜，其中之一是炒虾仁。点好菜后他忽然想起带来的龙井茶叶，便想泡来解渴。于是他一边叫店小二，一边撩起便服取茶。小二接茶时见乾隆的龙袍，吓了一跳，赶紧跑进厨房面告掌勺的店主。店主正在炒虾仁，一听圣上驾到，极为恐慌，忙中出错，竟将小二拿进来的龙井茶叶当葱段撒在炒好的虾仁中。

谁知这盘菜端到乾隆面前，清香扑鼻。乾隆尝了一口，顿觉鲜嫩可口，再看盘中之菜，只见龙井翠绿欲滴，虾仁白嫩晶莹，禁不住连声称赞“好菜！好菜！”从此这盘忙中出错的菜，经数代烹调高手不断总结完善，正式定名为龙井虾仁，成为闻名遐迩的美馔佳肴。

小链接：干炸响铃

这道菜是1956年浙江省认定的36种杭州名菜之一。腐皮薄如蝉翼，成菜食时脆如响铃，故名。干炸响铃用杭州地区著名特产泗乡豆腐皮制成，泗乡豆腐皮产于杭州富阳东坞山村，故又名东坞山豆腐皮。它已有一千多年的生产历史，以色泽黄亮、鲜香味美，脆如响铃而被推为杭州特色风味名菜之一，受到食者的欢迎。食时辅以甜面酱、花椒盐和葱白，其味更佳。

（六）闽菜——清鲜和醇

闽菜由福州菜、泉州菜、厦门菜等地方菜组成，以福州菜为代表。烹调的原料多为海味品。菜肴的特点是色彩绚丽，味鲜而清淡，略带酸甜，代表菜有佛跳墙、鸡汤汆海蚌、福寿全、太极明虾等。

佛跳墙的原料有18种之多：海参、鲍鱼、鱼翅、干贝、鱼唇、花胶、蛏子、火腿、猪肚、羊肘、蹄尖、蹄筋、鸡脯、鸭脯、鸡肫、鸭肫、冬菇、冬笋。烹调工艺非常繁复——先把18种原料分别采用煎、炒、烹、炸多种方法，炮制成具有它本身特色的各种菜式，然后一层一层地码放在一只大绍兴酒坛子里，注入适量的上汤和绍兴酒，使汤、酒、菜充分融合，再把坛口用荷叶密封起来盖严，放在火上加热。用火也十分讲究，需选用木质实沉又不冒烟的白炭，先在武火上烧沸，后在文火上慢慢煨炖五六个小时，这才大功告成。

（七）徽菜——古色古香

徽菜发源于安徽的徽州，以擅长烹调山珍和河鲜而著称。山珍如山鸡、野鸡、果子狸等，河鲜如鲥鱼、鳜鱼、河虾、河蟹等。安徽菜口味特点突出三重：重油、重色、重火候。代表菜有符离集烧鸡、火腿炖甲鱼、红烧划水、黄山炖鸽、奶汁肥王鱼等。

奶汁肥王鱼：肥王鱼又称淮王鱼、回王鱼，国内罕见，产于安徽凤台县境内峡山口一带数十里长的水域里，为鱼中上品。西汉淮南王刘安喜食肥王鱼，一次刘宴众大臣，因人多鱼少，厨师以其他鱼混充，被刘安识破，大发雷霆：“吾一日不能无肥王。”可见肥王鱼受宠之程度了。后此菜流入蚌埠、合肥一带民间，并以奶汁鸡汤煨煮，成为徽菜一绝。

（八）湘菜——香酥酸辣

湘菜主要由长沙地区、洞庭湖区和湘西区三种地方菜组成。湘菜源远流长，距今已有 2 300 多年历史，它不仅品种多，而且风味独特。其显著特点一是刀工精妙，形味兼美；二是长于调味，酸辣著称；三是技法多样，注重火煨。湖南菜系代表菜品种较多，主要有火宫殿臭豆腐、洞庭肥鱼肚、腊味合蒸、冰糖湘莲、吉首酸肉等。

冰糖湘莲：自西汉年间湖南人用湘莲向汉高祖刘邦进贡始，湘莲又称贡莲。湖南湘潭是湘莲的主要产区，质量也最好，其中白莲圆滚洁白，粉糯清香，口味极好。当年挖掘出长沙西汉马王堆墓葬时，就发现长沙侯食用过莲子。金代诗人张楫品尝“心清犹带小荷香”的新白莲后，曾发出“口腹累人良可笑，此身便欲老湖湘”的感叹。

湘白莲不仅风味独佳，而且营养丰富，莲肉富含淀粉、蛋白质、钙、磷、铁和维生素 B_1 等。古典名著《红楼梦》，记述元春回贾府省亲，贾府在宴请贵妃的宴席上，就有“莲子羹”；写宝玉挨打养伤期间，也享用过“莲子羹”。伟大的名医李时珍，在其《本草纲目》中曰：“莲子，补中养神，益气力，久服轻身耐老，不饥延年。”可见莲子真是个好东西，它还具有降血压、健脾胃、安神固精、润肺清心的功效。

二、宫廷风味菜

我国的宫廷风味菜肴，主要以几大古都为代表，有南味、北味之分。南味以金陵、益都、临南、郢都为代表，北味以长安、洛阳、开封、北京、沈阳为代表。

（一）产生和发展

宫廷菜，指主要是由皇宫御膳房制作、专供皇帝和后妃们享用的菜肴，具有“富贵、珍奇、典雅、壮丽”的特色，是我国饮食遗产中弥足珍贵的组成部分。它源于夏商周时期，由秦到清，百代相承，距今已有 3 000 多年的历史。国家第一历史档案馆现在保存着清代自乾隆至宣统，7 个皇帝每日进膳所用的菜点名称、进膳地点、所用餐具及制作菜肴厨师姓名。

各种宫廷风味菜肴名称将近万种，但当时由于体制限制，始终未能越出宫墙，在辛亥革命后，御厨们流散民间，才慢慢将宫廷菜传播到各地。

宫廷菜是阶级和阶级社会的产物。我国在史前和氏族社会里，由于生产力落后，人们采果、捕鱼、猎兽均而食之，人与人之间是平等的，部落的首领也都是民主推选而出的。那时，没有阶级、没有剥削，更不会有帝王、宫廷和宫廷菜。到了夏启，由于生产力提高，生产有了剩余，私有制产生了。一部分占有了生产资料与生产剩余，成为奴隶主，更多的人一无所有，便沦为奴隶。部落酋长的禅让制度也为君主世袭制度所代替了，奴隶主的最高统治者就是国家的王，从此，我国进入了奴隶制社会。我国等级社会也由此开始。

奴隶制社会的等级差别，集中表现在人们政治与经济地位方面，也必然在饮食方面反映出来。国王的饮食由专门的奴隶制作，开始向“钟鸣鼎食”“食前方丈”的程式化、制度化发展。但是，由于当时的生产力仍不十分发达，原料也并不十分丰富，典章还不太完备，所以，对国王食用的菜肴品种和数量尚无明确规定，与一般饮食比较其差别只是原料的贵贱、数量的多少不同而已。因此，这个时期的宫廷饮食只能是后来发展起来的宫廷菜的胚胎，仅是宫廷孕育的原始形态。

到了商汤时代，社会生产有了进一步的提高，金属工具在生产中开始广泛运用，推动了农业的发展，食物的来源扩大了。宫廷菜逐渐脱离了开始形态，有了较大的发展。历史上曾有对殷纣王“肉林酒池”“长夜饮”的记载，足见当时宫廷菜的规模了。这个时期出现的奴隶出身的宫廷厨师伊尹，在给商汤的一份食单中，就汇集了当时天下近百种美食，提出了烹调的最基本理论和质量标准，说明他不仅是一位非凡的烹饪理论家，而且还是一位技术高超的实践家。以他代表的烹饪理论和烹调技术，正是商汤时代宫廷菜发展的真实写照。

到了周代，生产力有了更进一步的发展，宫廷菜内容更加丰富，而且形式上也臻于完善。

《周礼》中不仅对原材料的选择、鉴别、加工、刀工、食物配伍、火候、菜肴的色香味形器的质量要求均有较详记载，而对宫廷膳食也有明确规定：凡王之馈，食用六谷［稌（稻）、黍（糜子，类糯小米）、稷（小米）、粱（高粱）、麦、菰（雕胡米）］，膳用六牲（马、牛、羊、豕、犬、鸡），饮用六清（水、浆、醴、凉、医、酏），羞（通馐）用百有二十品，珍用八物，酱用百有二十瓮。就是说天子每餐要有六畜、六禾、八种高贵珍品，需一百二十个不同的器皿盛装一百二十个菜肴，每菜都要按菜肴风味分档存放，分砧板精细加工。尤其是周朝对宫廷食予以制度化，把天子的物质享受规格以法律的形式固定下来。《周礼》明文规定专操天子饮食的人员有膳夫、庖人、内人、外人、亨人、甸师、兽人、渔人、鳖人、腊人、食医、疾医、酒正、酒人、浆人、凌人、笾人、盐人、幂人。计有二千三百三十二人。由此可见，宫廷菜到了周代已经发展到相当完备的地步。

周代以后，我国的宫廷菜一直沿袭了《周礼》的规定，“周八珍”也一直是历代宫廷菜效法的典式。可见周代宫廷菜对后世影响至深了。

秦汉以来，我国空前地统一，生产力有了更大的发展，域内海外的贸易进一步扩大，使食物的来源进一步丰富、烹饪的方法更加多样。尤其是中央集权制的建立，更加突出了皇帝的权势，使宫廷菜得以集天下之奇珍，更加华贵精美。从此，隋炀帝开凿运河，直通南北，苏扬菜引进宫廷；盛唐时期扩大了的贸易交流，以及两宋时期商业经济的繁荣，都不同程度地促进了宫廷菜肴的丰富与发展。元代社会虽长期处在动乱之中，但由于少数民族的南下东迁所形成的多民主的文化交融，对明清两代宫廷风格特色的形成也产生了重大影响。到了明代，建立南京，后又迁都燕京，促进了南京的菜与北肴的结合，使宫廷菜又有了新的发展。而且建制规模都有扩大，宫廷饮食人役竟然骤增到四千九百名。这不仅表明明代帝王饮食靡费之甚，而且也说明宫廷菜有了空前发展。

清朝是我国最后一个封建王朝，也是我国宫廷菜发展的鼎盛时期。清代宫廷庞大的建筑群里，大大小小的宫院不计其数，每座宫院里都有各自的膳房。其中最大的是为皇帝服务的御膳房。此外还有“园庭膳房”“行在御膳房”，需要多少人供其役使就可想而知了。仅“养心殿”御膳房就有几百人之多，这还不包括一百多名的“司膳太监”。到了慈禧听政时期，更是盛极一时，山珍海味、干鲜果品等贡品每日飞马传送宫中，令厨师精心烹制，花样无穷，菜点常常在百种以上，真是“黄门飞鞋不动尘，御厨络绎送八珍”。至于喜庆婚丧祭典就更是隆重丰盛无比了。康乾盛世的“千叟宴”和“满汉全席”就是清朝大规模的宴席的代表。

而今，奇珍飘香、钟鸣鼎食的帝王生活的历史已一去不复返了。然而，宫廷菜肴的高超技术和独特风格，都是劳动人民聪明才智的结晶，是祖国珍贵的文化遗产。我们对宫廷菜的研究，就是为了挖掘继承这份珍贵遗产，本着“古为今用”“去粗取精”的原则，弃其为帝王服务的形式与内容，继承其技术与风格，使昔日宫廷菜成为今日民间肴，赋予它新的生命，从而更好地为人民生活和社会主义建设服务。

（二）风味特点

1. 选料考究，配料严格

鸭要北京鸭，羊肉要西口黑蹄花脸羯绵羊。清宫御膳房所用的米是黄、白、紫三色老米，常称贡米。各种山珍海味、奇瓜异果都由各地进贡，煮饭做菜的水都是京郊玉泉山的泉水。

2. 讲究顺序进膳

讲究先以香茶相迎，并配以精制茶食。入座后先上各色荤素冷菜、佐酒。接着才上各式大菜热菜。酒过三巡，菜过五味，最后才上“压桌菜”，通常称饭菜。之后上汤，继而上甜食和小点心、水果。

此外，吃什么菜配什么点心、佐料也很讲究。比如油爆肚仁配卤虾油，干炸丸子配花椒盐，烤鸭配荷叶饼、甜面酱、葱丝，涮羊肉配芝麻火烧。

3. 名厨精烹细调，制作精湛

羊肉片薄如纸，一涮即熟。每斤羊肉可切出长 6 寸、宽 1 寸 5 分的肉片 80~100 片，一只烤鸭片出 120~130 片鸭肉。

御厨中多人终生只负责一种或数种菜点的制作，分工细致，技艺超群，清代皇宫厨师有时多达 300 余人，强大的技术阵容，经过悉心的钻研提高，自然烹制出独特的美味。

4. 菜名朴素直观

菜名让人一看就能知这个菜的内容。如万字扣肉、荷色里脊、金钱鱼肚、蟠龙茶等。

三、中国传统酒文化

（一）悠久的酿酒史

酿酒在我国已有 5 000 千年以上的历史，以酒为核心的酒文化传统深厚。考古发现，早在新石器时代，龙山文化时期的遗址和墓葬中出土了各种酒器，其中有铜制的、陶制的，而且制作相当精致。

商代的高级酒叫鬯酒。1974 年，河北平山战国时期中山王墓里，出土了距今 2 200 多年前的古酒。酒装在两个铜壶里，打开壶盖，仍可嗅到酒香，说明当时酿酒技术已高度发达。

从许多唐诗宋词中可知，名酒尤其多，特别宋以后，由于白酒问世，酒的风格更加丰富多彩。比如杜牧《江南春》绝句：“千里莺啼绿映红，水村山郭酒旗风。南朝四百八十寺，多少楼台烟雨中。”

历代酒业发达与人们用酒需要有关。周代开始，酒就作为祭祀必需的贡品，在此基础上衍生出各民族的酒礼酒俗，还出现了与酒相关的神话传说，诗词歌赋，书画戏剧，形成了以酒为主题的文化现象，成为中国传统文化的一个组成部分。

（二）酒的分类

中国酒的分类，一般有三种：按酿酒方法的不同有发酵酒、蒸馏酒、配制酒三类；按酒精含量的多少有高度酒（烈性酒）（40°以上）、中度酒（20°~40°）、低度酒（20°以下）；按商品类型可分为白酒、黄酒、啤酒、果酒、配制酒五类。

（三）名酒介绍

1. 白酒

中国白酒是世界著名的六大蒸馏酒之一。白酒是用粮食或其他含有淀粉的农作物为原料，以酒曲为糖化发酵剂，经发酵蒸馏而成。白酒以前叫烧酒、高粱酒，新中国成立后统称白酒、白干酒。为什么叫白酒、白干和烧酒？白酒就是无色的意思，白干酒就是不掺水的意思，烧酒就是将经过发酵的原料入甑加热蒸馏出的酒。

（1）类型

酱香型：超高温制曲、凉堂、堆积、清蒸、回沙等酿造工艺，石窖或泥窖发酵而成；亦称茅香型，以茅台酒为代表，属大曲酒类。其酱香突出，幽雅细致，酒体醇厚，回味悠长，杯中香气经久不变，空杯留香经久不散。除贵州茅台酒，还有四川古蔺郎酒、湖南常德武陵酒等。

浓香型：亦称泸香型、五粮液香型，以泸州老窖特曲及五粮液为代表，属大曲酒类。其特点可用六个字、五句话来概括：六个字是香、醇、浓、绵、甜、净；五句话是窖香浓郁，清洌甘爽，绵柔醇厚，香味协调，尾净余长。此种香型比较适合全国广大消费者口味，因此在白酒所占比例最大。其他还有剑南春、古井贡酒、全兴大曲、洋河大曲、沱牌曲酒。

清香型：又称汾香型，属大曲酒类，以山西杏花村汾酒为代表。1 500 年前的南北朝时期，汾酒作为宫廷御酒受到北齐武成帝的极力推崇，被载入二十四史，使汾酒一举成名；晚唐时期，大诗人杜牧一首《清明》诗吟出千古绝唱："借问酒家何处有？牧童遥指杏花村。"这是汾酒的二次成名。其特点是酒气清香芬芳，醇厚绵软，甘润爽口，酒味纯净。其他还有黄鹤楼酒、宝丰酒。

米香型：亦称蜜香型，以桂林象山牌三花酒为代表，属小曲酒类。小曲香型酒，一般以大米为原料。蜜香清雅，入口柔绵，饮后微甜，回味怡畅。

其他香型酒：亦称兼香型、复香型、混合香型、属大曲酒类。此类酒大都是工艺独特，大小曲都用，发酵时间长。凡不属上述四类香型的白酒（兼有两种香型或两种以上香型的酒）均可归于此类。国家名酒贵州遵义董酒、陕西西凤酒可谓此类型酒的代表。其口感特点是：绵柔、醇甜、味正、余长。

（2）名牌白酒

贵州茅台酒：茅台酒产于贵州遵义赤水河畔的茅台镇，赤水河的水经过天然红岩泥土过滤，又有盆地独特的生物圈环境，再加上独具匠心的特殊工艺和操作方法，使茅台酒名扬天下。20 世纪 70 年代中，茅台酒厂曾全厂东移到交通便利的遵义市，虽然酿酒的水、原材料和师傅都没有变，但酿出来的只能是“遵义茅台”，同茅台镇的茅台，无论香型、味道、口感均差异极大。专家研究发现，茅台镇的生态环境独特，是决定茅台酒质量的一个重要因素，茅台酒神奇就神奇在这个地方，所以后来酒厂又搬回了茅台镇。

宜宾五粮液：素有“三杯下肚浑身爽，一滴沾唇满口香”的赞誉。享有“名酒之乡”美称的四川省宜宾市，是五粮液的故乡。五粮液系用红高粱、大米、糯米、麦子、玉米五种粮食为原料酿造而成的香味纯浓的“杂粮酒”，也是川酒的六朵金花之一。

2. 黄酒

黄酒又称压榨酒，是我国最古老的传统酒，其起源与我国谷物酿酒起源相同，至今约有八千年的历史。它以糯米、黍米和大米为原料，经酒药、麺曲发酵压榨而成。因其颜色黄亮而得名。酒性醇和，适于长期贮存，有越陈越香的特点，属低度发酵的原汁酒。酒精浓度一般为 8°~20°。黄酒除饮用外，还可作为中药的“药引子”。在烹饪菜肴时，它又是一种调料，对于鱼、肉等荤腥菜肴有去腥提味的作用。

（1）江南糯米黄酒：以浙江绍兴黄酒（不甜型）为代表。其酒质醇厚，色、香、味都超越一般黄酒。存放时间越长越好。主要品种有状元红、加饭酒、花雕酒、香雪酒、竹叶青酒等。酒精浓度为 13°~20°。

（2）沉缸酒：为甜型黄酒，因其在酿造过程中，酒醅必须沉浮 3 次，最后沉于缸底，故得此名。此酒最早源于距福建龙岩县 15 千米的小池山沟，始创于清代嘉庆年间。

3. 果酒

果酒以葡萄、苹果等各种水果或浆果做原料，系经糖化发酵后压榨过滤的低度饮料。果酒中虽然含有酒精，但含量与白酒、啤酒和葡萄酒比起来非常低，一般为 5°~10°，最高的也只有 14°。因此，可以当做饭后或睡前的软饮料来喝。

著名果酒有烟台红葡萄酒、味美思酒、中国红葡萄酒。其他果酒有苹果酒、山楂酒、杨梅酒、广柑酒、菠萝酒等。

4. 啤酒

啤酒系以大麦为原料，啤酒花为香料，经过发芽、糖化、发酵而制成的一种低酒精含量的原汁酒，通常人们把它看成一种清凉饮料。其酒精含量为 2°~5°。1 升啤酒经消化后产生的热量，相当于 10 个鸡蛋或 500 克瘦肉或 200

毫升牛奶所生产的热量，故有“液体面包”之称。

啤酒是由欧洲传入的，先是外商在中国青岛、哈尔滨、上海等地设厂制造，1900年后，中国人在哈尔滨、北京等地开办自己的啤酒厂。我国著名啤酒有青岛啤酒等。

5. 配制酒

配制酒系以白酒、黄酒、葡萄酒作酒基，加入中药材、香精、糖等原料制成的饮料。总的来说配制酒可分为保健酒和鸡尾酒两大类。其中保健酒是利用酒的药理性质，遵循“医食同源”的原理。竹叶青酒便是著名的配制酒。其颜色金黄透亮，有晶体感，酒烈度不大，饮后使人心舒神旷，且有润肝健体的功效。经科学鉴定，竹叶青酒具有和胃、除烦、消食的功能。药随酒力穿筋入骨，对心脏病、高血压、冠心病和关节炎都有一定的疗效。

四、中国传统茶文化

（一）历史习俗

茶叶最早在我国被发现，开始仅作药用。《神农本草经》记载：“神农氏尝百草，日遇七十二毒，得茶而解之。”唐代的《本草拾遗》、明代的《本草纲目》、清代的《本草求真》等书籍中，都确切地记载着茶叶的药用功能，并将之奉为万病之药。

以后，通过人们的不断实践，发现茶不仅可以防治疾病，而且还可以生津止渴，是一种很好的保健饮料，于是开始种茶、制茶和饮茶。

人们饮茶是从春秋战国时期开始，到秦汉时期，饮茶之风逐渐传播开来，而到三国时，不仅上层权贵喜欢饮茶，而且文人也以茶会友。当时的饮茶方式，虽然不是原始的粥茶法，但据三国魏张揖《广雅》记载：“荆巴间采叶作饼，叶老者，饼成以米膏出之。欲煮茗饮，炙令色赤，捣末置瓷器中，以汤浇覆之。”表明此时饮茶已由用生叶煮作羹饮，发展到先将做好的茶饼灼成“赤色”，然后打碎成末，过筛入壶煎煮，加上调料，然后煮透饮用。

南北朝时，由于僧侣们提倡坐禅的时候饮茶，由此饮茶日益普及。当时，不仅一些文人墨客习惯于用茶来帮助思考，而且上层统治者也把饮茶作为一种高尚的生活享受。但北方的北魏仍把饮茶看作奇风异俗，虽然在“朝贵宴会”时“设有茗饮”，但“皆耻不复食”，只有南朝来的人才喜欢饮茶，表明当时北方民族还不习惯饮茶。

隋唐时期，不仅士大夫和贵族阶层喜爱饮茶，而且普通老百姓也把茶作为日常饮料。就是在一些边疆地区，兄弟民族也体味到了饮茶有助于消化奶、肉，他们把茶视为珍品，将茶看作最好的饮料。

唐代的饮茶方式比早先的饮茶方式更加讲究，那时的人们喝的是经蒸压而成的饼茶。在煮茶前，先用高温“持以逼火”，并经常翻动，烤到饼茶呈“蛤蟆背”状时为适度，烤好的茶叶趁热包好，以免香气散失，当饼茶冷却后再研成细末。

煮茶需用风炉和釜作烧水器具，以木炭和硬柴作燃料，再加鲜活山水煎煮。煮茶时，当烧到水有“鱼目”气泡，即“一沸”时，加适量的盐调味，并除去浮存表面上的水膜，否则“饮之则其味不正”。接着继续烧到水边缘气泡“如涌泉连珠”，即“二沸”时，先在釜中舀出一瓢水，再用竹夹在沸水中边搅边投入研好的茶末。当烧到釜中的茶汤气泡如“腾波鼓浪”，即“三沸”时，加进“二沸”时舀出的那瓢水，使沸腾暂时停止。那时，主张饮茶要趁热连饮，因为茶一旦冷了，“则精英随气而竭，饮啜不消亦然矣”，这种方式在陆羽的《茶经》中有详细的描述。书中还提到，饮茶时舀出的第一碗茶汤为最好，称为“隽永”，以后依次递减，到第四五碗以后，就不值得喝了。

在宋代，人们将始于南北朝、兴于唐代的茶宴推向了鼎盛期。茶宴主要在上层社会和禅林僧侣间进行，其中以宫廷茶宴为最。据蔡京的《太清楼特宴记》《保和殿曲宴记》《延福宫曲宴记》记述，这种茶宴通常在金碧紫檀辉煌的皇宫中进行，场面隆重，气氛肃穆，礼仪庄严。不但要求茶要贡品，水要玉液，而且茶具要珍玩。茶宴进行时，先由近侍施礼布茶，群臣面对皇上山呼万岁。坐定后再闻茶香、品茶味，赞茶感恩，互相庆贺。如《延福宫曲宴记》中写道：“宣和二年（公元 1120 年）十二月癸巳，召宰执亲王等曲宴于延福宫……上命近侍取茶具，亲手注汤击拂，少顷白乳浮盏面，如疏星淡月，顾诸臣曰：‘此自布茶。’饮毕皆顿首谢。”书中详细描绘了宋徽宗赵佶亲自烹茶赏赐群臣的情景。

禅林茶宴通常在寺院内进行，参加的多为寺院高僧及当地知名的文人学士。茶宴开始时，众人团团围坐，住持按一定程序冲沏香茗，依次递给大家品尝，对冲茶、递接、加水和品饮等都按宗教礼仪要求进行。在称赞茶美之后，便谈论道德修身，议事叙情。

各种茶宴虽然目的、要求有所不同，但茶宴的仪式大致是相同的，一般可分为迎送、庆贺、品茶、叙谊和观景等过程，整个过程都以品茗贯穿始终。茶宴进行时，一般先由主持人亲自调茶，以示敬意，然后献茶给赴宴的宾客。宾客接茶后先是闻茶香、观茶色，然后尝味。一旦茶过两巡，便开始评论茶品，称赞主人品行好、茶味美等话题。

在元代，饮茶的形式和方法大致沿袭了宋代的习俗，待客用茶提倡清茗伴茶点和茶食。另外，自元代开始，开拓了西北市场，使饮茶习惯在西北边疆各民族地区得到进一步的普及。

在明代，茶叶的加工方式有了很大的改进，成品茶已由唐代的饼茶、宋代的团茶改为炒青条形散茶，人们饮茶时直接将散茶放入壶或盏内，用沸水冲泡。这种用沸水直接冲泡的沏茶方式，不但简便，而且还保留了茶的清香味，更便于人们对茶的欣赏。所以，明代的人们提倡常饮而不多饮，对饮茶用壶的艺术要求也更高。

在清代，茶在人们生活中占有极为重要的地位，人们在办事、送礼、庆典以及日常生活中都离不开茶。那时，我国的饮茶之风已传遍了欧洲和美洲大陆。

近代中国，茶已渗透到我国人民生活的各个角落和各个阶层，饮茶的方式方法更呈多样化、多元化。有的重清饮雅赏，追求香真味实；有的重茶食相融，追求用茶佐食；有的重饮茶情趣，追求精神享受；有的重名茶名点，追求相得益彰；有的重茶叶药理，追求强身保健；有的重大碗急饮，最求解渴生津；有的重以茶会友，追求示礼联谊；有的重饮茶哲理，追求借茶喻世。

另外，在我国古代，男女结婚还有以茶为礼的习俗。由于茶树的栽培，只能下种，不能移植，人们便取其含义，把茶作为婚姻中女方接受男方的订婚聘礼，叫做“受茶”。这种风俗，一直承袭到明清两代。《红楼梦》中，王熙凤说林黛玉：“你既然吃了我们家的茶，还不给我们家当媳妇?”指的就是“受茶”的典故。由此，茶在古代不仅作为一种饮料，而且是缔结两性婚约和沟通民族关系的媒介。

（二）茶的种类

按加工方法，茶分为绿茶（不发酵茶）、红茶（全发酵茶）、白茶（轻微发酵茶）、乌龙茶（半发酵茶）、花茶（窨制工艺）、紧压茶（成品茶加工）。

小链接：

著名绿茶：西湖龙井、太湖碧螺春、黄山毛峰、庐山云雾

著名红茶：祁门红茶、云南红茶

著名白茶：君山银针

著名乌龙茶：铁观音

著名花茶：茉莉花茶

著名紧压茶：沱茶、砖茶、普洱方茶

第三节　形态各异的民居建筑

从利用天然洞穴以避雨雪风霜和毒蛇猛兽，发展到人工建筑物出现，人类经历了漫长的时间。在这个漫长的发展过程中，建筑的功能不再局限于遮风避雨、满足人们物质生活的需要，在满足人们精神生活需要，诸如各种心理、伦理、宗教、审美等需要方面，亦发挥着日益重要的作用。在世界建筑文化史上，中国建筑历史悠久，文化底蕴深厚，延续时期长，涉及区域广，体系传承完整，建筑类型品类繁多、精彩纷呈——民居、宫殿、坛庙寺观、楼阁亭廊、陵墓、园林、阙、华表、牌坊等不胜枚举。在众多类型的建筑物中，民居是最先出现的，也是数量最多的人工建筑物，是一种将实用性与审美情趣相互结合的社会符号和文化载体，形象生动地展示了内涵丰富的中国传统文化，是劳动人民历代相传的文化精髓。

我国大部分的民居建筑，因各地区的自然环境、经济文化和民族的差异而形成各具特色的建筑装饰风格。不同地区的民居，其室内设计的空间布局、构造和风格都不同，并体现出不同的地域文化特点。比如：南方水多，气候湿润，使得人的性格也细腻婉约，表现在建筑上则风格独具，明显的特点是色彩鲜明的白墙黛瓦、玲珑的装饰、明秀轻快的外观。而北方寒冷，人的性格就要豪爽得多，表现在民居上则装饰简单，实在舒适。西北干旱的黄土地、简陋的窑洞建筑又显得那里的人是如此敦厚质朴。而云南傣族花园式的居所，装饰富丽的缅寺，表现出其独特的南传佛教风格。而对蒙古族来说蒙古包是其游牧特点的最好证明；华丽的喇嘛庙则集中体现了蒙古族建筑的风格。

形形色色的民居很多，中国有之，外国有之，全世界有之，有民居的地方就有文化；民居是不同的，文化是相通的，那就是人们追求美的信念，追求美的智慧。

一、说说四合院

老北京说："天棚、鱼缸、石榴树，先生、肥狗、胖丫头。"这是形容四合院的家庭生活安逸清净、悠然自得。

四合院往大了说，是皇宫、官衙、府邸；往小了说，就是平民百姓的住宅。辉煌的紫禁城是最大的四合院，小的四合院自然就是老百姓的安乐窝了。

（一）四四方方，堂堂正正

所谓四合，"四"指东、西、南、北四面，"合"即四面房屋围在一起，形成一个“口”字。

四合院的典型特征是外观规矩，中线对称。这种院落，一般采用出入一个院门。平时，院门一关，处于一种完全封闭状态。四合院的院门，大都采用木板大门。厚厚的木板制成的大门一端，上下都放在轴心里，左右旋转，可以关开闭合，安全、可靠。

四合院中，有正房，即北房。这是院中的主房，而且，一般四合院的走向也是坐北向南的。东西两侧，为东西厢房。东西厢房，一般都比较对称，建筑格式也大体相同或相似。南面建有南房，与北房相对应。

叶广芩的长篇小说《采桑子》中，记述了一座王府大门的面貌：“拐进镜儿胡同，巨大的红漆大门就闯进了眼帘。大门紧闭着，台阶很高，有上马石。因为长期无人走动，阶前已长出了细草，上马石也被土埋了大半截。大门对面的八字砖雕影壁，早已是残旧不堪……这是朴萨克多罗亲王的府第。”

（二）关于“四破五”

俗语说：“四六不成材。”即盖四合院南北正面的屋子，只能盖三、五、七、九等单数，不能盖双数，四间、六间都不成格局，犯忌。

于是就有人想出主意，中间仍旧盖三间高大的正屋，两边各盖半间耳房，这样便也很气派，有如五间标准四合院的格局了，这个格局俗名叫做“四破五”。

（三）老北京四合院的禁忌

俗话说：“有钱不住东南房，冬不暖来夏不凉”。人们都愿意住坐北朝南的房子。老北京人忌讳院子里的地面比胡同、大街的地面低，不喜欢倒下台阶，说那是进门跳蛤蟆坑。另外，老北京人讲究较多，如院门前不能种槐树，因以前槐树上会掉下来一种虫子，俗名吊死鬼，担心过路人说“这儿怎么这么多吊死鬼啊”，因桑树与“丧”同音，梨与“离”同音，四合院边也不种桑树、梨树。院子里种丁香比较好，因为“紫气东来”。

二、潮汕民居

潮汕地区，既有灵秀山川的孕育，又是“十相留声”之地。2 000 多年来文明历史的沉淀，使其拥有丰富的古典建筑。潮汕建筑文化，是中国建筑史上的一朵奇葩，它既受中原文化的影响，又具有鲜明的地域特色，深受专家名流的赞誉。我国美学学会会长王朝闻先生在 20 世纪 90 年代考察潮汕时，就对潮汕民居给予高度的赞美：“原以为徽州的民居最好，想不到潮汕的更有特点。”人杰地灵的潮汕大地，虽经历过岁月的洗礼、历史的沧桑，但至今仍保存有一大批珍贵的民宅建筑。其中有被专家们誉为国内罕见的府第建筑、全国重点文物保护单位许驸马府；有石刻艺术出神入化、令人叹为观止的从熙公祠；还有清代爱国政治家丁日昌和清广东水师提督方耀故居德安里等大型建筑群。

（一）建筑特色

“潮州厝，皇宫起”，这是流行于潮汕地区的一句俗语。它用来形容潮汕民居的独特风格和建筑特色，意即潮汕民居是仿制京城皇宫宅院的体制而建造的，可与皇宫媲美。故清乾隆《潮州府志》云：“望族营造屋庐，必建立家庙，尤为壮丽。”民国三十三年《广东年鉴》曰：“粤有华侨，喜建造大屋大厦，以夸耀乡里。潮汕此风也甚，惟房屋之规模，较之他地尤为宏伟。”

潮汕土楼的兴建年代，大多数在明代万历至清代乾嘉年间。这同樟林寨早期民居建筑形式一样，与当时多山贼海寇侵扰的历史背景有密切的关系。潮汕土楼的外观有圆形、八卦形、正方形和长方形几种式样，圆形土楼数量最多。土楼显示出潮汕山民的气质，也显示出潮汕民居建筑的多样性和建筑匠师们的创造能力。

（二）工艺特色

明清以后潮州民居建筑进入了成熟时期，故有“京华帝王府，潮汕百姓家”之说，建筑装饰手法形成了一定的特色。

其一，实用与艺术和谐结合。在建筑结构、特别是屋面上最显眼部位，如屋脊、墙头、不同墙面的转角处、细部收口等部位，通过装饰手法使之不至于单调，而且更加坚固。在大面积的外墙面上嵌以石雕，墙头饰以彩画，避免了单调的直角，丰富了立面。为了防潮、防洪和防白蚁，潮州民居一般采用石构柱础，而且比北方明显更高，因而将柱础雕刻成复杂的几何形状，造型饰样几乎多达百余种。室内一般追求良好的采光、通风，采用精致的通雕屏风、隔扇。

其二，装饰题材广泛。潮州民居集中对石柱、屋脊、外墙门框、匾额楹联、檐头、抱鼓石、石狮乃至门前之亭子、旗杆等均予以精美的装饰，使建筑物门前徒增华贵之感。檩木要漆成红色，椽子则漆成蓝色，故称“红桁蓝桷”。单是山墙的脊端，就有金、木、水、土、火五种不同的造型。潮州民居的装饰题材几乎囊括传统的民间题材，如历史故事、神话、戏剧题材、吉祥图案、虫鱼鸟兽、亭台山水以至名人名家诗书画，同时善于表现地方特色，如潮州八景、岭南佳果等地方题材，晚期尚出现了一些西方花纹图案。

其三，装饰工艺丰富多彩，博采众长以为我用，最突出的是石雕、木雕、灰塑、嵌瓷、琉璃、彩画等工艺。造型优美的五星脊饰，连同山墙、屋檐都用瓷来镶嵌。嵌瓷是潮汕民间工艺美术，用各种颜色的瓷片在屋顶一些主要部位贴出各种立体形象，有花草、鸟兽、虫鱼，还有人物，造型栩栩如生，十分传神。除了嵌瓷，还有雕刻，在建筑物的一些木质结构上镂刻各种形象，使整座建筑物富有艺术气息，古色古香如皇宫建筑。

其四，精益求精的营造思想、丰富多彩的装饰手法和装饰内容使潮州艺人大显身手，注入了竞争机制，使明末以后的潮州民居装饰日显细腻繁复。

（三）传统的老式民居

传统的潮汕民居的样式有多种多样，虽然现在的潮汕地区出现了许多的高楼大厦，但是在一些传统观念较强的老一辈人群中，仍然保存着一些传统的老式民居，基本建造单元有“下山虎”“四点金”“驷马拖车”几种形式。规模较小的城镇平民居屋有布局狭长的“竹竿厝”。大型民居以四点金为基础横向或纵向扩大规模，称“三厅串”“八厅相向”“四马拖车”“百凤朝阳”，其外部轮廓则保留十分规整的正方形或长方形。大规模的集居式住宅称为“寨”，这是清代潮汕地区乡村居民军事化的产物。

“下山虎”，又称“爬狮”，是潮汕府第最基本的构成单位。顾名思义，“下山虎”的形状真有点如下山之虎，又似爬行之狮，它以大门为嘴，两间前房为两只前爪，称“伸手房”，以后厅为肚，厅两旁的两间大房为后爪。总之，有如浑身是颈，张开大口，吸纳天地精气，时时蓄势待发的狮虎。为了最大限度地吸纳和贮藏“精气”，它的大门还被做成凹斗形式，使整个建筑呈一个葫芦般的嘴阔、径窄（内门框）、肚大的富于变化的空间，以达到藏风聚气的目的。

如在“下山虎”的前面再加上前座，就成了四角上各有一房压角的四合院“四点金”。潮汕“四点金”依照宋以前古制，把大门开在中轴线上，且居中而面南。这一点可从“四点金”和唐宋四合院的相似性得到印证。

三、徽州民居

徽州民居文化，是中国传统民居文化的重要组成部分。明清时期的徽州文化繁荣昌盛、地方特色鲜明、内涵丰富，在许多领域都形成了独特的流派和风格，具有重要的地位。徽州民居多为两层高的合院式建筑，住宅空间狭窄，天井的设计在其中发挥了重要作用。

（一）形如“一颗印”

建筑形象的突出特征是：白墙、青瓦、码头山墙、砖雕门楼、门罩、木构架、木门窗。内部都是木构架围以高墙，高低起伏，错落有致，黑白辉映，增加了空间的层次和韵律美。外墙无窗或开小窗。方正的外形，马头墙内落水，形如“一颗印”，为徽州民居的独特风格。徽州古民居，大都依山傍水，山可以挡风，方便取柴烧火做饭取暖，又给人以美感。村落建于水旁，既可以方便饮用、洗涤，又可以灌溉农田，美化环境。徽居的古村落，街道较窄，白色山墙宽厚高大，灰色马头墙造型别致。这种结构，节约土地，便于防火、防盗、降温、防潮，使各家严格区别，房子的白墙灰瓦，在青山绿水中，十分美观。徽居的天井，可通风透光，四水归堂，又适应了“肥水不流外人田”的朴素心理。

（二）“三村”和“三绝”

现在的徽州以“西递”“宏村”“南屏”三村最为典型。村落大而且保存好。清顺治—乾隆这一百五十年间，人气鼎盛。徽商的经营遍及全国大部分地区，之后又扩展到东南亚，甚至远达葡萄牙。男人在外四方经营，无法经常回家。妇幼老人留守家中，居家安危自然是件大事，这对于房屋结构便有一定的防卫要求。白色笔直的墙壁有二三层楼高，不易攀爬，而内侧还有一层木墙，与砖墙留有空隙，木墙上装有可开的门，家人经常打开听听有无盗贼的动静，看看有无透亮的地方，便知道有没有人在挖洞，同时也能保暖、隔潮。朝外的窗户很小，只起到观察的作用，即使有人爬上墙来，也无法从窗而入。采光全靠院内的天井，大户人家有二三套院落，天井每院一处，这里是院中最好看的地方，摆放造型精致的鱼缸、花木盆景和假山，可谓美轮美奂。同时又具有采光、通风和消防的作用。厨房的面积占庭院的几分之一。这样大的厨房，是为了每个小家庭独立起火和储存物品，这利于几世同堂的大家庭平和而居。想当年关起门来，只要柴米充足，月不出门也安然无恙，也可以避开不少兵匪世乱。

在徽州，木、石、砖三雕最为出名，人称“徽州三绝”，这“三绝”几乎在每家每户都可以看到。那些门坊、门罩、漏窗上的雕刻，一户之内少有雷同，窗槛、裙板、窗扇、斜撑等处，雕刻更为精美。在西递村，有一户人家天井中的十二个门扇上雕刻着二十四孝图，非常精细。

（三）“五岳朝天，四水归堂”

远眺徽州古村落，除了粉墙黛瓦似水墨氤氲的黑白色调外，给人印象最深的就是错落有致的马头墙了。因为徽州人稠地狭，聚族而居，为防邻居失火殃及自家而采取的一种建筑结构，故称封火墙，据说宋代就已出现，起初只是为实用，后来逐渐被塑造成极富装饰性的造型。它以其高低错落、抑扬顿挫的起伏“舞姿”体现了徽州建筑的独特韵律。首先，是化静为动：马头墙壁在空间展开，因观察者角度变化而显变动之趣，体现了静中见动的韵律。静中见动如同中国书法宁静中追求飞动的韵律，展示出时间的节奏。其次，动中求挫，马头墙随屋顶坡度而层层错落排开，在飞动中求得更深一层意韵——“顿挫”之美，以顿挫寓于飞动之中，更加强其飞动之势，造成一激荡的艺术空间。所以徽州人称之为“五岳朝天”，它寄托了走南闯北的徽商对家乡的眷恋之情。所谓“胸中小五岳，足底大九州”就反映了这种感情。

与“五岳朝天”并称的是“四水归堂”，这是徽派民居的另一个主要特征。当人们进入这些老宅时就会发现，一幢完整的房屋，顶上空出一块露出蓝天白云，这就是徽派民居厅堂内普遍设置的天井。在这种打上远古先民“穴居”和“巢居”烙印的带天井的厅堂，被徽州人赋予“积本聚财”“天降洪福”的期望。雨露落在向内合围的屋顶坡面上汇聚于中间的天井流下这叫“肥水不流外人田”“财源滚滚来”，这对于将水当作财富的百姓来说是大吉大利的事。家有天井，一方子子孙孙兴旺，这是一种古老的风水观念。天井的下方，在明清时期一般用石板砌出一方水池，称明池，四角砌成明沟，降水存于池中再通过暗沟排出户外。早期来到徽州的中原移民，面对着当地陌生的居民与自然环境，出于防御的需要建起四周有高墙维护的住宅，外墙很少开窗，尤其是下层，有时完全没有，即使开窗，也不过是四五十公分的小窗数处稍事点缀。俨然如碉堡一般，虽获得了安全感却出现采光、通风和精神压抑等问题。徽州人在屋顶上开天井巧妙地解决了问题。所以，天井的设置是这些老宅子精彩的一笔。它不仅寄托了徽州人的期望与理想，更为重要的是它体现徽州居民因地制宜巧妙利用自然条件实现古人那种“天人合一”的理想境界。

四、川西民居

川西指的是成都平原，位于四川盆地西部，当地称之为川西坝子。狭义的川西平原指灌县、绵竹、罗江、金堂、新津、邛崃为边界的岷江、沱江及其支流的冲积平原。川西民居就是这个特定区域的民居样式。它不同于北京之贵、西北之硬、岭南之富、江南之秀，自有其朴实飘逸的风格。

四川是一个多民族、多文化的区域，据有关史料，大批移民入川先后发生过几次。因此，川西居住文化也是一种兼容性较强的融合文化，其许多特色的形成，都是在不排外的基础上兼收并蓄的结果。并未因吸收外来文化而丢失传统，而是在兼容先进文化因素的过程中，形成了适合本地自然与经济条件的独立形态的文化体系。其中刘氏庄园是中国古代南方民居建筑的杰出代表，和烟台的牟氏庄园、惠民的魏氏庄园齐名，并称为中国三大庄园。

川西民居讲究“天人合一”自然观与环境观。用材因地制宜、就地取材，因材设计，建材以木、石灰、青砖、青瓦为主。墙有砖墙、土墙、石块（石板）墙、木墙（木板或原木）、编夹壁墙等；屋顶用小青瓦、草、谷草、山草、石板瓦、树皮瓦等制作；还有用青厂条子作梁和门杠的。这些就地取用的材料，既经济节约，又与环境十分协调，相映成趣，乡土气息格外浓郁。呈现出一种质感美、自然美。“天人合一”的环境观把周围的大环境引入封闭的小环境中，形成了人与住宅、环境的和谐统一。

五、苏州园林

中国古典园林艺术根植于中国深厚的传统文化，有着悠久的历史，其起源可以追溯到夏商周时期的“囿”，建造的目的是为了满足统治阶级狩猎、游玩、祭祀之用。

古人构园必成名，皆有托意，背后隐藏着历史上某一时期无尽的文人士大夫的哲学观念、处世态度和审美情趣。人们常说“江南园林甲天下，苏州园林冠江南”。苏州园林作为中国园林文化之中的典型代表，闹中取静、以小见大、曲折幽深等特点无不在此体现。1997 年，苏州古典园林被联合国教科文组织列为“世界文化遗产”。

（一）深寓传统思想文化的载体

远山无脚，远树无根，远舟无身，这是画理，同样也是造园之理。苏州的园林不仅是历史文化的产物，同时也是中国传统思想文化的载体。古代的造园家在设计时力求园林中每个观赏点，看起来都是一幅幅含义深远而有不同层次的画。正所谓：“古人构园置景，以体扬立意为先。”名师巧匠们，对特定的人文自然环境，体察入微，心有所得，然后筹划布局，剪裁景物，开拓意境，形成园林特有的风貌。

另外古人善于将宗教的事物动静变化的辩证关系应用于园林创作中，景物有动观静观之分，造园之前，首先要考虑。所谓静观，就是园中予游人多驻足的观赏点，动观就是要有较长的游赏线。例如网师园园子较小便以静观为主，动观为辅；而拙政园面积较大，则以动观为主，静观为辅。廊引人随，移步换景，这是动观。

（二）园林建筑，师法自然

在中国古典园林中，除了山、水、植物外，还有亭、台、阁、楼、廊、馆、舫、墙等建筑物，所有的建筑，不管是在形状上，还是在神韵上，都追求与自然环境的吻合与协调，同时又便于园内各个部分和景观自然相连，进而体现园林自然、恬静、舒适、淡泊、雅致的艺术特色，并收到了移步换景、渐入佳境、小中见大的观赏效果。

苏州园林大多采用欲露先藏的造园方法。比如拙政园，刚跨入拙政园大门，便是“曲径通幽”的翠峰，这块假山挡住了人们的视线，使人产生更急切的观赏心理。等绕过假山，园中的景观豁然展现在眼前，这一收一敛，含蓄悠远，趣味盎然。园林中花样繁多的漏窗设计，更加强了苏州园林的“欲露先藏”的特色。园林景色透过这些漏窗，半藏半露，配以光线的变化，更使得园林的景致变化万端。这虚实相映、藏露相显、明暗相影的设计彰显出园林的优美意境：含蓄而富于变化，以有限的园林景色蕴涵无限美的联想。

（三）“诗情画意”的造园手法

文学是时间的艺术，绘画是空间的艺术。园林景物既需要“静观”，又需要“动观”，如果在造园的过程中将诗情画意运用到恰到好处，就能体现出“寸山多致，片石生情”之感，进而把植物、山石、溪水、建筑等营造出的园林景观升华到更高的艺术境界。诗情在园中的主要表现形式有题景、匾额、楹联、题刻、碑记、字画，如苏州拙政园的浮翠阁引自苏东坡诗中的“三峰已过天浮翠”。如果说中国山水画是自然风景的升华，那么园林则是把升华了的自然山水风景再现于人们的现实。园寓诗文图画，再配以园记题咏等，所以每当游人进入园中，便有诗情画意之感。

拙政园的“雪香蔚亭”中有一副对联：“蝉噪林愈静，鸟鸣山更幽。”这两句诗与亭子四周的枫、柳、松、竹交相掩映；纯朴形象的两句诗巧妙地使“雪香蔚亭”赋予山野之趣，勾画出一幅幽静的山林画境。再如沧浪亭内的一处观鱼点，题名“濠上观”，采自庄子与惠子游于濠梁的典故而命名。一处简单的水亭命以“濠上观”，不禁使游人思索当年庄子与惠子争论千古的哲学思辨，从而对世界的体悟与思考，使得对景色的审美内涵大大丰富，也营造出深远悠长的意境美。

第四节　五彩缤纷的节庆文化

文化是某个人群、某个民族，乃至全人类所共享和共遵的价值观与行为规范，是作为一个种群所共有的符号，实质上与人类化密切联系在一起。从刀耕火种的原始人崇拜自然、祖先与神灵，到封建宗法社会讲究尊卑有序、人伦血亲、礼教法治，还有延续至今的祭祖、踏青等活动，这种价值观与行为规范随着人类起源与进化不断丰富，文化内涵日渐深厚，有些更成为约定俗成的习惯定势，符号化明显，从而发展成习俗。而有些习俗又进一步发展成了节日。可以认为，节日是指按照一定历法时序排列形成的周期性民俗传承活动。

一、中国传统节日根植于中国古代农耕文化

中国古代文化是典型的农耕文化，这是自然条件与地理环境决定的。农业成为国家与社会的头等大事。新农具的发明与改进、农作物的培育以及各种农业制度与农事习俗、农事诗与农事图案等，这些都是农耕文化的体现。作为文化发展到一定阶段的产物，中国传统节日必然深深打上中国古代农耕文化的烙印。例如春节，在唐虞时叫“载”，夏代叫“岁”，周代才叫“年”。“载”“岁”“年”都是指谷物生长周期，谷子一年一熟，所以春节一年一次，含有庆祝与祈求丰收的寓意。关于春节的另一种说法是：春节起源于原始社会末期的“腊祭”，当时每逢腊尽春来，先民便杀猪宰羊，祭祀神鬼与祖灵，祈求新的一年风调雨顺，免去灾祸。清明节本是二十四节气之一，这时，我国大部分地区气候温暖，草木萌芽，农业上开始忙于春耕春种。江南有农谚这样形容清明：“清明谷雨两相连，浸种耕种莫迟延”“种树造林，莫过清明。”关于中秋节的起源，有一种说法是秋报的遗俗，因为农历八月十五这一天恰好是稻子成熟的时刻，人们便在这个季节饮酒舞蹈，喜气洋洋地庆祝丰收。而重阳节在陕北则是正式收割的季节。从传统节日的起源看，大多出于农耕目的，虽然在流传过程中，有些节日淡化了农耕印象，但传统节日体现或根植于古代农耕文化这一点是确定的。

二、中国传统节日体现了原始观念文化

原始崇拜的一项重要内容是对自然的崇拜，比如太阳、月亮、大地等。中秋时节的重要活动内容是祭月赏月，但无论是祭月还是赏月都体现了对月亮的崇拜。春节祭祖、清明扫墓是对祖先的崇拜。原始先民都相信自己的氏族与某种动物、植物或无生物之间存在一种特殊的亲密关系，并以之作为氏族崇拜的对象，由此产生图腾崇拜，这是原始宗教的一种高级形式。端午节赛龙舟的习俗并非为纪念屈原，因为早在屈原之前就出现了，其实际上体现了人们对龙图腾的崇拜。闻一多先生在《端午考》中说：“距屈子投江千余年前，划龙舟之习俗就已存在于吴越水乡一带。目的是通过祭祀图腾——龙，以祈求避免常见的水旱之灾。祭祀之日便是端午，在水域中竞划刻着龙饰的舟船是‘龙祭’的重要内容。”

三、中国传统节日体现出贵和尚美的文化精神

文化精神是传统文化中具有积极意义的、体现蓬勃向上精神的思想观念。中国传统节日渗透着中国传统文化精神中的贵和尚美，这使得中国传统节日及节日中的一些习俗有着强大的生命力，历经几千年仍然得以传承。

“和”指和谐统一，“美”即指美好团圆。贵和尚美作为中国文化的基本精神之一在传统节日中非常普遍。春节虽然是指农历新年第一天，但过年活动实际上在旧年腊月（农历十二月）就已经开始，并会一直持续到元宵节后才会结束。在腊月里，人们要扫尘、祭灶、赶置年货；除夕要全家团圆，大家围坐在一起和面包饺子。和面的“和”与“合”谐音，饺子的“饺”与“交”谐音，“合”与“交”都含团圆、相聚之意；至元宵节全家又要围在一起吃汤圆，企盼家人生活团团圆圆、和谐甜蜜。七夕乞巧，表达出人们希望婚姻美满的愿望。中秋赏月吃月饼，更兼有期望生活团圆与婚姻美满之意。九九重阳，则有敬老爱老、珍爱生命、健康长寿之意。此外，清明折柳，端午采艾叶、菖蒲，重阳登高插茱萸，这种驱恶避邪的习俗也显露出贵和尚美的思想。

四、全国性民间传统节日

据不完全统计，我国目前有全国性、地方性和民族性的传统节日达200多种，而其中最主要的有春节、端午、清明、重阳、元宵、中秋、七夕7种。

（一）春节

春节和年的概念，最初的含意来自农业，古时人们把谷的生长周期称为“年”。《说文·禾部》记载：年，谷熟也。在夏商时代产生了夏历，以月亮圆缺的周期为月，一年划分为十二个月，每月以不见月亮的那天为朔，正月朔日的子时称为岁首，即一年的开始，也叫年，年的名称是从周朝开始的，到了西汉才正式固定下来，一直延续到今天。

古时的正月初一被称为“元旦”，直到中国近代辛亥革命胜利后，南京临时政府为了顺应农时和便于统计，规定在民间使用夏历，在政府机关、厂矿、学校和团体中实行公历，以公历的元月一日为元旦，农历的正月初一称春节。

1. 熬年守岁

守岁，就是在旧年的最后一天夜里不睡觉，熬夜迎接新一年的到来的习俗，也叫除夕守岁，俗名“熬年”。

探究这个习俗的来历，在民间流传着一个有趣的故事：太古时期，有一种凶猛的怪兽，散居在深山密林中，人们管它们叫“年”。它的形貌狰狞，生

性凶残，专食飞禽走兽、鳞介虫豸，一天换一种口味，从磕头虫一直吃到大活人，让人谈“年”色变。后来，人们慢慢掌握了“年”的活动规律，它是每隔三百六十五天窜到人群聚居的地方尝一次口鲜，而且出没的时间都是在天黑以后，等到鸡鸣破晓，它们便返回山林中去了。算准了“年”肆虐的日期，百姓们便把这可怕的一夜视为关口煞，称作“年关”，并想出了一整套过年关的办法：每到这一天晚上，每家每户都提前做好晚饭，熄火净灶，再把鸡圈牛栏全部拴牢，把宅院的前后门都封住，躲在屋里吃“年夜饭”。由于这顿晚餐具有凶吉未卜的意味，所以置办得很丰盛，除了要全家老小围在一起用餐表示和睦团圆外，还须在吃饭前先供祭祖先，祈求祖先的神灵保佑，平安地度过这一夜。吃过晚饭后，谁都不敢睡觉，挤坐在一起闲聊壮胆，就逐渐形成了除夕熬年守岁的习惯。

守岁习俗兴起于南北朝，梁朝的不少文人都有守岁的诗文，如“一夜连双岁，五更分二年”。人们点起蜡烛或油灯，通宵守夜，象征着把一切邪瘟病疫照跑驱走，期待着新的一年吉祥如意。

2. 万年创建历法说

相传，有个名叫万年的青年，看到当时节令很乱，就有了想把节令定准的打算。但是苦于找不到计算时间的方法。一天，树影的移动启发了他，他设计了一个测日影计天时的晷仪，测定一天的时间，后来，山崖上的滴泉启发了他的灵感，他又动手做了一个五层漏壶，来计算时间。天长日久，他发现每隔三百六十多天，四季就轮回一次，天时的长短就重复一遍。

当时的国君叫祖乙，也常为天气风云的不测感到苦恼。万年知道后，就带着日晷和漏壶去见皇上，对祖乙讲清了日月运行情况。祖乙把万年留下，在天坛前修建日月阁，筑起日晷台和漏壶亭，并希望能测准日月规律，推算出准确的晨夕时间，创建历法。

后来万年创建历法已成，国君亲自登上日月阁看望万年。万年指着天象，对祖乙说：“现在正是十二个月满，旧岁已完，新春复始，祈请国君定个节吧。”祖乙说：“春为岁首，就叫春节吧。”据说这就是春节的来历。国君为纪念万年的功绩，便将太阳历命名为“万年历”，封万年为日月寿星。以后，人们在过年时挂上寿星图，据说就是为了纪念德高望重的万年。

3. 贴春联和门神

在中国古代神话中，相传有一个鬼蜮的世界，当中有座山，山上有一棵覆盖三千里的大桃树，树梢上有一只金鸡。每当清晨金鸡长鸣的时候，夜晚出去游荡的鬼魂必赶回鬼蜮。鬼蜮的大门坐落在桃树的东北，门边站着两个神人，名叫神荼、郁垒。如果鬼魂在夜间干了伤天害理的事情，神荼、郁垒就会立即发现并将它捉住，用绳子把它捆起来，送去喂虎。因而天下的鬼都畏惧神荼、郁垒。于是民间就用桃木刻成他们的模样，放在自家门口，以避邪防害。后来，人们干脆在桃木板上刻上神荼、郁垒的名字，认为这样做同样可以镇邪去恶。这种桃木板后来就被叫做“桃符”。

到了宋代，人们便开始在桃木板上写对联，一则不失桃木镇邪的意义，二则表达自己美好心愿，三则装饰门户，以求美观。又在象征喜气吉祥的红纸上写对联，新春之际贴在门窗两边，用以表达人们祈求来年福运的美好心愿。

为祈求一家的福寿康宁，现在一些地方的人们还保留着贴门神的习惯。据说，大门上贴上两位门神，一切妖魔鬼怪都会望而生畏。在民间，门神是正气和武力的象征，古人认为，相貌出奇的人往往具有神奇的禀性和不凡的本领。他们心地正直善良，捉鬼擒魔是他们的天性和责任，人们所仰慕的捉鬼天师钟馗，即有着此种奇形怪相。所以民间的门神永远都怒目圆睁，相貌狰狞，手里拿着各种传统的武器，随时准备同敢于上门来的鬼魅战斗。由于我国民居的大门，通常都是两扇对开，所以门神总是成双成对。

4. 春节的习俗

春节是我国一个古老的节日，也是全年最重要的一个节日。如何庆贺这个节日，在千百年的历史发展中，形成了一些较为固定的风俗习惯，有许多还相传至今。例如：扫尘、贴春联、贴窗花和倒贴“福”字、挂年画、守岁、燃放爆竹、拜年等。

（二）端午

每年的农历五月初五，是中国民间的传统节日——端午节，它是中华民族古老的传统节日之一。端午也称端五、端阳。此外，端午节还有许多别称，如午日节、重五节、五月节、女儿节、天中节、地腊、诗人节、龙日等等。虽然名称不同，但总体上说，各地人民过节的习俗还是同多于异的。

1. 端午的由来与传说

端午节是古老的传统节日，始于中国的春秋战国时期，至今已有2 000多年的历史。端午节的由来与传说很多，比如源于纪念屈原、源于纪念伍子胥、源于纪念孝女曹娥、源于古越民族图腾祭等。

2. 端午的习俗

我国民间过端午节是较为隆重的，庆祝的活动也是各种各样。比较普遍的活动有以下种种形式：赛龙舟，这是端午节的主要习俗；吃粽子，这是中国人民的又一传统习俗（粽子，又叫“角黍”“筒粽”，其由来已久，花样繁多）；另外，端午节小孩们还会佩戴香囊，传说有避邪驱瘟之意。

（三）清明

清明是我国的二十四节气之一。由于二十四节气比较客观地反映了一年四季气温、降雨、物候等方面的变化，所以古代劳动人民用它安排农事活动。《淮南子·天文训》云："春分后十五日，斗指乙，则清明风至。"按《岁时百问》的说法："万物生长此时，皆清洁而明净。故谓之清明。"

1. 清明的由来

我国传统的清明节大约始于周代，已有2 500多年的历史。清明最开始是一个很重要的节气，清明一到，气温升高，正是春耕春种的大好时节，故有"清明前后，种瓜种豆"以及"植树造林，莫过清明"的农谚，可见这个节气与农业生产有着密切的关系。

2. 清明的习俗

清明节的习俗除了讲究禁火、扫墓，还有踏青、荡秋千、蹴鞠、打马球、插柳等一系列风俗体育活动。相传这是因为清明节要寒食禁火，为了防止寒食冷餐伤身，所以大家来参加一些体育活动，以锻炼身体。因此，这个节日中既有祭扫新坟的别离悲酸泪，又有踏青游玩的欢笑声，是一个富有特色的节日。

（四）重阳

农历九月九日，为传统的重阳节。因为古老的《易经》中把"六"定为阴数，把"九"定为阳数，九月九日，日月并阳，两九相重，故而叫重阳，也叫重九，古人认为是个值得庆贺的吉利日子，并从很早就开始过此节日。

1. 重阳的由来

九九重阳，早在春秋战国时的《楚辞》中就已提到了。屈原的《远游》里写道："集重阳入帝宫兮，造旬始而观清都。"这里的"重阳"是指天，还不是指节日。三国时魏文帝曹丕《九日与钟繇书》中，则已明确写出重阳的饮宴了："岁往月来，忽复九月九日。九为阳数，而日月并应，俗嘉其名，以为宜于长久，故以享宴高会。"

关于重阳的传说，梁人吴均在他的《续齐谐记》一书里有关于九月初九登高避疫的记载。后来又由于在中原人的传统观念中，双九是生命长久、健康长寿的意思，所以重阳节才又被立为老人节。

2. 重阳的习俗

农历九月九日的重阳佳节，活动丰富，情趣盎然，有登高、赏菊、喝菊花酒、吃重阳糕、插茱萸等等活动。

（五）元宵

每年农历的正月十五日，春节刚过，迎来的就是中国的传统节日——元宵节。正月是农历的元月，古人称夜为“宵”，所以称正月十五为元宵节。正月十五日是一年中第一个月圆之夜，也是一元复始，大地回春的夜晚，人们对此加以庆祝，也是庆贺新春的延续。元宵节又称为“上元节”。

1. 元宵的由来

元宵节是中国的传统节日，早在2 000多年前的西汉就有了。元宵赏灯始于东汉明帝时期，明帝提倡佛教，听说佛教有正月十五日僧人观佛舍利，点灯敬佛的做法，就命令这一天夜晚在皇宫和寺庙里点灯敬佛，令士族庶民都挂灯。以后这种佛教礼仪节日逐渐形成民间盛大的节日。该节经历了由宫廷到民间、由中原到全国的发展过程。

元宵节也称灯节。元宵燃灯的风俗起自汉朝，到了唐代，赏灯活动更加兴盛，皇宫里、街道上处处挂灯，还要建立高大的灯轮、灯楼和灯树，唐朝大诗人卢照邻曾在《十五夜观灯》中这样描述元宵节燃灯的盛况：“接汉疑星落，依楼似月悬。”

2. 元宵的习俗

元宵节是中国的传统节日，主要习俗包括吃元宵、观灯、耍龙灯、耍狮子、踩高跷、划旱船、扭秧歌、逐鼠、打太平鼓等。

（六）中秋

每年农历八月十五日，是传统的中秋佳节。因为这时是一年秋季的中期，所以被称为中秋。在中国的农历里，一年分为四季，每季又分为孟、仲、季三个部分，因而中秋也称仲秋。八月十五的月亮比其他几个月的满月更圆、更明亮，所以又叫做“月夕”“八月节”。此夜，人们仰望天空如玉如盘的朗朗明月，自然会期盼家人团聚。远在他乡的游子，也借此寄托自己对故乡和亲人的思念之情。所以，中秋又称“团圆节”。

1. 中秋的由来

古代帝王有春天祭日、秋天祭月的礼制，早在《周礼》一书中，已有“中秋”一词的记载。后来贵族和文人学士也仿效起来，在中秋时节，对着天上又亮又圆的一轮皓月，观赏祭拜，寄托情怀，这种习俗就这样传到民间，形成一个传统的活动。一直到了唐代，这种祭月的风俗更为人们重视，中秋节才成为固定的节日。《唐书·太宗记》记载有“八月十五中秋节”，这个节日盛行于宋朝，至明清时，已与元旦齐名，成为我国的主要节日之一。

2. 中秋的习俗

在中秋节，我国自古就有赏月的习俗，《礼记》中就记载有“秋暮夕月”，即祭拜月神。到了周代，每逢中秋夜都要举行祭月。设大香案，摆上月饼、西瓜、苹果、李子、葡萄等时令水果，其中月饼和西瓜是绝对不能少的。西瓜还要切成莲花状。

在唐代，中秋赏月、玩月颇为盛行。在宋代，中秋赏月之风更盛，据《东京梦华录》记载：“中秋夜，贵家结饰台榭，民间争占酒楼玩月。”每逢这一日，京城的所有店家、酒楼都要重新装饰门面，牌楼上扎绸挂彩，出售新鲜水果和精制食品，夜市热闹非凡，百姓们多登上楼台，一些富户人家则在自己的楼台亭阁上赏月，并摆上食品或安排家宴，子女团圆，共同赏月叙谈。

明清以后，中秋节赏月风俗依旧，许多地方形成了烧斗香、点塔灯、放天灯、走月亮、舞火龙等特殊风俗。

(七) 七夕

农历七月初七是人们俗称的七夕节，也有人称之为“乞巧节”或“女儿节”，这是中国传统节日中最具浪漫色彩的一个节日，也是过去姑娘们最为重视的日子。

1. 七夕的由来

七夕乞巧，这个节日起源于汉代。东晋葛洪的《西京杂记》有“汉彩女常以七月七日穿七孔针于开襟楼，人俱习之”的记载，这便是我们于古代文献中所见到的最早的关于乞巧的记载。后来的唐宋诗词中，妇女乞巧也被屡屡提及，据《开元天宝遗事》载：唐太宗与妃子每逢七夕在清宫夜宴，宫女们各自乞巧，这一习俗在民间也经久不衰，代代延续。

宋元之际，七夕乞巧相当隆重，京城中还设有专卖乞巧物品的市场，世人称为乞巧市。人们从七月初一就开始办置乞巧物品，乞巧市上车水马龙、人流如潮，到了临近七夕的时日，乞巧市上简直成了人的海洋，车马难行，观其风情，似乎不亚于最盛大的节日——春节，说明乞巧节是古人最为喜欢的节日之一。

2. 七夕的习俗

七夕节最普遍的习俗，是妇女们在七月初七的夜晚进行的各种乞巧活动。乞巧的方式大多是姑娘们穿针引线验巧，做些小物品赛巧，摆上些瓜果乞巧。

在山东济南、惠民、高青等地的乞巧活动很简单，只是陈列瓜果乞巧，如有喜蛛结网于瓜果之上，就意味着乞得巧了。而鄄城、曹县、平原等地吃巧巧饭乞巧的风俗却十分有趣：七个要好的姑娘集粮集菜包饺子，把一枚铜钱、一根针和一个红枣分别包到三个水饺里，乞巧活动以后，她们聚在一起吃水饺，传说吃到钱的有福，吃到针的手巧，吃到枣的早婚。

五、少数民族年节及其文化内涵

节日是一个民族最具民族文化特征的时间段，是一个民族鲜明生动的文化现象之一，它既凝集了一个民族的文化要素，又集中体现了民族传统。通过节日可以折射出各个民族的经济形态、生活形态、自然环境、文化观念、宗教形态等诸多方面，而各个民族的节庆文化也存在着很大的差异。

（一）泼水节

这是傣族最隆重的节日，也是云南少数民族节日中影响面最大、参加人数最多的节日。

泼水节是傣历新年，相当于公历的四月中旬，节日一般持续3~7天。泼水节期间，傣族青年喜欢到林间空地做丢包游戏。花包用漂亮的花布做成，内装棉纸、棉籽等，四角和中心缀以五条花穗，是爱情的信物，青年男女通过丢包、接包，互相结识。

另外还要进行划龙舟比赛。比赛在澜沧江上举行。一组组披红挂绿的龙舟在锣声中和哨子声中，劈波斩浪，奋勇向前，把成千上万的中外游客吸引到澜沧江边，为节日增添了许多紧张和欢乐的气氛。

（二）三朵节

一年里，纳西族的民间有好几个节日：棒棒会、三朵节、火把节、鬼节（河灯节），还有骡马会，但这些节日里面最有民族风情的，当属三朵节了。因为只有三朵节，才是纳西人祭祀本民族的保护神“三朵”的重要节日，也是纳西族最盛大的节日。

三朵节源于丽江白沙玉龙村的北岳庙会，纳西语叫“三朵颂”，就是“祭三朵”的意思。在东巴古籍的记载中，三朵是玉龙雪山的神灵，是能征善战、济困扶危的英雄，千百年被纳西族崇奉为保护神、战神。据说“三朵”属羊，因此在每年的二月初八，各地纳西群众都要到北岳庙（即玉龙祠，又叫三朵庙）祭拜祈福。除在北岳庙举行节庆活动外，纳西族同胞还要在自家烹制食品，烧香祭拜“三朵”，正如诗歌中所说：“年年春二月，户户祝三朵。”

纳西族同胞认为“三朵”就是玉龙雪山的化身，常常显圣，保护着纳西人的安全，唐代已经开始建祠祭祀，深受纳西人信奉。忽必烈南征大理过丽江时，敕封三朵神为“大圣雪石北岳定国安邦景帝”。明代后，纳西族木氏土司曾大兴土木，拓修三朵神庙，铸大鼎、大钟等重器，详记“三朵”种种圣迹。

（三）那达慕大会

“那达慕”是蒙古语的译音，意为“娱乐、游戏”，以表示丰收的喜悦之情。每年农历六月初四开始的那达慕，是草原上一年一度的传统盛会。那达慕是中国蒙古族人民具有鲜明民族特色的传统活动，也是蒙古族人民喜爱的一种传统体育活动形式。

古代和近代的那达慕盛会都要进行男子“三艺”的比赛——摔跤、赛马和射箭。同时还增加了马球、马术、田径、球类比赛、乌兰牧骑演出等新的内容，同时举行物资交流会和先进表彰。举行那达慕时，牧区方圆数百里的牧民穿起节日的盛装，骑着骏马或乘坐汽车、勒勒车络绎不绝地前来参观。那达慕大会期间帐篷林立，组织广泛的物资交流会，以促进生产。晚上还举行各种形式的文艺活动。锡林郭勒盟地区举办的那达慕已成为全民健身和群众娱乐的重要活动。

在 2006 年 5 月 20 日，该民俗经国务院批准列入第一批国家级非物质文化遗产名录。

（四）火把节

火把节是彝、白、纳西、基诺、拉祜等民族古老而重要的传统节日，有着深厚的民俗文化内涵，被称为“东方的狂欢节”。不同的民族举行火把节的时间也不同，不过大多是在农历的六月二十四，主要活动有斗牛、斗羊、斗鸡、赛马、摔跤、歌舞表演、选美等。

任何一个民族的传统节日，都是适应了该民族风情、民俗和习惯而得以传承下来的，是民族文化的集中反映。在今天经济全球化的背景下，更要强调文化的差异性，因为文化也是一种竞争力和生产力。

中国传统节日文化内涵丰富，是我国人民的劳动创造和智慧结晶，承载着中华民族的情感，留存了民族独特的文化记忆，是历代民众共同创造的精神文明的积淀。它既包括精神文化，也包括物质文化，是集民族文化风情风俗于一体的天然大舞台，反映了长期历史发展中沿袭下来的群体文化。在社会转型时期，传统节日中所蕴含的文化，无论是在消费领域、交往领域还是观念领域内都有着极其重要的价值。提升传统节日的文化价值，无论是对加强物质文明建设，还是精神文明建设都具有积极的作用。

第五节　出神入化的中华武术

中华武术作为中华民族智慧的结晶纵贯中国几千年的历史。古有司马迁《史记》中的游侠、刺客列传和一系列武侠杂记体小说，今有金庸、古龙一辈新派武侠小说大家。止戈为武，打不是目的而是手段，武术之所以演变为一种文化，源于其高度精神内涵。它带着仗剑江湖、侠肝义胆的传奇魅力走到今天，虽然绿林不再，江湖也不再见刀光剑影，却化身为修身养性的时尚运动，被广为流传。

一、中华武术的起源与发展

追根溯源起来，武术萌芽于原始社会人类的生产活动。人类就地取材将生产工具作为武术器械，一些朴素的攻防概念则从同大自然的搏斗中产生出来。夏朝建立后，连绵不断的战火使武术有了进一步适应实战的发展需要。也可以说，阶级、国家之间的斗争衍生了武术。武术自宋代开始渐以套路运动为主。元明清时代，不同拳种流派林立，“十八般武艺”及各家拳法广泛流传。

武术的流派中，可以归纳为南、北两大派别，南派为内家拳，北派为外家拳。内家拳以内功（即现在的气功）为基础，尚柔劲，用时多以静待动，后发制人。外家拳以踢桩打袋等硬功夫作为拳术的基础，尚刚劲，用时多主攻击，先发制人。武术大师李小龙发明的截拳道则是以“以无法为有法，以无限为有限”为纲领和要义，将东西方哲学理念运用于武术，体现了自由精神的强大威力。

（一）少林尚武——千古流芳

少林派是武林第一门派，被视为中华武学的泰斗。“少林拳”“少林棍”在我国武术史上占有重要的地位。

少林寺的不少文物是少林拳起源的历史见证，特别引人注目的是白衣殿内的“少林拳谱”壁画，其描绘了当年少林寺和尚练拳习武的真实情景：宏伟的寺院，张灯结彩，三十个身着短装，神采奕奕的健壮武僧，分成十五对演练少林拳。少林武术名显于世，始于隋末，其尚武精神千古流芳，在自卫抗暴、抵敌御侮中涌现了不少可歌可泣的动人事迹。

（二）武当太极——运气成仙

武当拳的风格特点是以静制动，以柔克刚，以短见长，以慢击快，以意运空，以气运身。太极拳属武当著名拳种，影响极大。

道士都好炼丹，追求修炼成“纯阳之体”，即成仙。且不提电视中常看到的炼丹炉中的药丸外丹了，单是内丹功就不同，按通俗的说法就是道家“养生气功”，太极十三丹即是道家内丹功的一种，其动功就是以仿效十三种动物的动作之仿生功法，是一种功拳合一、内外皆修的道家功夫。

（三）咏春拳——寸劲发力

咏春拳属于中国拳术中南拳之一。目前世界许多国家的军警部队都把咏春拳列为他们的必修课目，因为他们追求的正是这种适合毫无武术基础的人在极短时间内训练成格斗高手的“实际的打斗”技术，这也肯定了咏春拳自身极为显著的格斗技术特点。

咏春拳是一种十分科学化和人工化的拳术。其长处在于埋身搏击。它拳快而防守紧密，马步灵活和上落快，攻守兼备及守攻同期，注重刚柔并济，气力消耗量少。

（四）截拳道——无招胜有招

截拳道是李小龙所创立的融合世界各种武术精华的全方位自由搏击术。“截拳道”的意思是阻击对手来拳之法，或截击对手来拳之道。“以无法为有法，以无限为有限”是截拳道的哲学核心，即反对任何固定的形式，强调“无形之形、无式之式”。它无任何固定的技术动作和套路形式，在实战中强调“务实”“无形式”，凭本能的感触应战。

二、中华武术的文化特性

中国武术作为中华民族传统文化的一个有机组成部分和独特表现形式，一方面跟中国的古典哲学、政治伦理、军事思想、文化艺术、医学理论、社会习俗等等相互联系、相互作用，共同组成绚丽多姿的中国文化整体；另一方面则从一个侧面反映出整个中国文化的基本特征。它在丰富多彩的理论和技术中反映出较为深刻的中国古代哲学思想和高尚文明，体现了质朴的民族精神和智慧，是中国传统文化的一种载体。它集技击、艺用和体用于一身，并赋予深刻的道德情感思想，成为一种独特的人体文化形式，充满了顽强的生命力。因此，中华武术主要具有以下几点文化特性：

（一）丰富的哲理性

在中国传统哲学思想中，对做人非常重视，讲究先修身，然后才能齐家平天下；再结合实用理性思维方式，并受中国古代社会的政治高度集中而经济高度分散的特殊历史背景等因素影响。所以，中国武术与传统文化关联密切。武术不仅仅是一种术，更是一种道，几乎承载了中国文化精神中全部内容，成为中华文化中非常重要的一个符号。外国人学习中国武术，除了想要掌握武术技法以外，还有相当一部分是想通过练习中国武术来更深刻、更全面地体验中国传统文化。中国武术精神，是中国的民族精神重要组成，是中国民族精神在武术中的表现。没有蕴含中国民族精神的武术不能被称为中国武术，所有的中国武术都必须也必然蕴含着积极的民族精神。因此，练习中国武术，体验中国武术文化，本身就是一个培养中国民族精神的过程。

（二）内外合一、形神兼备的民族风格

既究形体规范，又求精神传意。内外合一的整体观，是中国武术的一大特色。所谓内，指心、神、意等心志活动和气息的运行；所谓外，即手眼身步等形体活动。内与外、形与神是相互联系的统一的整体。

（三）深厚的道德性

“做人有道德，习武讲武德”。所谓武德，即武术道德，是从事武术活动的人在社会活动中应遵循的道德规范和所应有的道德品质。武德是中华武术的灵魂，崇尚武德是中华武术界优良的传统。古人云：山有仙则名，水有龙则灵，侠有义则正，武有德则成。

中华武术重视武德与中国传统文化中社会伦理本位思想是相互映衬的。中华武术在几千年的发展过程中，习武者不断从中国传统文化中吸取营养，吸取精华而逐步形成武德，这是中华民族传统道德的重要组成部分，也是中华民族宝贵的精神财富。武术界向来强调“未习武、先修德”，重视“德”的作用。由于受到“仁义”和“礼乐”等孔子思想及其他传统文化价值观的影响，“未曾习武先学礼”是中华武术的传统，武德则表现出“爱国、守信、重义、有礼”等思想。因为在思想上吸收了儒家的“仁义”思想，认为是人生品德修养的重要途径和方法，所以要求习武者要有高尚的品德与宏大的胸怀和气魄。技击时尽可能地避免伤人取命。而所谓以武会友，则更是讲究点到为止。

三、中华武术文化中的美

我们知道中国传统美学范畴与西方美学范畴迥然不同。其中诸如意、味、道、境、力、神韵等范畴是西方美学所不具有的，而这些范畴在武术套路中体现得尤为明显。武术的美，历史上早已为人们所认识，古代就有“武舞”的娱乐表演。武术的某些表现形式和技艺，已相继被我国的戏剧、舞蹈、杂技所吸收和借鉴。武术给人的美是一种矫健的运动之美，同时在身态、动态、

节奏和神采上又兼有民族风貌的英武之美，是高度的力与美的结合，是一项很有健身和艺术之美的体育运动。前些年，《少林寺》等武术片刚一问世，便先声夺人，赢得了广大群众的一致好评，并很快风靡海内外，给人们留下了极为深刻的印象。总的来说中国武术文化中的美学主要体现在以下几个方面：

（一）武德美

练武之人讲究武德，基本思想是以仁慈、忠厚、善良和爱心来待人接物，处理一切人际关系。武德的仁学中心主要表现在练武与修身的统一，习武既是人生品德修养的重要途径和方法，要求习武者要有高尚的品德与宏大的胸怀和气魄，同时，武德的仁学中心还体现在武技的运用上。武术的本质是技击，技击必然内含残酷与暴力。然而武术的仁德精神却要求以制取对方为主，尽量避免杀人取命。以武会友，更是讲究点到为止。

（二）武境美

意境美是武术演练中实用性与艺术性的结合。意境美展示了武术自己的风格和富于想象的内容，从而揭示出武术的创造性。整体的意境美使武术的本质融于行云流水般的套路演练中，以势夺人，以行娱人，以神感人，以气贯穿始终，如一首首优美的抒情诗或奔放的进行曲，使人们在刀光剑影中享受美，品味醇香的武术文化。

中国武侠电影也充分展示了武术的意境美。它取材于民族传统文化，纳为己用，致力于美的综合创造，形成了独具特色的中国武侠电影。江南的小桥流水、西北粗犷苍茫的沙漠、幽静神秘的荒山古刹、深不可测的悬崖峭谷，这些自然景观在武侠电影中呈现出特有的民族风情。自然景观中的秀美、苍莽、壮观、空旷等环境之美，具有的独立观赏价值、蕴含的深厚文化与侠客及武打场景相结合，呈现出“天人合一”的美学境界。以千年古老文化作为背景的武侠电影，有着美丽俊秀的自然风光。森林茂盛，水流潺潺，背靠青山，面对平川，山峰奇秀，峭壁耸峙，茂林修竹，古刹珍藏，洞奇钟秀，这些本身就对观众产生极强的诱惑力，可以说是武侠电影端给观众的一道视觉大餐。那么，环境因素提供给观众的仅仅是自然主义的视觉奇观吗？对环境来说，视觉奇观只是表面的，真正的魅力在于它是民族传统文化的载体，最终显现的是民族传统文化信息。

（三）武艺美

武术技法要求：“轻似随风絮，重若千钧铁。”“震脚”“拍地”“砸拳”等动作能使运动过程的轻、重之分明朗化，充分体现了轻、重的对比关系，鲜明地突出“重”的因素，在短暂的停滞后，如同打开闸门奔泻而出的洪流一样，很快就促成运动状态和节奏的转折变化。套路里由于各种动作的先后衔接，其中不乏轻、重，或是重、轻之对比。轻、重相间，构成了此起彼伏、铿锵有力的运动节奏。

当人们观赏武术比赛或表演时，常常会不由自主地发出欢呼和赞叹，这就是欣赏者发自内心的情感的自然流露，它既在生理基础上给这种感观愉快，却又超出生理基础之上，它主要是培育人的感知。譬如对套路演练的感觉，通过变化的招式，人们会在眼前不断地感悟到一幅幅流动的画面。这些画面时而波涛汹涌；时而如行云流水；时而如巍巍重山，泰然耸立；时而像惊魂脱兔，狡黠多变；时而剽悍猛放；时而通达干练；时而如鹰击长空；时而如浅底鱼游。正是这些层出不穷的变化，时时唤起人们新鲜的感知而使人享受到美的愉悦。

中华武术是中华民族的宝贵文化遗产之一，也是民族传统文化在武技与道上的体现。中华武术是民族智慧的结晶，其思想核心是儒家的中和养气之说，同时又融合了道家的守静致柔、释家的禅定参悟等诸多理论，从而构成了一个博大精深的武学体系，成为世界上独一无二的“武文化”。中国武术浸润着民族的性格气质，蕴含着中华民族对搏击之道的独特悟解。它既不同于那种张扬自我、崇尚刚猛的欧美拳击，又不同于极具岛国文化特色的日本空手道，也不同于带有浓烈热带丛林气息的泰拳。中国武术讲究刚柔相济，内外兼修，既有刚健雄美的外形，更有典雅深邃的内涵。中国武术不仅仅是搏击术，更不是单纯的拳脚运动，也不是力气与技法的简单结合，它饱含着哲理，蕴含了先哲们对生命和宇宙的参悟，以一种近乎完美的运动形式诠释古老的东方哲学思想，追求那种完美而和谐的人生境界。

时代的脚步进入 21 世纪，中国武术这种古老的艺术，也以全新的面貌，走出中国，走向世界。保护传统武术文化有利于促进世界对中国传统文化的了解；有利于维系民族文化命脉、增强民族文化凝聚力和自信心；有利于维护国家文化安全、拓展文化空间；有利于满足不同社会群体的文化需求，最终实现中华民族传统文化的伟大复兴。中国的武术，中国的武者正是以一种独特的方式诠释中国的文化，传承中国人自强不息、厚德载物的精神。

第六节 琳琅满目的古玩器物

古玩，又称文物、骨董、古董等。董其昌在《骨董十三说》中有这样的解释：“散杂的古代器物不能明确分类的归为一类，称为骨董，取意把食品混和烹煮叫做骨董羹，再掺在饭中蒸煮叫做骨董饭……骨，即过去留存下来的最好的东西，如肉糜烂而骨头还在。董，即明白清楚。骨董即懂得古人留下的精华。”

取其意，古玩就是古代遗存下来的珍奇物品的通称，而古玩中的“玩”字又兼具了玩味、玩赏之意，赏而至乐则藏之。因此，古玩既是可供人们赏玩的精品，又是可供人们收藏的瑰宝。它经历无数朝代的起伏变迁，是人类文明和历史的缩影。它融合了历史学，方志学、金石学、博物学、鉴定学及科技史学等知识内涵，是先人们生活的真实写照。虽历经千载而藏玩之风依然不衰，甚而更热。其中自有其无穷魅力与独到乐趣。

一、如何区分“文物”和“古玩”

文物包括可移动和不可移动两大类。具体来说，可移动的可分为石器、骨器、牙器、玉器、陶瓷、青铜、铁器、木器、书画、图书以及其他杂项；不可移动的可分为古建筑、古文化遗址、古墓葬、古窑址、古作坊、古战场、摩崖石刻、岩画、雕塑等。除此之外，人们把一些尽管历史时期距今不远，但具有特殊价值的物品也列入文物的保护范围，如“解放军文物”“红军长征文物”“革命烈士文物”以及“文化大革命文物”等等。总之，凡具备历史价值、科学价值、艺术价值、纪念价值的文化遗迹、遗物均属文物，而古玩只指文物中可移动部分，是文物的一部分。

二、历史沿革

中华文明历史悠久，从先秦两汉到明清近代，各个时代都有古玩的印迹。先秦两汉时期的陶器、青铜器精美大方，古朴中蕴含着别样的美。无论是仰韶文化出土的人面鱼纹盆，还是河南安阳出土的司母戊大方鼎，透过它们我们可以窥视先民的生活方式。

魏晋南北朝时期，随着佛教的传入造像艺术开始流行，这一时期社会动荡不安，人们转而关注个人的内心世界，人的自觉带来的文的自觉，也成就了飘逸飞扬的魏晋书法，王羲之的《兰亭序》成为古今书法的典范。

隋唐时期，揭开了中国古代最灿烂夺目的篇章，而文化上也是蔚为大观，既有颠张醉素的草书，也有颜筋柳骨的楷书；唐三彩因其逼真的造型、鲜艳的色泽，极富生活气息而享誉当时。

宋元时期，绘画艺术达到高峰，董源的《夏景山口待渡图》、李公麟的《五马图》、张择端的《清明上河图》以及“元四家”的作品共同筑就了宋元时期中国绘画的繁荣。

明清时期，人们更喜欢小巧精致的文物，如工艺精巧的漆器、流光溢彩的鼻烟壶、雍容高贵的丝绣……它们共同组成了中国工艺品宝库中一道瑰丽的风景。

三、景泰蓝

景泰蓝是北京著名的传统工艺品，历史上在明朝景泰年间最盛行。“景泰蓝”这个称谓最先见于清宫造办处档案。清雍正六年（1728 年）《各作成做活计清档》记载：“五月初五日，据圆明园来贴内称，本月四日，怡亲王郎中海望呈进活计内，奉旨：……珐琅葫芦式马褂瓶花纹群仙祝寿，花篮春盛亦俗气。今年珐琅海棠式盆再小，孔雀翎不好，另做。其仿景泰蓝珐琅瓶花不好。钦此。”这一记载，把仿景泰蓝时期的珐琅制品称作“景泰蓝珐琅”，这是目前所见“景泰蓝”称谓的最早文字记录。

“春和景明”“泰然自若”“青出于蓝”这三个词语几乎确切地将景泰蓝的华丽与典雅融会起来。对于景泰蓝，长期以来都有各种误解，或者以为它是瓷器的一种，或者以为来自民间。其实，景泰蓝是铜胎制器，与瓷毫不相干，且它一直是宫廷制品，而非瓷器那样既有官窑又有民窑。

景泰蓝器型多样，常见有熏炉、各式瓶、鳕花觚、如意等陈设器，烛台、香炉、五供、佛龛、佛塔、佛像等祭祀供器，印盒、笔筒、笔架、托盘等文房用品，以及犀牛、狮子、骆驼、马、水禽飞鸟等各式动物造型的陈设供器。

四、鼻烟壶

纵观中外文物艺术品，鼻烟壶这个体积最小的文化物质凭借特有的综合魅力条件，以含载着人类历史最为丰富的文化资讯越发折射出璀璨的文化光辉。

鼻烟是舶来品，但鼻烟壶却是地道的中国发明。在我国，最早出现鼻烟壶的时代应在明万历至清康熙年间。据史料记载：康熙二十三年首次南巡时，在江宁（今南京）接见了西方的传教士毕嘉和汪儒望。二人把从西方带来的珍贵礼物献给康熙皇帝，其中就有鼻烟。另据康熙四十四年王士禛出的《香祖笔记》记载：“近京师又有制为鼻烟者，云可明目，尤有辟疲之功。以玻璃为瓶贮之，瓶之形象种类不一，颜色亦具红、紫、白、黑、绿诸色。白如水晶，红如火，极可爱玩。或以象齿为匙，就鼻嗅之，还纳于瓶。皆内府制造，民间亦有仿之，终不及。”越是珍贵材料制成的烟壶，越能反映出主人的身份。到了 18 世纪初中国制作的鼻烟壶，兼有内画，成为一种流行的手工艺品，并通过欧洲商人、罗马教皇和各国的使节、传教士流传到国外。

当时，鼻烟壶不仅仅是盛装鼻烟的实用容器，更多是供人们玩赏和显示身份和地位的证物。鼻烟壶以小巧玲珑的独特造型，种类繁多的选材用料，精美细致的制作工艺而受到上至皇亲国戚，下至平民百姓的钟爱。现在，嗜用鼻烟的习惯几近绝迹，但鼻烟壶却作为一种艺术品流传至今，并且长盛不衰，被海外誉为“集中国多种工艺之大成的袖珍艺术品”。

收藏界有句行话：北方人赏鼻烟壶，南方人玩紫砂壶。这话道出了南北古玩人的文化趣味，同时也折射出鼻烟壶一如紫砂壶是古玩杂项中的一种雅俗共赏的藏品。鼻烟壶大小不过五六厘米，却浓缩了中国大部分的传统工艺。方寸之间，集万千宠爱于一身，鼻烟壶恐怕是最能体现“以小为美”的古董。在材质上，鼻烟壶大致可以分为料壶、瓷壶、石壶、有机料壶、金属壶、装饰壶、内画壶、珐琅壶八大类。

五、长命锁

长命锁的前身是“长命缕”，故也被称为“长命缕”。也有叫“长生缕”“续命缕”“延年缕”“五色缕”“辟兵缯”“朱索”“百索”等名称的。战乱年代在小孩胸前挂锁，其意义在于锁住小孩的命，避免病魔疫鬼侵入危害小孩。人们认为小孩一旦戴上了锁，就能无灾无祸，平安长大。所以，人们把这种锁称作长命锁。

关于佩戴长命缕的习俗，最早可追溯到汉代。据《荆楚岁时记》《风俗通》《岁时广记》以及《留青日札》等书的记载，在汉代，每逢五月初五端午节，家家户户都在门楣上悬挂上五色丝绳，以避不祥。到了魏晋南北朝时，这股丝绳被移到了妇女臂上，渐成为妇女和儿童的一种臂饰。不仅用于端午，还用于夏至。在当时，由于战争频繁，加之瘟疫，灾荒不断，广大人民渴望平安，所以用五色彩丝编成绳索，缠绕于妇女和儿童手臂，以祈求辟邪去灾，祛病延年。

到了宋代，这种风俗继续存在。不仅流行在民间，还传入宫廷，除妇女儿童之外，男子也可佩之。每到端午节前，皇帝还在长春殿亲自将续命缕赏赐给近臣百官，以便他们在节日佩戴。宋代称这种五彩丝绳编结物为“珠儿结”“彩线结”，可见其形制已较复杂，除丝绳、彩线外，还穿有珍珠等物，在当时京都等地的街市上还有不少店铺和市贩，专门以销售这种饰物为生。

到了明代，风俗变迁，成年男女使用者日少，通常用于儿童，并成为一种儿童颈饰，一般多用于小儿满周岁时。

（一）外婆送长命锁

在江南地区，外婆要给刚出生的外孙送银制的装饰锁。这种银锁有圆形的，也有椭圆形的。一般长10~14厘米，宽6~8厘米。用项链或丝编带穿入锁档中，形成一个圈，挂在幼儿脖子上，锁垂在项下胸前。俗信戴锁可以保佑幼儿无灾无疾，健康成长。银锁正反面有文字与图案，它们都具有增强锁的保育力量的作用，或者说都表达了人们对于幼儿生命长久、幸福吉祥的美好祝愿。文字多出现在正面，一般为“长命百岁”“长命富贵”“长发其祥”“后生可畏”等字样。图案多在反面：多为麒麟、龙、虎等吉祥动物。

（二）干爹干妈送锁

在黄河、长江中下游地带，旧时新生婴儿人家，担心新生婴儿体弱多病，便采取替新生婴儿认干爹干妈的办法消灾避祸。所认干爹干妈为多子多福长寿之人，这样才能给新生婴儿带来好运。干爹干妈要出钱为新生婴儿打制银锁和项链圈一个，戴在婴儿颈上。孩子长到12岁，便被认为已经过了危险期，则要取掉银锁、项圈，称之为“开关”。传说行过戴锁与开关仪式的小孩，便能摆脱命运中的难关，无病无灾，健康长寿。

江苏地区干爹送给小孩的长命锁不是戴在脖子上的，而是挂在小孩的卧室中的。送长命锁仪式在认干爹时举行。认干爹时要用干爹的姓给干儿子取个名字，叫“继干名”。还要写“承继纸”。承继纸是个小立轴，长二尺，宽一尺，红纸绿边。轴上还用红头绳挂个金质或银质的锁片，即长命锁，上面镌刻着“长命百岁”四个字。立轴挂在干儿子卧室中，俗信可以压邪驱祟。还有以寺庙的名义挂长命锁的，这种习俗含有借道教或佛教神灵的力量锁住小孩的命，避免受邪魔伤害的意思。其做法是，给寺院或道观一定的财物，在僧或道面前，让小孩“寄名”为弟子，再以锁形饰物挂在项间，这种锁称“寄名锁”。也有认和尚或道士为寄父的习俗。所戴之锁以寄父的名义打制，也是借道教或佛教神灵保佑小孩长命的意思。

《红楼梦》就记有这种习俗。《红楼梦》第八回《贾宝玉奇缘识金锁 薛宝钗巧合认通灵》写贾宝玉和薛宝钗观赏对方的颈饰，只见宝玉“头上戴着累丝嵌宝紫金冠，额上勒着二龙捧珠抹额，身上穿着秋香色立蟒白狐腋箭袖，系着五色蝴蝶鸾绦，项上挂着长命锁、记名符，另外有那一块落草时衔下来的宝玉。”宝钗看毕，略有所思。宝玉则执意要看她的项锁。“宝钗被他缠不过，因说道：‘也是个人给了两句吉利话儿，錾上了，所以天天带着。不然沉甸甸的，有什么趣儿？’一面说，一面解了排扣，从里面大红袄儿上将那珠宝晶莹、黄金灿烂的璎珞摘出来。宝玉忙托着锁看时，果然一面有四个字，两面八个字，共成两句吉谶。”两句谶语是“不离不弃”“芳龄永继”。书中还为这件项锁描绘了图片。

长命锁经过在民间两千年的流传，其中凝聚了工匠们的智能和父母们的美好愿望，在这种力量的推动下，长命锁从最初的五色丝绳，到明清演变成了五花八门、别开生面的民间艺术品，从传世的明清两代以及民国的长命锁中，我们可以大致看到以盼望健康长寿而制作成的狮子绣球、莲花寿桃，以望子成龙而制作的麒麟送子、五子登科，以求大富大贵而制作成的双鱼牡丹、肥猪元宝、刘海戏蟾等几类造型的长命锁。其材质可见金银铜、玉石象牙、玳瑁、木等。

复习思考题：

1. 试举例说明服饰文化是社会意识形态的反映，并又反作用于社会意识形态。

2. 中国八大菜系中，为何有些日渐红遍全国大江南北，有些却只能拘于一地？

3. 简述中国白酒的主要香型及其特点。

4. 中国茶文化与日本茶道有何异同？

5. 简述川西民居的特点。

6. 简述中国节庆文化的特点。

7. 简述中华武术的文化特性。

第八章　巴蜀文化

中国文化历史悠久、博大精深，在上下五千年的历史迁延中，逐渐形成了中原文化、河洛文化、齐鲁文化、荆楚文化、巴蜀文化、吴越文化、岭南文化等赡富奥博、特色鲜明的地域文化。其中，巴蜀文化数千年来自成体系、雄长一方，以自身魅力屹立于中华地域文化之林，直至当代，巴蜀文化仍旧极具特色，熠熠生辉。

第一节　巴蜀文化概述

巴蜀文化的诞生及其发展繁荣离不开长江上游的润泽和巴山蜀水的滋养，而千百年来居住于此的巴蜀人民一方面接受着巴蜀文化的浸润和熏陶，同时也是巴蜀文化最伟大的创造者。在历史的迁延中，巴蜀大地融汇形成了优秀的文化传统和别具一格的巴蜀人文精神，世代相承，影响深远。

一、巴蜀文化的界定

谈巴蜀文化，首先要了解巴蜀的界定。巴与蜀，是对于今四川地区及重庆一带古老的称呼，因此，本书在探讨巴蜀文化的时候，均指以现今四川和重庆两大区域为主的巴蜀地区的文化。巴蜀不仅是地域名称，同时，也是古代巴蜀一带的部族名，以及古国名。一般而言，四川盆地中西部地区被称为蜀，而巴主要指的是盆地东部地区，历史上巴蜀之地联系密切，不仅地缘相依，而且人民生活习俗中存在颇多相似之处，例如两地都喜食麻辣，方言相近，两地女性均皮肤白皙、面容姣好等，事实上巴和蜀常被合称，但是巴和蜀的地域划分并不是一成不变的，而这个历史演变的过程主要受到文化迁移以及历代行政区域划分的影响等。据史料记载，直到战国时期，巴蜀合称的现象才较为普遍，这也体现出巴文化与蜀文化在历史发展的长河中逐渐融合，并最终成为华夏文化一个分支的过程和趋势。

二、巴蜀文化形成的基本条件

（一）地形地貌水系条件

巴蜀区域从地形地貌上可以分为东部和西部两大区域，东边是四川盆地，盆地中间平坦广阔，而四周高山矗立，一般海拔为一两千米，有些可以达到三四千米；西边则是重峦叠嶂，连绵起伏，为青藏高原所扼，属于长江上流地区；北边则有秦岭巴山作为屏障。因此，在巴蜀区域可以见到多种多样的地形地貌，如山地、高原、冰川、盆地、丘陵，还有若尔盖、红原等沼泽带。东边的四川盆地气候宜人，盆地包含有山地、丘陵和平原等几种地形地貌。

虽然有着四周阻塞的地形，却没有阻碍巴蜀先民向外探索的勇气和信心。一方面，四川盆地被高山和高原环绕在其中，进出盆地缺乏自然通途，道路艰险，盆地西北是邛崃山、岷山、茶坪山和龙门山；米仓山和大巴山则立于东北；巫山和大娄山位于东南；西南则是大相岭和大凉山，这些山峰海拔均较高，隔断了盆地人民与外界的联系；另一方面，险象环生的高山之间形成的一些河谷，为古代巴蜀人民探索世界开辟了另外的途径。岷江、雅砻江、大渡河和金沙江边可以通行的河谷让巴蜀先民的活动范围得以扩大。在北边，剑门蜀道直达秦陇，而汉中则可以通过穿越嘉陵江河谷到达；在东边，巴蜀先民又可以通过清江流域到达江汉平原。正是在这种分外艰险、难以突破的地理环境下，巴蜀先民自强不息，艰苦求索，跋山涉水，修建栈道，努力突破自然条件的限制，融合了东西南北的文化，使四川盆地没有成为一个封闭保守的区域，而是一个游牧文化和农耕文化的荟萃之地。

（二）气候条件

由于受到地形地貌和纬度影响，巴蜀地区在气候方面也形成了截然不同的特征，东西部地区差异明显。四川盆地气候宜人，夏无酷暑，冬无严寒，年均气温大概在18摄氏度左右，且雨量丰富，全年日照时间较少，气候温润宜居，为农业发展创造了良好的条件，成为巴蜀地区经济最为发达的区域，因而人气集聚，交通发达，百业俱兴；而巴蜀地区的西南山地则与此不同，全年气温相对较高，且昼夜温差明显，全年日照时间较长；西北山地则由于海拔差距大，气候的垂直型变化明显；特别是西部高原海拔较高，日照充足，雨季和旱季分明。

（三）农业发展水平

自然地理条件造就了不一样的社会发展基础。正所谓“物华天宝，人杰地灵”，得天独厚的气候和肥沃的土壤造就了发展农业的良好环境。四川盆地优渥的地理气候条件使得先民集聚于此，因此形成了悠久的农事耕作历史。考古学家在距今6 000多年前的巴地“大溪文化”陶器考察过程中，发现陶片的制作材料中，除了特有的黏土外，还掺杂了一些稻壳碎末，这一考古发现表明当时已经出现了一定规模的稻作农业。蜀地由于地理环境更加优渥，农业更为发达。在农业生产中，水利要素尤为重要，特别是水稻栽培技术根本离不开农田水利。四川水资源相当丰富，同时，洪水泛滥的时节也比较多，其中以秦朝时李冰父子修建的都江堰影响最大，并被收入“世界文化遗产名录”，为世界所知。除都江堰外，四川还有许多其他的水利工程，如洛水堰、绵水堰等，对于巴蜀地区农业发展做出了较大贡献。

据《华阳国志·蜀志》载：“有蜀侯蚕丛，其目纵，始称王。”蜀人的祖先被公认为是蚕丛氏。作为部落首领，蚕丛氏以其聪明才智和远见卓识在农业方面实施了一系列开创性的举措。他“衣青衣，劝农桑，创石棺”，尤其重视鼓励民众养蚕缫丝，将山上野蚕变为家蚕。桑麻种植的兴盛，带来了丝织业的发展，成都有“锦官城”之称正是由于蜀汉王朝曾在成都设置锦官，专门管理蜀锦生产，不仅向中央进贡，而且还是当时蜀汉对外贸易的主要产品，可见当时成都手工织锦业的工艺技术已经比较发达。农业和手工业的相对发达为文化的发展创造了空间。

第二节　巴蜀文化分解

巴蜀文化作为华夏文化的一个分支，拥有悠久深厚的历史底蕴以及特色鲜明的地域特征，从诞生之初到发展成熟，巴蜀文化创造了无数文明成就，如李冰父子治理岷江水患等水利成就和种茶养蚕等农耕文明；巴蜀大地曾经诞生了众多文学才子和文化名人，郭沫若在他的名篇《蜀道奇》中就曾写道：“文翁治蜀文教敷，爰产杨雄与相如。诗人从此蜀中多，唐有李白宋有苏。”另外，巴蜀文化在艺术、宗教、科技、民俗等领域都曾产生过较大影响。

一、巴蜀文学与文人

一方水土养一方人，自古巴蜀就以人杰地灵著称，由于巴蜀主要位于四川盆地，四周有高山屏蔽，看似封闭的地理环境，实则造就了巴蜀一带相对独立、极富个性的地方文化色彩。巴蜀文学在巴蜀大地的滋养下发生、繁荣，历史造就了无数文学才子和文化名人。

两汉时期辞赋大家多为巴蜀人士。先秦时期，巴国和蜀国经历了漫长的发展阶段，在实践中创作了一些文学作品，但是真正让巴蜀文学独放异彩的时期是从汉代开始。由于吸取了秦朝二代而亡的教训，汉初统治者放松了对人民的控制，使得文学获得了较大发展。西汉三大辞赋家司马相如、王褒、扬雄皆为巴蜀人士，司马相如的《子虚赋》《上林赋》《大人赋》《长门赋》皆华美艳丽、气势宏大，无人能及，后人对于汉赋的理解，很大程度上受到了司马相如的影响。王褒的作品构思精巧，音韵优美，以《圣主得贤臣颂》闻名，此外还有《洞箫赋》《僮约》等汉赋佳作。扬雄字子云，是一位百科全书式的大学问家，早期以辞赋闻名，晚年对于辞赋的看法有所改变，在《法言·吾子》中认为作赋乃是“童子雕虫篆刻”，“壮夫不为”。扬雄成就较高的代表作有《甘泉赋》《逐贫赋》《解嘲》《解难》等。魏晋时期巴蜀文人李密写作《陈情表》，陈寿著《三国志》，常璩著《华阳国志》等，当时巴蜀文学及学术作品在国内文坛熠熠生辉。

隋唐五代时期。唐代时蜀中文学成就享誉文坛，留下了大量佳作。出蜀诗人里面以陈子昂和李白成就最高。陈子昂是唐代出蜀诗人第一人，因曾任右拾遗，后世称为陈拾遗。他出生于今四川射洪县，21 岁离开家乡前往长安，其存诗共 100 多首，其中最有代表性的是《感遇》诗 38 首，《蓟丘览古赠卢居士藏用》7 首和《登幽州台歌》。其诗风骨峥嵘，寓意深远，注重民生疾苦，关心国家大事，开创了雄浑豪迈的文风；唐代另外一位出蜀诗人李白，字太白，号青莲居士，被视为诗仙，是唐代伟大的浪漫主义诗人代表。公元 725 年，李白“仗剑去国，辞亲远游”，告别他生活了 25 年的蜀地。由于统治者的积极提倡和四川身为道教的发源地等因素，李白在思想上接受了老庄哲学，蜀地的生活也造就了李白豪气干云、狂放不羁的个性，李白的诗作明白如话，豪迈奔放，将唐诗推向高峰，作有《将进酒》《蜀道难》《侠客行》等脍炙人口的佳作。入蜀诗人中，以杜甫、高适、岑参为代表。诗圣杜甫在蜀中生活的八九年时间里，创作颇丰，他流寓成都时居于浣花溪畔，留下诗作 270 多首，后在夔州作诗 430 多首，他受蜀地文化的影响较为明显，在蜀地所作诗作大多显得轻松豁达、格调新颖。唐代蜀地本土诗人中以薛涛和唐求最为知名。女诗人薛涛才华横溢，其诗作清新绵密，关乎时事，颇显大气，如《筹边楼》《送友人》等。晚唐“西蜀花间词派”偏重于对世俗人生的享乐，提出了文学创作的华美形式，成为中国文学发展史上一种另类的艺术展现。

两宋是巴蜀文化最为繁盛的一段时期。宋代重文轻武，科举制度更趋完善，文人的政治意识、忧患意识更加浓烈，两宋时期的文化繁盛尤其以巴蜀之地最为明显。蜀中才子扬名蜀外，最有名者当属三苏，苏洵，与儿子苏轼和苏辙三人一并列入“唐宋八大家”，其文学创作以散文和议论见长，如《六国论》《管仲论》等作品立论新颖独特，行文流畅，论证犀利，发人深省。苏轼字子瞻，号东坡居士，唐宋八大家之一，主要作品有《赤壁赋》《石钟山记》《水调歌头》等，是当时蜀中文化最典型的代表，他具备兼容并包的大家气度，入世而又超脱的人生态度等，一改五代以来文学界艳丽柔靡之风气，巴蜀文化中豁达、自足与乐观的精神使他能够在人生低谷处依然豁达处之。苏辙，字子由，“唐宋八大家”之一，文风深受父兄影响，其推崇“养气说”，提出“文者，气之所形。然文不可以学而能，气可以养而致”。其文学创作以散文见长，行文平稳淡泊，议论则谈古论今，有理有据，令人信服。两宋时期入蜀的名士中有陆游和黄庭坚，浙江绍兴人陆游在蜀地为官七年，蜀中生活使其诗风逐渐成熟，喜好游历的陆游在巴山蜀水的滋养中胸怀更加开阔，其诗风格也逐渐多元；而被视为江西诗派“一祖三宗”中三宗之首的黄庭坚，江西人氏，1094 年被贬为涪州别驾，随即开始了长达六年的蜀中生活，黄庭坚的诗极具个性和特色，甚至是标新立异，极善使用典故，广征博引，也是入蜀的文人士子桀骜个性的典型代表。

元明清时期。经历了两宋文学的繁荣之后，元明时期的巴蜀学者在国内的影响逐渐衰微。南宋末年战乱纷争，巴蜀之地长期处于抗金、抗蒙的战役之中，宋末元初，巴蜀之地经济破坏严重，由于蒙古军队的大肆屠杀，巴蜀劳动力严重不足，因此经济衰退，人民生活颠沛流离，文化明显衰败，元朝广受尊崇的巴蜀文化名人为虞集。虞集，字伯生，号道园，四川仁寿人，是宋丞相虞允文的五世孙，自幼浸淫于史书典籍，博学聪敏，品性刚正，25 岁任大都路儒学教授，文宗时，受命编撰《经世大典》，著有《道园学古录》《道园类稿》等文集，其所作散曲《折桂令》也广为人知。到了明朝，伴随着“湖广填四川”，巴蜀地区人丁逐渐兴旺，社会经济、文化得到一定程度的恢复，此时巴蜀最有代表性的文人则是著名文学家杨慎和著名诗人、被尊为“嘉靖七子之一”的张佳胤。杨慎，字用修，号升庵，四川新都人，他出生于书香显宦之家，且天资聪颖，从小饱读诗书，24 岁即中状元。嘉靖三年，因“大礼议”受廷杖，谪戍终老于云南永昌。终明一世记诵之博，又能文、词及散曲，论古考证之作范围颇广，如《滇载记》和《南诏野史》等，著作达百余种，后人辑为《升庵集》。杨慎的作品涉猎广泛，博大精深，且在治学过程中多有反叛和创新精神，“好学穷理，老而弥笃。”为世人所敬重。到了清朝，政府鼓励移民入川的政策，使各地外来人口与巴蜀本土人口形成了“五方杂处，俗尚各从其乡”，不仅使巴蜀经济得到了一定发展，而且各方人口的融合使得风俗、文化、生活方式等各方面都进行碰撞和糅合，巴蜀文学在经过了元明的衰微之后，也有了新的发展，如著名文学家万卷楼主李调元、张问陶等。李调元，字羹堂，号雨村，清乾隆二十八年进士，后来历任吏部主事、广东乡试副考官、提督广东学政，后被罢官。李调元著述颇丰，著有《童山诗集》《童山文集》《童山曲话》《雨村剧话》《雨村诗话》。其编辑刊印的综合性丛书《函海》，内容广博，饱含了经史、文学、诗歌、金石、考古、书画、戏曲、民俗、神话、语言学、音韵学、农学、姓氏学等研究成果，为研究古代巴蜀文化提供了宝贵资料。张问陶，字仲冶，号船山，四川遂宁人，其出身于世代为官的书香世家，从小接受了良好的文化熏陶，并酷爱诗文，乾隆五十五年（1790 年）进士，曾任翰林院检讨、江南道监察御史、吏部郎中。张问陶著有《船山诗草》，存诗 3 500 余首。其诗才华横溢，写性情，有个性，价重鸡林，与袁枚、赵翼合称清代“性灵派三大家”，被誉为“青莲再世”“少陵复出”、清代“蜀中诗人之冠”。

二、巴蜀宗教文化

我国是一个多宗教的国家，既有自创的原始宗教，也有从国外传入并逐渐中国化的宗教，在巴蜀地区，最为常见的就是发端于巴蜀的道教和外来的佛教。

（一）道教

道教是中国土生土长的宗教，其发展不仅对巴蜀文化，而且对中国文化都产生了较大影响。道教的思想来源比较复杂，可以概括为四个方面：一是古代的宗教思想和巫术。中国古代社会，人们对大自然和祖先非常崇拜，且通过巫术交通鬼神，祈福禳灾。二是神仙思想和神仙方术。神仙思想最早见于《楚辞》《庄子》等先秦文献。三是谶纬神学。道教用谶纬神学神化孔子的方法来神化老子，并将谶纬之术应用到道教方术之中。四是黄老思想。①

四川是道教的重要发源地，东汉后期的张陵（字辅汉，今江苏丰县人），被认为是道教的创始人，是五斗米道的创始人，道教徒称之为张道陵、张天师等。张陵，自幼熟读《老子》，通达五经，二十六岁时担任巴郡江州令，主要掌管今重庆一带，受到巴蜀宗教文化的影响较大。后见世风日下，于是弃官入洛，几经辗转，最终到达蜀地鹤鸣山（今大邑县境内），遂与弟子在鹤鸣山修道。张陵在改造巴蜀原始巫教的基础上创建了道教，道教徒信奉太上老君等众多天君和神官，以《道德经》为主要经文，以“道”为最高信仰、“德”为最高追求，以延年益寿、飞身成仙为目的。在巴蜀本土宗教文化的基

① 马敏. 中国文化概论［M］. 武汉：华中师范大学出版社，2000.

础上，张陵做了较大的改造，从赋予宗教教义、神系的建构到设计组织结构以及具体的宗教组织仪式等方面都做了建构和安排，尤其是创立了教区组织“二十四治”，在战乱不断、民不聊生的年代里，宗教组织制度管理着教徒，民众的行为规范主要依靠宗教道德规范进行约束。在历史的变迁中，天师道也不断发展衍变，分化成各种门派。唐朝，道教发展最为迅速，唐玄宗避难入蜀，大量召见道士，对于成都地区的道教发展影响较大。宋元之际，以炼养为主的新道派逐渐兴起，以道法为主的旧道派日趋衰落。至元，全真派在北方逐渐形成强大的教团，而旧有灵宝、上清诸派则被并于正一派，影响多在南方。源流所及，成都地区的道教仍以正一派为主。康熙八年（1669 年），陈清觉与道友张清湖、张清云、穆清风、张清夜、张清仕相偕入川，止杖于青城山天师洞。在对天师洞进行整饬后，陈清觉将教务付与张清湖，天师洞转为龙门派正嗣。与此同时，张清夜主持成都青羊宫、武侯祠，张清仕主持青城山文昌宫，成都地区道教渐成龙门派气象。康熙二十六年（ 1687 年），陈清觉入住成都青羊宫，得官员赵良壁支持，为建二仙庵，开堂接众，被康熙封为“碧洞真人”，因号其支派为“碧洞宗”。碧洞宗的传播，以青城山和二仙庵为中心，不仅成都地区，甚至云南、贵州、重庆等地均有传承，其影响绵延至今，形成了今天四川道教的基本格局。①

道教对巴蜀文化产生了广泛的影响。首先，在艺术领域，道教创造了许多神话传说和故事，丰富了巴蜀文学创作；另外对于巴蜀音乐、绘画、雕塑、石刻、建筑等方面都产生了审美影响。其次，在科学技术领域，道教的炼丹术，对实验化学的发展打下了一些基础，同时道教对巴蜀医学、药学的发展也做出了一定的贡献。此外，道教对于巴蜀人民的精神气质也产生了潜移默化的影响。唐朝伟大的诗人李白和北宋文学家苏轼都兼具川人豪迈大气的性格气质和巴蜀道教盛行所形成的巴蜀文化气质。成都市内最著名的道观青羊宫则为老子出关见关尹喜之处，宫内现存两尊铜羊，其中有一尊独角铜羊，将十二生肖的特征合为一体；另青羊宫还存有木刻《道藏辑要》，以及一系列古代著名道教建筑，所有的这些都是研究道教文化的重要资料。此外都江堰青城山前山有多处道观，是道教文化的最佳体验区域。

（二）佛教

巴蜀大地除了土生土长的道教盛行外，佛教也相当盛行。佛教是外来宗教，佛教入华的过程实际上就是佛教中国化的过程。作为我国最重要的宗教之一，佛教是在西汉年间传入的，而到了东汉时期，佛教在我国已经相当普

① 遇伟刚. 成都道教溯源［J］. 西南航空，2006（8）.

遍了。据考古研究发现，佛教传入我国的途径较为多元，主要通过西域、南海，以及滇缅五尺道、牦牛道等到达印度、中亚和西亚地区。而从地理区位来看，巴蜀正好位于这几条路径的交汇之处，因此，佛教在这里传播得较快。从四川省多个地区如绵阳、乐山、什邡以及宜宾等地出土的佛教造像文物以及若干其他考古材料都可以证明，早在东汉时期，佛教已传入巴蜀。南北朝时期，巴蜀佛教显示出玄妙神秘的特点，而隋唐是我国佛教发展的鼎盛时期，禅宗最为显赫；北宋时期，四川成为佛教禅宗的重要基地；南宋时期，四川的禅法全国闻名，五祖法演、成都昭觉寺圆悟、克勤、清远等禅师远近闻名，后来在明朝和清朝，四川地区都出现过海内外知名高僧。

此外，四川的藏传佛教主要盛行于甘孜藏族自治州和阿坝藏族羌族自治州和木里藏族自治县，以及绵阳市所辖的北川、平武的几个藏族乡等区域。四川藏区是藏传佛教传播与发展的重要区域，也是我国藏传佛教传播较早的地区之一。藏传佛教发展的前一阶段，即为“前弘期”，为佛教在雪域高原的传入和建立期。主要是在隋唐时代，藏传佛教在巴蜀地区的藏族部落中传播和发展起来。

巴蜀地区佛教雕像在全国有较高知名度。一是佛像数量多。蜀地到处可见摩崖石刻造像，数量众多，广元、茂汶、西昌、成都等地都能见到南北朝的石佛像，而在安岳、乐至、乐山、邛崃等地又能见到唐代佛像等。从石刻佛像的特征来看，每个朝代的佛像都有时代的烙印，而这些佛像正是当时佛教盛行的明证，巴蜀也成为我国石刻造像最为丰富的地区。目前，我们依然能够在广元的千佛崖和皇泽寺、巴中的南龛和水宁寺、大足北山、南山、宝顶山、大邑的药师崖等地看到保存完好的佛教石刻。二是佛像一般为大佛。在众多石刻佛像中，尤以巴蜀的石刻佛像最大，巴蜀成为名副其实的大佛之乡，例如乐山大佛、荣县大佛、峨眉山金顶大佛等。其中乐山大佛作为四川知名的旅游景点，背靠凌云山，有“山是一尊佛，佛是一座山”之称，为弥勒坐像，大佛通高 71 米，头高 14.7 米，头宽 10 米，发髻 1 021 个，耳长 7 米，鼻长 5.6 米，眉长 5.6 米，嘴巴和眼长 3.3 米，颈高 3 米，肩宽 24 米，手指长 8.3 米，从膝盖到脚背 28 米，脚背宽 8.5 米，可以围坐百人左右。1996 年，乐山大佛入选《世界遗产名录》，成为世界自然与文化遗产。全国第一大卧佛潼南马龙山卧佛，长 36 米，独占山峰的半壁岩面，只刻了佛的上半身，下半山隐于山体之中，若隐若现，独具匠心。巴蜀大地的佛教造像数量之多和体型之大，使其声名远播。

三、巴蜀艺术

巴蜀艺术内容丰富，历史悠久，形式多样，妙趣横生，是巴蜀人民在生活实践中的伟大创造。无论是书法、绘画艺术，还是音乐、舞蹈、戏曲等都极具巴蜀地方特色，巴蜀艺术在中国艺术长廊里占据着重要地位，昭示着巴蜀人民丰富多彩的文化生活和源远流长的艺术成就。

（一）书法

巴蜀之地出现过许多书法名家。如西汉辞赋家司马相如根据鸟兽在四季的不同形态变化来运笔，从而创造了“气候四时书”的书法，奠定了其辞赋家之外的另外一个身份即书法家；另外唐代诗仙李白，擅长行书，字体飘逸，造型非凡，属于当时的行书大家；北宋时期苏东坡突破“唐人尚法”的藩篱，而开“宋人尚意”的新风，字体潇洒大气，此外，还有一些巴蜀书法大家，如赵熙、谢无量等。

（二）绘画

唐末到北宋是巴蜀地区绘画最为发达的时期，巴蜀画家辈出，领先于全国画坛。唐玄宗和唐僖宗两次入蜀，其带来的绘画人才促进了巴蜀之地绘画艺术的发展。中唐以后，在西蜀形成了一个数量大、流派多、环境好的创作群体，人称西蜀画派。当时出现了“益都多名画，富视他郡”，“世俗多以蜀画为名家”的现象。随着佛教的发展和政府的日益重视，朝廷设立了专门的画院机构来管理。唐宋时的成都大慈寺，曾以拥有众多名家壁画而著称天下，是唐宋时期国内少见的一座壁画宝库，唐代著名画家吴道子、孙位和前蜀的李升、诗僧贯休以及后蜀黄荃父子，都在寺内留有壁画。明清时期，巴蜀寺院壁画和各地的年画颇为兴盛。巴蜀绘画艺术的发达与佛教文化的兴起密不可分。

（三）戏曲

巴蜀戏曲集大成者为川剧。川剧是中国戏曲宝库中不可或缺的一个剧种，也可以视为巴蜀表演艺术中的精髓，它是四川民众最为喜欢的艺术形式之一。川剧的形成有着复杂的历史渊源，明清时期“湖广填四川”之后，大批外省居民移民到四川，同时，他们也带来了丰富多彩、五花八门的表演形式和艺术。因此，在实践的融合过程中，最后发展为同用一套打击乐器，采用四川方言，但是采用不同的演唱特点和伴奏乐器进行表演。最初川剧形成了五种声腔，随着时代发展，才逐渐将昆、高、胡、弹、灯五腔合一，川剧开始走向统一的表演方式。

川剧创作丰富，剧目多达 2 000 多种，常演常新，其中巴蜀学者不断参与剧本的创作和修改使剧本的丰富化成为可能，此为吸引观众的一个重要原因。川剧有代表性的剧本包括《青袍记》等五袍系列、《水晶柱》等四柱系列、

《琵琶记》等四大本头。此外，川剧的表演方式独树一帜，形式多样，如变脸、吐火、滚灯、藏刀、钻火圈等绝活对表演者有较高的专业素养要求，同时通过这些与众不同的表演，也形成了川剧在我国戏曲中的独特魅力。

（四）音乐

唐宋时期，巴蜀音乐也获得了较大发展，成都是当时中国的音乐之都。谈及巴蜀音乐文化的特色，巴蜀民歌竹枝词独树一帜，并被唐代诗人刘禹锡发展为一种具有浓郁民歌色彩的文人诗体。在音乐乐器中，早期比较有代表性的当属商代的陶埙、石磬，春秋战国时期出现了编钟等青铜乐器，乐器种类逐渐丰富，及至唐代，雷琴的知名度最高。西蜀的雷氏是造琴世家，极负盛名，其中玉玲珑、飞泉、九霄环佩等为琴中珍品，尤以九霄环佩最为珍贵，其琴背上方刻有篆书“九霄环佩”字迹，兼有苏轼和黄庭坚的题诗。巴蜀乐器中另外一个极具代表性的乐器则是磬，三星堆出土的石磬与中原地区的石磬在形态与纹饰方面均比较相似，可见巴蜀音乐中较早就使用了多种乐器进行演奏。

四、巴蜀科技

在科学技术方面，巴蜀人民的发明创造，为中华文明的进步做出了巨大贡献。

（一）举世闻名的水利工程都江堰

公元前250年蜀郡太守李冰父子修建了都江堰，此后，成都平原水旱从人，沃野千里。都江堰位于岷江之上，鱼嘴、飞沙堰、宝瓶口三大重点工程成就了都江堰的千年传奇，为世人所称道。从现代水利工程的角度来看，整个工程依然展现出了科学的规划、合理的布局以及处处展现出来的精妙的治水理念，都让我们惊叹不已，科学的设计保障了都江堰两千多年来一直发挥着防洪灌溉的功能，至今灌区面积近千万亩，对于巴蜀这片富庶之地的发展做出了不可磨灭的贡献。迄今为止，都江堰成为世界上年代最为久远、唯一留存完好并依然能够正常使用的使用无坝引水技术的宏大水利工程，为全世界人民所赞叹。2000年，都江堰被录入《世界文化遗产名录》，吸引着全世界的游客前来观赏和体验古代巴蜀大地的这项杰出水利工程。

（二）钻井术的发明和应用

早在战国时期，我国就已经开始凿井取盐。李冰在兴建都江堰水利工程时发现了盐卤，开凿了中国第一口大口径盐井——广都盐井，开始了最早的盐业生产。但这种盐井采盐量有限，直到北宋庆历年间，四川大英卓筒井镇人发明了开凿小口径盐井的方法。至此，地下盐卤开采进入了一个崭新的时期。此外，四川在西汉时期已开始开掘天然气和石油，据唐代《十道要记》的记载，唐代初期临邛即已从火井中取石油加以利用。“火井有水，郡人以竹筒盛之，将以照路，盖似今人秉烛，即水中自有焰耳。”这是关于利用火井来取石油的最早记载。及至明代，四川开采石油作为燃料已经比较普遍。

(三) 造纸术和印刷术的发明和应用

造纸术的发明为印刷术的发明提供了物质基础。唐宋时，巴蜀已为最早的造纸中心，造纸工艺处于全国领先水平，历代宫廷用纸和政府用纸均由蜀地供应，宋代时巴蜀已经生产出了世界上最早的纸币——交子的专用纸张。造纸术的发达也促进了印刷术的发明，我国最早的印刷术源于唐代，当时的印刷物主要为需求量较大的佛经、天文历算等。印刷术的发明是一个长期演进的过程，从目前已发现的最早的印刷品多为西川印本看，成都当属雕版印刷术的发源地之一。

五、巴蜀饮食文化

谈及巴蜀，就不得不提巴蜀饮食文化。中华民族的饮食文化历史悠久。《孟子》云：“食色，性也。”将饮食作为人类最本真的追求和享受，饮食的地位在生活中处于无与伦比的高度。而巴蜀饮食则是国内饮食中享誉全国的佼佼者，在国外中华饮食圈也深受欢迎。作为中国八大菜系之一的川菜，以及极具地方特色的小吃是巴蜀人民日常生活必不可少的一部分。当前很多游客到四川旅游，很大一部分原因是希望品尝到地道的川味美食。

(一) 川菜文化

川菜，系中国八大菜系——苏菜、闽菜、川菜、鲁菜、粤菜、湘菜、浙菜、徽菜中的一派。所谓“菜系”是指在一定区域内，受地理环境、物产特色、饮食习俗的影响，在实践中不断演变，最终形成的一套自成体系、相对稳定，并能为全国范围内其他民众所认可的烹饪技艺。川菜的形成受非常复杂的历史地理因素的影响，巴蜀之地自古就是中国西南重地，是政治、经济、文化中心；加上历史上几次大规模人口迁徙，全国各地入川者日益增加，特别是元末明初和明末清初的两次大规模的“湖广填四川”移民活动，带来了各地的烹饪技术和餐饮习俗的碰撞和交流，使巴蜀之地的饮食文化经过兼容并蓄、取长补短的融合之后，终于在清朝获得进一步发展，使川菜拥有了一套全面完整的烹调技艺，最终自成一系。

巴蜀的一些出土文物即可见证川菜的源远流长，如四川新都战国墓中出土了多种古代饮食器具，包括盛放食物的敦、豆，蒸煮食物的甑，还有用来存放祭祀食物的铜鼎等。这些说明在3 000多年前，巴蜀先民即懂得“美食美器”对于调和菜肴味道的作用了。① 此外，在彭山、崇州、新都等地出土的汉画像砖画像石中也能见到许多宴饮的场景画面。汉朝，出现了许多中心城市，成都作为西南最大的经济文化中心，商业繁荣促使酒肆饭馆数量增加，名仕商贾的宴饮社交等行为也都成为推动烹饪技术发展的外在动力。其后，经过历朝历代的发展融合，到明清时期，中华饮食更趋于成熟，色、香、味、形、器、养各方面逐渐形成体系，川菜菜系也在清朝后期逐渐得以形成。据史书记载，清代末期，成都各种菜肴和小吃即达一千三百多种，仅仅作料辣椒就有十余种，如满天星、七星椒和灯笼椒等，川菜在当时的发达程度由此可见一斑。

川菜特色明显，现代突出表现为好辛香，喜麻辣。谈到川菜，多数人对其第一印象皆为麻辣二字。事实上，辣椒作为舶来品，原产自中南美洲，明末才开始传入中国，巴蜀地区开始种植辣椒则更晚。在这之前，巴蜀饮食还有其他特色，如在三国魏文帝《诏群臣》有：“故蜀人作食，喜着蜜饯，以助味也。”可见，当时饮食尚甜；后来史书中所载巴蜀人好辛香，主要是指利用葱、姜、芥、韭等调味品来达到辛香之味。辣椒传入之后，国人将其利用得恰到好处，特别是川菜，在运用辣味时，做到了灵活多变，独树一帜，如青辣椒、红辣椒、泡辣椒、辣椒面、辣椒油、辣豆瓣等，并与花椒、醋、蒜、芥等配合使用，制成各种不一样的辣味。四川人调制辣味，不是简单单调的辣，而是强调辣中百味，他们会调出香辣、甜辣、酸辣、糊辣等味，从而实现辣而不燥，辣得舒适爽口，辣得酣畅淋漓，层次丰富。另外一味则为麻，花椒乃正宗川菜中必不可少的一味调料，常用于配制卤汤、腌制食物、炖肉中，有去腥提味之功效。川菜中所用的花椒一般为本地所产，麻味较重，甚于湖南湖北地区的花椒，地域特色明显。与辣椒不同，花椒是我国本土种植的调味作物，在我国古代辛辣调料中占有较高地位，《诗经》中即有多处提到花椒；古代四川即为花椒最重要的产地，一直到现代，四川的花椒依然被认为最够味，是川菜的最佳调料之一。

巴蜀人民喜食麻辣与当地的地理位置和气候环境密不可分。作为我国四大盆地之一的四川盆地，四周为高山所挡，北有秦岭、大巴山，东有大娄山等，以及南部的云贵高原等，使得盆地周围天然密闭，形成了湿热型盆地气候。四川盆地的夜雨在冷暖空气交锋频繁的春季最多，巴蜀地区夜雨频繁，

① 雷喻义. 巴蜀文化与四川旅游资源开发［M］. 成都：四川人民出版社，2000.

这一点在古诗中多有体现。杜甫在其《春夜喜雨》一诗中，就曾提到“好雨知时节，当春乃发生。随风潜入夜，润物细无声”。李商隐在其《夜雨寄北》诗中也曾发出“何当共剪西窗烛，却话巴山夜雨时”的感慨。为了减少盆地潮湿气候对人们身体的不良影响，勤劳而聪明的巴蜀人民在饮食方面大胆探索，在食物烹制过程中大量采用花椒、辣椒等热性调味品，同时发明了麻、辣、鲜、香的火锅，从而通过饮食实现祛湿祛潮的目的。事实上，人尽皆知的麻辣只属于川菜中的一部分，川菜的突出特点在于厨师们善于因地制宜，适当调配，做到口味浓淡相宜，正所谓“一菜一格，百菜百味”。川菜既有味多、味重的一面，也有清鲜淡雅的一面，例如豆腐既可以做出味道浓重的麻婆豆腐，也可以做出清爽味淡的口蘑豆腐、浑汤豆腐等。

川菜味美除了巴蜀本地丰富多样的食材外，本地生产的各种调味品和成熟的烹饪技法也是相当重要的因素。调味品如中坝酱油、保宁醋、潼川豆豉、涪陵榨菜、郫县豆瓣等都是川菜的得力助手，而且很多调味品在其他地区也深受欢迎。此外，川菜的烹调方法吸取了南北烹调之长，包括煎、炒、烧、炸、腌、卤、熏、泡、蒸、煮、炖、煨、焖、炝、煸、拌等几十种，特别是以煎、炒、干烧、干煸见长；另外，川菜厨师们对于菜色整体的要求很高，要求色、香、味、形搭配和谐，赏心悦目。川味名菜中声名远播者众多，如回锅肉、宫保鸡丁、麻婆豆腐、鱼香肉丝、樟茶鸭子等。其中许多川味名菜背后都有一段传说和典故，也是巴蜀饮食文化中生动的篇章，例如五柳鱼的菜名相传为杜甫所取，宫保鸡丁则源于四川总督丁宝桢的喜爱等等，食客在品尝美食之余还可以享受一段佳话。

（二）特色小吃

所谓小吃，主要是指具有特定风格特色的食物总称，小吃一般会带有明显的地域特色，能够突出反映一个地区的文化特色和社会风貌。巴蜀地区由于地貌多样，民族众多，因此，小吃种类繁多，特色鲜明。

巴蜀小吃也和川菜一样闻名遐迩。巴蜀小吃和各地小吃一样，来源于实践，扎根于民间。从各色小面到抄手包饺，从锅煎蜜饯到糕点汤圆，从蒸煮烘烤到油酥油炸，从凉拌冷食到热饮羹汁，真是花色品种琳琅满目，甜咸酸辣各味俱全。巴蜀小吃素以选料严谨、制作精细、造型讲究、味道多变和注重色、香、味、形的配合著称。巴蜀饮食中，风味小吃的命名比较有特点，大多喜欢以姓氏命名，知名度非常高的如钟水饺、龙抄手、赖汤圆、韩包子等。这主要是因为早期的川味小吃大多是出自挑担者、摆摊者等移动摊贩之手，而其常以姓氏作为招牌名称，用以强调正宗和独特。除了上述提到的四种特色小吃之外，还有若干巴蜀小吃也常以店家姓氏命名，到目前为止，巴蜀较为有名的特色小吃种类多达200多种，如夫妻肺片、毛肚火锅、肥肠粉、酸辣粉、担担面、宜宾燃面、洋芋糍粑等，均受到当地居民和外地人士的喜爱。巴蜀风味小吃不但色泽诱人、口感绝佳，而且还声名悦耳，让食客既饱了口福，也饱了眼福和耳福。如肥肠粉是四川人最喜欢的小吃之一，粉采用的红苕淀粉，有的也掺了其他淀粉如豌豆淀粉或土豆淀粉，然后加水调和，经漏勺筛出就变为细丝状流进锅里的沸水中，煮熟后捞出放凉水冷却即好。肥肠粉中另外一个关键性元素即为肥肠了，将洗净的肥肠加入姜、葱、花椒、白酒等调料，用中火炖熟后切片备用。粉和肥肠都准备就绪后，就剩下汤底了，做汤底也比较讲究，先将芽菜洗净切细，然后与葱花、梅菜、黄豆、辣椒油、花椒面、芝麻油、酱油等调料同时放在碗底，然后加一勺肥肠汤，汤底即完成了，吃的时候，将烫好的粉丝放入装好汤底的碗里，再在上面加上几片肥肠，同时撒上几片香菜，肥肠粉就做好了。巴蜀小吃色香味俱佳，深受民众喜爱。

（三）巴蜀酒文化

酒，在中国人民的生活中，不仅仅是一种饮品，它还常常被人们赋予一种情感的寄托，特别是中国历代文人在其脍炙人口的作品中，经常可见酒的身影，如“何以解忧，唯有杜康”“花间一壶酒，独酌无相亲”“明月几时有，把酒问青天”这些诗句流传千古的同时，也让我们得知，古人很早就开始酿制和品尝美酒了。在悠久的历史中，人们常以饮酒来体验一种出世、旷达的人生态度，或忘却烦恼、超然物外的情感。我国在世界酿酒历史上占有重要地位，是酿酒历史最古老的国家之一；我国酿酒技术特别是白酒酿造技艺非常发达，而巴蜀之地则是我国酒文化的源头和酿酒核心区域。

巴蜀酿酒业历史悠久。三星堆遗址的出土文物中，有大量陶制酒器，如杯、盏、瓶、壶、勺、缸、瓮等，这些出土酒器品种丰富，数量繁多，涉及白酒酿造、贮藏到饮用各个环节的工序，说明至少3 000年前的巴蜀大地，酿酒、饮酒就已经相当普遍了。同时，在巴蜀地区多处商周文化遗址中，发现多以青铜酒器作为礼器，也说明饮酒在巴蜀先民中的重要地位。四川地区大量出土的汉代画像砖上多表现“酿酒”和“饮酒”的主题和场景，生动形象地展现了当时民间酿酒工艺、买卖白酒，以及饮用白酒的情形。汉朝司马相如和卓文君“当垆卖酒”的佳话，为川酒增添了奇异浪漫的色彩。到了唐代，四川的酿酒技艺进入一个大发展时期，“酒味浓”和“酒味熟”成为当时的川酒特色。据记载，唐宋时期，四川酿酒业已位于全国前列，政府对酒实行专卖，并管理销售与税收。历代入川的名人雅士，留下了许多与酒相关的诗篇佳作，即是对巴蜀酒文化发达的生动写照。

巴蜀美酒名品众多。川酒“六朵金花”展现了川酒在国内白酒界所占据的显著地位和深厚的文化内涵，这“六朵金花”分别是宜宾五粮液、泸州老窖、绵竹剑南春、成都全兴大曲、古蔺郎酒、射洪沱牌曲酒。五粮液产于“万里长江第一城”宜宾，杜甫在这里留下诗句“重碧拈春酒，轻红擘荔枝”，将春酒与朝廷贡品荔枝相提并论，足见诗人对其的喜爱程度。五粮液原名杂粮酒，1929 年，晚清举人杨惠泉提出杂粮酒如此美味，名字似嫌凡俗，提议将其更名为五粮液。此后，五粮液的美名开始为国人所知，五粮即为酿制所用的五种原料，包括大米、糯米、荞子、高粱、玉米等，五粮液则是将上述五种原料按照特定比例酿制而成。作为泸州老窖的产地，泸州自古以来便享有“江阳尽道多佳酿”的美誉。泸州盛产糯米、高粱、玉米等谷物，酿酒原料丰富充沛，因而有着悠久的酿酒传统和先进的酿酒工艺。始建于明代万历年间的泸州大曲老窖池，属于全国重点文物保护单位，泸州老窖就创始于此。黄庭坚贬居泸州期间曾写下“江安食不足，江阳酒有余”的诗句，江阳则是泸州的旧称，可见当年泸州酿酒业已达到一定规模。另外剑南春、全兴大曲和郎酒都是享誉全国的酒中佳品，川酒在中华酒文化中写就了浓墨重彩的一笔。

（四）川茶及茶馆文化

作为世界三大饮品之一的茶，被誉为“东方饮料之王”。巴蜀地区是我国最早种植茶树和最早形成饮茶习俗的地区。品质上乘的川茶和随处可见的茶馆则成为川人悠闲舒适的生活状态最直观的体现。

川茶品质优良。秦汉以前，巴蜀地区就盛行饮茶，公元前 316 年秦灭巴、蜀。清初学者顾炎武在其《日知录》中说：“自秦人取蜀而后，始有茗饮之事。”自秦入川后，巴蜀对外交往日益频繁，巴蜀的茶叶种植和茶饮习俗开始逐渐为外界所知，并开始向外传播，如黔、滇、陕、鄂等临近地区开始逐渐种植茶树。到了汉朝，茶叶成为四川向朝廷呈献的贡品，饮茶习俗逐渐扩大。西晋有诗云：“芳荼冠六清，溢味播九区。”可见当时民众饮茶已经相当普遍。唐代茶业走向成熟，四川出现了具有一定规模的茶园，茶叶生产逐渐走向专业化和商业化。唐代著名茶学专家陆羽在《茶经》中记载了 50 多种唐代名茶，其中有十几种产于四川，川茶之名，可见一斑。宋朝时，由于经济和社会的发展，部分规模较大的茶园开始实施雇工经营，政府实施“榷茶”，也就是茶叶被中央管制，由官府售卖。南宋时，巴蜀所产之茶叶最为少数民族所喜爱，茶叶成为政府换取战马和维护少数民族地区安定团结的重要物品。后来由于“榷茶”和战争的影响，元明时期巴蜀茶叶生产受到了较大影响，直到清朝初年，手工业的进一步发展和资本主义萌芽，为茶叶生产创造了良好的环境，茶叶种植和茶叶贸易有所恢复，巴蜀的茶叶种植也得以扩大。新中国成立后，国家非常重视茶叶种植和生产，巴蜀名茶的地位也更加突显，如蒙顶山甘露、峨眉山峨蕊、竹叶青，青城山的雪芽，塔子山的观音仙茶等。蒙顶山位于四川省雅安市境内，最高峰上清峰海拔 1 456 米，咏茶名句“扬子江中水，蒙山顶上茶”更让蒙顶山茶声名远播。

巴蜀茶馆众多。巴蜀地区不仅拥有得天独厚的自然条件，同时由于身处全国饮茶风尚的发源地，巴蜀人民喜爱饮茶的习俗在全国闻名。古语有言：“开门七件事，柴米油盐酱醋茶。”可见，饮茶在老百姓日常生活中的重要性。而四川人又特别好在茶馆饮茶，川人流传一句谚语：“头上晴天少，眼前茶馆多。”四川的茶馆数量惊人，大街小巷均能找到喝茶之处。据《成都通览》载，清末成都街巷计 516 条，而茶馆即有 454 家，茶馆遍地可见。正所谓“杯里乾坤大，茶中日月长”，川人喜欢泡上一杯茶，在茶馆里面悠闲品位人生百态，而成都休闲之都的标签也离不开茶馆文化的盛行。茶馆饮茶一般多为三件头的“盖碗茶”——包括茶盖、茶碗和茶托，此外，竹靠椅、小方桌、紫铜壶也是必不可少的茶馆喝茶的配件。尤其是竹靠椅，轻便灵活，躺靠舒适，适宜闭目养神；另外茶馆专门负责掺茶跑堂的人有一个好听的称呼——“茶博士”，他们技艺非凡，摆放茶具动作娴熟，倒茶添水一气呵成，动作精妙，花样百出，如“苏秦背剑”“蛟龙探海”“飞天仙女”“童子拜观音”等等，完全就是一出出表演艺术的精彩呈现。

巴蜀茶馆就是一个社会缩影，它不仅是休闲之地，也是重要的社交场所。过去三教九流汇聚于此，交流感情，了解行情，洽谈生意。此外，茶馆还是乡邻用来调解纠纷的场所之一，如果遇到当事人不能解决的纠纷，双方可以到茶馆找到一个在当地有一定身份和影响力的人物进行仲裁，最后被裁定为理亏的一方需付所有的茶钱，并向对方赔礼认错；如果双方皆有过错，则各付一半茶钱。过去，在老茶馆里面，还能观看曲艺表演，如大鼓书、川剧、扬琴、评书等，现在遇到大型体育赛事，有些茶馆会利用大屏幕放映赛事直播。现如今，茶馆依然是川人品茗谈心、商谈事宜的好去处。

复习思考题：

1. 请列举巴蜀文化代表人物及作品。
2. 请阐述巴蜀饮食文化的代表及特点。

第九章　中国传统文化的现代化

晚清鸦片战争的爆发，使中国遭遇了前所未有的民族危机与文化危机，打破了传统文化的稳定形态；西方文化的冲击、挽救民族危亡的迫切需要、社会政治和经济变革等迫使传统文化向现代转型，中国传统文化开启了艰难的现代化历程。

第一节　中国传统文化的现代转型

中国传统文化光辉灿烂，经历几千年的发展、积淀，在漫长的封建社会拥有不可替代的地位，直到晚清，在诸多因素的影响下才发生巨变，逐步转向现代。

一、中国近代民族危机与文化危机

中英鸦片战争使中国不仅面临着亡国的民族危机，而且面临着前所未有的文化危机。它打破了中国几千年传统文化的稳定性，在与西方文明的强烈对照下，中国传统文化的弱点愈加凸显，中国有志之士为了挽救民族危亡，开始学习、引进西方文化。

（一）中国传统文化的稳定性

中国是四大文明古国之一，拥有上下五千年的悠久文明和灿烂文化，自古以来就以文化大国的姿态屹立在世界东方，是人类文明、文化的重心所在。在悠悠历史长河中，无论是物质层面还是精神层面，中国长期都是文化的输出方，呈环状向世界各国输出、辐射，对人类文明、文化的发展、交流、融合起到了巨大的推动作用，中国传统文化也成为人类文化宝库中耀眼夺目的瑰宝。在漫长的中华文化史上，中国文化自有它的统一性、稳定性和持续性。自从汉武帝“罢黜百家，独尊儒术”以来，儒家文化在意识形态领域取得了统治地位，成为中国传统文化的核心，即使它在历史发展过程中不断地吸纳老庄哲学、西方佛学等文化因子，但它的基本特点和核心精神并没有发生根本性改变，也没有发生过严重危机。虽然在长期的封建社会里，汉族也曾遭遇过几次较为严重的民族危机，如蒙古族灭南宋而建立元朝、满族入主中原而建立清朝等，虽使汉族产生了强烈的民族危机感，但并没有因此而产生文化上的危机感。相反，入侵的异族往往被汉文化同化，如蒙古族、满族等主动学习汉文化。明清鼎革之际，王夫之、黄宗羲、顾炎武等具有强烈民族意识、民族危机感的知识分子在反思明朝灭亡的原因时认为明朝是亡于“束书不观”“游谈无根”的理学末流，丧失了儒家经世致用的精神，但并未对儒家文化本身产生质疑。在他们看来，这些问题都可以在传统文化的范围内进行自我调节。相应地，民族危机、社会危机仍可自行解决。

汉代大儒董仲舒说：“天不变，道亦不变。”儒家文化的这种稳定性，根源于中国封建经济结构和政治制度的稳定性。自给自足的自然经济基础和封建君主专制政治制度赋予了中国传统文化无与伦比的稳定性。在鸦片战争之前，这种经济结构和政治制度都没有受到过强有力的冲击，更没有从内部发生动摇，因此根植于这种经济结构和政治制度之上的传统文化也就不会发生任何大的危机。历次的改朝换代、异族入侵不仅没有冲击、动摇中国传统文化赖以生存的社会经济结构和政治制度，反而不断地稳固、强化了它的社会根基，使得中国传统文化如同一条宽广而平静的河流，在吸纳各路溪流的同时，一路向前，奔流到了近代。

（二）鸦片战争：危机与契机

然而，1840 年爆发的中英鸦片战争改变了这种状况，彻底打破了中国传统文化的长期稳定性，使其遭遇了前所未有的危机。鸦片战争给中华民族带来的危机是多方面的、深刻的，既有通常意义上的“亡国”“亡天下”的民族危机，又有面临封建经济结构和政治制度解体的危机，还有随之而来的传统文化的危机。鸦片战争不同于中国历史上的其他任何一次战争，它不以改朝换代为目的。当时的英国是一个典型的资本主义国家，已经在世界上建立起庞大的殖民体系，这场战争就是英国为了向亚洲扩张势力范围而发动的一次殖民主义战争。鸦片战争以后，西方列强侵华战争不断发生并逐步升级，构成对中国的全面威胁。中国所面临的对手，是拥有比当时中国先进得多的生产方式和军事实力的西方资本主义国家。在列强入侵后，中国人奋起自卫，但传统的大刀、长矛终究抵抗不了西洋的坚船利炮，中国节节败退，被迫签订一系列不平等条约，国家领土、主权的完整遭到破坏，中华民族饱受屈辱，国内各种矛盾不断激化，内战风起云涌，内忧外患加剧，晚清王朝的封建统治处于风雨飘摇之中。

由于西方各国资本主义势力的侵入，中国开始沦为半殖民地半封建社会，传统的自给自足的小农业和家庭手工业相结合的封建经济迅速遭到破坏，以此为基础的封建专制制度也随之发生动摇。紧接中英鸦片战争而来的历次战争，如中法战争、甲午海战、八国联军侵华等都是“进行国际贸易和战争的西方”向“坚持农业和官僚政治的中国”所发起的全面挑战，包括军事、经济、政治、文化等各种形式，而所有这些形式的挑战实际上都贯穿着西方的价值观向中国传统的价值观的挑战，由此就引起了中国传统文化的危机，主要表现为以儒学为核心的保守僵化的中国传统文化与西方先进的资本主义文化之间的对立与冲突。

因此，“从根本上说，这是一场最广义意义上的文化冲突”，“是扩张的、进行国际贸易和战争的西方同坚持农业经济和官僚政治的中国文明之间的文化对抗。”① 交战的双方，一是守旧落后的专制主义封建帝国，一是全球最先进的资本主义现代工业国家。战争的结果是“天变了”，过去那种“天不变，道亦不变”的文化上的高度自信被击得粉碎，中国传统文化遭遇了前所未有的信任危机，它已经不能有效地回答和解决当时社会所面临的问题，也不可能按照原来的轨道仅在内部进行小的调节，因为它所依存的客观历史条件已经发生巨大的变化。这就迫使中国传统文化开始寻求新的革新方式，以适应新的社会形势——新的经济成分即资本主义经济成分逐渐发展和新的阶级即资产阶级不断成长的新形势，这样，传统文化就顺势向资产阶级新文化的方向转化。

随着西方殖民主义者的侵入，西方文化也随之涌入，中国传统文化与之碰撞时，显出种种弱点和弊端，这就迫使中国人不能不向西方文化学习，开始直面西方现代先进文化的挑战，了解、研究西方文化，反思、变革中国传统文化，于是中国传统文化就开始走出以往的隔绝状态而走向世界。因此，鸦片战争所引起的文化危机又是中国传统文化走向现代的重要契机。

（三）从“开眼看世界”到“师夷长技”

在鸦片战争以前，中国人对于西方世界和西方文化了解甚少，加上清朝实行的一系列文化统治措施及闭关锁国政策，从内、外两方面阻隔、中断了中外文化交流，即便是知识分子也对西方感到陌生。例如，封疆大吏林则徐在奉旨到广州查禁鸦片时，连英国、美国的地理位置都不清楚，对西方先进的资本主义文化更是一无所知。他给道光皇帝上书说：“一至岸上，则该夷无他技能，且其浑身裹缠，腰腿僵硬，一仆不能复起，不独一兵可手刃数夷，

① 费正清．剑桥中国晚清史［M］．北京：中国社会科学出版社，1985：2.

即乡井平民，亦尽足以致其死命。”[①] 贸然应战，只能惨败。但鸦片战争将中国人从“朝廷晏安、四夷宾服”的假象中唤醒了，迫使他们为了救亡图存而开眼看世界。

1839 年，林则徐在广州查禁鸦片走私，他意识到了解西方文化的重要性，开始认真研究西方国家的情况。当时林则徐根据英国人慕瑞所著的《地理大全》编译而成《四洲志》，介绍了世界三十多个国家的地理、历史、风俗等，这是中国近代第一部相对完整、比较系统地介绍世界地理的著作，在一定程度上打开了清人的眼界。此书实为开风气之先的创举，作者林则徐也被后代学者范文澜称为近代中国“开眼看世界的第一人”。

此后，在林则徐的影响下，出现了一批研究外国史地的著作，如魏源的《海国图志》、姚莹的《康輶纪行》、徐继畬的《瀛寰志略》、何秋涛的《朔方备乘》、梁廷楠的《海国四说》等，其中有的是关于世界历史地理，有的是关于中外关系，表现了近代中国人最初的世界意识，具有启蒙意义。《海国图志》是在林则徐的指导与帮助下编成的，是林则徐将《四洲志》等编译的有关外夷资料交给魏源，嘱其编撰成书。魏源不负重托，于《南京条约》签订后不久整理而成《海国图志》并出版，他在书中明确提出了“师夷长技以制夷”的主张，这就是近代中国学习西方的先声。

在挽救民族危亡的迫切要求下，以林则徐、魏源为代表的有识之士继承并发展了明清之际讲求“经世致用”的传统，注重研究世界大势和社会现实问题，主张向西方学习，呼吁变革。他们的思想和主张，代表了鸦片战争之后中国社会、思想、文化变革的新思潮。这是近代中国逐渐生成的“新文化”的起点，开启了中国传统文化走向现代化的历程。

二、中国文化走向现代的艰难历程

中国文化从传统走向现代的历程与中国经济发展、政治变化以及国人接受对西方文化的程度紧密相关。1922 年，梁启超在《五十年中国进化概论》里将中国传统文化的现代化进程概括为三个阶段：一是“先从器物上感觉不足”，“曾国藩、李鸿章一班人，很觉得外国的船坚炮利，确是我们所不及，对于这方面的事项，觉得有舍己从人的必要”；二是“从制度上感觉不足”，“自从和日本打了一个败仗下来，国内有心人，真像睡梦中着一个霹雳，因想道，堂堂中国为什么衰败到这田地，都为的是政制不良，所以拿‘变法维新’

① 林则徐. 密陈以重赏鼓励定海民众诛灭敌军片［M］//林则徐集·奏稿. 北京：中华书局，1965：860.

作一面大旗，在社会上开始运动，那急先锋就是康有为、梁启超一班人”；三是“从文化根本上感觉不足”，“觉得社会文化是整套的，要拿旧心理运用新制度，决计不可能，渐渐要求全人格的觉悟”①。当然，这三个阶段的划分只是相对而言某个时期某种文化变革比较凸显，并不否认同时存在着的其他方面的变革，这样划分有助于我们认识中国文化变迁的史实。

（一）物质层面的文化变革

中国传统文化物质层面的变革始于魏源的“师夷长技”，当时人们所理解的“长技”就是“坚船利炮”和“养兵练兵之法”，即器物之变。到了19世纪60年代颇具规模的“洋务运动”兴起时，出现了物质变革的高潮。“洋务运动”的指导思想是“中体西用”。冯桂芬在《校邠庐抗议》一书中论述了学习西方的必要性，提出处理中西文化关系应遵循“以中国之伦常名教为原本，辅以诸国富强之术”，主张在不危及专制极权体制的前提下，有选择地采纳西方文化成果，主要是自然科学和工艺技术，来弥补中国传统文化的不足。以奕䜣、李鸿章、曾国藩、左宗棠、张之洞等为代表的洋务派采用西学，先后兴办了一批军事工业和民用工业，主要引进西方的军事装备、机器生产和科学技术，向西方学习军事技术，学习兵学、造船。与此相适应，在文化领域内，西方科技知识被大量引入，出现了译介西方文化的高潮，兴办了京师同文馆等一批新式学堂，数学、物理、化学等自然科学进入课堂，打破了儒家文化的传统价值取向和思维习惯，有助于西方先进科学、技术在中国的传播，促进了传统文化结构的改变。

（二）制度层面的文化变革

洋务派企图在“中体西用”的轨道上引进西方文化，变革传统，以维护清朝的统治，但甲午一战，中国惨败，北洋水师全军覆没，使得洋务派的文化自强之梦幻灭。这促使人们反思洋务运动的得失，越过物质层面而进入到制度层面寻找解决民族危机和文化危机的出路。一些曾经参与洋务、热心西学的早期维新派人士，意识到要强国就必须冲破“中体西用”的樊篱，取法西方资本主义的政治、经济制度。加上随着洋务运动的发展，走出国门的人日渐增多，租界、商埠、教会学校等传播西方文化的途径迅速拓展，人们不仅对西方的物质文明感兴趣，也对西方文化中以议会选举制度为代表的社会制度、以进化论为代表的科学理论、以民权为代表的政治学说等激起了更大

---

① 梁启超. 五十年中国进化概论［M］//李华兴，等. 梁启超选集. 上海：上海人民出版社，1984：834.

的兴趣，维新思想应运而生，开始在社会上广泛传播。19 世纪末 20 世纪初，以康有为、严复、梁启超、谭嗣同等为主要代表的资产阶级维新派登上了政治舞台，他们主张在中国建立君主立宪制，提倡民权，批判专制主义，“器可变，道不可变”的认识误区被打破。康有为则努力将中国传统文化引上“不中不西，即中即西”的发展道路，他用西学重新解读中国传统文化，认为西方的经济制度、教育制度以及政治体制都符合儒家经义，而清朝的各项制度反倒违背了儒家经义。康有为撰写《新学伪经考》《孔子改制考》，希望用“托古改制”的办法来变革现实，但发生在 1898 年的“戊戌变法”只进行了百余日就被慈禧太后等顽固派废止。

戊戌变法失败之后，革命思潮风起云涌。以国内新式学堂师生和留日学生为主体的新式知识分子群体开始形成，他们无论是倾向改良还是主张革命，都对西方的政治学说产生了强烈的兴趣，成为传播西学的主力，掀起了译介西方社会政治学术著作的热潮，如《路索民论》（卢梭《民约论》）、《培根文集》、《法意》（孟德斯鸠《论法的精神》）、《美国独立檄文》（《美国独立宣言》）等，为辛亥革命作了思想上的准备。以孙中山为首的资产阶级革命派于 1911 年发动了辛亥革命，旨在推翻清王朝的封建统治，建立民主共和制度，从根本上将国家主权归还于全体国民所有。辛亥革命的成功，结束了两千多年的专制帝制，建立了资产阶级共和国，这是一场制度革命的伟大胜利。

（三）观念层面的文化变革

然而，紧随辛亥革命之后的却是袁世凯、张勋的两次封建复辟，这让陈独秀等具有启蒙意识的知识分子认识到仅有制度层面的变革是不够的，“立宪政治而不出于多数国民之自觉”是不会取得成功的，救国必先救人，救人必先启蒙，需要观念文化的变革。因此，陈独秀、李大钊等人掀起了以改造国民性为主要目的的新文化运动，中国传统文化的现代化变革由此深入到了思想观念层面。他们认为，国民性的改造归根结底是要革除旧的价值观念和道德观念，建立新的文化，根本点就在于“重人的价值”，树立“独立人格”，效法西方的文艺复兴和启蒙运动，希望“法兰西文明”在中华大地开花结果，高举“科学”“民主”两面大旗，提出“打倒孔家店”的口号，批判旧制度、旧思想、旧道德，批判中国固有的文化。他们宣称儒家纲常残害人格，扼制人权，束缚个性，违背了思想自由的原则，唤醒“国民之自觉”，中国传统文化遭到了前所未有的批判，有力地促进了思想解放潮流，在广大青年中掀起了追求新知的热潮，使中国传统文化出现了新的转机，在伦理、心理层面展开了现代化的进程。这样，中国传统文化从鸦片战争开始，到五四新文化运动，就大体实现了从传统向现代的转变。

三、中国现代化进程中的文化论争

晚清以来，关于中国文化发展该何去何从，各方人士历来论争不休。围绕着如何救亡图存、如何发展现代文化、如何处理中西文化的关系等问题，发生过多次论争，思想家们从不同的立场和角度出发，提出了许多解决方案或理论，致使文化论战迭起，其中影响较大的有“西学中源”论、“中体西用”论、“本位文化”论、“全盘西化”论、“民族的科学的大众的文化”论等。

(一)“西学中源”论

“西学中源”说产生于明清之际西方科学传入中国之时。它滥觞于晚明徐光启、李之藻等人，又经明末清初方以智、王锡阐、王夫之等发挥、引申，至梅文鼎集其大成，最后经康熙御笔在《四库全书总目》中“钦定”，加上阮元等知名学者的鼓吹，从而成为当时学术界颇具官方权威的流行思潮。“西学中源”的主要观点就是认为西方文明源于中国，“把一切需要引进的西学都说成是中国古已有之”。以中学为“源”，以西学为“流”，中西学术之争相纠缠，一些遗民学者如王锡阐等转而以此说贬低西洋科学，认为西洋天文算学不过是剽窃“中国之绪余”，当洋务自强运动兴起之后，许多倡导引进西方科学技术的人物都以此作为对付反对者的挡箭牌。“西学中源”说虽然是国人虚构的神话，与史实不符，但它对明清之际中国文化的发展产生了重要影响，一方面有助于减轻西学传播的阻力，缓解吸收西学的顾虑，便于引进西方科学知识，推动中西文化的融合，以及对优秀传统文化遗产的继承、发掘与整理；另一方面，它又限制了人们学习西学的视野，不利于进一步吸收、消化西学中的优秀文化成果以及现代科学思维方式、方法的确立。

(二)“中体西用”论

“中体西用”即“中学为体、西学为用”的缩略语。清末关于“中体西用”的较早表述是冯桂芬于1861年在《校邠庐抗议》中所说的“以中国伦常名教为原本，辅以诸国富强之术”，洋务运动就是这种主张的具体实践。明确提出“中体西用”口号的是洋务派的代表人物张之洞，他在一份奏折中提出：“以中学为体，以西学为用，既克迂陋无用之讥，亦杜离经叛道之弊。”他在《劝学篇》中对“中体西用”作了系统阐述，认为它是一个折中新旧的救世方案。“中体西用”明确了学习西方与维护封建道统的关系，容易被人们接受，获得了喜好西学、西艺者的广泛认同，成为引进西方科学技术的有力思想武器。无论是洋务派还是维新派，凡是主张引进西学的人士，几乎无不道此说。当然，它也遭到以捍卫圣教正统为己任的传统顽固派的抵制和围攻，甚至遭到王韬、严复等进步思想家的反对和批判，严复认为它割裂了“体”“用”的关系。关于“中体西用”的争论，推进了中国文化向现代的转型，开启了中西文化结合的新思路。

(三)“本位文化”论

“中国本位文化”的正式提出是在1935年1月，王新命、何炳松、陶希圣等十位教授在上海《文化月刊》第1卷第4期联名发表了《中国本位的文化建设宣言》。其核心观点是“此时此地的需要，就是中国本位的基础”，他们认为这是建设新文化的依据，也是处理中西文化关系的准则，宣称：“中国在文化的领域中是消失了；中国的政治形态、社会组织和思想的内容与形式，已经失去了它的特征”；“要使中国能在文化的领域中抬头，要使中国的政治、社会和思想都具有中国的特征，必须从事于中国本位的文化建设”，主张应该“根据中国本位，采取批判态度，应用科学的方法，来检讨过去，把握现在，创造将来”，对于中国文化，“加以检讨，存其所当存，去其所当去”，对于西方文化，“必要而应该”“吸收其所当吸收”，“吸收的标准，当决定于现代中国的需要”。在纯学术意义上来看，“中国本位文化”并没有错，主张根据中国的实际需要来取舍中西文化，明显超越了“中”与“西”“体”与“用”的文化选择模式，不仅提醒人们重视新文化运动以来对中国文化的民族性的轻视，也呼应了当时日益高涨的民族主义情绪，有着深厚的社会文化心理基础。但“中国本位文化”论出台的真正背景是为了配合国民党当时的军事围剿和文化围剿，为了呼应国民党发起的封建复古、尊孔读经运动和新生活运动，从本质上说是一种复古论。胡适就批评这一论调实际上不过就是“中体西用”的“最新式的化装”。

(四)“全盘西化”论

主张“全盘西化”的主要有胡适、陈序经等。在新文化运动中，“全盘西化”的观念就已滋生，过于强调西方文化的优越性。1929年，胡适首次使用“全盘西化”一词来表述他的文化观点。在与“东方文化派”“中国本位文化派”的论争中，胡适等人便是以西方文化的优越性来否定东方文化。胡适的观点较为温和，他对“全盘西化”的解释是“充分现代化”或“全力现代化”，是一种“策略”的“全盘西化”，他在宣扬“全盘西化”的同时，也主张“整理国故”，认为中西文化可以折中。而陈序经则主张“彻底的全盘西洋化，是要彻底地打破中国的传统思想的垄断，而给个性以尽量发展其所能的机会”。尽管“全盘西化”主张者的思想有差异，但其本质精神是一致的，即认为中国文化只有全面接受西方文化才能生存和发展。“全盘西化”论主要针对“东方文化”“中国本位文化”等文化保守主义派别而提出来的，它具有反对封建复古主义、反对国民党文化专制主义的积极意义。

（五）“民族的科学的大众的文化”论

在围绕“全盘西化”和“本位文化”的论争中，关于中国新文化的发展路向逐渐清晰起来，这就是要建设“民族的科学的大众的文化”。“民族的科学的大众的文化”虽由毛泽东于1940年在《新民主主义论》中正式提出，但在此之前，鲁迅、“新启蒙运动”者已经有较深入的探讨。鲁迅在1934年发表了《拿来主义》一文，认为要把鸦片战争以来的“送来”转变为现在的“拿来”，要消除因“送来”导致的对外来文化的恐怖，树立自己消化吸收外来文化的勇气，即“我们要运用脑髓，放出眼光，自己来拿”。鲁迅等人于1936年又提出了“民族革命战争的大众文学”的口号。鲁迅的文化思想直接影响了陈伯达、张申府、胡绳等于1937年提出的“新启蒙运动”。张申府说新启蒙运动创造的文化“应该是各种现有文化的一种辩证的或有机的综合……但为适应今日的需要，这个新启蒙运动的文化运动却应该不只是大众的，还应该带些民族性”。毛泽东在此基础上，综合各家学说，系统地提出了新民主主义文化，其核心就是“民族的科学的大众的文化”：“它是我们这个民族的，带有我们民族的特性……它是反对一切封建思想和迷信思想，主张实事求是，主张客观真理，主张理论和实践一致的……它是大众的，因而即是民主的。它应为全民族中百分之九十以上的工农劳苦民众服务，并逐渐成为他们的文化。”“民族的科学的大众的文化”是马克思主义中国化的结果，是当时中国文化发展的一个合理的选择，但它仍有不足之处，为新中国成立后的社会主义文化建设埋下了隐患。

四、中国传统文化走向现代的动因

中国传统文化是经过几千年的发展和沉积而成的，具有相当成熟、稳定的形态，但是到了晚清就大体上发生了现代转型。究其原因，主要在于以下几个方面：

（一）西方文化的猛烈冲击

到了近现代，中国传统文化面临着崭新的历史语境。鸦片战争以后，西方文化迅猛袭来，冲击着传统文化，迫使传统文化不得不寻求现代转变。在中西文化交流模式中，西方占绝对优势，成为文化输出方。从洋务运动到戊戌变法，到辛亥革命，到新文化运动，再到革命战争等中国文化变革的各个历史阶段，每一步都离不开西方文化的深刻影响。西方文化的来源主要有三种途径：

一是西方传教士的影响。明清之际，伴随西方传教士来华，西学源源流入中国，由此拉开中西文化交融与冲突的序幕，传教士起到了不可磨灭的作用。鸦片战争以后，传教士东来发展到了一个新的时期，他们随着西方列强的炮舰和商品纷纷涌入中国。由于一系列不平等条约，传教士在通商口岸建造教堂，并深入内地公开传教。利玛窦、汤若望、傅兰雅等都是当时有名的传教士。传教士在传播“福音”的同时，还进行著书出版、兴学从教等活动，直接参与了西学传播中的众多文化事业，对中国文化从传统转型产生了重要影响。

二是外译书目的广泛传播。译书与开眼看世界是紧密联系的，林则徐、魏源的著作不少都是对西方作品的翻译、编写，他们的翻译活动推动了人们对世界地理知识的翻译、介绍及对中国边疆地理的研究。清政府批准在江南制造局设立翻译馆，“择有裨制造之书，详细译出”，该馆初期翻译的书几乎都是与军事有关的应用技术类西书。京师同文馆是清政府为办理外交和洋务的需要而开设的外语学校兼翻译机构，在培养外交人员、译书等方面有很大贡献。严复的译著主要介绍西方社会政治思想，如《天演论》《原富》《法意》等，引起思想界的强烈震动。而著名翻译家林纾用古文译述的西洋小说则风靡一时，如《巴黎茶花女遗事》《黑奴吁天录》等在满足大众精神文化需求的同时，也具有思想启蒙意义。

三是一波接一波的留学潮。从鸦片战争之后到洋务运动时期，西方国家的“坚船利炮”使中国士大夫们认识到中国军事技术的落后，因此“向西方学习军事技术”逐渐成为人们的共识。清政府、洋务派选派了一大批青年学生留学欧美，学习军事、造船等各种技术。甲午惨败惊醒了中国人的洋务梦，转而学习日本的强盛之道。日本因变法维新而强大，采取的是西方的君主立宪，日本是学习西方最为成功的，而我们离日本最近，所以他们决定走一条捷径，奉日本为变法的楷模。为了学习日本的强国之道，维新派极力促使朝廷向日本大量派遣留学生。1905 年，科举制废除之后，大批中国知识青年东渡日本或到西方各国留学，由此产生了中国的革命派，也造就了新文化运动中的领袖人物。一波接一波的出国留学潮培养了一大批具有现代意识的新型知识分子，成为现代中国创造和传播新文化的主体，在“欧风美雨”的洗礼中，掀起了中国“思想界空前之大变动”。

（二）传统文化的内在活力

中国传统文化固然落后于西方现代文化，当西方文化涌来时，它常表现出相当顽固的拒斥态度，但它的内部本身也存在着多种富有活力的因素，在文化转型的过程中起了积极作用，并经过转化而成为中国新文化的有机组成部分。

一是经世致用的思想。经世思想是儒家文化的基本精神之一。孔子就提倡一种积极入世的精神，“修身齐家治国平天下”成为广大儒生的人生理想，到了晚清，这种思想极为活跃，渐渐成为一种有影响的社会思潮。如龚自珍、魏源、林则徐等都是讲究经世学问的，致力于研究农政、刑名、河工、潜运、盐法等实学。曾国藩、李鸿章等洋务派也都讲究经世之学。在经世思想的支配下，魏源提出“师夷长技”的主张，曾国藩提出“欲求自强之道，总以修政事、求贤才为急务，以学做炸炮、造轮舟等具为下手工夫。”以富国强兵为目的的洋务运动就是传统儒家文化中经世思想的具体体现。

二是变易思想。在中国传统文化中存在着丰富的变易思想。作为儒家经典之一的《易经》就是一部专门讲“变易”哲学的著作，“易，变易，不易也”，“穷则通，通则变，变则久”。康有为充分发挥了《易经》中“穷变通久”的思想，他说：“故新则和，旧则乖；新则活，旧则板；新则疏通，旧则阻滞；新则宽大，旧则刻薄。自古开国之法，无不新，故新为生机；亡国之法，无不旧，故旧为死机。”中国传统变易思想成了维新派“变法”的理论根据。“周虽旧邦，其命维新”，晚清以来的历次变革都可以看作传统文化中变易思想的灵活运用。

在中国传统文化中存在着许多积极的活力因素，它们在中国文化变革中起着联结新旧文化的作用，因此，中国近现代以来的新文化，无论是资产阶级新文化，还是无产阶级领导的新民主主义文化，都是吸收了许多传统文化精华、具有中国民族特色的新文化。

（三）文化变革的根本原因

毋庸置疑，西方文化的猛烈冲击和中国传统文化中的诸多活力因素，都是促使中国文化走向现代转型的重要原因。但是，文化变革的根本动因还在于中国近现代社会发展的需要。一方面，经济基础决定上层建筑，到了鸦片战争之后，中国的经济发生了较大变化，不再是纯粹的传统的农业经济，资本主义经济成分迅速增加，资产阶级逐渐成长，这就需要新的文化为之服务，而植根于中国封建社会农业经济土壤之中的传统文化发生了危机，已经不适应社会发展的需要，不得不寻求新的转变。另一方面，中国近代社会的资本主义还很弱小，发展先天不足，是一个半殖民地半封建社会，社会发展的核心任务是如何挽救民族危机，中国近代文化的发展方向，也是由这个危机和解决这个危机的要求决定的，对西方文化的选择，对传统文化的继承和改造，都是为了解决这个危机。林则徐、魏源、张之洞、康有为、梁启超、陈独秀、李大钊、胡适、鲁迅等近现代具有深沉忧患意识的先驱，以及诸多仁人志士充分发挥中国传统文化中自强不息的进取精神，围绕着挽救民族危亡这一主题，不懈奋斗，苦苦探索，从“师夷长技以制夷”，到“维新变法”，到“排满革命”，到创造“新文化”，到“马克思主义”等种种选择，都是为了这一目的。正是中国近代的民族危机和社会发展的需要决定了对中西文化内容的选择和改造，决定了近代文化思潮的迅速变迁和发展路向，因此它是中国文化现代化的根本动因。

第二节　文化软实力与社会主义文化大发展大繁荣

从新中国成立直到当下，中国传统文化现代化进入了一个新的阶段，其中有曲折、失误，更有“百花齐放，百家争鸣”“大发展大繁荣”“文化复兴”等，在各种挑战与机遇中蓬勃发展。

一、中国文化发展的新阶段

新中国成立开辟了中国传统文化发展的新阶段，但在 20 世纪 50 年代到 70 年代，出现了探索过程中的曲折与失误，80 年代出现了“文化热”大讨论，90 年代之后，文化建设事业迈向新途。

（一）新中国的建立开辟了中国文化发展的新阶段

1949 年，中国共产党领导中国人民取得了新民主主义革命的伟大胜利，成立了中华人民共和国，开启了中国历史的新纪元，也开辟了中国文化发展的新阶段。1949 年 6 月，在北京召开的新政治协商会议筹备会上，毛泽东提出共和国建立后要“有系统地和有步骤地在全国范围内进行政治的、经济的、文化的和国防的建设工作”。同年 9 月召开的中国人民政治协商会议通过的《共同纲领》第四章“文化教育政策”规定：“中华人民共和国的文化教育为新民主主义的，即民族的、科学的、大众的文化教育。人民政府的文化教育工作，应以提高人民文化水平，培养国家建设人才，肃清封建的、买办的、法西斯主义的思想，发展为人民服务的思想为主要任务。”在这一方针的指导下，人民政府接管了旧中国遗留下来的文教单位，进行全新改造，清除帝国主义的文化势力，批判封建买办思想，建立了以马列主义为指导、以共产党和青年团为核心的政治思想教育体制，对知识分子实行“争取、团结、改造”政策，实现了对几百万旧知识分子的思想改造。紧接着经济领域的社会主义三大改造基本完成，使中国从新民主主义社会跨入了社会主义社会，在我国初步建立起社会主义的基本制度。至此，中国传统文化所依赖的社会政治结构、经济基础都已荡然无存，彻底失去其发展的根基，中国文化的发展开始进入社会主义文化建设时期。

1956 年 4 月 25 日，毛泽东在中共中央政治局扩大会议上作了《论十大关系》的讲话，提出了“百花齐放，百家争鸣”的方针。一个月以后，中宣部部长陆定一向知识分子作了题为《百花齐放，百家争鸣》的讲话，“提倡在文学艺术工作和科学研究工作中有独立思考的自由，有辩论的自由，有创作和批评的自由，有发表自己意见、坚持自己的意见和保留自己的意见的自由。”尽管这一方针在贯彻执行中曾受到“左”的路线干扰，尽管它很快就被收紧，但由于它正确地反映了学术文化发展的规律和我们这个时代的特征，还是大大促进了文学、艺术、哲学、社会科学、自然科学、技术科学的发展和繁荣。在接下来的半个多世纪的文化建设过程中，既有成功的经验，也有挫折和失误的教训。

（二）探索过程中的曲折与失误

由于当时国际国内形势复杂多变和自身经验不足，新中国的文化建设也出现了曲折与失误，在文化领域搞“大跃进”，批判电影《武训传》，批判胡适、胡风等，混淆了学术和政治的界限，违背了文化、教育的发展规律。1957 年 7 月 1 日《人民日报》发表的毛泽东撰写的社论《文汇报的资产阶级方向应当批判》宣称：“牛鬼蛇神只有让它们出笼，才好歼灭它们，毒草只有让它们出土，才便于锄掉。”接着反右斗争扩大化，导致一大批知识分子、民主党派人士被错划为右派分子，给社会主义文化建设事业造成严重损失。

从 1966 年开始直至 1976 年才结束的“无产阶级文化大革命”，是中国文化遭遇的一场前所未有的浩劫。1966 年 5 月 16 日，中共中央政治局扩大会议通过了毛泽东主持起草的指导“文化大革命”的纲领性文件《中国共产党中央委员会通知》，号召“全党必须遵照毛泽东同志的指示，高举无产阶级‘文化革命’的大旗，彻底揭露那批反党反社会主义的所谓‘学术权威’的资产阶级反动立场，彻底批判学术界、教育界、新闻界、文艺界、出版界的资产阶级反动思想，夺取在这些文化领域中的领导权。而要做到这一点，必须同时批判混进党里、政府里、军队里和文化领域的各界里的资产阶级代表人物，清洗这些人”。“文化大革命”全面发动。这是一场摧毁文化的非理性运动，以儒家文化为代表的中国传统文化遭到全盘否定，西方的现代思想文化和科技、管理经验则被当作资本主义和修正主义的东西一概拒之门外。文化和知识的价值被严重贬损，“知识越多越反动”，绝大多数知识分子都被当作革命对象。这场由文化领域发端的“大革命”，对教育、科学、文化的破坏是难以估计的，它在很长时期内造成了中国的“文化断层”“科技断层”和“人才断层”，给我们的民族和文化事业造成了深重的灾难。

（三）20世纪80年代“文化热”

1978年党的十一届三中全会实现了思想路线的拨乱反正，改革开放成为基本国策，科学文化事业也迎来了春天。随着经济发展、政治改革、对外开放的深入与扩大，思想文化领域里出现了一个持续十余年的“文化热”。专家学者、青年学生以及其他社会各界人士都在共同关心并热烈探讨文化问题，报纸杂志、广播电视、大学课堂以及其他教育文化场所，文化问题都成为人们议论的中心，持续时间之长，涉及范围之广是前所未有的。这场“文化热”立足中国现实，对改革中遇到的各种问题，都从文化的角度加以探索研究，所涉及的学科范围和领域已不局限于传统的文、史、哲，还涉及经济学、社会学、政治学、伦理学、心理学等各门人文社会科学，讨论的内容包括人们的思想观念、社会心理、思维模式、行为方式、伦理道德、审美情趣、文化比较等。这一文化现象的出现主要是因为“文革”期间长期思想禁锢被打开，人们开始反思、批判造成民族巨大灾难的“十年浩劫”，在改革开放的新的历史语境中对中国未来的现代化前景充满期盼。并且，由于西方各种思潮的涌入，各种学说又被介绍到中国，与传统的思维方式、价值观念、心理状态、审美情趣等民族文化深层结构产生了碰撞与冲突，而代表先进的西方思想文化对青年知识分子具有强烈的吸引力和新鲜感，他们积极思考国家的发展前途、民族文化之根以及个体的存在价值等，在思想文化上十分活跃，展现出“新启蒙”的姿态。

这场“文化热”具有广泛性、现实性、深刻性、世界性等特点，以多维视野反省中国文化，审视世界文化，并力图通过自我反省，大胆求索，为创建社会主义新文化做好思想理论上的准备。尽管在讨论的过程中出现了全盘西化论、彻底重建论、复兴儒学论等不太和谐的声调，但总体上说是与中国改革开放的方向一致的，推动、繁荣了社会主义新文化建设。

（四）20世纪90年代以来文化建设的经验

进入20世纪90年代以来，建设中国特色的社会主义文化与精神文明建设工作有机融合，取得了丰硕成果，积累了宝贵经验。90年代初，江泽民总书记在《在庆祝中国共产党成立七十周年大会上的讲话》中明确指出：“有中国特色的社会主义文化必须是以马克思主义、毛泽东思想为指导，不能搞指导思想的多元化；必须坚持为人民服务、为社会主义服务的方向和‘百花齐放，百家争鸣’的方针，繁荣和发展社会主义的文化，不允许毒害人民、污染社会和反对社会主义的东西泛滥；必须坚持和发扬民族传统文化，而又充分体现社会主义的时代精神，立足本国而又充分吸收世界优秀文化成果，不许搞民族虚无主义和全盘西化。”这一讲话精神是对80年代文化研讨经验教训的深刻总结，也是对90年代文化建设方向的正确揭示。

1996年，党的十四届六中全会作出《中共中央关于加强社会主义精神文明建设若干重要问题的决议》，论述了社会主义精神文明建设的总的指导思想，设计了社会主义初级阶段中国思想道德建设的基本框架。1997年，党的十五大对建设中国特色的社会主义文化有了更系统、更深刻和更全面的纲领性认识：“有中国特色社会主义的文化，就是以马克思主义为指导，以培育有理想、有道德、有文化、有纪律的公民为目标，发展面向现代化、面向世界、面向未来的，民族的、科学的、大众的社会主义文化。这就要坚持用邓小平理论武装全党，教育人民；努力提高全民族的思想、道德素质和教育科学文化水平；坚持为人民服务、为社会主义服务的方向和百花齐放、百家争鸣的方针，重在建设、繁荣学术和文艺。建设立足中国社会现实、继承历史文化优秀传统、吸取外国文化有益成果的社会主义精神文明。”这一文化主张与纲领，明确指出了建设中国特色社会主义文化的指导思想、方针原则、基本目标和基本特征，是中国人民在新世纪建设中国特色社会主义文化的总要求。

到了世纪之交的2000年，江泽民同志又提出了“三个代表”的重要思想：“始终代表中国先进生产力的发展要求、中国先进文化的前进方向、中国最广大人民的根本利益，是我们党的立党之本、执政之基、力量之源。”这一思想是在总结历史经验的基础上，对中国共产党的性质、宗旨和根本任务的完整概括。

（五）中国传统文化与中国先进文化

进入21世纪以来，中国传统文化在中国特色社会主义文化建设中发挥了越来越重要的作用，成为中国先进文化的重要内容。2001年，在庆祝建党80周年大会上，江泽民总书记对先进文化代表作了具体说明，其中就有“民族的科学的大众的社会主义文化”这一提法，可见中国先进文化中包括了中国传统文化的元素。与“三个代表”重要思想的提出同步，江泽民同志提出了“以德治国”的重要治国方略。2001年1月，他在全国宣传部长会议上指出：“我们在建设有中国特色社会主义，发展社会主义市场经济的过程中，要坚持不懈地加强社会主义法制建设，依法治国，同时也要坚持不懈地加强社会主义道德建设，以德治国。”“以德治国”正是中国古代政治思想核心纲领，“依法治国”与“以德治国”相结合的治国方略吸收了中国传统文化中的有益成分，成为中国特色社会主义文化建设事业中“古为今用”的典范。

2004 年 9 月，中国共产党第十六届中央委员会第四次全体会议上正式提出“构建社会主义和谐社会”。2005 年以后，中国共产党提出将“和谐社会”作为执政的战略任务，“和谐”的理念要成为建设“中国特色的社会主义”过程中的价值取向。这是中国传统文化中“天人合一”理念的现代运用。

2006 年 3 月，胡锦涛总书记在看望政协委员时发表关于树立社会主义荣辱观的讲话，他所提出的社会主义荣辱观，是对中华民族历久弥新的民族精神和传统美德的高度凝练和升华，在构建社会主义和谐社会的战略背景下，具有鲜明的时代特色。2006 年 10 月，中国共产党十六届六中全会首次明确提出建设社会主义核心价值体系的科学命题，其中就包括以“八荣八耻”为主要内容的社会主义荣辱观，要求大力弘扬民族优秀文化传统，积极借鉴人类有益的文明成果，为构建社会主义和谐社会提供精神动力。可见，中国传统文化在社会主义文化建设中不断转化、创新、融合，已成为先进文化的一部分。

二、深化文化体制改革，提升国家软实力

21 世纪以来，“文化软实力”成为一个热门词，世界大国之间的“文化之争”迅速升级，提升国家文化软实力自然成为国家重要发展战略。

（一）“软实力”与“文化软实力”

20 世纪 90 年代初，哈佛大学教授约瑟夫·奈首创了“软实力”（Soft Power）这一概念，从此掀起了“软实力”研究与应用的热潮。他认为，一个国家的综合国力既包括由经济、科技、军事实力等表现出来的“硬实力”，也包括以文化和意识形态吸引力所体现出来的软实力，“……硬实力和软实力依然重要，但是在信息时代，软实力正变得比以往更为突出”。他把国家的“软实力”归于三种主要资源：其一是能对其他国家产生吸引力的文化；其二是能真正实践的政治价值观；其三是能被视为具有合法性和道德威信的外交政策，并将“软实力”集中归纳为四个方面的影响力，即文化影响力、意识形态影响力、制度安排上的影响力和外交事务中的影响力。中国的“软实力”说法则源于美国记者的报道，“对中国最近取得的成功的一种尊重或者着迷，以及它的影响力的自然增强”。中国人民大学喻国明教授则指出：“一个国家是存在两种实力的：一种是硬实力，一种是软实力。硬实力通常是指国家的 GDP、硬件设施等，而文化、制度、传媒等被称为软实力。”

概括地说，“软实力”就是一个国家依靠自身的政治制度、文化价值、国家形象、民族精神等隐性实力来吸引他国的力量，而文化是其中的核心。在

“软实力”的构成框架中，“文化之力”作用力最大，影响面最广。阿尔温·托夫勒在《权力的转移》一书中说道，在当今世界，“文化、知识是最重要的，也是最重要的资源与财富，而且还将成为最重要的权力”。原文化部副部长高占祥在其《文化力》一书的序言中也写道：“从本质上说，物理的‘力’，是人类用来‘化’自然界的；而文化的‘力’，是人类用来‘化’自身的。”可见，文化软实力的显现是渗透式的、持续不断的，对社会各领域的影响也是潜移默化的。因此，后来很多论著提到“软实力”时用得最多的就是“文化软实力”。“文化软实力”似乎成了一个比“软实力”更响亮的高频词汇。

（二）文化纷争与大国文化软实力

当前中国正处于国力上升的关键时期，提升文化软实力势在必行，但周边的现实文化处境不容乐观。在亚洲崛起的文化格局重组中，韩国、日本等周边国家向中国文化发起了挑战，不断质疑中国文化身份，中国文化遭遇新一轮的围攻①，对今天的中国而言，大国文化战略与国家文化软实力提升已经不是一个可忽略的问题，成了一个必须正视和重视的重大文化战略问题。

近年来，国际、亚洲的文化争端不断，中国深陷其中。亚洲正在崛起，韩国宣布将在全球100个地区开办“世宗学院”，日本在海外增设“日语学习中心”欲与中国的“孔子学院”相抗衡，中国、日本、韩国构成了东亚三强，文化争端此起彼伏，就发展战略来说，目前中国尚落后于日韩。1998年，韩国遭遇亚洲金融风暴之后提出了“文化立国”的方针，振兴文化产业；早在1985年，日本经济持续增长之时，就试图从“经济大国”走向“政治大国”并最终走向“文化大国”，日本不惜重金进行文化输出；而中国到2011年才在十七大报告中明确提出“提高国家文化软实力”。

东亚崛起的文化格局预示着当今世界文化正在发生重大转折，国际间的经济技术与军事竞争正显现为文化竞争，过去那种显现的“硬实力”竞争，已逐渐被更隐蔽的文化“软实力”竞争遮掩，因此，我们更应该严加关注新世纪文化战争与中国文化安全问题。当前文化纷争的一个具体、突出的表现就是，我国古代的四大发明遭到严重质疑。例如，韩国质疑中国雕版印刷和金属活字印刷的发明权，并声称活字印刷术起源于韩国，同样中国造纸术的首发权也遭到质疑。近年，韩国、日本极力抢注中国文化商标，2002年以来，中国古典名著商标遭日本网游企业疯狂抢注，如《三国志战记》《三国志》《孔明传》《西游记》《水浒传》《三国志麻将》《巨摩三国志麻将》等均被抢

① 王岳川. 发现东方［M］. 北京：北京大学出版社，2011：96-116.

注；2005年，发生了中韩端午申遗之争，最后韩国江陵端午祭捷足先登，被联合国教科文组织正式确定为“人类传说及无形遗产著作”；此后，韩国更企图把中医、孔子、饺子等都变成韩国文化，甚至一些学者也认为中医是韩国人发明的，称“韩医”，老子和孔子都是韩国人，甲骨文是韩国人发明的，王羲之的《兰亭序》是用韩国高丽纸写的，还要将书法、书道统一为韩国的书艺；等等。这种不问历史地掠夺中华原创文化为己有的民族主义行为，已经成为对中国文化合法性的直接挑战，让中国文化面临着巨大压力和危机。在大国纷争的背景下，在文化战略的视角下，文化软实力问题迅速浮出水面，这是对世界各国制定文化战略和国家战略的一个重要参照系。

（三）十七大报告：提高国家文化软实力

党的十六大以来，我国文化建设开创了新局面。文化体制改革稳步推进，文化产业蓬勃发展，文艺创作空前繁荣，“汉语热”席卷世界，中华文化“走出去”，国际影响力日益提升……所有这一切，都清晰地告诉我们：当代中国文化正呈现出一个绚烂多姿、生机勃勃的新面貌，一个文化建设的新高潮正在掀起。“文化软实力”在国家、政府文件中已被明确提出，近些年来一直受到党和政府高度重视。

2011年10月15日，国家主席胡锦涛在中国共产党第十七次全国代表大会上所作的报告中提出了“提高国家文化软实力”这一时代命题：“当今时代，文化越来越成为民族凝聚力和创造力的重要源泉、越来越成为综合国力竞争的重要因素，丰富精神文化生活越来越成为我国人民的热切愿望。要坚持社会主义先进文化前进方向，兴起社会主义文化建设新高潮，激发全民族文化创造活力，提高国家文化软实力，使人民基本文化权益得到更好保障，使社会文化生活更加丰富多彩，使人民精神风貌更加昂扬向上……中华民族伟大复兴必然伴随中华文化繁荣兴盛。要充分发挥人民在文化建设中的主体作用，调动广大文化工作者的积极性，更加自觉、更加主动地推进文化大发展大繁荣，在中国特色社会主义的伟大实践中进行文化创造，让人民共享文化发展成果。”文化软实力是综合国力和国际竞争力的重要组成部分。我国要在激烈的国际竞争中取胜，就必须大力提升国家文化软实力。报告指出，当前和今后一个时期，提高国家文化软实力，推进文化大发展大繁荣，应重点抓好以下四个方面的工作：一是建设社会主义核心价值体系，增强社会主义意识形态的吸引力和凝聚力，繁荣发展哲学社会科学，推进学科体系、学术观点、科研方法创新，鼓励哲学社会科学界为党和人民事业发挥思想库作用，推动我国哲学社会科学优秀成果和优秀人才走向世界；二是建设和谐文化，培育文明风尚，积极发展新闻出版、广播影视、文学艺术事业，重视城乡、区域文化协调发展，加强网络文化建设和管理，营造良好网络环境，大力弘扬爱国主义、集体主义、社会主义思想，加强社会公德、职业道德、家庭美德、个人品德建设；三是弘扬中华文化，建设中华民族共有精神家园，要全面认识祖国传统文化，取其精华，去其糟粕，使之与当代社会相适应、与现代文明相协调，保持民族性，体现时代性，加强中华优秀文化传统教育，运用现代科技手段开发利用民族文化丰富资源，加强对各民族文化的挖掘和保护，重视文物和非物质文化遗产保护，做好文化典籍整理工作，加强对外文化交流，吸收各国优秀文明成果，增强中华文化国际影响力；四是推进文化创新，增强文化发展活力，深化文化体制改革，完善扶持公益性文化事业、发展文化产业、鼓励文化创新的政策，营造有利于出精品、出人才、出效益的环境。

十七大报告提出的“提高国家文化软实力”这一时代命题，揭示了文化的深刻内涵及重大意义，确定了文化在整个国家发展战略中的重要地位。提高国家文化软实力，有利于国家和民族核心价值观的形成和维持，有利于国家和民族的凝聚与团结，有利于国家和民族的存在发展，特别是有利于我们坚持发展中国特色社会主义事业。因此，加紧对国家文化软实力的研究是一项十分紧迫的战略任务。文化软实力不仅包括传统文化、价值体系，也包括文化形态、基层文化和文化产业，它们共同构成文化软实力的内容，并以一定方式相互联系、相互结合，形成文化软实力的内容结构。在国家文化软实力的内容结构中，传统文化是文化软实力的渊源，价值体系是文化软实力的核心，文化形态是文化软实力的重点，基层文化是文化软实力的基础，产业文化是文化软实力的拓展。在我国文化软实力建设中，必须坚持以社会主义核心价值体系建设为核心，带动和促进其他方面的文化建设，不断优化文化软实力的内容结构，提升我国文化软实力的整体水平。

三、弘扬优秀传统文化，实现中华民族伟大复兴

在“文化软实力”的各种要素中，传统文化至关重要，它是软实力的源泉，要提升国家软实力，实现中华民族的伟大复兴，就必须继承、弘扬优秀的传统文化。

（一）优秀传统文化是软实力之源

进入 21 世纪以来，中国也逐渐意识到文化特别是传统文化的重要性，除了上文论述到的中国先进文化建设中对传统文化的借鉴、融合、吸收之外，最近几年已经进入了一个新的发展阶段。2011 年中国共产党第十七届中央委员会第六次全体会议通过的《中共中央关于深化文化体制改革、推动社会主

义文化大发展大繁荣若干重大问题的决定》（以下简称《决定》）首先高度评价了中国传统文化的成就与历史贡献："文化是民族的血脉，是人民的精神家园。在我国五千多年文明发展历程中，各族人民紧密团结、自强不息，共同创造出源远流长、博大精深的中华文化，为中华民族发展壮大提供了强大精神力量，为人类文明进步作出了不可磨灭的重大贡献。"并对中国共产党的文化身份作了如下界定："中国共产党从成立之日起，就既是中华优秀传统文化的忠实传承者和弘扬者，又是中国先进文化的积极倡导者和发展者。"可见，在社会主义先进文化建设的领导者看来，中国传统文化与先进文化之间已经不再是紧张对立的关系，而是可以和谐共存、相得益彰的共同体。在阐述今后的文化建设任务时，《决定》指出："建设优秀传统文化传承体系。优秀传统文化凝聚着中华民族自强不息的精神追求和历久弥新的精神财富，是发展社会主义先进文化的深厚基础，是建设中华民族共有精神家园的重要支撑。要全面认识祖国传统文化，取其精华、去其糟粕，古为今用、推陈出新，坚持保护利用、普及弘扬并重，加强对优秀传统文化思想价值的挖掘和阐发，维护民族文化基本元素，使优秀传统文化成为新时代鼓舞人民前进的精神力量。"这是对中国传统文化的当下价值最准确、最全面的概括，它不仅指出了中国传统文化在发展社会主义先进文化中的作用，还对传统文化本身的存在价值予以高度评价，为人们正确看待中国传统文化指明了方向。

优秀传统文化是国家文化软实力的核心，中国传统文化应该成为我国软实力建设的重要文化资源。中国传统文化中有很多具有普世价值的思想和主张，比如"仁者爱人""和为贵""己所不欲，勿施于人""忠恕之道""中庸之道""杂于利害""天人合一""和而不同"等，对于应对当今世界的重大问题，处理人与人、人与自然、国家与国家之间的关系等都能提供重要的借鉴，是弥足珍贵的思想文化资源。我们在建设社会主义文化、提升国家软实力的过程中不能忽视中国传统文化的重要作用和价值，相反只有正确利用传统文化，才能实现我们的目标。当前的国际文化纷争，如中、日、韩等国的争战也主要是传统文化之争，可见，传统文化对于国家文化软实力的重要性对于任何一个国家、民族来说都具有不可替代的作用。

（二）十八大报告：文化强国与民族复兴

继十七大报告提出"提高国家文化软实力"的文化战略之后，紧接着2012年11月，胡锦涛总书记在党的第十八次代表大会上作了题为《坚定不移沿着中国特色社会主义道路前进为全面建成小康社会而奋斗》的报告，其中提出了"文化强国"与"民族复兴"的发展战略，要求扎实推进社会主义文化强国建设："文化是民族的血脉，是人民的精神家园。全面建成小康社会，实现中华民族伟大复兴，必须推动社会主义文化大发展大繁荣，兴起社会主义文化建设新高潮，提高国家文化软实力，发挥文化引领风尚、教育人民、服务社会、推动发展的作用。建设社会主义文化强国，必须走中国特色社会主义文化发展道路，坚持为人民服务、为社会主义服务的方向，坚持百花齐放、百家争鸣的方针，坚持贴近实际、贴近生活、贴近群众的原则，推动社会主义精神文明和物质文明全面发展，建设面向现代化、面向世界、面向未来的，民族的科学的大众的社会主义文化。建设社会主义文化强国，关键是增强全民族文化创造活力。要深化文化体制改革，解放和发展文化生产力，发扬学术民主、艺术民主，为人民提供广阔文化舞台，让一切文化创造源泉充分涌流，开创全民族文化创造活力持续迸发、社会文化生活更加丰富多彩、人民基本文化权益得到更好保障、人民思想道德素质和科学文化素质全面提高、中华文化国际影响力不断增强的新局面。”具体要求从几个方面着手：一是加强社会主义核心价值体系建设；二是全面提高公民道德素质；三是丰富人民精神文化生活；四是增强文化整体实力和竞争力。其中，“丰富人民精神文化生活”中就提到“建设优秀传统文化传承体系，弘扬中华优秀传统文化”，“增强文化整体实力和竞争力”。而在“增强文化整体实力和竞争力”这一点下，具体说道：“文化实力和竞争力是国家富强、民族振兴的重要标志。要坚持把社会效益放在首位、社会效益和经济效益相统一，推动文化事业全面繁荣、文化产业快速发展。”在十八大报告中多次提到“复兴”，实现中华民族伟大复兴是我们的总任务和使命。大国崛起需要文化的引领，大国崛起离不开文化的崛起，民族复兴的本质就是文化复兴，“文化是民族的血脉，是人民的精神家园”，文化强国是实现中华民族伟大复兴的必由之路。

（三）风雨复兴路，百年“中国梦”

“中国梦”是中国共产党召开第十八次全国人民代表大会以来，习近平总书记所提出的重要指导思想和执政理念。2012 年 11 月 29 日习近平在国家博物馆参观“复兴之路”展览时，第一次阐释了“中国梦”的概念。他说：“大家都在讨论中国梦。我认为，实现中华民族伟大复兴，就是中华民族近代以来最伟大的梦想。”并且表示这个梦“一定能实现”。“中国梦”的核心目标可以概括为“两个一百年”的目标，也就是到 2021 年中国共产党成立 100 周年和 2049 年中华人民共和国成立 100 周年时，逐步并最终顺利实现中华民族的伟大复兴，具体表现是国家富强、民族振兴、人民幸福，实现途径是走中国特色的社会主义道路、坚持中国特色社会主义理论体系、弘扬民族精神、凝聚中国力量，实施手段是政治、经济、文化、社会、生态文明五位一体建设。2013 年 3 月 5 日，习总书记在十二届全国人大一次会议闭幕会上发表重要讲话，又从根本目标、基本特征、实现途径等方面更详细地阐述了“中国梦”，并说“实现中国梦必须弘扬中国精神”。这就是以爱国主义为核心的民族精神，以改革创新为核心的时代精神。这种精神是凝心聚力的兴国之魂、强国之魂。其中，“中国精神”就包含了中国优秀传统文化。总的来说，“中国梦”的根本目标、实现途径等都体现了中国传统文化中“刚健有为”“自强不息”“天人合一”的精神和理念。随后关于中国梦宣传组画以及各种宣传活动都尽显了中国民族文化特色，图文并茂，感染力强，让人记忆深刻，大大激发了人们对传统文化的兴趣，激发了强烈的爱国热情。

文化是一个民族的灵魂，如果没有自己的文化，这个民族就难以在世界上生存，更谈不上实现伟大的梦想。传统文化是一面镜子，是一部教科书。以史为鉴，可知兴替，中国传统文化中蕴含着非常丰富的智慧。对中国来说，中国传统文化就是中华民族的灵魂，中国的伟大复兴必然也是以中国传统文化的复兴为基础的，如果中国传统文化不能够站在科学的高度来证实它内在的科学性，那么中国的复兴就失去了它最坚实的根基。

（四）中国传统文化现代化进入新时代

著名社会学家费孝通先生在20世纪90年代就总结出了“各美其美，美人之美，美美与共，天下大同”这一处理不同文化关系的十六字“箴言”。这四句话在全球化的今天仍然具有重要的意义。现代哲学家张岱年先生根据多年的文化研究，也说：“在新中国文化建设基本方针和道路这一重大问题上，中国的马克思主义者提出和坚持‘古为今用，洋为中用，批判继承，综合创新’的正确主张。这一主张不仅有辩证法的世界观、方法论作为思想理论基础，而且是先进的中国人长期探索和缜密思考的结果。”[①] 总结、回顾21世纪以来我国的一系列文化发展战略，“三个代表”重要思想、“以德治国”的重要治国方略、构建社会主义和谐社会、“八荣八耻”社会主义荣辱观、深化文化体制改革、社会主义文化大发展大繁荣、提高国家文化软实力、实现中华民族伟大复兴、百年“中国梦”，等等，从中我们可以清晰地看到，中国传统文化的现代化已经进入了一个崭新的时代。在社会主义文化建设中要不要吸收、融合优秀传统文化已是一个无可争辩的议题，关键是如何现代化，如何在充分利用优秀传统文化资源的基础上提升国家文化软实力，实现中华民族的伟大复兴。

21世纪以来，我们在弘扬中国传统文化方面取得了较好的实绩，社会成效显著。党和政府在保护文化遗产、挖掘其优秀内涵、创新其表现形式等方

① 张岱年，方克立. 中国文化概论［M］. 北京：北京师范大学出版社，2004：356.

面做了大量工作。例如，2002 年，中华再造善本工程启动；2003 年，中国民族民间文化保护工程启动；2005 年，国务院发布《关于加强我国非物质文化遗产保护工作的意见》，成立中国非物质文化遗产保护中心；2007 年，清明节、端午节和中秋节三个中国传统节日被定为法定节假日。这些措施对于保护中华传统文化发挥了积极作用。

在传承、传播中国传统文化方面，在国内，以中国人民大学校长纪宝成为代表的学者提出了“重振国学”的口号，树孔子像，祭拜孔子，设国学院，建议传统节日成法定假日，大力提倡“国学”。随后全国许多大学、研究机构纷纷设立国学院，研究与弘扬中国传统文化的学术、文化、教育等，在社会上掀起了一场空前的“国学热”。在国际上，孔子学院是中国国家对外汉语教学领导小组办公室在世界各地设立的推广汉语和传播中国文化与国学的教育和文化交流机构，最重要的一项工作就是为世界各地的汉语学习者提供规范、权威的现代汉语教材，提供最正规、最主要的汉语教学渠道。自从 2004 年 11 月 21 日全球首家孔子学院在韩国首尔成立以来，孔子学院在世界遍地开花。2014 年 4 月 17 日在北京发布的文化建设蓝皮书《中国文化发展报告（2013）》显示，截至 2013 年年底，全世界已有 120 个国家（地区）建立了 440 所孔子学院和 646 个孔子课堂，共计 1 086 个，孔子学院已成为汉语推广和体现中国“软实力”的文化品牌。无论是国内的“国学院”，还是全球的“孔子学院”，都对弘扬中华优秀传统文化、增强我国文化竞争力、提升国际影响具有重要意义。

从 2006 年党的十六届六中全会首次提出建设社会主义核心价值体系以来，到 2012 年党的十八大，中国共产党一直提倡和弘扬社会主义核心价值观，而培育和践行社会主义核心价值观必须从中国传统文化中吸取丰富营养。正如习总书记指出，中华文化强调“民为邦本”“天人合一”“和而不同”，强调“天行健，君子以自强不息”“大道之行也，天下为公”；强调“天下兴亡，匹夫有责”，主张以德治国、以文化人；强调“君子喻于义”“君子坦荡荡”“君子义以为质”；强调“言必信，行必果”“人而无信，不知其可也”；强调“德不孤，必有邻”“仁者爱人”“与人为善”“己所不欲，勿施于人”“出入相友，守望相助”“老吾老以及人之老，幼吾幼以及人之幼”“扶贫济困”“不患寡而患不均”；等等。像这样的思想和理念，不论过去还是现在，都有其鲜明的民族特色，都有其永不褪色的时代价值。

复习思考题：

1. 晚清以来中国传统文化为何发生了现代转型？
2. 如何正确理解传统文化与外来文化的关系？
3. 如何看待传统文化在社会主义新文化建设中的地位和作用？

参考文献

[1] 钱穆. 中国文化史导论（修订本）[M]. 北京：商务印书馆，2000.

[2] 薛明扬. 中国传统文化概论 [M]. 上海：复旦大学出版社，2003.

[3] 石云涛. 中国传统文化概论 [M]. 北京：学苑出版社，2004.

[4] 张岱年，方克立. 中国文化概论 [M]. 北京：北京师范大学出版社，2004.

[5] 张卫中. 中国传统文化概论 [M]. 杭州：浙江大学出版社，2008.

[6] 辜堪生，等. 中国传统文化概论 [M]. 成都：西南财经大学出版社，2008.

[7] 王丹. 中国传统文化概要 [M]. 苏州：苏州大学出版社，2010.

[8] 王新婷. 中国传统文化概论 [M]. 北京：中国农业大学出版社，2011.

[9] 阮堂明，沈华. 中国文化概论 [M]. 广州：暨南大学出版，2012.

[10] 李威熊. 董仲舒与西汉学术 [M]. 台北：台湾文史哲出版社，1978.

[11] 王元化. 文学沉思录 [M]. 上海：上海文艺出版社，1983.

[12] 冯友兰. 中国哲学简史 [M]. 北京：北京大学出版社，1985.

[13] 李泽厚. 中国古代思想史论 [M]. 北京：人民出版社，1986.

[14] 张岱年. 文化与哲学 [M]. 北京：教育科学出版社，1988.

[15] 杨伯峻. 白话四书 [M]. 长沙：岳麓书社，1989.

[16] 陈来. 宋明理学 [M]. 沈阳：辽宁人民出版社，1991.

[17] 梁漱溟. 东西文化及其哲学 [M]. 北京：商务印书馆，1999.

[18] 张岂之. 中国传统文化 [M]. 北京：高等教育出版社，2005.

[19] 梁启超. 先秦政治思想史 [M]. 长沙：岳麓书社，2010.

[20] 瞿同祖. 中国法律与中国社会 [M]. 北京：商务印书馆，2010.

[21] 萧公权. 中国政治思想史 [M]. 北京：商务印书馆，2011.

[22] 吕思勉. 中国政治思想史 [M]. 北京：中华书局，2012.

[23] 江荣海. 中国政治思想史九讲 [M]. 北京：北京大学出版社，2012.

[24] 王岳川. 发现东方 [M]. 北京：北京大学出版社，2011.

［25］陈传席. 中国山水画史［M］. 天津：天津人民美术出版社，1985.

［26］叶朗. 现代美学体系［M］. 北京：北京大学出版社，1988.

［27］熊秉明. 中国书法理论体系［M］. 成都：四川美术出版社，1990.

［28］杨仁恺. 中国书画［M］. 上海：上海古籍出版社，1996.

［29］章利国. 现代设计美学［M］. 郑州：河南美术出版社，1999.

［30］洪再新. 中国美术史［M］. 杭州：中国美术学院出版社，2000.

［31］李泽厚. 美学四讲［M］. 天津：天津社会科学出版社，2001.

［32］赵农. 中国艺术设计史［M］. 北京：高等教育出版社，2005.

［33］宗白华. 美学散步［M］. 上海：上海人民出版社，2007.

［34］沃兴华. 中国书法史［M］. 长沙：湖南美术出版社，2009.

［35］姜寿田. 中国书法理论史［M］. 郑州：河南美术出版社，2009.

［36］殷金山，刘建强. 中国雕塑史教学［M］. 天津：天津人民美术出版社，2009.

［37］孙振华. 中国雕塑史［M］. 北京：中国青年出版社，2011.

［38］田自秉. 中国工艺美术史［M］. 上海：东方出版中心，2012.

［39］焦晓军. 中国工艺美术史［M］. 北京：北京工艺美术出版社，2014.

后　记

中华文明历史悠久，传统文化源远流长、博大精深，勤劳智慧的中华民族在五千年的文明进程中，创造了内涵丰富、气势恢宏、绵延不绝的文化成就。在大力推行通识教育的现代高等教育中，向大学生传授语言、历史、文化、科学的基础知识，已是锻造品质、塑造个性、陶冶情操的必备途径。立德树人、以文化人，高校应当从优秀传统文化中吸取滋养，用优秀传统文化来怡情雅志、养心育行，为社会主义核心价值观教育提供丰厚的历史文化支撑，“中国传统文化”课程的开设，便是一个重要的精神契机。

本书从文化的内涵和民族文化演进说起，推究思想的演进，阐释精神世界的多元格局，演绎古代文学的光彩，再现传统科学与艺术的辉煌。在回溯历史的同时不忘展望未来，探讨传统文化的现代转型。特别值得一提的是，我们将数千年来自成体系、神秘多彩的巴蜀文化列出专章介绍，这是本书的探索与尝试。

本书由曹启富教授、向天华副教授担任主编并统稿。四川文化产业职业学院中青年教师参与编写，具体分工是：曹启富负责第一章、第二章和第三章；吴妮徽负责第四章；向天华负责第五章；詹颖负责第六章；张旻昉负责第七章；张伟负责第八章；蒋林欣负责第九章。何雯娟协助完成了资料收集和第四章初稿撰写工作。

在编写过程中，我们学习、借鉴了前辈学者和同仁的研究成果，参阅了报纸杂志和网络上已有的成果，参考了同仁的著述和教材。同时，我们得到了西南财经大学继续（网络）教育学院、西南财经大学出版社的大力支持和厚爱。在此，我们一并表示感谢！

编　者

2014 年 8 月